U0679342

《深圳改革开放研究丛书》
编 委 会

顾　　问　王京生　　黄书元　　辛广伟
主　　任　吴　忠　　乐　正　　乔还田
副 主 任　王世巍　　黄发玉　　王跃军
　　　　　乌兰察夫（执行）
编　　委　（以姓氏笔画为序）
　　　　　王世巍　　乌兰察夫　　王苏生　　尹昌龙
　　　　　王跃军　　方国根　　乐　正　　田启波
　　　　　乔还田　　李贵才　　吴　忠　　汤庭芬
　　　　　吴奕新　　杨宏海　　杨　建　　杨朝仁
　　　　　郭万达　　查振祥　　陶一桃　　海　闻
　　　　　徐海波　　黄卫平　　黄发玉　　谭　刚
联 络 人　乌兰察夫　刘红娟　　刘婉华　　魏甫华
　　　　　洪智明　　周修琦

深圳改革开放研究丛书

深圳企业实施『走出去』战略研究

查振祥 著

人民出版社

责任编辑:夏 青 洪 琼

图书在版编目(CIP)数据

深圳企业实施"走出去"战略研究/查振祥 著. -北京:人民出版社,2010.8
(深圳改革开放研究丛书)
ISBN 978-7-01-009093-1

Ⅰ.①深… Ⅱ.①查… Ⅲ.①企业-对外投资-研究-深圳市
Ⅳ.①F279.276.53

中国版本图书馆 CIP 数据核字(2010)第 126882 号

深圳企业实施"走出去"战略研究
SHENZHEN QIYE SHISHI ZOUCHUQU ZHANLÜE YANJIU

查振祥 著

人民出版社 出版发行
(100706 北京朝阳门内大街166号)

北京中科印刷有限公司印刷 新华书店经销

2010 年 8 月第 1 版 2010 年 8 月北京第 1 次印刷
开本:710 毫米×1000 毫米 1/16 印张:25
字数:394 千字 印数:0,001-2,500 册

ISBN 978-7-01-009093-1 定价:54.00 元

邮购地址 100706 北京朝阳门内大街166号
人民东方图书销售中心 电话 (010)65250042 65289539

总　序

王京生

　　从广义上讲,在人类历史长河中,改革开放是社会发展和历史前进的一种基本方式,是人类文明演进的一种基本逻辑,也是一个国家和民族兴旺发达的决定性因素。一方面,古今中外,国运的兴衰、地域的起落,莫不与改革开放息息相关。另一方面,从历史上看,各国的改革开放在实际推进中却不是一帆风顺的,力量的博弈、利益的冲突、思想的碰撞往往伴随着改革开放的始终,流血斗争在各国历史上也并不罕见。改革开放的实际成效并不会实现理想的"帕累托最优"或"帕累托改进"。就当事者而言,对改革开放的正误判断并不像后人在历史分析中提出的因果关系那样确定无疑。因此,透过复杂的枝蔓,洞察必然的主流,坚定必胜的信念,对改革开放来说就显得至关重要和难能可贵。

　　改革开放是深圳的生命动力,是深圳成长和发展的常态,是深圳迎接挑战、突破困局、实现飞跃的基本途径。改革开放铸造、发展了深圳特区,形成了深圳特区的品格秉性、价值内涵和运动程式,培育了深圳的城市机能和整体结构,展示了深圳的品牌形象、素质能力、体制机制、活动方式和环境风尚,推动深圳特区跨越了一个个历史屏障。特区初建时缺乏建设资金,就通过改革开放引来了大量外资;发展中遇到瓶颈压力,就向改革开放要空间、要资源、要动力。深圳的每一步发展都源于改革开放的推动,深圳30年的发展奇迹是深圳30年改革开放的结果。同时,改革开放又是深圳矢志不渝、坚定不移的命运抉择。改革开放作为当代中国的一场新的伟大革命,不可能一帆风顺,也不可能一蹴而就。深圳作为改革开放的探索者、先行者,向前迈出的每一步都面临着一个十字路口的选择。从特区酝酿时的"建"与"不建",到特区快速发展中的姓"社"姓"资",从特区跨越中的"存"与"废",到新世纪初的"特"与"不特",每一次挑战都考验着深圳改革开放的成败进退,每一次挑战都把深圳改革开放的"招牌"擦得更亮。30年来,深圳正是凭着坚持改革开放的赤胆忠心,在汹涌澎湃的历史潮头上劈波斩浪、勇往向前,经受住了各种风浪的袭扰和摔打,闯过了一个个关口,成为锲而不舍的改革开放"闯将"。

深圳的改革开放是没有止境的。随着经济社会的迅猛转型,深圳已进入综合配套改革和全方位开放的历史新阶段。在这个阶段,改革开放更加迫切地需要突出以人为本,展现全面、协调、可持续性,大幅降低经济社会发展失衡的成本和风险,鼓舞全国人民建设中国特色社会主义的信心和决心。当前,全国各地群雄并起、千帆竞发,形势逼人,时不我待,改革开放的质量、水平和力度已远远超出了以前的套路、标准和要求,只有以"杀出一条血路"的精神开拓进取,拿出深圳改革开放的精品和力作,才能"走出一条新路",在全国的改革开放中发挥示范推动作用。

改革开放是深圳的永恒话题,而当下探讨深圳的改革开放,却有着特殊的意义。在全市上下隆重迎接深圳经济特区建立30周年这个历史节点上，回顾深圳改革开放历程，总结深圳改革开放的历史经验，研究深圳改革开放的未来走向，无疑是为深圳的改革开放增添新力量的最好契机。为此，深圳社科理论界着力推出了《深圳改革开放研究丛书》，包括综合、经济、社会、文化四类，既有宏观总揽，也有个案分析，既有理论阐述，也有实践探求，是总结深圳30年改革开放历史经验、探索深圳未来发展的研究成果，也是了解和探讨特区改革发展的重要工具书。

书的文字是静止的，但精神是跃动的。如果通过这套丛书，能够使读者达到"天变不足畏，祖宗不足法，人言不足恤"的境界，那无疑是所有编撰者的最大心愿。

（作者为深圳市委常委、宣传部部长）

目　录

第一章

应对经济全球化战略的
历史性选择

　　"走出去"战略是我国应对经济全球化和世界经济新格局的重大战略决策，事关全国经济社会发展全局和长远发展。"走出去"与"引进来"相对应，共同构成了我国对外开放的两个方面，成为我国改革开放以来从外向型经济提升为开放型经济体系的重要内容。根据我国实施"走出去"战略的发展历程和企业对外投资、跨国经营的阶段性特征，"走出去"战略有广义和狭义之分。广义的"走出去"战略是指产品、服务、技术、劳动力、管理及企业本身走向国际市场，开展竞争与合作;狭义的"走出去"战略是指企业到国外投资，设立生产经营机构，向境外延伸研发、生产和营销能力，在更多的国家和地区合理配置资源的发展战略。

　　解放思想、抢抓机遇，奋力拼搏、开拓创新，勇当国家实施"走出去"战略的排头兵，是深圳城市发展的重大战略。深圳实施"走出去"战略是指深圳有国际竞争力和相对比较优势的企业，为了获得更多的利润、更大的市场、更好的资源，有计划、有步骤到国内外投资办厂，发展海内外业务，参与国际分工和合作的总体谋划。深圳实施"走出去"战略是深圳社会经济发展的必然要求。

第一节　实施"走出去"战略是应对
经济全球化的重大举措

一、"走出去"：经济全球化的新趋势

经济发展全球化,使"走出去"成为客观需要。经济全球化的主要特征是资源全球配置,生产全球合作,资本全球融通。由于经济全球化,企业必须在全球范围内组织研发、生产、销售和服务,任何一个国家和地区的生产与消费都变成世界性的生产和消费的组成部分,导致每个国家国际贸易的增长,国际直接投资的增加,跨国公司的发展。国际直接投资在不断发展的国际贸易和世界经济中正发挥着越来越重要的作用,已成为世界经济发展的主导力量。同时国际贸易和世界经济的发展也进一步促进了国际直接投资的发展。

经济全球化对中国的影响也日益深刻,使中国经济与世界经济融为一体,中国的发展离不开世界,世界的发展也离不开中国。随着经济全球化的发展和我国的世界工厂地位的形成,我国已经成为世界经济的有机组成部分。为了以更加主动的姿态全面参与国际分工,提高我国的国际竞争力,我国政府正在推动实施"走出去"战略。这是关系到整个国民经济发展全局的一项重大经济战略,将直接影响未来一个时期我国在经济全球化格局中的国际地位。

当前中国企业所实施的"走出去"战略主要包括如下要点。

(1)有竞争优势的中国企业发挥自身比较优势,进行对外直接投资与跨国经营,在生产、融资、销售、运营、服务所有层面跨国化、国际化。

(2)中国企业积极开发与利用海外资源,在海外开发中国国内所短缺的资源,促进国内产业结构的调整和资源的重置。

(3)在传统对外承包工程和劳务合作的基础上,进一步发展境外加工贸易,进而带动国内出口。

二、"走出去"：经济全球化的新机遇

我们正处在千载难逢的战略机遇期。信息技术和运输技术的进步从根本上改变了流通格局,资本流通和实物流通速度大大加快,不仅使商品贸易加快,而且使企业跨国组织生产成为可能。网络经济的发展为在任何地区的企业提供了几乎平等的市场机会,无论是大企业还是中小企业,都可以通过网络获取信息和发布信息,及时获得技术更新、产品与市场开发的良机。同时,网络经济的发展还改变了传统的交易手段,简化了交易环节,缩短了交易时间,提高了效率,降低了成本。关税的降低,贸易壁垒的减少,促进国际分工不断深化和扩大,世界资源在重新进行配置,并趋于合理化。企业可以依据自己生产经营的需要在全球范围内进行采购和销售,有效地利用全球任何地方的资源,实现企业的全球经营战略,确保利润最大化。这些导致多年来全世界外贸的增长速度一直大大超过经济的增长速度,绝大多数国家外贸出口占国民生产总值的比重都在不断上升。随着商品在世界范围内的流动扩大,包括资本、技术和劳动力在内的生产要素的流动也逐渐加速起来,其中资本的流动更为明显。

我国正处于经济体制的完善期和经济结构的调整期,生产力水平的不断提高,使"走出去"战略的实施具有现实可能性。我国的部分企业如轻工、纺织、建材、家电等与国外比较,有相对的成本、技术和设备优势,使"走出去"战略的实施具备了一定的实力。从 20 世纪 90 年代开始,我国企业就在实施"走出去"战略中取得了一定的成果,初步实现了有效利用"两种资源"、"两个市场"的目的,形成了以华为、中兴、海尔、联想、中石油等知名企业为代表的多种"走出去"模式。自"走出去"战略正式写入国家"十一五"规划纲要之后,我国企业实施"走出去"战略得到快速发展,大批企业通过有效利用国内外两个市场和两种资源,初步形成了企业的国际化发展格局,国际竞争力得以快速提升。

深圳面临"紧约束"困扰,而深圳的境外周边国家如东盟地区有着丰富的资源和充足的劳动力,从东盟出口欧美市场可以有效避免反倾销以及一些关税壁垒;再加上东盟与中国的长期友好政治关系和地缘相近,双方在工业结构和进出口商品方面存在很多的互补性,双方合作的空间很大。东盟各国制定了很多吸

引中国投资的优惠政策。在新加坡,该国经济发展局发起和推动了全球投资者计划,境外投资者投资数额达到一定条件后,可申请永久居留权、多次出入境签证、观光证和商业入境证等。对资本所得税、销货税、加值税、教育税等税目,新加坡目前尚无课征计划。印度尼西亚近年逐步放宽了对外商投资的控制,取消限制措施,简化外商投资申请的批准手续,缩短申请批准时间。越南不仅正积极改善投资环境,而且各省都制定了一些吸引外资的特殊对策。如越南老街省规定中国投资企业除享受国家优惠政策外,还可享受以下特别优惠:免收土地租用费,补助50%—100%的土地拆迁费;减免营业税、进口税;等等。为鼓励中国的投资,马来西亚近期制定了不少优惠政策,特别鼓励先进的机械设备进口,中国企业可获法定收入100%免税10年等优惠政策。

三、"走出去":经济全球化的新挑战

为着经济全球化的发展,我们也正面临前所未有的挑战,实施"走出去"战略是应对挑战的重要途径,势在必行。我国企业的实力特别是技术实力与国外企业比较差距较大,2008年世界500强企业中,中国只有29家,而美国有153家,日本64家,2008年中国500强的营业收入29921亿美元,净利润总额为1884亿美元,资产总额为81720亿美元,分别相当于2008年世界500强企业同类指标的12.67%、11.85%和7.79%。[1] 中国企业缺乏核心技术和创新,落后于世界水平;只有"走出去",才能得到世界市场的洗礼,提升实力。

我国地大物博,但由于人口众多,导致资源相对短缺。主要表现为自然资源和人力资源的短缺,我国劳动力资源量大,但整体水平低,结构失衡;只有通过"走出去",才能利用国外资源为我所用,缓解资源短缺的矛盾和压力。

经过三十余年持续高速增长,目前我国所面临的发展瓶颈日益显现,不但资源、要素严重短缺,环境和容量等发展压力巨大,而且推动过去高速增长的发展模式也更为急迫地需要加快转换,探寻和建立深圳科学发展的有效途径和实现

---

[1] 参见朱金海、杨波:《全球视野下的中国经济:增长、地位和战略导向》,《科学发展》2009年第8期。

方式。调整和优化产业结构、培植战略性新产业、以城市综合优势引领产业升级、加快转换经济发展模式,这就要求企业主动走出去,在全球范围内为搭建更为宽广的发展平台和成长空间,从而突破阻碍国内发展的各种约束和限制,真正实现科学发展。

我国的大部分产品处于供过于求的状况,导致生产能力过剩。通过"走出去",可以发挥生产能力,开拓国外市场,缓解过度竞争,有利于调整产业结构。

"走出去"战略对于企业突破发展瓶颈限制的效应十分明显。"走出去"有助于通过国际市场在全球范围内利用各种自然资源和生产要素,更为便利地获取先进技术与管理经验,更为便捷地拓展国外新市场,通过全球化布局从而降低企业经营生产成本,扩大企业生产经营规模,增强企业全球化运作能力和国际竞争力,提升企业在经济全球化中的地位和实力。也就是说,借助"走出去"的国际化发展,企业既可以将产业链中资源消耗大、劳动力密集型、附加值较低的环节,通过实施"走出去"战略有序地转移出去;又可以在国际平台和全球范围内组织和配置资源、要素,从而真正有效解决本地各种资源的硬约束,实现利用国内、国外两种资源的路径发展,并在此过程中完成发展方式转型升级。

第二节 深圳实施"走出去"战略的两大基础

深圳实施"走出去"战略,有两大基础条件:核心产业和资本市场。这两个条件支持了深圳在全国率先向国际化发展。

一、高科技产业——深圳实施"走出去"战略的产业基础

深圳的高新技术产业,在产值、发明专利申请量、高新产值占全市工业总产值、GDP比重等方面,均超越全国其他大中城市,名列全国首位,为深圳实施"走出去"战略提供了良好的产业基础。目前深圳成功走向海外的华为、中兴等企业,都是高新技术企业。深圳是国内最重要的 IT 产业制造基地、研发基地、出口

基地和物流中心。2009 年,全市实现高新技术产品产值 8507.81 亿元,同比增长 3.56% ,其中电子信息高新技术产品产值 7538.03 亿元,同比增长 1.96% 。全市高新技术产品实现增加值 2611.15 亿元,同比增长 9.6% ;其中电子信息产业实现规模以上工业增加值 1721.23 亿元,占规模以上工业增加值的 50.2% ,同比增长 12.6% 。年专利申请量三万多件,占广东省总申请量的比例超过 1/3,发明专利更占到全省申请量的 2/3。①

1. 集群化发展:深圳高科技产业内在优势

高新技术产业不是孤立的几个大企业,而是一个产业集群。发展产业集群,是提高区域经济竞争力的有效途径,是增强区域经济竞争力的必然要求,也是深圳市高新技术产业发展所走的成功道路。现代高新技术产业是集群化产业,单一地发展某一个或几个企业是不能成功的。传统的企业可以看成一个个孤立的实体,每一个都能完成最终产品的生产,直接面对消费者,承担最终的市场风险。现代社会经济发生了巨大的变化,企业之间的分工到了十分细化的程度,产业链成为企业存在的外部环境,每一个企业实际上都是其所在的产业链条上的一个环节。现代电子产品的核心部分芯片的生产,已经发展成为一个庞大的产业链。这个产业链首要组成部分是晶圆厂,即芯片加工厂,这是核心部分。产业链延伸下去,有测试厂、封装厂、废水处理厂、化学材料处理厂、化学试剂的供应以及网络基础设施,等等。产业链常常有两种形式存在:一种形式是企业之间组成紧密企业集团的或松散的协作群体;另一种形式是按照地区分布,构成产业集群。

深圳市高新技术产业经过十多年的迅猛发展,已形成了计算机、通信、微电子等高技术产业群。深圳高新技术产业的支柱是电子信息业,占全部高新技术产品产值的85%;其中,计算机产业和通信产业的产品产值又占电子信息业85%以上。深圳信息产业产值和销售占全国的15%,并呈现出很强的产业配套优势,目前已经建立了一系列相关的产业配套市场。深圳在电子信息产品制造方面形成了强大的产业配套能力,如计算机产品主板、硬盘、电源、机箱、键盘、显

---

① 参见深圳市统计局:《深圳市 2009 年国民经济和社会发展统计公报》,《深圳特区报》2010 年 4 月 26 日。

示器件等,现有计算器及配套企业 1500 多家,配套能力达 3000 万台,整机生产量占大陆的 18%;硬盘驱动器占大陆 40%,占世界 7%,硬盘磁头占世界 10%,居世界第三位。深圳市程控交换机产品的配套能力达到 2000 万线/年。① 深圳的高新技术企业,无论是从事研究开发还是进行大规模的生产,都能以较合理的成本找到为自己配套的上游企业。产业配套优势使供货实现了本地化,大大缩短了物流链条,降低了流通成本,进一步保证了质量和交货时间,提高了深圳市高技术产业的竞争力。

在发展产业集群过程中,深圳已经形成一批具有自主研发能力,有自主研发机构、有自主知识产权的民营科技企业。深圳 30 年来培养出二十多万家企业,包括华为技术公司、中兴通讯、创维集团、康佳集团、海王生物等大型企业,这些企业年销售额最高达到一千多亿元。全市高新技术企业中工业产值过亿元的企业达到 400 家。其中超 10 亿的企业有 49 家,超 20 亿元的有 32 家,超 50 亿元的有 14 家,超 100 亿元的有 8 家,超 200 亿元的企业有 5 家,超 1000 亿元的有 1 家。目前,深圳市累计认定的高新技术企业达一千二百多家。②

随着自主创新能力的不断提高和高新技术产业的快速发展,深圳出现了一批创新能力强、具有国际竞争力的行业龙头企业,包括:通信领域的华为、中兴等国际知名企业;软件领域的金蝶、金证、亚都等企业;生物工程领域的科兴、海王、赛百诺、海普瑞等企业;新材料领域的比亚迪、长园、中金高能等企业;医疗器械领域的安科、迈瑞、金科威等企业。华为公司在第三代移动通信(3G)上,已跻身全球移动通信企业第一阵营。专业从事二次充电电池研究、开发、制造和销售的比亚迪股份有限公司,日产二次充电电池达 300 万粒,镍镉、镍氢、锂离子电池的国际市场份额分别居全球第一、第二和第三位。

深圳市高科技产业的核心部分是以企业为主体的应用研究力量,深圳市 90% 的技术开发机构在企业;全市 47 家工程技术开发中心和 21 个博士后工作

---

① 参见林雄:《2009 年深圳高新技术产业发展情况及 2010 年展望》,参见乐正主编《深圳经济发展报告》(2010),社会科学文献出版社 2010 年版。

② 参见董建中:《深圳经济变革大事》,海天出版社 2008 年版,第 181—208 页。

站都设在企业;90%的研究开发人员集中在企业;研发投入经费96%来源于企业;科技成果90%来源于企业。① 深圳大力培育具有较强自主创新能力和国际竞争力的大企业。华为每年的研发投资达到三十多亿元,相当于中国科学院每年的科研经费总量。另外,深圳还大量培育千千万万具有创新活力和良好的成长潜力的科技型中小企业。深圳民营科技企业有3万家,其中绝大多数是小企业,这是原始创新的主要力量。深圳民营企业搞科技创新还擅长借用"外力",据不完全统计,为深圳民营企业提供技术支援的高校院所约二百多所。截至目前,光到深圳虚拟大学园长期驻点的国内外知名高校,就已经突破了40所。② 近几年,华为等民营企业还率先走出国门"借起了外力",在美国硅谷、韩国、印度等地设立研发机构。

深圳的民营科技企业具有极强的聚集特征,它们在物理空间上汇集在一起。民营科技企业的几个主要领域像计算机、通信设备、软件、生物医药、材料都是如此。在深圳高新技术开发区,有一千多家企业聚集在这里,因为当某一个产业相关的企业聚集在一起时,会增加企业的竞争力,降低企业技术开发、技术创新的成本,尽快得到信息。

深圳高新技术产业从空间分布看主要分布在深圳高新技术产业带,包括市高新区片区、前海片区、留仙洞片区、大学城片区、石岩片区、光明南片区、观澜—龙华—坂雪岗片区、宝龙—碧岭片区、龙岗大工业区(出口加工区)片区、葵涌—大鹏片区、生态农业高新技术产业片区。作为国家重点支持的五大科技园区之一,深圳高新区现已形成电子信息、生物医药、新材料和光机电一体化四大主导产业,形成了从移动通信、程控交换机到光纤光端、网络设备的通信产业群;从配件、部件到整机的计算机产业群;从集成电路设计、嵌入式软件到系统集成软件的软件产业群;从检验试剂、基因疫苗、基因药物到医疗器械的医药产业群。高

---

① 参见陈自元:《深圳在泛珠三角经济圈的定位及发展路向》,人民出版社2005年版,第222页。

② 参见胡延华:《深圳市高新技术企业孵化体系研究》,参见查振祥主编《深圳高新技术企业的发展》,湖北科学技术出版社2004年版,第94—98页。

新区现有 20 家市级以上的企业研发中心、9 个技术中心、22 个重点实验室、13 个企业博士后工作站,还拥有由 43 所海内外著名院校组成的深圳虚拟大学园。

集成化是现代科学技术发展的重要趋势之一,集成创新是科学技术进步的重要形式。深圳高新技术产业能迅猛发展,在一定程度上得益于深圳较强的集成创新能力。深圳最具优势的通信产业就是利用深圳信息产业集群优势,通过融合计算机、通信和微电子技术领域的很多技术创新来确立市场优势的;深圳在国内具有比较优势的医疗器械产业,也主要依靠光机电一体化方面的集成创新。用高新技术改造传统产业也大量涉及技术集成问题,同样需要进行集成创新。华为、中兴等大企业是集成创新的主要力量,也是自主创新活动的组织者和引领者。

重视建设科技企业孵化器,培育科技创业源头,是建设一流的高科技研发产业集群的重要条件。目前,深圳共有国家 IC 设计深圳产业化基地、深圳高新区生物工程孵化基地、深圳软件园、深圳 IT 数码港、北科创业、深圳软件创业中心、深圳威圣生物技术创业中心、深圳信息技术创业中心、深圳国际软件出口基地、深圳软件研发基地、天安民营科技园、南山软件园、基因孵化器、深圳鹏基信息技术创业中心有限公司等专业企业孵化器十多个,占深圳企业孵化器总数的三成以上,其中绝大多数都是在 2000 年以后成立。专业孵化器已经成为深圳孵化器发展中的"新增长点"。要遵循多元化、专业型、互动式的发展思路,支持境内外企业、高校和院所、行业协会及其他投资主体创办多元化科技企业孵化器,鼓励创办针对不同对象和不同行业的专业型科技企业孵化器,促进政府、高校、企业及各类孵化器之间的互动式发展。

从产业结构看,深圳市高新技术产业包括计算机及外设、通信、软件、数字视听、光机电一体化、电子元器件、二次电池等优势产业,生物医药、精细化工、集成电路、第三代移动通信、汽车电子、半导体照明、新型平板显示、数字内容、再生能源、环保、新一代互联网、新型功能材料、信息安全、射频识别、高性能计算机、网络电视等新兴产业。

2007 年 5 月 21 日,深港两地政府在香港正式签署《深港创新圈合作协议》,对深圳市高新技术产业发展又是一个推动。香港有数家亚洲一流的大学,有把高科技研发变成商品的优势,又可以提供便利的融资条件;深圳有很好的高科技产业基础,又可以招募内地的优秀人才,两地互相发挥优势,结成联盟,可以是研发在香港、制造在深圳。"深港创新圈"建设,有望把深港科技创新合作推向更宽、更广的领域。

2. 配套环境完善:深圳高科技产业发展的外在优势

建设一流的高科技产业,发展产业集群,不仅要有企业的力量,还要有为企业配套的各种软硬环境。深圳高科技产业拥有较完善的外部配套环境,包括企业孵化条件、公共技术平台、资金支持条件、技术支持条件。

20年来,深圳不断完善企业孵化的软环境建设,办好高新技术创业服务中心、大学科技园等各类企业孵化器。目前深圳共有国家IC设计深圳产业化基地、深圳高新区生物工程孵化基地、深圳软件园、深圳IT数码港、北科创业、深圳软件创业中心、深圳威圣生物技术创业中心、深圳信息技术创业中心、深圳国际软件出口基地、深圳软件研发基地、天安民营科技园、南山软件园、基因孵化器、深圳鹏基信息技术创业中心有限公司等专业企业孵化器十多个,占深圳企业孵化器总数的三成以上。专业孵化器已经成为深圳孵化器发展中的"新增长点"。

公共技术平台是企业研发的重要技术支撑。根据经济特区的自主创新模式特点,深圳进一步加快了建设"五大公共平台"步伐,即以重点实验室、工程中心为核心组成的"公共研发平台",以高新技术武装传统产业为重点的"公共技术平台",以提供检测条件为主要服务内容的"公共检测平台",以提供科技文献、情报、信息服务为主的"科技信息平台",以促进高新技术产权交易、风险投资为目的的"技术产权交易平台",以更好的服务、更高的效率促进企业自主创新。手机从研发到上市,须经过一系列的国家强制检测认证。过去企业需将产品送到北京进行手机型号核准检测,不仅费时费力费钱,更延缓了企业研发和产品上市进度。深圳及周边城区聚集了大量手机产业链企业,但这些企业普遍规模不大,迫切需要公共技术服务平台,来帮助企业完成研发生产中遇到的共性问题、疑难问题,从而改进工艺,提高产品质量和上市速度。2008年,深圳市福田区在上沙创新科技园引入工业和信息部电信研究院设立南方分院,开展进网检测。两年多来,南方分院共完成检测任务三千多项,其中入网检测一千多项,其余均是研发阶段委托测试,有效地满足了企业对研发环节的支撑性平台服务需求。

深圳大专院校少,科研基础薄弱,现有科技资源主要集中在企业特别是大企业,绝大多数中小企业缺乏基本技术条件,这是中小企业进行自主创新的主要瓶颈。为此,深圳依托华为、中兴等大企业建立和完善公共技术平台,立足共性技术领域,又从清华大学深圳研究生院、北京大学深圳研究生院、哈尔滨工业大学深圳研究生院以及深圳大学现有的重点实验室、工程技术中心中确定一批作为公共技术平台予以支持,并根据实际需要新建一些高新技术的公共技术平台。这些公共技术平台实行市场化运作,向社会开放,主要面向中小企业,为提高创新能力服务。

建设一流的高科技产业,必须加大资金支持。深圳正在整合现有的政府科技发展资金,改进资金使用方式,提高资金使用效率。发展风险投资基金是对研发集群的资金支持的根本办法。深圳的风险投资基金具有相当规模。深圳基金业在国内处于领先地位。在深圳注册有众多的包括私募和公募、封闭式基金和开放式基金在内的各种基金管理公司。办好中小企业板,继续办好中国国际高新技术产品交易会(简称"高交会"),发展技术产权交易市场,为创业资本退出提供渠道,是发展风险投资基金的保障条件。深圳在这方面也走在全国前面。

深圳加大了对自主创新的知识产权保护,形成了知识产权主管部门与工商、文化、公安、法院等部门齐抓共管的局面,加大了对侵犯知识产权行为的查处和打击力度,为知识产权提供强有力的保护体系。深圳延伸了六个区的区级知识产权的职能归属和机构挂牌,建立完善了市区两级工作体系,解决了区级知识产权职能弱化的问题。对大中小型企业进行分类指导,特别是要对大企业实行专人专责的知识产权"直通车"服务;对中小企业依托的科技园、孵化器、创业中心、软件园等知识产权产出的源泉地带,建立起知识产权基层工作站。还积极引进国际知名的知识产权专业机构来深圳合作和发展,并带动和培养本地中介向专业化、规模化、国际化发展,为企业提供专业服务。

深圳本地的研究机构和大学的力量依然薄弱,一直以来人才主要从外地吸收,这是深圳市实施人才战略遇到的难题。深圳解决这个难题的方法,是加大分配制度的改革,通过技术入股等形式,增强技术创新动力,创造科技人才成长的社会环境,形成符合市场经济要求的分配制度,使科技人才能够得到足够市场化、制度化的激励,为科技创新培养和留住足够的人才队伍。深圳最早出台技术入股政策,随着深圳市高新技术企业的发展,技术入股作为引入海内外先进技术、促进科技成果转化的有效方式,已经越来越显现出它的作用。

3. 看得见的手——政府对高科技产业的积极作用

建设自主创新城市是具有很高外部经济性的活动,仅靠市场很难使创新活动处于社会需求的最优水平。必须发挥政府的积极作用,努力营造有利于自主创新的环境。深圳市政府在推动高科技产业集群发展、建设自主创新城市作出了努力。

(1)政策推动。20世纪90年代以来,深圳市委、市政府把发展高新技术产业摆到重要的战略地位,出台了一系列政策和措施,促进了高新技术产业的快速发展。1990年,深圳市党代会作出了"以先进工业为基础,第三产业为支柱"的决定。之后,相继于1991年8月,发布了《关于依靠科技进步推动经济发展的决定》;1993年6月,公布了《深圳经济特区民办科技企业管理规定》。1994年至1995年间,深圳市取消对传统制造业的许多优惠政策,导致这些产业纷纷迁到东莞、惠州、中山等地。1998年2月,深圳市又出台了《关于进一步扶持高新技术产业发展的若干规定》(即22条),推出了一系列优惠、扶持性政策,以加快电子信息、生物技术和新材料产业的发展。

深圳市政府的努力结出了硕果:华为、中兴、金蝶、科兴等本地高新技术企业苗壮成长。一些跨国机构也纷纷在深圳设立资本与技术密集型的制造基地。1999年,第一届"高交会"在深圳召开,确立了深圳在国内高新技术产业领域的地位和影响力。

(2)建立孵化体系。深圳市各个区都设立种子期高科技项目的孵化体系——创业中心,由政府主办。成长期和成熟期高科技项目的孵化体系——科技园,从市级到区级共有十多个,包括所有科技园在内的新形成的高新技术产业带贯穿特区内外,全长一百多千米,总用地面积约一百多平方千米。

(3)建立技术供给体系。深圳已经构建了以企业为主体,以市场为导向的技术创新体系。政府是最大的"推动者"。近年来,深圳市委、市政府不断构筑新型的科技创新体制,从法规、政策、资金等方面进行了精心的规划、引导和鼓励。深圳市政府每年从财政中拿出十多亿元资金作为科研经费。政府手上的科技三项经费 75% 以上投往企业。

近年来,深圳还整合各方面的有效资源,加大建设公共技术平台的力度,助推民营企业的技术创新。深圳民营企业在芯片技术支援、新材料试验、模具开发、快速成型、产品测试等共性技术方面的需求量很大。为满足企业的需要,截至目前,政府已先后组建国家级工程技术研究中心 1 家、市级工程技术研究开发中心 33 家、重点实验室 20 家。与此同时,还组建了家具、钟表、服装、电子检测、材料表面分析测试等传统产业公共技术平台。

(4)建立资本供给体系。早在 1994 年,深圳市政府就设立了专门为中小企业提供融资担保的"高新技术产业投资服务有限公司"(以下简称"高新投"),政府投入资金达 4 亿元,扶助了大批"种子期"的民营企业,许多民营企业都是受益者。深圳市比亚迪实业有限公司是 1995 年成立的民营科技企业,主要从事镍氢、镍镉和锂电池的研发与生产。1996 年"高新投"每年为它提供 200 万元的融资担保,1998 年又提供了 900 万元的贷款担保。打破制约企业的资金瓶颈后,比亚迪公司迅猛发展,1999 年的销售收入就达到 4 亿元。随着规模迅速扩大,比亚迪公司拟兴建占地 40 亩的科技工业园,2000 年年初向"高新投"提出 7000 万元 5 年期贷款担保的申请。为给企业创造更好的发展环境,"高新投"受理了这笔成立以来单笔最大额度担保的申请。2001 年,比亚迪公司实现销售收入 13 亿元、利润 2.3 亿元,总资产达 12.7 亿元。公司一跃成为国内规模最大的电池生产企业,并跻身世界电池生产企业前三强。

为引导和建立深圳的创业投资体系,1999 年,深圳又成立了"深圳市创新投资科技有限公司"(以下简称"创新投"),在 7 个亿的注册资本中,政府的投入占了 5 个亿。而今天,该公司已经发展成国内最大的创业投资机构。"创新投"先后为同洲电子等数十家深圳民营企业解决了包括"种子期"、成长期在内的融资难题。特别是民营科技企业巨龙公司,"创新投"对其成功融资扩股后,巨龙立刻开始了新产品、新项目的研发工作,获得了很多发展契机,如今的巨龙科教通过了国家科技部的评审,成为国内首家"信息化教育平台软件示范企业",产品涵盖了当今信息化教育领域的方方面面,被确定为深圳市的骨干软件企业。①

在以上机构基础上,2002年4月,一个以"与高新技术企业共成长"为主旨的新型金融服务平台——"深圳高新技术产业投融资服务联盟",在深圳已经正式宣布成立。"深圳高新技术产业投融资服务联盟"是由深圳市商业银行、深圳市创新科技投资有限公司、深圳市高新技术产业投资服务有限公司、深圳市中小企业信用担保中心、深圳国际高新技术产权交易所5家单位共同发起成立的。该联盟的成员作为金融、投资和中介服务的机构,都很有实力。因此联盟将伴随高新技术企业从孵化、成长到成熟的全部发展过程,为企业提供"一站式"、多元化、个性化和系统化的金融增值服务,其服务内容包括风险投资、产权交易、信贷融资、融资担保、财务顾问、企业孵化等方面。

(5)建立产权交易体系。1999年,深圳市与国家科技部、信息产业部、中国科学院、对外贸易经济合作部等国家部委合作,推出"中国国际高新技术产品交易会",已逐渐成为我国高新技术领域对外开放的重要窗口和国内外企业、科研教育机构开展广泛交流与合作的重要舞台。

2000年,"深圳国际高新技术产权交易所"正式开张,这是全国首家股份制技术产权交易所。它以高新技术成果或科技项目、公司制和非公司制科技或成长型企业产权为主要交易对象,通过政策协调、市场服务和规范操作,为科技项目和企业产权的交易提供交易信息、交易场地、交易设备、项目挂牌、政策咨询、交易鉴证以及拍卖、培训、登记过户等综合服务,同时为风险资本提供便利的撤出通道。这个交易所立足深圳,服务全国,面向世界,旨在更好地发挥"高交会"所汇集的资源优势,把"高交会"建设为"不落幕的高交会",与一年一度的"高交会"形成互为补充、相互促进的良性互动关系,逐渐使它发展成中国最大的技术与资本汇集、融通的专业化市场之一。

二、资本市场——构建引入国际资本的桥梁

深圳实施"走出去"战略的第二个有利条件就是资本市场。深圳拥有全国

---

① 参见深圳市政协调研报告:《深圳企业"走出去"调查》(内部报告),2008年12月。

两个证券市场之一的深圳证券市场。深圳证券市场是全国性的证券市场,同时,又具有独特的功能,由于毗邻香港,它是境外资金向中国内地广大企业投资的通道。截至 2009 年 12 月 31 日,在深圳证券交易所(简称"深交所")上市公司共830 家,市价总值 5. 93 万亿元;会员总额达到 114 家,投资者队伍超过 8576 万人;市场交易额由 1991 年的 36 亿元增加到 18. 94 万亿元;上市公司在深圳市场累计筹集资金超过 7500 亿元。总部设在深圳的证券公司达到 17 家,总资产约4800 亿元,占全国近 30%。全国 60 家证券投资基金管理公司中有 17 家在深圳注册设立。2009 年,深圳证券市场股票、基金、债券和衍生品的累计成交额达到198734 亿元,上市公司的股票融资额达到 1713 亿元。深交所多层次资本市场在服务实体经济、支持中小企业与自主创新上的功能初步显现,2009 年深市主板持续做优做强,34 家公司再融资 931 亿元。中小企业板也稳步发展,新增上市公司 54 家,公司总数达到 327 家,2009 年内共融资 577 亿元。最受关注的是创业板顺利推出。截至 2009 年年底,创业板上市公司已经达到 36 家,融资额合计 204 亿元。① 深圳已经成为我国重要的以深交所为核心,包括中小板、创业板、三板市场的多层次资本市场、基金中心、财富管理中心和重要的金融创新中心,在金融制度、金融机构和金融产品等方面的创新一直走在全国的前列。

1. 深圳资本市场是分层次的资本市场体系

多层次资本市场一般都是"分层次的资本市场体系",一个交易所内部由低级到高级分成若干资本市场板块,或不同资本市场板块构成不同的交易所,并且各层次市场之间相互支持、补充,达到整个资本市场体系的稳定与协调发展。

深圳资本市场的第一个层次是主板市场。深交所主板上市公司 610 家,主要是为成熟的大中型企业上市提供服务的。

深圳资本市场的第二个层次是中小企业板。中小企业板上市公司达到 400家左右,规模略小,所遵循的法律、法规和部门规章,与主板市场相同。

深圳资本市场的第三个层次是创业板,2009 年 9 月 25 日正式推出。创业板的推出经历了风风雨雨,自 1999 年开始,经历了 10 年时间。早在 1996 年年

---

① 参见马岚:《2009 年深市股票融资 1713 亿》,《京华时报》2010 年 1 月 4 日。

初,深交所就会同深圳市有关部门讨论在深圳设立特别交易系统的可行性;1997年,面对大量高新技术公司的上市困难,深交所就根据广东省和深圳市政府要求多次探讨在深交所设立成长板市场的具体运作问题。1999年1月深交所向中国证监会正式呈送了《深圳证券交易所关于进行成长板市场的方案研究的立项报告》,并附送了实施方案,这是第一阶段。第二阶段主要进行创业板市场的上市资源调查和技术准备。1999年8月,《中共中央、国务院关于加强技术创新,发展高科技,实现产业化的决定》出台,一方面,深交所迅速成立了高新技术板工作小组,做了大量的信息收集和市场调研工作,了解上市公司资源情况,对一千多家高新技术企业进行了调查统计;另一方面,着手进行创业板市场交易的技术准备,根据创业板市场的特点和要求改造原有的灾难备份系统,成功建成交易结算系统,为创业板市场开设提供了技术保障。第三阶段是2000年以来,深交所为创业板市场推出进入全方位的操作准备。

深圳创业板市场最大的特点就是:低门槛进入,严要求运作,有助于有潜力的中小企业获得融资机会。发展创业板市场,为中国和深圳中小企业提供了更方便的融资渠道,为风险资本营造一个正常的退出机制。创业板2009年启动之后,发展势头良好,到2010年4月底上市企业达到78家,其中有一半企业是政府非常支持的新兴战略型产业,创业板上市的企业都有很好的成长性。①

深圳资本市场的第四个层次是股票代办转让系统。我国证券场外交易市场的发展实际上已经有二十多年的历史。1986年,工商银行上海信托投资公司静安营业部开始股票柜台交易,这是我国最早的股票场外交易,随后,各地陆续成立了证券交易中心,开展股票的转让与交易业务。1990年年底,深沪证券交易所相继成立,各地的证券交易中心仍然进行着非上市公司股份的场外交易,期间对部分地区的证券交易中心进行了清理整顿,保留了STAQ、NET系统以及山东淄博证券报价系统等证券交易市场;直至1998年,国务院彻底关闭除深沪交易所之外的其他所有证券交易市场,证券场外市场的发展告一段落。2001年7月,为解决原STAQ、NET系统以及交易所退市公司的股权转让问题,经国务院

---

① 参见张媛媛、胡学文:《全力快速发展创业板市场》,《证券时报》2010年5月8日。

批准,证券业协会开办了代办股份转让系统。2002 年开始,退市公司的股份转让也通过代办股份转让系统进行。2006 年起又在此基础上增加了中关村科技斠区公司代办报价转让系统。代办股份转让系统是目前唯一合法的证券场外交易市场,称为"三板市场"。目前该市场依托深圳证券交易所和中央登记结算公司的技术系统运行,由证券公司代理买卖挂牌公司股份,目前是 51 家。

除了承接历史遗留问题公司和退市公司,三板市场一直也在谋求获得新的发展机会。2006 年 1 月 16 日,《证券公司代办股份转让系统中关村科技园区非上市股份有限公司股份报价转让试点办法》(以下简称《办法》)出台,至今中关村科技园区已经有二十多家企业挂牌交易,平均市盈率已经超过 20 倍。按照该《办法》,企业申请挂牌的门槛并不高,只要设立满 3 年,主营业务突出,具有持续经营记录,公司治理结构健全,需由证券公司对其进行尽职调查后报证券业协会备案后即可上市。

三板市场存在的问题:①只具备三板的雏形,目前具备股权流通的功能,融资的功能尚在试点。目前融资功能还受很大限制,成功的例子如时代科技(股份代码:430003)、中科软(股份代码:430002)两家公司分别完成 5000 万元和 6000 万元的定向增发,吸引了成都创业投资管理有限公司、上海天晟投资管理有限公司、江苏东昊创业投资有限责任公司这样的机构投资者。虽然说三板市场的规模有限,但其融资功能已经显现。②板块小,目前的主要功能只是主板市场退市公司的接收站。③交易规则是一、三、五的集合竞价方式,流通性差。

2. 深圳资本市场发展的路径

深圳资本市场是分层次的资本市场体系,也通过分层次发展获得提升。

(1)深圳主板:错开定位,盘活现有资源,争取生存空间。深圳主板市场目前不能发行新股,一直是一个僵局。主板市场对于深交所多层次资本体系来说,并非可有可无,而是其现阶段发展的重要基础。在过往的 20 年时间里,这里涌现出深发展、万科、中集集团、中兴通讯等优秀企业,引领了市场的发展,可以说没有主板市场,就不可能有今天的中小企业板市场,也不可能有多层次市场架构。要鼓励和促进现有主板公司做优做强。深交所正大力支持主板公司通过定向增发、整体上市、兼并重组、买壳上市、引入战略投资者等方式做大做强,积极推动上市公司通过并购重组、清欠违规资金占用等手段来提高公司质量。深交所还在推动公司优化股权结构、完善法人治理,进一步规范经营行为,促进公司建立和完善股权激励制度,增强企业的长期持续发展动力。此外,对于质量不高的主板公司,深交所亦会通过进一步完善和严格执行退市制度加以淘汰。同时,要加强监管,紧抓信息披露"及时、真实、准确、完整、公平",督促上市公司完善治理结构,紧盯大股东承诺和公平交易,针对市场异动强化临时性停牌,加强市场制度建设、投资者权益保护和教育,使市场发展更加规范、健康。

(2)中小企业板:扩大规模,改善市场结构。由于中小企业板规模仍偏小,资本市场资源在对中小企业的配置上严重不足,支持中小企业发展及科技创新的功能未能充分发挥,也影响了其自身抗风险能力。因此,加快中小板发行上市节奏,全力推动中小板市场尽快扩大规模,就成为深交所的工作重点。目前深交所正积极推动对中小企业实行批量发行、批量上市的方式,同时努力改善市场结构,强化公司监管,增强市场抗风险能力。深交所已经开始吸纳一大批细分行业龙头企业,这些龙头企业连同自主创新型企业、新经济和新商业模式企业以及金融企业进入中小企业板,一举增强了中小企业板市场的可持续发展能力。中小企业板在发行价格、融资成本、市盈率、市场活跃度以及品牌宣传方面相比海外市场都呈现出一定的优势。随着首次公开募股(IPO)发行程序的简化、发审效率的提升,企业国内上市所需的时间已大大缩短。目前,企业从证监会受理申请到核准发行的平均周期仅为79天,融资的市场效率已经可以与国际市场竞争。企业从改制到完成在国内上市只需1年左右的时间。企业在国内上市的发行价格通常是海外的3倍左右,发行成本仅为海外上市的1/4—1/5,企业上市后的维护成本也比海外低。

中小企业板设立初期,A股市场2/3属非流通股。主板与中小板定位模糊,原则上以首发规模3000万股为界,首发高于3000万股的为上沪市主板,低于3000万股的为上深市中小板。随着股改的全面推开和新股发行开闸,沪市主板和深市中小板的定位日趋淡化。由于新老划断后全是流通股,中小板公司总股本越来越大,首发规模和筹资额也不断扩大。宁波银行上市打破"惯例",创造中小板IPO多项第一,中小板迎来"变脸"拐点。宁波银行中小板发行上市,不仅总股本突破了25亿股,首发规模数量也创纪录地达到4.5亿股。宁波银行成功登陆中小企业板,彻底打破了股本规模数量上的限制,宁波银行总股本甚至超过了主板的南京银行。宁波银行在中小企业板发行上市,是中小企业板发展的一个里程碑。这不仅表明许多股本大的公司可以上中小板,一些新兴行业的大型公司也可能选择中小板。

中小板定位本来就具有较大灵活性,此次宁波银行成功登陆中小板,意味着中小板实现了历史性的跨越。以后许多大型公司亦可能选择上中小板,只有那些超大型公司和巨无霸公司以及香港市场红筹公司回归,才会硬性要求它们登陆上海证券交易所主板。

(3)把创业板定位为深圳主板的后备市场来发展。创业板市场不是现有主板市场和中小板市场的补充,而是与现有市场并行发展的服务不同领域的新市场。因此,深圳证券市场对创业板的功能定位与运作思路是:

第一,机制灵活。创业板市场以服务成长性企业为基本需求,要降低对企业规模、经营历史和财务状况的要求,放宽了交易价格涨跌幅限制,可以引入大宗交易和做市商制度。

第二,监管严格。创业板市场在降低上市门槛的同时,将建立更为严格的企业筛选和审核机制。每年对保荐人的推荐情况进行跟踪和评价,并在适当情况下,向社会予以公布,以便接受公开监督。创业板市场对上市公司信息披露和退出机制的规定要更为严密,对交易过程的监控手段要更为完善。要强化创业板市场中介机构的职责,形成覆盖所有市场中介机构及其业务人员的评价和奖惩机制,确保中介机构的职业操守和专业水准。

第三,加强投资人教育。创业板市场是否成功,最终取决于千百万投资者的认可和信心,因此,进行投资人教育是深交所面临的长期而艰巨的任务。要帮助投资者认识、了解创业板市场,使创业板本质、特征、理念、形象渗透到市场各方面。

将创业板定位为深圳主板的后备市场来发展。创业板上市公司是有风险、有成长性的公司,因此,上市门槛低。根据国外资本市场经验,创业板里的企业,成熟的都向主板转移。创业板是一个孵化器。

(4)三板市场:建立在目前股票代办转让系统基础上的 OTC(Over The Counter)。关于市场定位,一是培育的市场。主要是指 200 人以上非上市公众公司的股份交易,为中小企业和新兴产业服务。这是主流,目前只有中关村的二十多家。当孵化达到主板或创业板上市条件后再转板,所以说是孕育二板市场的重要基础。中关村的试点已有先例。二是重整和购并的市场。主要是指从主板和二板退市的企业的壳资源的再利用。当达到主板和创业板市场标准后,再重返市场。三是破产的市场。当进入资本市场后,若经营不善,无力维持,则只有进入破产程序。

OTC 是目前我国多层次资本市场发展的重心,OTC 系统的运行将实现合格机构投资者和私募发起人的有效对接,能实现公募和私募的优势互补。目前代办交易系统的股权托管,主要是指对退市的上市公司和少数中关村企业,其代办系统发挥的功能非常有限,应该对证券业协会主办的代办转让系统进行改造,将代办转让系统转化为一个全国性的场外柜台交易市场,而其核心是交易制度、登记制度的标准化,且必须是信息系统全国联网。

做大做强"委托代办股份转让系统",必须在现有基础上,在中国证券市场多层次化发展的大背景下对其重新定位。其基本定位应该是"统一监管下的全国性场外证券市场";相对于交易所市场,它是标准较低、风险较高的场外市场;相对于区域性场外市场,它是统一监管、标准较高的全国性市场,是我国场外市场体系的龙头、基准;相对于衍生产品市场,以大宗产权、固定资产、土地等非标准化产品为交易对象的产权交易所,它是以标准化的基础性金融工具(主要是股票)为交易对象的市场。

要做大做强"委托代办股份转让系统",必须研究符合中国实际的三板交易规则,需要同步完善的配套规章制度至少包括非上市公众公司的证券交易发行与交易规则,证券登记与结算规则,股份募集与广告宣传规则,经营管理与公司治理规则,监管与违规处罚规则,上柜、撤柜、转板及信息披露规则等。

三板市场规则还需从以下方向逐步加以改造:首先,改造交易规则。目前的委托单位是 3 万,争取降低到 1 万,而降低每手交易单位,可向证监会申请备案,这样可以增加非上市的公众公司股东数,使一些优质企业能够达到主板或创业板的条件,起到培育和孵化的作用。在交易方式上,可以考虑实行撮合交易与大宗交易相结合、做市商与经纪委托相结合的交易制度,而做市商制度可以使提供的价格能够准确反映股票的公平价值,在一定程度上抑制市场中的过度投机。其次,扩大试点规模,明确市场准入条件,促使其功能完善。如股东200人以上,净资产1000万以上,由两位保荐商保荐等,可上三板,已在代办系统运行的企业可通过定向增发扩大规模。除了在中关村企业的试点,深圳国际高新技术产权交易所可以推出一批符合条件的高科技企业在三板上市,加强与深圳"创新投"和"高新投"的合作,充分利用"深圳硅谷"的概念,使三板系统迅速扩容,迈上一个新的台阶。再次,要明确监管规则。按照《中华人民共和国证券法》规定,股份公司向超过200人发行股票就属于公开发行,由证监会审理。目前已明确证监会发行监管二部负责非公开上市企业发行的监管。最后,要明确转板规则。对于能达到主板或中小企业板上市条件的公司,公司可以提出在中小企业板的上市预申请。此时,每手交易单位继续降低并增加集合竞价的次数。同时,公司可以聘请保荐人按上市公司标准进行运作,保荐人辅导6个月后提出正式上市申请,证监会核准后成为中小企业板或主板上市公司。

(5)发展企业债券市场。债券市场是多层次资本市场发展的下一个重头戏。在股票市场大格局已定的情况下,深交所正在争取债券市场发展的先机。

我国债券市场存在的主要问题是债券品种单一,利率有限制,对投资者缺乏吸引力。从宏观层面看,对债券市场的重视程度不如股票市场,交易规模小,交易市场被人为割裂为交易所市场和银行间市场两个部分。在建立多层次资本市场政策指引下,债券市场将迎来新的发展机遇。只有股票市场,还无法建立起多层次的资本市场,中国必须补上债券市场这一课。

目前,我国的债券交易市场被分割成为银行间债券交易市场和交易所内的交易市场两部分。因此,深圳发展债券市场的最大优势就是有现成的交易平台——深交所的债券交易、结算系统,这个优势是其他绝大多数城市不具备的。要抓住国家大力发展公司债券的机遇,争取尽量多的公司债券在深交所上市交易。创新债券交易品种,发行中小企业集合打包债券、市政债券,在高科技企业、中小企业发行债券,开展债券期货业务。

3. 场外资本市场的发展路径

在多层次资本市场中,产权交易市场是最基层、规模最大的场外资本市场。由于产权交易市场是为大量的上市前的股份公司服务,为三板、创业板和主板市场培育后备资源,因此,大量发展产权交易市场,就为三板、创业板和主板市场提供了坚实的基础。2009 年 11 月 16 日,深圳联合产权交易所挂牌成立。这是深圳进一步完善多层次资本市场体系,加快建设区域金融中心城市,增强城市辐射力和竞争力的重大举措。

经过十多年的发展,深圳市形成了以深圳市产权交易中心和深圳国际高新技术产权交易所为主的产权交易有形市场。深圳联合产权交易所是整合市产权交易中心和深圳国际高新技术产权交易所成立的。

深圳市产权交易中心是全国最早成立的产权交易机构。深圳从 1993 年开始,进行产权市场建设的实践和探索,建立了企业性质的深圳市产权交易中心。经过 13 年的实践探索,深圳市产权交易中心初步形成了一个具有管理监督、市场交易和配套服务的综合性、多功能、开放性、规范化的体系。

深圳市高新技术产权交易所成立于 2000 年,主要服务于高科技股份制企业,帮助进行改制、上市、股权托管、股权交易业务。在深圳市高新技术产权交易所运营期间,有十多家公司公开发行股票、30 家公司进入上市辅导期。

深圳产权交易中心、深圳高新技术产权交易所充分利用市场的价格发现机制,实现竞价交易,维护国有资产安全,实现国有资产保值增值。深圳产权交易中心、深圳高新技术产权交易所一直大力推行公开挂牌交易制度,通过公开挂牌,公开信息披露,广泛征集受让方。规定凡是进入产权交易中心的产权转让和收购行为,都通过信息网络公开挂牌,通过省级报刊媒介公开发布信息。同时,深圳交易中心、深圳高新技术产权交易所还实现了与深交所信息发布平台的联网,挂牌信息实时同步发布,借助资本市场的信息优势,努力提高信息发布的广度和深度,为竞价交易创造条件。

深圳发展产权交易市场具有不可替代的内部条件和外部优势。整合后的深圳产权交易市场致力于做成产权交易平台,设立会员制,开展会员经纪业务,做大产权市场,向大产权市场方向发展,交易品种涵盖物权、股权、债权和知识产权,发展行业综合产品。整合后的深圳产权交易市场,积极实现与深交所中小企业板、三板和创业板相对接,加强与深交所的密切合作,充实产权交易内容,扩大产权交易范围,将非上市企业的产权流转,纳入统一监管下的市场体系。此外,深圳产权交易市场还为中小企业发展提供从股权配置、改制、境内外上市、权益融资、重组并购、股权质押等一系列配套服务;成为风险投资进入与退出的重要通道;成为其上市企业资源的"孵化器"和"蓄水池"。

4. 盘活深圳本地上市资源

深圳本地上市公司已经达到 100 家,上市公司数量在全国 36 个监管辖区中居于第 4 位,仅次于上海、北京和江苏;上市公司总资产达 1.5 万亿元,占全国上市公司总资产的 16.4%;上市公司总市值占全国上市公司总市值的 10%,有 10 家上市公司的总市值超过了 100 亿元。深圳市上市公司有一半以上集中在重点发展的四大支柱产业,涌现出一大批在行业、国内乃至世界范围内都居于龙头地位的企业。[①]

自 1997 年开始,深圳市在市(区)属国有控股的三十多家本地上市公司中的多数实施了资产重组。深能源整体上市在这方面走出了一条路子。深能源公司以每股 7.6 元的价格向深圳市能源集团增发 8 亿股,并向华能国际电力增发 2 亿股,华能国际以现金认购。深能源集团将所有资产(除部分产权不清晰之外)悉数注入深能源公司,整体上市。深能源集团旗下全部重要资产注入深能源公司后,深能源公司拥有沙角 B 公司、西部电力、妈湾电力、东部电厂、能源环保、铜陵深能以及集团本部等公司机电厂的权益和资产。深能源公司的装机容量一举扩展超过 1.5 倍以上;同时由于液化天然气机组资产的注入,深能源公司旗下发电机组的燃料结构更趋平均,深能源公司的上市资源进一步得到提升。

5. 为私募基金发展创造条件

私募基金是指不公开募集的,主要以非上市企业股权为投资对象的基金。它在风险投资、创业投资、企业重组与购并方面发挥着巨大的影响力。它可以将

---

① 参见李兴华:《深圳辖区上市公司年底有望达到 100 家》,《深圳特区报》2007 年 8 月 9 日。

处于不同发展阶段的企业有机地与多层次资本市场对接起来,为产业创新和转型发挥巨大的作用。美国硅谷的风险投资基金都是私募基金,入主深圳发展银行的美国新桥资本、参股中行的美国高盛集团等也都是私募基金公司。

深圳是全国基金公司数量最多的城市之一,深圳的私募基金达到了一定规模。据不完全统计,至少有五十只金额达到亿元以上的私募基金在运作。深圳私募证券投资基金主要以各类"投资公司"、"投资管理公司"、"投资咨询公司"形式存在,其资金来源一部分是公司资本金,另一部分是委托理财资金。在委托理财资金中,本地资金并不多,外地资金占了大部分。资金运用主要是在证券二级市场上买卖股票,也有少部分资金投资于实业。这方面最有代表性的是"南海成长创业投资有限合伙企业"(以下简称"南海成长"),这是 2007 年 6 月 26日成立的中国第一家有限合伙制私募股权机构,也是 2007 年 6 月 1 日新《中华人民共和国合伙企业法》(以下简称《合伙企业法》)生效后,首次在中国确立了有限合伙制这一合伙制形式,并与天津"渤海产业基金"南北呼应。"南海成长"完全按照国际私募股权基金的惯例来组织、管理的,是国内首家真正意义上的私募股权基金。"南海成长"投资于深圳"创新型企业成长路线图计划"的拟上市企业。① 深圳也还有专门关注种子期企业的天使基金,如"深圳冠誉"。深圳一些运作规范的私募基金公司开始与信托公司联手发行"信托计划",自发实现"阳光化"。该信托计划完全符合我国的《中华人民共和国公司法》(以下简称《公司法》)、《中华人民共和国信托法》(以下简称《信托法》)等法规,通过信托计划实现私募基金的"阳光化",成为深圳私募基金公司的一大创新。

国家相关法律的修定和宏观政策的支持已经为私募股权基金发展扫清了障碍。从法律上看,2005 年《公司法》、《证券法》先后进行了修定,特别是 2006 年出台了《合伙企业法》,私募股权基金发展有了新的空间。原有的《中华人民共和国合伙企业法》(1997 年)实行的是普通合伙形式,一个鲜明的特点是合伙企业必须有一个以上的人承担无限连带责任,这一点让不少民营资本不敢进入,导

---

① 参见黄金滔:《国内首家有限合伙制创投南海成长昨开始运作》,《上海证券报》2007年 6 月 30 日。

致中国风险投资难以发展。2006 年实行的新的《合伙企业法》对于私募股权基金的发展有两大重要促进作用:第一个促进作用是新法规定在原有的普通合伙形式之外,引入了有限合伙及有限责任合伙。有限责任合伙是指由普通合伙人和有限合伙人组成的合伙,其中普通合伙人执行合伙事务,对外代表合伙组织,并对合伙的债务承担无限连带责任,而有限合伙人不参加合伙业务的经营,不对外代表合伙组织,只按一定的比例分配利润和分担亏损,且仅以出资为限对合伙债务承担责任。有限责任合伙对创业型企业,尤其是高新技术企业有重大促进作用:它将具有投资经验和技术研发能力的机构或个人与具有资金实力的投资机构有效地结合起来,拥有资金但不愿承担无限责任的人提供了投资渠道,同时高新企业得到了发展资金。第二个促进作用是合伙企业只需交纳个人所得税而不用交纳企业所得税,避免了公司制下的双重纳税。

第二章
深圳企业向境外拓展的
历程、模式和经验

20世纪80年代开始,深圳有实力的企业就开始进行国际化布局。华为、中兴、招商银行、中集、康佳、深能源、创新投等企业在国内积极拓展业务的基础上,开始了建立全球化品牌、进行全球化布局的战略举措。深圳企业利用敢闯敢干的特区先行先试优势以及紧邻香港的区位优势,在全国率先开展境外投资活动,形成了一批在实施"走出去"战略上处于全国领先水平的国际知名企业,成为中国对外投资的先锋企业群。这些企业既拥有较强技术经济实力,又较为熟悉国际化经营管理并适应国际市场激烈竞争考验,客观上为中国推行"走出去"战略提供了不少宝贵经验、有效路径和实施策略。

第一节　深圳企业向境外拓展的不同阶段、
不同类型和总体规模

深圳企业向境外拓展经历了起步、调整、提高三个阶段。

起步阶段(1983—1990年):以市属大型国有企业在香港设立贸易公司和窗口公司为主,1988年深圳国际工程公司拉开深圳市对外劳务合作的帷幕。这期间企业依靠经济特区优惠政策及享有对外贸易经营权开展对外经营,主要从事贸易、房地产等业务,并作为窗口公司为特区引进外资和展销产品服务。由于缺乏经验和把握国际市场能力、涉外人员素质不高等原因,这段时期经营失误、携款外逃等案件时有发生,一些企业陷入严重亏损、资不抵债的困境。

调整阶段(1990—1998年):市政府改组部分驻外企业领导班子,撤销一批规模小、效益差的企业,通过清理整顿,驻港企业从最高峰107家减少到1996年53家。对境外企业经营模式也进行了探索:一是完善分配激励机制;二是进行境外企业经营者持股经营试点,深业、华为公司率先试点;三是推行属地化管理,驻外人员工资福利当地化,大胆聘用当地经营管理人才。通过清理整顿、优化企业治理结构和管理机制,境外投资出现新的气象,国别地域扩大,出现生产型、研发型境外企业,如广东浮法玻璃有限公司在香港设立广东浮法玻璃(香港)有限公司就是深圳早期生产型境外企业;华为1993年设立研发性质的华为美国研究所。这一时期境外投资主体仍以国有企业为主。此外,该阶段通过大力开拓香港建筑工程承包市场,带动深圳市工程承包和劳务合作迅速发展。

发展阶段(1999年至今):国家实施"走出去"战略,鼓励有实力、有条件的企业向境外拓展,出台了一系列资金、外汇等扶持政策鼓励企业向境外拓展,逐步放宽对外投资管理、下放权力、简化程序,由审批管理向核准制转变,开始构建"走出去"支持服务体系。深圳市全面贯彻实施"走出去"战略,在投资主体多元化、鼓励发展境外加工贸易、支持境外研发中心建设等方面开展大胆探索,促进深圳市对外直接投资、工程承包和劳务合作的快速发展,境外投资项目和投资总额及工程承包、劳务合作额呈现连续增长的态势。

经过二十多年的发展,深圳"走出去"初具规模,并形成了以下几种类型。

(1)境外投资,包括设立法人企业、代表机构、办事处、销售公司。到2008年年底,深圳企业境外投资规模达到34亿美元,设立法人企业、代表机构、办事处、销售公司588个,境外投资达到104个国家和地区。康佳、创维、TCL等科技型企业通过"走出去"在境外生产、研发、销售,成效显著。此外生物制药、集装箱制造等也逐渐发展成深圳市"走出去"的优势领域,如医药业著名企业三九医药、健康元、康哲药业、海王生物、一生堂等都加入到了"走出去"行列。

(2)对外承包工程,带动出口。这项业务从2004年开始,以每年30%的速度增长。华为、中兴两公司是代表,占全市对外承包工程企业业务量80%以上。华为、中兴公司已分别在世界各地设立了八十多个企业和分支机构,业务进入一百多个国家和地区。冠日通讯、讯达康通讯、高新奇科技等企业紧随其后,分别在海外设立了企业、机构并承接电讯工程业务。2008年,深圳企业对外承包工程完成营业额65亿美元,比重占全国14%、占广东省60%。2009年1—8月,深圳企业承接海外承包工程项目369个,新签合同金额58.45亿美元,完成56.05亿美元。深圳企业承接海外承包工程80%是电讯工程业务,合同金额中50%是技术服务,50%是提供电讯工程所需要的产品。海外承包工程的另外20%是建筑业务和设计服务。

(3)拓展海外市场,参加展会,推荐产品,销售产品。2008年,深圳企业参加境外知名展会104个,其中政府背景组团参加展会22个。2009年,政府背景组团参加展会30个。

(4)建立境外经贸合作区。建立境外经贸合作区地点选在越南海防市,规划8平方千米土地面积,一期建设2平方千米,2008年年底奠基并进入征地、拆迁、启动建设工程阶段,2010年一期建成投产。中央财政支持本项目2亿元资金,深圳地方政府1∶1配套。以中航继集团为首的8家企业,组成了联合投资公司。

据国家商务部统计,2008年深圳市企业境外实际直接投资额达到6.09亿美元,占广东省50.19%、全国10%,位居广东省和全国第一。截至2009年8月,深圳企业对外投资已经遍布6大洲104个国家和地区,以华为、中兴等为代表的企业在"走出去"方面继续保持良好发展态势。①

---

① 参见深圳经济特区研究会调研报告:《深圳企业实施"走出去"战略研究》(内部报告),2009年12月;参见商务部、国家统计局、国家外管局:《2008年度中国对外直接投资统计公报》,见商务部网站:egov.mofcom.gov.cn,2009年9月8日。

第二节　深圳企业向境外拓展的模式

一、海外工程承包和劳务合作——华为、中兴"走出去"模式

华为技术有限公司从 1994 年开始开拓国际市场，承包海外工程；1996 年和香港电信合作；1999 年，华为开始拓展中东；2001 年年底成立华为中东北非地区总部。2000 年 3 月，华为在埃及设立了联络处；2001 年又把中东北非总部迁到了开罗。不到两年，华为公司在埃及的销售额超过 1000 万美元，并在当地设立产品技术中心和用户服务支援中心，建立用户培训基地。

华为承建了香港和记电信网、肯尼亚的国家智能网、泰国的移动智能网；承建了俄罗斯 3797 千米超长距离 320G 国家传输网。华为公司在拉美地区的 9 个国家有业务，地区总部设于巴西圣保罗，在该地区华为共有 800 名员工。华为在阿联酋、阿尔及利亚、荷兰的 3G 网络正在设备建设中。经过十多年的努力拓展，华为已经初步成长为一个全球化公司。目前，华为在海外设立了 22 个地区部，一百多个分支机构，14 个研发中心，29 个培训机构，全球超过 87000 名员工。

华为海外业务每年以 100% 的速度增长，2002 年在国际市场上收获 5.52 亿美元，2003 年则变成 10.5 亿美元，2004 年实现 20 亿美元的收入，2005 年海外业务收入占其总营业额的 58%，达到 34 亿美元。2006 年，华为国际市场收入达到 55 亿美元，超过国内市场收入达到 65%。2008 年，受金融危机影响，全球通讯设备巨头业绩纷纷下滑，但是，华为仍然取得了逾 200 亿美元的合同销售额，其中海外销售占比达 75%。与此同时，2008 年华为全年纳税总额高达 120 亿元。自 2004 年至 2008 年，华为合同销售额从 56 亿美元快速上升至二百多亿美元，海外销售占比从 43% 上升至 75%，年均增速高于 40%。在国外，华为欧洲市场合同销售额与 2007 年同期相比增长了 42%、北美增长了 58%，其他地区也保持

了稳定快速增长。

华为公司的主流产品已规模进入美国、日本和欧洲,新兴市场份额稳步提高。以华为为代表的中国电信设备制造商进行海外市场拓展,已经成为中国电信业参与全球电信业竞争的重要组成部分。据诺盛咨询的统计,华为海外市场合同销售占全球市场的比例,2004 年达到 40%,2005 年达到 58%,2006 年达到 64%,2008 年超过 70%。①

中兴通讯公司从 1995 年开始进行承包海外工程的探索,1998 年取得突破,2002 年开始全面推进。2003 年,中兴国际化战略开始向纵深发展,产品新进入 13 个国家,在 10 个国家新建了海外维护处。2004 年,中兴通讯公司海外业务销售额达到 10 亿美元,同比增长 70%。2005 年 9 月,中兴通讯与国际电信业务提供商 CORISATAMERICAINC 签订商用合同,为其建设基于软交换技术的 NGN 网络,该网络初期将覆盖美国大部分地区,主要向用户提供 VOIP、高速互联网等业务,使源自中国的"下一代网络"产品首次大规模进入北美高端市场。在欧洲大陆,继建波兰国家传输干线、保加利亚 DWDM 传输网项目之后,中兴通讯宣布与著名跨国运营商 KPN(荷兰电信)签署了罗马尼亚全国骨干传输网络项目合同,该项目是中兴通讯高端光网络产品在欧洲高端市场的又一重大突破。2006 年,中兴通讯公司国际市场收入达到 13 亿美元,占公司总收入 45%。2008 年,中兴通讯实现营业收入 442.93 亿,海外业务占公司业务比重上升到 60.6%,达到 40 亿美元。

在巩固亚太、南亚、非洲等传统市场的基础上,中兴通讯大力拓展以跨国运营商、各国主流运营商为代表的优质客户,努力扩大 GSM、CDMA、传输等主流产品的市场份额,在西欧、北美等发达地区以终端和新业务应用为契机,规模进入发达国家市场。

2008 年,中兴通讯获得巴基斯坦电信公司(PTCL)Quetta 波分环和

---

① 参见姜薇:《中兴华为海外业务、出口或增长 30% 以上》,《中国日报》2009 年 3 月 10 日;参见王毅:《华为公司海外业务拓展战略的风险分析》,《广东通讯技术》2006 年第 26 期。

Rawalpindi 至 Mensehra 波分链两个项目，这是其年初独家中标 PTCL400G 波分干线项目的延伸。网络建成后，将会成为巴基斯坦境内网络规模最大，业务承载量最大的波分干线网。全网覆盖巴基斯坦境内绝大部分重要城市和地区，长近 6000 千米，承载了巴基斯坦全国 60% 以上的长途数据、语音、互联网等业务。

近年来巴基斯坦通讯业发展极为迅猛，电信市场的商业竞争异常激烈。运营商对电信设备的性能、供应商技术实力以及售后服务的要求也越来越高。作为巴基斯坦最大的固网运营商，PTCL 拥有巴基斯坦境内覆盖最完善的全光纤网络。随着传输带宽需求的飞速增长，PTCL 原有传输网已无法满足业务需求，2006 年计划新建一条 40 波 10G 的 DWDM 全国干线，以满足未来 5 年的干线传输需求。面对激烈的竞争和高技术要求，中兴通讯通过深入了解 PTCL 的需求和发展规划，为其量身打造了个性化网络解决方案，最终赢取了 400G 波分干线项目的承建权。该工程采用业界唯一能提供 6 种波分层保护方式的大容量长途密集波分设备 ZXWMM900 以及新一代 MSTP 设备 ZXMPS385 混合组网，并采用先进的 IPOverDWDM 解决方案，直接通过 DWDM 设备承载 PTCL 的核心 IP 骨干网。

凭借强大的技术实力和丰富的建网经验，中兴通讯建设了多个国家的大型骨干传输网络。如印度 BSNL 国家骨干传输网、巴基斯坦 PAKTEL 国家波分干线、保加利亚 Cabletel 骨干传输网、欧洲跨国运营商 GTSDWDM 国干传输网以及最近的葡萄牙 ARTelecom 骨干传输网、马来西亚国家骨干传输网、卢旺达 MTN 国家干线传输网、突尼斯全国网、哥伦比亚 Orbitel 国家干线波分网络等。目前，中兴通讯光网络产品已广泛应用于全球 90 个国家的 250 个运营商。

中兴通讯已加入了 ITU、ETSI、3GPP、3GPP2、IEEE、CDG 等五十多个国际标准化组织，并获得移动通讯（WCDMA，CDMA2000，TD-SCDMA），NGN、光网络、数据、交换，多媒体通信，网络安全及终端等多个领域的国际标准起草权和编辑者席位，累计提交国际标准文稿一千八百余篇。中兴通讯的全系列产品已经成功进入包括多个发达国家在内的全球一百余个国家和地区的市场，使全球近三亿用户实现了自由沟通。①

二、境外投资设厂——康佳集团、能源集团"走出去"模式

康佳通过设立分公司、设置商务代表处、海外建厂以及建立客户联盟等多种方式,初步形成了能够满足全球化战略的市场运营体系。多年来,康佳以自有品牌为主导,以国际化战略为方向,在全球贸易中重点市场重点突破。目前,公司的海外业务已拓展至南亚、东南亚、中东、澳洲、非洲、欧洲和美洲等八十多个国家和地区。康佳已成功介入欧洲最大零售市场,利用在欧盟成功渗透的桥头堡效应,2004 年,欧盟对华彩电配额 40 万台,康佳力拔头筹独享配额内的 20 万台,占据了欧盟对华配额的半壁江山。2005 年 5 月,康佳中标家乐福法国总部的大额电视机采购项目,签下 3 万台出口订单,成为国内家电行业中唯一中标企业。康佳公司目前制订了"康佳国际化 1568 大航海计划"。"海"意指海外市场;"大航海"表示康佳将大踏步迈向国际化。"1568"的含义是:1 个目标,即打造一个具有全球知名度的国际品牌;5 个制造基地,即墨西哥基地、印尼基地、土耳其基地、泰国基地、中国基地;6 个研发中心,即除中国本部研发中心外,在原有美国硅谷研发中心的基础上,还将分别在日本、韩国、法国、印度等设立工业设计中心、产品研发中心、软件开发中心等;8 个市场板块,即北美市场、欧盟市场、东南亚市场、拉美市场、中东市场、东欧市场、非洲市场、澳洲市场。②

2006 年,深圳能源集团装机容量约为 620 万千瓦,其中燃机电厂约 320 万千瓦,但从国内电力市场发展趋势和国家相关节能减排政策的逐步推出等方面考虑,能源集团电力产业结构明显不够合理;加之目前国际市场油价的攀升,燃油

---

① 参见姜薇:《中兴华为海外业务、出口或增长 30% 以上》,《中国日报》2009 年 3 月 10 日;参见中兴通讯公司 2008 年度公司年报,见《中国证券报》、《上海证券报》2009 年 3 月 20 日;参见中兴通讯公司 2009 年度公司年报,见《中国证券报》、《上海证券报》2010 年 4 月 8 日。

② 参见康佳公司 2008 年度公司年报,《证券时报》2009 年 4 月 30 日;参见康佳公司 2009 年度公司年报,《证券时报》2010 年 4 月 30 日;参见徐明天:《康佳吞下 150 亿巨额订单,国际开拓战略正式启动》,《深圳商报》2005 年 9 月 10 日。

机组发电成本居高不下。为此,适当降低燃油机组,增加其他类型机组比例,已经是能源集团必须要面对的一个现实。但调整和优化电力资产结构,做起来并不是件简单的事情,特别是在国内电厂市场竞争已经相当激烈的背景下。为此,能源集团调整思路,发扬业务创新精神,把眼光瞄向了国外市场。2006 年 8 月 30 日,经中非商会介绍,以拓哥贝酋长为首的加纳代表团到能源集团访问考察,并邀请能源集团与其在加纳电力项目中进行合作。经考察,加纳地处非洲大陆西部,当地及周边地区一方面有着丰富的石油资源,另一方面由于经济的快速发展对电力需求十分迫切,而且当地在电力生产技术方面远远落后于国内及能源集团。一个走出国门、走向世界的机会出现在我们面前。为此,能源集团在政府的大力支持下,抓住机会走出了重要一步,以加纳为平台,努力开拓国际市场。经过充分的技术论证,能源集团决定将深圳月亮湾电厂和珠海洪湾电厂各一台小燃油发电机组拆除进行技术改造升级,然后利用改造升级后的机组在加纳投资建设新的发电厂,这样不仅实现了去境外投资的目的,也达到了降低国内燃油发电机组的目的,一举两得。2006 年 12 月 5 日,能源集团加纳项目领导小组正式成立,项目前期工作紧锣密鼓地开展。2007 年 2 月对加纳进行为期 1 个月的实地考察和谈判,不仅完成了电价谈判工作,而且就供气合同、购售电合同、接入系统方案、电厂用地、优惠政策和发电营运许可证等事宜进行了较为深入的谈判;4 月完成了《加纳燃气联合循环发电工程可行性研究报告》,并通过了国家电力规划设计总院的评审。2008 年,实现了第一台机组建成投产的目标。加纳项目规划规模为 2×100MW+2×180MW 机组,一期建设 2×100MW 机组,总投资 102712 万元。此外,加纳的成功,也让能源集团看到了更多的发展机会。2009 年以来,能源集团正在积极与阿联酋、菲律宾等地进行沟通联系,寻找更多投资项目。

三、境外收购兼并——中集集团"走出去"模式

中集集团自 1980 年创立伊始,就确立了公司外向型的经营战略,从第一台集装箱的生产下线,到金融危机前的 2006 年公司实现年出口销售额超过 40 亿美元,其大致经历了"走出去"的三个阶段。

第一个阶段：通过国际贸易将产品"走出去"，成为"国际化"企业。如今，中集集团已成为全球规模最大、品种最齐全的集装箱制造集团，产品遍及北美、欧洲、亚洲等全球主要海陆物流系统，全球市场份额超过 50%，在集装箱行业确立了世界级地位。

第二个阶段：构建全球化的运营体系，实现供应链、产业链和价值链的"走出去"，成为"跨国企业"和"全球化"企业。

第三个阶段：成为真正意义上的"世界级"企业。利用中集集团对制造业的先进管理经验和国际化运营平台，以海外并购为手段，组建中集集团国际化运营的跨国企业架构，使中集集团成为真正意义上的世界级企业。[1]

四、投资境外企业股权——创新投公司"走出去"模式

深圳创新投公司是运用资本经营品牌拓展国际市场的类型。创新投公司管理的基金规模达到 12 个亿，近十年来在国内外投资了一百四十多个企业。深圳创新投公司在欧洲、中东、以色列、东亚、美国都有分部，在国内 15 个城市已经建立起二十多个区域性基金和引导性基金。近年来创新投公司投资的项目有三十多个在境内外资本市场上市，其中有 24 个项目在境外完成上市。创新投公司还是德国交易集团上市的合作伙伴，2006 年又开通了法兰克福高级板，推出了风险环保项目在这个板块的上市，融资了 1 亿欧元，也是中国第一个企业在这个板块里面挂牌上市。创新投公司打通了在韩国的交易所市场，随着创新投公司投资的三诺电子公司在韩国的挂牌，使得韩国这个市场由一个本国的市场变成国际性的市场。目前创新投公司每年保持 10 个以上的项目上市。[2]

五、试办离岸业务和机构——招商银行"走出去"模式

早在 1987 年成立之初，招商银行就明确提出了"逐步进入国际金融市场"的战略目标。1989 年，招商银行试办离岸业务，开始探路海外金融市场。1992

---

① 参见周悦：《中集集团三步走向全球化》，《证券时报》2007 年 11 月 12 日。
② 参见深圳市政协调研报告：《深圳企业"走出去"调查》（内部报告），2007 年 12 月。

年,招商银行香港代表处成立,招商银行"走出去"战略迈出了标志性的一步。1993 年 6 月 5 日,招商银行首次在境外发行 5000 万美元 3 年期可转让大额浮息存款证。1997 年 7 月 31 日,招商银行在国际金融市场成功发行 1 亿美元 5 年期浮动利率债券(FRN),并在卢森堡证券交易所上市。2002 年 8 月,香港分行开业,同年 10 月纽约代表处成立。而此前 2 月,招银国际金融有限公司在香港组建,并于 2003 年 11 月获香港证监会批准在香港开展投行业务。2007 年,招商银行设立纽约分行。

六、在境外设立研究机构——华为、中兴"走出去"模式

华为公司在印度的班加罗尔、瑞典的斯德哥尔摩、俄罗斯的莫斯科、美国的达拉斯和硅谷等地设立了研发中心,此外还与美国 3COM、西门子等企业在境外开展技术合作。在开发境外技术资源中,该企业既利用了发达国家的先进技术,又利用好发展中国家成本低廉的技术人才资源,形成了技术研发的全球网络。目前,华为在海外设立了 14 个研发中心,29 个培训机构。

1998 年,中兴通讯在美国设立了 3 家研发机构(新泽西、圣地亚哥、硅谷),分别从事软件交换机、CDMA1x 高层协议的研究和世界信息领域最新技术发展动态的跟踪引进;2000 年,中兴在韩国成立了韩国研究所,致力于 CDMA 产品研发;2005 年中兴又与巴基斯坦政府签署了十多项商业合作协议,其中包括在当地设立研发中心。研发业务的全球化运作,使得中兴通讯处于全球技术领先位置,其 3G 系统全面成熟,在 WCDMA、CDMA2000 和 TD-SCDMA 三大技术制式上全方位推进,成为全球为数不多的有能力在三种 3G 制式上全面推进并取得成功的通信设备厂商之一。截至 2009 年年底,中兴通讯在全球范围内的专利申请数量超过 7000 项,其中相当比例是 3G 系统、NGN 系统和光传输系统的核心专利。

第三节　深圳企业向境外拓展的制约因素

深圳企业向境外拓展总体上还处于初级阶段,企业采用贸易途径以及投资建厂等方式实施"走出去"战略的较多,以资本运营模式(主要是收购兼并、股权置换、境内外上市等方式)进行的较少。从整体上说,像华为、中兴这样具备较强"核心竞争力"的企业还不是很多。面对复杂多变的国际环境和市场竞争,深圳企业在向境外拓展过程中也遇到诸多问题,集中在以下方面。

(1)项目审批核准难度大。在境外的投资项目,需要国家发改委、商务部、外汇管理局等众多管理机构审批,手续相当烦琐。

(2)企业层面与东道国政府沟通渠道有限。企业在进行境外运营的过程中,经济因素并非唯一的要素,与当地政府的沟通交流也是非常关键的问题。在实际的投资、收购兼并、股权置换、境内外上市过程中,企业层面与东道国政府方面的沟通渠道有限。

(3)本土金融中介服务机构对企业资本运营支持力度相对欠缺。深圳企业的全球化、区域化布局无疑也需要金融服务业的大力支持,需要具有国际视野的高质素本土中介服务机构队伍的支持。国际上在诸多成功的大型资本投资扩张案例背后,我们时常会发现美林、高盛、摩根等投资行业的巨头以及四大国际会计师事务所等的身影。中国本土中介服务机构队伍对企业进行以资本为主导的对外投资活动支持力度相对欠缺。

(4)信息反馈机制不健全,导致一些影响资本运营成败的深层次因素难以控制。影响企业境外运营成败的因素很多,除了企业时机的把握、投资对象、地点的选择、谈判对向等因素外,还有一些隐性因素,如法律障碍、东道国工会或行业协会干预、地方政府利益纠纷、专利陷阱等。由于不少企业在对东道国文化、法律、商业环境、工会权力、地方利益协调等方面信息收集、反馈和分析能力欠缺,往往就面临着较大的投资风险。

（5）贸易摩擦接连不断。2000 年以来，深圳企业在"走出去"过程中，遭遇的贸易摩擦已由最初单一的反倾销，转变为反补贴、保障措施、特保措施、技术壁垒、纺织品设限、美国 337 调查等多种摩擦形式。2009 年，深圳多家涉案企业为应对美国"337 调查"而积极备战，有一家企业就同时卷入了反倾销、反补贴和 337 调查三种贸易摩擦。西班牙"烧鞋事件"，俄罗斯驱赶中国商人风波，对深圳企业"走出去"也影响很大。

（6）法律问题严重阻碍企业的拓展。包括知识产权在内的法律问题严重阻碍了深圳企业在境外投资的开拓和发展。深圳的一些民营企业技术积累和开发能力薄弱，经常遭到外国企业利用包括知识产权在内的法律问题进行经营活动的阻碍。外国企业"发难"的策略有五种。

一是利用中国政策，依靠中国政府部门"打假"。

二是利用法律武器，以侵犯著作权、商标权、专利权、商业秘密权以及开展不正当竞争等为由提起知识产权诉讼。

三是制定知识产权的游戏规则，竖起技术专利"壁垒"，阻挡中国企业进入他们的势力范围。深圳星光公司生产的相册在美国广受欢迎时，却遭遇美国竞争对手精心设计的专利陷阱：美国安提俄克公司告星光公司侵犯知识产权，被海关停止了对美业务。广东省高院最终判决认为，美国公司提出的知识产权侵权并不成立，该技术属失效专利。官司历经两年虽打赢了，但市场已被竞争对手完全控制。

四是沿着产品发展方向，在中国大规模进行专利申请，提前设置"路障"。

五是利用中国民营企业知识产权意识淡薄的机会，抢注中国企业的专利和商标，甚至打击、收购、淡化。

不同的法律体系，对深圳企业境外拓展也是重要的制约因素。招商银行于 2006 年 6 月启动纽约分行筹备申请工作，2007 年 1 月正式向美联储和纽约州银行厅提交申请报告，2007 年 8 月获得纽约州银行厅有条件的批准。而美联储在 2007 年 11 月 8 日才批准招商银行在纽约设立分行，在整个纽约分行筹建申请过程中，招商银行主要遇到以下问题。

一是并表监管问题。根据美国法律的要求，外国银行在美设立机构，需要得到美联储对其母国监管当局综合监管能力的认可,并在并表监管方面,作出有效说明并符合美方要求。

二是控股股东问题。美国法律规定如一家银行被某股东持有25%以上的股份,则该银行将被视为该股东的附属机构,需按照美国控股公司法审查股东整个集团的财务状况;而股东持有股份低于5%,则认为该股东为非控股股东。目前,招商局集团合计持有招商银行17.63%的股份,理论上招商银行不附属于招商局集团,但是高于5%,而且招商局集团在招商银行董事会18个董事席位占据6个席位;另外,招商银行其他法人股东亦为国有企业,牵涉国家控股问题。因此美联储对于招商局是否控制招商银行的问题研究了很长时间。

三是反洗钱问题。美方不但重点关注招商银行在反洗钱、反恐和内部控制等方面的工作,同时也对我国反洗钱工作特别关注,特别是我国能否通过FTAF组织的评估,成为其正式会员。

四是申报程序复杂,过程太长。由于中美两国的语言、文化传统、法律环境皆不相同,其中的沟通、联系及理解需要大量的工作。在递交正式申请材料之前,美联储要求招商银行与其进行多轮非正式会谈,经过多次会谈后才同意招商银行递交正式申请。另外,美联储审查时间过长,法定可以有360天的资料审查时间,而且在审查过程中,无法知道美联储的进展程度和获得批准的可能性。

五是无法开展零售业务。根据美国《对外资银行监管加强法》,在1991年12月19日以后,外资银行的分行不能在美国开展10万美元以下的零售业务。

总之,美国虽然坚持自由贸易的原则,但是在机构准入的审批程序上存在许多障碍,导致申请过程中遇到很多困难;在许多条款和要求上,存在许多不确定因素,给予美联储较大的自由裁量权;在机构准入上,美联储不但对单个银行进行审核,同时考虑整个国家因素以及监管部门的情况,单个商业银行是无法解决的。

由于银行业在现代经济体系中的核心地位,许多国家在面对外资银行准入问题时尤为敏感,将这一经济问题政治化、外交化,即便在市场经济最为发达、监管体系最为完善的美国,对外资银行进入的态度也极为"审慎",由此导致招商银行在"走出去"战略实施过程中阻碍重重。相反,近年我国在金融开放和引进外资银行方面的力度很大,不仅有很多外资银行参与中资银行股权重组,而且还积极鼓励外资银行在本土设立法人机构,取消了业务经营范围限制。中外银行双方在推进"走出去"战略过程中,存在着外部约束上的实质不对等。

此外,中资银行在"走出去"过程中,还普遍面临着一些来自自身方面的问题和困难,诸如国际型经营管理人才匮乏、对东道国监管法律及惯例了解不够透彻、风险管控能力有待进一步提高、海外业务成本较高、中外消费和服务文化差异以及由国内金融分业经营环境转向国外综合经营环境体现出的经验劣势等等,都不同程度上影响了中资银行"走出去"的前进步伐。

第四节 深圳企业向境外拓展的成功经验

实施"走出去"战略,向境外拓展,是深圳经济全面转型和提升的过程,是企业运营体系全面再造的过程。我们不能把它看成是仅仅做成几笔国际贸易、完成几个海外销售订单,或者是在海外投资建设几个工厂、设几个办事处,或者完成一两件轰动的海外并购。"走出去"的实质是构建全球化的运营体系、打造世界级的领先企业。全球化的趋势必将对现有的商业模式、企业组织机构和业务流程产生巨大变革,企业将从一个立足本土、以在国际竞争中获利为目的的"国际化企业",到由位于不同国家和地区的公司分支机构和部门独立为企业贡献价值的"跨国企业",最后成长为充分利用全球地区优势、再整合为全球分工又合作统一企业架构下的"全球化"企业。当今世界随着互联网时代的信息共享、现代交通的便捷快速、生产外包和离岸经营模式的完善和普及、社会分工的专业化,原有的全球产业格局已经被"碾平",全球市场和中国市场之间的差异越来越小,企业已经没有所谓"国际化"与"本土化"的选择,全球市场已经成为遍及全世界的供应链和区域性优势产业集群的组合,企业间的竞争成为获取全球产业资源的竞赛。在以上的国际大背景下,深圳企业在"走出去"过程中获得了以下经验。

一、打造"走出去"的基础

任何企业的全球化发展都不会一蹴而就,必须要经过创业阶段、积累阶段,最后才能"走出去"。即使经过了创业和积累,企业有了一定的行业知名度、产业优势和外汇资金积累,"走出去"也不是一时性起、心血来潮的生意冲动。"走出去"是一个长期的国际化战略的规划和实施过程,是企业未来的全球化生存方式。国际化是一个系统工程,必须创造多种竞争优势,整体推进。深圳企业在"走出去"向境外拓展的时候,要完成以下转型和提升。

(1)国际化运营和管控模式,即拥有一套成熟、有效的掌控全球供应链、跨国协同研发与制造模式、全球市场渠道、全球客户服务网络和国际资金链体系。

(2)全球化的商业模式,即拥有成功的本土市场运营经验和成熟的国际市场品牌形象,拥有适合全球市场的产品和服务。

(3)国际化的人才储备,即拥有一批有全球视野、具有实际操作能力的国际化人才,特别是高层管理人才。人才是企业发展的根本。早在创立初期,中兴通讯就把"以人为本"作为企业文化的核心,并围绕这个核心制定相关的人事管理制度。在"走出去"的过程中,中兴通讯培养了一批熟悉国际市场规则、具备开拓精神的来自国内的人才队伍;同时,随着国际化进程的推进,海外员工"本地化"工作也在稳步推进。以印度为例,从1999年进入印度以来,中兴通讯印度公司已从最初的4人发展到今天的600多人,其中80%的员工是印度当地人,他们已成为管理、市场、售后等各个职能部门的骨干。2006年年底,在印度通信业有38年从业经历的印度人Ghosh成为中兴通讯印度公司总经理,中兴通讯印度公司从此真正成为一支由本地人带领的队伍。目前,中兴通讯39000余员工中,国际市场员工有4500多名,其中外籍员工比例已经达到60%。①

(4)殷实的资本储备。无论是哪一种形式"走出去",现代商业社会是以资本为纽带,全球产业链就是全球资源链,任何一个环节又都是以资金链为基础。

---

① 参见冯晓芳:《解读企业国际化的"中兴模式"》,新华网(www. xinhuanet. com),2007年7月10日。

在利用资本市场方面,中兴通讯继 1997 年在国内上市后,2004 年又作为中国内地第一家"A+OH"(中兴通讯尝试发 H 股)的公司,成功在香港联合交易所上市。资本市场的支持成为中兴通讯国际化的有力保障。

(5)丰富的知识储备。信息不对称是全球化商业社会的最主要特征之一,忽视一个法律条文、错过一条专利信息、忘记一个文化禁忌都可能导致一个几亿美元的海外项目失败,对全球产业趋势和商业背景的研究是"走出去"的前提。

(6)加强技术创新,掌握业务全球化话语权的钥匙。由于中国企业在"走出去"的过程中,往往由于缺乏原创性专利,被国外企业阻击,因此,技术创新才是掌握全球市场话语权的金钥匙。

没有世界级的技术研发能力,不吸收全球的先进技术,就不可能生产出世界先进水平的产品,就不可能打造出世界级企业。中集集团在"走出去"的过程中始终坚持在产品技术创新领域的话语权。

长期以来,中国企业在技术、标准上没有太大作为,而中国也一直都没能摘去"世界工厂"的帽子。对这一问题需要辩证看待,一方面在一些基础产业、低技术含量的行业,在一定历史时期,中国作为"世界工厂"有其必然性。但一个国家、一个民族,要想在世界上真正立足并赢得国际社会的尊敬,必须在高科技领域占据一席之地。中兴通讯很早就意识到了这一点,并在企业创立之初,就将自主创新作为立身之本。二十多年来,通过逐步投入、逐步积累,中兴通讯已形成了以企业为主体的自主创新机制和具有高度创新精神的研发团队。目前,中兴通讯在 3G(包括 WCDMA、CDMA2000、TD-SCDMA)、NGN、数字集群、核心路由器、宽带数据、光传输等技术领域均已达到国际先进水平。同时,在技术与市场的结合能力以及应用方面,中兴通讯甚至已经超越了部分欧美厂商。

在自主创新的基础上,中兴通讯已开始和国际上掌握核心技术的厂商,如英特尔、高通、爱立信、阿尔卡特等开展多层次、互补式的平等合作,并在中国通信制造领域率先开辟了向国外企业进行专利授权的"先河"。同时,在技术上的自主创新,也开始为中兴通讯在国际市场带来历史性机遇,比如对于 GoTa 数字集群、CDMA 等我们确实有技术优势的产品,国外客户甚至可以接受我们的价格高于其他跨国厂商的现实。

二、寻求"走出去"的最佳盈利模式

我们不能把"走出去"当做是企业到国外去"作秀",企业"走出去"最终要实现盈利目标。这就要求企业在"走出去"之前,积极思考自己的盈利模式,达到最大效应。深圳在第一阶段"走出去"的过程中,就出现了部分企业盲目"走出去"的案例,尽管这些企业实现了它们"走出去"的愿望,也得到了各界的关注,但是,最终却以失败告终。重要的原因是它们没有找到一条到国外经营的正确盈利模式。华为公司一开始就注重建立以市场为中心的盈利模式,使公司在海外能够获得可持续的发展。1997 年,华为公司在俄罗斯建立的第一个海外合资项目,这个项目也是到目前为止华为公司唯一的一个生产型海外合资企业;该企业的创办为日后顺利获得俄罗斯邮电部的入网许可证发挥了重大作用。目前该合资企业占据了华为在俄罗斯和独联体市场每年高达 10 亿美元的份额。这就是华为根据不同的情况所作出的不同的选择,从而找到自己的盈利模式,顺利在海外站住脚跟。

三、承诺、信任和尊重海外文化

"走出去"实现跨国兼并是勇敢者的游戏。海外并购的成功,国际化运营平台管理的最大挑战,是在不同文化背景下,如何融合和融洽的工作,能否发挥不同文化下业务单元各自最闪亮的部分,而不是相互磨蚀和抵消。在这方面,深圳企业积累了一些经验。

中集集团北美并购项目位于美国中部印第安纳州的 MONON 小镇,在一个人口仅仅 1800 人的小镇上,中集集团 Vanguard 工厂的雇员占到这个小镇总人口的 1/4,这里没有超市,却有 4 座教堂、4 个基督教派。

中集集团北美项目新公司的名字"Vanguard"是在广泛征集美国员工的意见后确定的,商标图案也是中美共同设计的,结果产品新形象一推出市场就得到普遍认同。

中集集团欧洲的并购项目 Burg 有一间工厂位于比利时,当地居民以法语为主要语言,车间技术工人主要使用德语,而管理和销售却以荷兰语和英语为主。

这两个项目代表了中集集团"走出去"的文化困境,一个公司有4个教派,而另一个公司却需要4种工作语言,文化的融合成为海外并购成功的关键。

没有任何诀窍可以跨越文化的差异,中集集团的做法:一是坚守承诺,并购后的公司领导班子保持原班人马,以"信用"换取"信任";二是包容、尊重,在跨文化融合中"讲包容、讲团结、讲学习、讲协同",实现"真诚合作,优势互补,共同发展"。坚持了以上原则,中集集团这两个项目都获得了成功。①

四、发挥企业群体作用,打造"走出去"服务平台

深圳企业实施"走出去"战略要改变单打独斗现象,发挥企业群体作用,企业共同向一个区域集中投资,相互帮助。韩国企业对中国投资、日本企业向海外投资,包括中国台湾企业向海外投资,都积极发挥了企业群体作用。发挥企业群体作用,能起到资源、信息共享作用,产业链互补。包括深圳在内的珠三角地区电子、机械、钟表、珠宝等行业已经形成配套齐全的产业链,单个企业"走出去"到东盟投资,如果产业链配套不齐全,在节省劳动力成本等优惠的同时,可能会增加其他营商成本。

深圳企业发挥企业群体作用可采用两种方式:一种是"联动式",由大企业牵头,各有关行业企业配套,共同"走出去",在境外设厂、设立研发中心、建立战略联盟,形成产业规模和产业配套优势;另一种是"产业集群式",由行业协会牵头,同一行业的企业共同"走出去",形成产业集群优势。具体方式是与境外产业建立联合机制,促进交流合作,由行业协会组织企业在境外特定区域集中式的发展。

深圳市结合国际产业发展趋势和产业比较优势,重点支持优势战略产业群、优势传统产业群、新兴产业群"走出去",积极鼓励服务业"走出去"。其中,传统产业中包括钟表、玩具、珠宝首饰、家具等行业产量占世界市场较高的份额,可以通过"走出去"寻找和拓展更有利的生存空间。

启动"走出去"服务平台建设,积极创新"走出去"的方式。建设境外经济贸

---

① 参见周悦:《中集集团:三步走向全球化》,《证券时报》2007年11月12日。

易合作区,打造深圳企业海外发展的营运平台是一个很好的方式。为了积极配合和响应商务部在境外建设经贸合作区的号召,2006年12月,深圳市政府多个职能部门以及港口、机场、高速公路、医药、纺织、能源、建筑、外经等企业组成的代表团,前往越南岘港市进行经贸考察,双方就加强两地经贸合作展开了深入交流。2007年10月21日至27日,深圳市政府有关部门以及金融机构等组成的经贸代表团前往越南岘港市、广南省、广宁省等多地,就经贸合作区建设的具体事宜进行深度考察。深圳市在越南建设经贸合作区项目由此被提上议程,并得到商务部的充分肯定。深圳市越南经贸合作区建设进入实质性的启动阶段。深圳市越南经贸合作区有一个突出特点,即由企业组成合作区投资主体,组成"联合舰队"共同"走出去"。同时,由中国进出口银行、国家开发银行、中国银行、中国出口信用保险公司共同为合作区项目提供金融、保险配套服务;由投资主体企业、市服装行业协会、电子商会提供产业规划以及入区企业招商配合与服务。

五、健全政府服务体系

根据深圳企业在国外发展经验,"走出去"的主体虽然是企业,但企业要成功实现对外投资扩张,离不开政府在服务体系、法律法规等方面的有力支持。毕竟中国企业"走出去"战略尚处于起步阶段,与发达国家相比还有一些需要改进和完善的地方。具体说,需要从以下方面健全政府服务体系:

(1)成立专门的对外投资管理机构,建立跨部门的领导协调机制。在"走出去"的过程中,可借鉴新加坡的模式,成立专业的政府服务机构,专职于帮助企业拓展对外投资扩张活动,可有效开发和利用好各类资源,逐步建立起完善的对外投资服务网络。统一制定企业对外投资的有关战略规划与方针政策,及时协调各相关职能部门的工作,为深圳对外投资企业提供包括政治、经济、市场、政策、法律、外汇、金融等多方面的指引和服务。此外,该机构可向主要经贸往来国家和城市推广深圳的优势产业集群、优势企业群体,树立深圳企业的良好形象。还需加强对深圳企业的权益保护。发达国家为保护国民在海外的生命财产安全常常运用法律、外交等手段。而近年来国人在海外权益受侵犯的案例时有所闻,随着中国企业"走出去"步伐的加快问题将愈来愈突出。国民海外权益保护主要通过双边或多边国际协定来解决,但地方政府仍可有所作为,比如增加与某些重点经贸往来城市的政府交流,与本国驻当地使领馆加强互动等。

在成立专门的对外投资管理机构基础上,同时建立跨部门的领导协调机制,建立由政府对外投资管理机构、发改委、外事部门、财政金融部门、出入境检验检疫等部门参加的联席会议制度,定期召开会议,及时沟通信息,提出阶段性的工作计划,共同研究和协调处理实施对外投资战略中所遇到的问题,帮助企业健康发展和规避风险,并根据情况提出和制定相关法规、政策的建议。

(2)在企业品牌推广、产业集群腹地扩张、对外信息交流、人才交流、文化交流等诸多方面建立集中的服务平台,充分利用好政府的服务窗口,为企业实施"走出去"战略提供更便捷、更经济、更有效的途径。

——为企业提供一流水平的经贸信息、法律顾问、商事认证、市场拓展、品牌培育、经贸交流和国际展览等服务项目,为企业"走出去"提供直接、高效的公共服务。

——利用国际国内资源优势,大力开展国际经贸交流活动,组织企业赴目的地市场举办招商项目推介会、产品推广会和合作洽谈会,定期在举办各国(地区)贸易投资介绍会,举办国际贸易投资洽谈会,组织企业参加各国(地区)举办的招商活动。

——利用展览交易平台,帮助企业特别是中小企业拓展国际市场,如举办品牌国际展会,组织企业参加国外展会,条件成熟时直接组团赴外举办专场展会等。

——加强中英文网站的国际经贸信息交流与企业资讯服务平台的功能,建立国内外买家卖家数据库,为企业提供实时查询国内外企业基础信息和信用信息的服务;建立各国贸易投资政策法规和招商项目信息数据库以及网上在线咨询系统,为企业"走出去"提供海外政策和项目信息咨询服务。

——依托国际伙伴网络(IPM)平台,帮助企业寻找国际合作伙伴。将美国商务部和中国贸促会合作的"中美国际伙伴网络"成功的中美企业合作项目配对合作模式推广至其他国家和地区的企业,为深圳企业特别是中小企业提供一对一的国际贸易投资合作项目配对服务。

——组织企业赴外投资考察,帮助企业获得优质投资项目。在认真做好前期联络沟通的前提下,组织深圳企业赴外国进行实地投资项目考察,帮助深圳企业获得更多的市场前景好、投资价值高、风险系数低的投资项目,抢占发展先机。

——拓展国际商事认证业务,帮助企业应对贸易壁垒。在继续做好签发原产地证明书、商事证明书、外贸单据认证等贸促会传统业务的基础上,提供国际专利、商标、版权注册代理服务;提供欧盟和其他国家产品质量及质量管理体系认证的代理服务;全面开展领事认证服务;开展绿色环保认证、知识产权认证、社会责任认证等新的认证业务;大力推广使用 ATA 单证册(ATA Carnet,即货物通关护照)。帮助企业拓展海外市场,促进外贸出口。企业是贸易摩擦的应对主体,但政府和行业协会也应发挥积极作用。政府有关机构在深圳市重点、敏感行业和产品面临贸易摩擦危险时,要及时发出预警,并进行应对培训。当摩擦发生时,要及时通知涉案企业,并鼓励其积极应对。摩擦结案后,要总结经验教训,让企业共享信息,有效调整企业行为。

——加强国际经贸法律服务,大力开展企业资信调查、商账追收和纠纷调解等业务。探索提供企业资信证明书,在实事求是的基础上,帮助企业提高声誉,帮助企业树立良好信誉;针对出口企业面临的市场准入、技术、法律壁垒及知识产权保护等具体问题,提供法律咨询和法律援助服务;举办国际经贸法律公益讲座,开通国际法律在线咨询;积极开展国际商账追缴、国际贸易纠纷调解等业务,努力为企业排忧解难。

——以各种方式和渠道向全世界宣传、推广深圳,让全世界主要国家的地图标上深圳,在世界各国的许多地方建立深圳的标志。

——推动深圳商贸物流业向国际化迈进。将深圳大型专业市场以加盟的方式组织起来,实行统一标志标识、统一管理规范、统一监管措施、统一市场推广、统一配套服务、统一规划发展等措施,建立起一个超大型的国际采购平台,使之成为永不落幕的博览会,推动深圳商贸物流业向国际化迈进一步,使深圳成为国际重要采购基地。

——为来深圳投资贸易的外国企业提供更有利的法律保障,进一步改善和营造深圳国际投资贸易的软硬环境。

六、完善财政、金融、税收政策

利用财政政策对拓展境外投资的企业进行一定额度的贷款贴息,减轻企业负担;建立专项发展基金,用于鼓励和支持各类企业开拓国际国内市场。

借鉴国际经验,向对外投资企业提供税收优惠,消除国际双重征税。对海外投资收入减免税收,允许海外投资企业实行亏损提留制度。

推广实行产业导向的税收政策,对政府规定鼓励的投资产业如深圳市的四大支柱产业等实行特殊的对外扩张税收优惠政策。

加强政策性金融支持。在企业进行跨区域、跨国别的资本运营过程中,过桥贷款、融资担保、联合融资、项目融资、跨境银行贷款以及信用担保服务、风险投资、股权投资等金融服务方式和金融创新产品的利用起到非常重要的作用。政策性金融支持能提升企业资本运营扩张的能力。

外汇政策是由国家统一制定的,但地方政府应在外汇政策上有所创新,切实解决企业实施资本运营扩张战略时外汇管理上的一些障碍,如改革结售汇制度、允许境外企业保留其境外利润、允许没有自营进出口权的企业开设外币账户、鼓励金融服务体系从重点服务对外贸易转向兼顾对外资本运营扩张等。

海外投资保险制度在发达国家已经相当成熟,但在我国还比较薄弱。日本经济产业省在亚洲金融危机后,于2004年4月开始向设在亚洲国家和地区的日资企业提供贸易、投资保险服务,以促进企业对该地区的直接投资,减轻对外贸易和资本运营投资扩张的风险。目前,我国在建立对外投资保险方面还仅处于试验阶段。深圳可以发挥先行先试作用,建立起对外投资保险制度,促进对外投资企业加强与风险投资公司、保险公司的联系,建立风险共担机制,帮助企业防范和化解对外投资风险。

七、为金融企业"走出去"提供支持

金融企业"走出去",是对工商企业"走出去"的支撑。根据招商银行等金融企业"走出去"的经验,银行监管等政府部门要加强与东道国政府的协商对话,促进对方监管部门减少对中资银行机构准入的非审慎性限制,提高市场准入审批效率。要把握好深圳市金融开放和引进外资银行的进度和尺度,尤其是在华外资银行的机构审批(包括分支机构审批和法人银行审批)不宜过快,适度保护好中资银行的传统优势,给予中资银行更充分的缓冲空间,以增强中外银行在"引进来"和"走出去"上的对等性、协调性。要加快金融业综合化经营试点步伐,扩大试点业务范围,促进中资银行跨领域产品的创新,建立健全监管协调机制,以增强中资银行在本土综合化经营的经验,并不断地适应海外竞争环境,提升"走出去"的竞争起点。要加强对中资银行"走出去"的专项培训,重点加强对国际银行业监管制度、东道国法律文化环境、风险管理技术、海外展业经验等方面的学习和了解。

八、培育和引导中介服务机构快速向国际化水平发展

收购兼并、股权置换、境内外上市活动的复杂性和专业性决定了中介组织在其中的重要作用。跨国巨头们在对外资本运营的过程中,大多都会聘请本国具有国际经验的大型投资银行(如美国的高盛、荷兰 ING 等)、会计师事务所、律师事务所等专业机构参与。深圳应充分发挥目前已经形成的金融服务优势,在政策上支持具备国际视野的本土投资银行、会计师事务所、律师事务所等中介服务队伍的快速发展。

九、鼓励企业积极进行境内外上市活动

现代企业"走出去"离不开资本市场的支持。企业根据自身业务发展战略的需要,积极进行境内外上市融资,一方面有利于企业形象的推广,有利于企业价值的体现;另一方面也有利于企业在收购兼并、股权置换等资本式扩张过程中增加交易的手段和筹码。企业在上市后可以充分利用国际流行金融工具和支付手段来进行资本运营,例如企业将现金方式与定向发股、股权置换等方式结合运用。

十、加强国际运营方面的人才引进和培育工作

高端人才的缺乏,已经成为企业成功进行资本运营的瓶颈。政府在加强对

于高新技术等产业人才引进的同时,要加大引进高端金融人才的力度,特别是加强对于具有在国际市场上进行收购兼并、股权置换、会计、审计、资产评估等专业领域具有实战经验的高端人才的引进。高端金融人才队伍的培育和引进将对企业对外资本运营投资扩张形成有力的支持。

第三章

深圳企业向国内
拓展的战略研究

20年来,深圳企业在向海外拓展的同时,向中国内地拓展更加快速。进入新世纪以来,深圳企业在内地省市的投资规模急剧增长,部分投资项目已经成为当地省级重点工程。深圳企业的"走出去"战略有力带动了内地经济的发展,促进了深圳与内地省市的经济、社会和文化交流,成为推动内地经济改革的重要力量。

第一节　深圳企业向内地拓展的时间和空间布局

一、深圳企业向内地拓展的两个历史阶段

以世纪之交为分界线,深圳企业向内地拓展分为两个不同的历史阶段。

20世纪90年代初期到末期,深圳企业部分走出去,到内地投资。当时以房地产、商业项目居多。由于当时内地投资环境还不规范,加上很多深圳企业也是非理性投资,很多投资项目以失败告终。最典型的是海口、惠阳、北海、珲春四个城市的房地产投资炒作项目,一大批深圳企业被套牢,如深圳宝安集团、深房集团、深圳金田公司、深圳中浩公司等。

深圳中浩作为一家1984年成立、1992年上市的"老牌"上市公司,本有很好

的发展前景,但公司对内地投资不当,造成公司重大投资和经营失误。公司在房地产上积极参与南宁、柳州等城市的旧城改造,开发微利商品房和旧城居民安置房,在武汉市青山区中心地段和沌口经济开发区开发的商住楼、综合楼,在广州近郊进行房地产开发经营。净资产从来没有超过 4 亿元的深圳中浩,下属的企业最多时竟有过 130 家之多。这些下属企业却大都经营不善,以致形成大量的债务纠纷案件。截至 1999 年年底,深圳中浩公司发生债务涉诉债务案件 156 起,涉及金额高达 9.1 亿元。① 2001 年,深圳中浩被终止上市。

　　进入 21 世纪以来,内地投资环境目前不断完善,改革开放加快,国企改制,带来投资机会增多,深圳企业大量向国内拓展,并且理性投资,成功几率提高,投资规模增大。深万科、康佳、三九、海王、招商银行、平安保险等一大批企业,在这段时间,借助向国内拓展而发展起来。这些企业目前在内地的经营规模已经超过在深圳的经营规模。招商银行、平安保险在内地的经营规模已经达到总营业额的 80% 以上。根据有关部门统计,深圳至少有一千二百多家上规模企业利用自身的先发优势,利用“9+2”、振兴老工业基地、西部大开发等带来的新机遇,积极拓展异地市场,成为拉动当地经济的重要力量。② 除了民营企业优势明显的领域外,高速公路、港口、机场、电力、轨道交通、自来水供应、污水处理、垃圾处理等基础设施和文化产业领域,深圳民企也通过业务链整体协作方式异地发展。由于深圳民企与银行、担保、保险等相关金融以及咨询中介企业有良好的业务关系,民企扩张也带动了相关第三产业走出深圳。万科走出深圳后,万科物业管理走遍全国。与地产中介相关的中原地产到广州、北京、上海、重庆等二十多个国内大中城市设立了分公司,名列全国房地产顾问公司 100 强之首。

二、深圳企业向国内拓展的空间布局

　　深圳企业向国内拓展区域有三个城市圈和三个集中区域。

---

① 参见《深中浩公司 1999 年度公司年报》,《证券时报》2000 年 4 月 30 日。
② 参见深圳企业区域合作与总部经济发展调查研究课题组:《加快深圳企业区域合作与总部经济发展》,《深圳特区报》2006 年 2 月 20 日。

三个城市圈是:第一个城市圈——上海、北京、广州、武汉,这是深圳企业对外投资最密集的城市圈。根据深圳市政府驻上海办事处提供的资料,到2009年,深圳企业在上海有规模的子公司和地区总部达到九十多个。

第二个城市圈——省会和经济发达城市,如南京、苏州、无锡、宁波、杭州、长沙、南昌、福州、海口、厦门、成都、重庆、贵阳、昆明、南宁、天津、长春、沈阳、大连、青岛、西安等,随着中国经济发展梯度转移,这个城市圈在深圳企业对外投资中越来越占有重要地位。

第三个城市圈——中山、东莞、珠海、惠州、佛山、柳州、三亚、宜昌、株洲、北海等三线城市,在20世纪90年代初期这些城市一度比大中城市率先开发,引来一些深圳企业投资。这些城市在深圳企业对外投资中占比例不大,很多是早期遗留下来的历史性投资。

三个集中区域是:珠三角地区,长三角地区,环渤海地区。深圳企业在20世纪90年代对外投资重点区域是珠三角地区,进入21世纪以来,长三角地区成为深圳企业对外投资重点区域。以京津地区为中心的环渤海地区也是深圳企业的投资集中区域。

第二节　深圳各个行业的优势企业在国内的布局

一、深圳工业企业在国内的布局

深圳工业企业在国内的布局相对分散,见表3-1。

作为国内钟表行业唯一一家上市公司,成立于1987年的飞亚达集团目前已经是中国手表行业的旗帜企业。飞亚达北京分公司已经将北京变为对外品牌输送的平台。在北京的各大商场,飞亚达设有30家店,是国产品牌中覆盖面最大的。北京分公司还管辖内蒙市场,在包头的手表市场份额中,飞亚达占了30%,是手表品牌里占有率最高的。作为飞亚达拓展市场的另一重要手段,深圳市亨吉利世界名表中心有限公司在全国各地开设的55家店中,有53个是飞亚达与世

表3－1　深圳部分工业企业向国内拓展调查表①

序号	企业名称	创立时间（年份）	企业性质	总部所在地	在深的总资产（亿元）	在深的下属企业数（个）	向国内拓展投资地	外下地属公司数（个）	在深以外投资资产（亿元）
1	海王生物	1996	民营	深圳	70	3	潍坊、福州、杭州、上海、三亚、长建	6	14
2	创维集团	1988	民营	深圳	77.6	12	北京、上海、西安、山东、呼和浩特	33	8
3	深圳水务集团	1981	合资	深圳	67.4	22	华东（山东）、华中、华南、西南	4	6
4	金威啤酒	1985	合资	香港	14.8	4	天津、西安、东莞汕头	4	8
5	中兴通讯公司	1985	民营	深圳	84.6	12	北京、上海、广东、江苏、浙江	34	28
6	康佳集团	1980	股份制	深圳	100	3	东北、西北、华东、华南、西南、	20	20

（以上数据截至2009年年底）。

界名表一同展示销售的舞台。②

　　深圳能源集团抓住国内电厂市场快速发展的机遇,实施"走出去"战略,在深圳市以外地区拓展项目。作为电力能源开发企业,能源集团紧紧围绕主业,主要从事能源领域的开发建设,对外投资方式上有新建、扩建、资产并购、控股、参股等。1996年12月,深圳能源集团（70%）与安徽省能源集团有限公司共同投资147658万元,开发建设了铜陵电厂四期扩建工程,容量为1×300MW亚临界

① 参见海王公司网站(www.neptunus.co)、创维集团网站(www.myprice.com.cn)、深圳水务集团网站(www.waterchina.com)、金威啤酒公司网站(www.kingwaybeer.com)、中兴通讯公司网站(www.zte.com.cn)、康佳集团公司网站(www.konka.com/cn)。本表数据取自以上各公司网站"公司组织架构"栏目内容。

② 王轲真、沈清华:《"深圳造"国表抢占世界高端市场》,《深圳特区报》2007年1月7日。

机组,项目1999年12月建成投产。2004年能源集团与中国国电集团公司共同出资设立了国电深能四川华蓥山发电有限公司,投资建设了一台30万千瓦燃煤机组。能源集团出资12988万元,占有49%股权,项目2006年建成投产,运营状况良好。2007年2月,由能源集团投资并控股的大型燃煤电厂——河源电厂项目(容量2×600MW+2×1000MW机组,一期建设2×600MW机组)获得国家发改委的核准并开工建设。经过几年的努力,深圳能源集团先后投资建成的项目有华蓥山发电厂、铜陵发电厂、珠海洪湾发电厂、东莞漳洋电厂、惠州丰达电厂、河北西柏坡、韶能股份、惠州城市燃气;目前在建和前期项目有惠州荃湾港区煤码、惠大铁路、惠州电厂、西非加纳燃机电厂、河源电厂、开封京源电厂、满洲里2×200MW热电厂、南宁电厂等,见表3-2。①

表3-2 深圳能源集团在国内投资项目

序号	投资项目	项目阶段	投资地区	项目概要	股比(%)
1	铜陵电厂	投产	安徽	1×300MW	70
2	四川华蓥山发电厂	投产	四川	1×300MW	49
3	南宁电厂	前期	南宁	扩建2×600MW超临界燃煤发电机组	23
4	开封电厂	前期	开封	扩建2×600MW超临界燃煤发电机组	43
5	满洲里达赉湖电厂	前期	满洲里市	2×200MW	49
6	加纳燃机电厂	前期	非洲加纳	暂定2套6B燃气机组	60
7	珠海洪湾发电厂	投产	珠海		
8	东莞漳洋电厂	投产	东莞	2×180MW	
9	惠州丰达电厂	投产	惠州	2×181MW	
10	河源电厂	在建	河源市	2×600MW	60
11	韶能股份	投产	韶关		8.91
12	惠州煤码头和铁路项目	前期	惠州	3个5万吨级煤码头,惠大铁路全长60千米	70

(以上数据截至2009年年底)。

_____

① 参见《深圳能源集团2009年度公司年报》,《证券时报》2010年4月15日。

在投资新建电力项目的同时,能源集团积极利用资本杠杆,有选择的购并其他电力企业股份,以理性的价格购入电力资产,实现经营规模的有效增长。2006年10月11日,中国电监会公布《国家电力监管委员会关于邀请投资者参与920万千瓦发电权益资产变现的7号公告》,根据这一要求,能源集团积极开展了竞买的相关工作,最终成功以人民币99400万元的价格竞买到了河北省电力公司持有的西柏坡公司40%股权。2007年年初,韶能股份实施非公开发行股票,能源集团积极参与,成功获得了韶能股份非公开发行14100万股中的7500万股,一举成为韶能股份的第二大股东(8.91%股权)。同时,根据电力市场发展的需要,对部分存量资产进行重组和整合,提高存量资产质量。2004年,利用珠海洪湾电厂进行重组的机会,能源集团通过增资扩股成功实现了对其的控股。2007年,为解决一厂多台机组、几个公司同时存在的问题,从而更有利于电厂的经营管理,经协商,能源集团与其他股东方分别对四川华蓥山电厂、安徽铜陵电厂进行合并重组,重组完成后,能源集团持有华蓥山电厂20%股权,铜陵电厂70%股权,提高了集团存量资产质量。①

富士康科技集团是向内地拓展规模比较大的深圳外资企业。1988年,有少数台商到大陆探路,郭台铭就是其中之一。1992年,邓小平南方视察,在深圳发表"南方讲话"。大陆整个经济开放日趋积极,拓宽吸引外资的步伐。1993年,郭台铭加快在深圳的布局,选址深圳龙华。1996年开始,富士康在龙华建成100万平方米土地的工业园区,威震世界的"富士康科技集团"在深圳诞生,专业研发生产精密电气连接器、精密线缆及组配、电脑机壳及准系统、电脑系统组装、无线通信关键零组件及组装、光通信组件、消费性电子、液晶显示设备、半导体设备、合金材料等产品。

富士康自1988年投资深圳以来,不断扩充与完善布局,如今以深圳为基地,已创建了14大科技园,主要分布在大陆经济最活跃的华南、华东、华北等地区。这14大科技园分别为:

深圳龙华科技园:1996年6月6日启用。全球最大的计算机准系统制造和

---

① 参见吴铭:《深能源集团整体上市方案出炉》,《中国证券报》2006年8月25日。

系统组装生产基地,国内最大的计算机、游戏机、服务器、主机版、网络配件、光通讯组件、液晶显示器、精密模具等的综合生产基地,富士康大陆总部所在地。

江苏昆山科技园:1993年开幕,1995年启用。1998年起稳居全球个人电脑连接器第一大厂。

杭州钱塘科技园:2003年3月启用。融研发、设计与生产为一体的无线通讯产业基地,主要生产小灵通手机。

北京科技园区:2000年开建,2002年投入运营。集团全球天线通讯事业总部,有效整合集团华南、华东地区的零组件制造能力,向客户提供从关键零组件到系统组装的全方位制造与客户服务。

山西太原科技园:2003年10月开建,2004年5月首期工程启用,是山西最大的引进外资项目,重点发展3C产品机构件、合金材料、精密模具、汽车零部件等产品。

烟台科技园:2004年开始进行投资设厂之前置筹备工作,现已建成山东半岛最大的3C科技产业基地,目前已有数万名员工。

山西晋城工业园:由1994年创办的模具人才培训中心发展而来,是集团模具基础人才培养基地之一,也是模具制造、3C产品机构件、光通讯元件生产基地。

上海松江科技园:集团大陆重要研发制造基地,主力耕耘PC产品和网络产品的机构件、半导体设备等。

2005年以来,富士康又在武汉、淮安、辽宁、重庆、河北投巨资建设生产基地。另外,富士康在美国、捷克、芬兰、墨西哥、巴西等国家也建有工厂。①

深圳天安数码城是民营企业向内地拓展的模式。深圳天安数码城有限公司成立于1990年,由香港天安中国投资有限公司和深业泰然(集团)股份有限公司合资成立,是国内知名的综合创新园区城市运营商,以综合开发和运营国家科技部认定的首批国家级民营科技园"深圳天安数码城"而著称。在促进民营企业产业升级、自主创新上,形成国内广受关注的"天安数码城模式",成为产业园

---

① 参见徐明天:《郭台铭与富士康》,中信出版社2007年版。

区运营和连锁发展模式的创新代表企业。深圳天安数码城位于深圳市中心区,占地 30 万平方米,建筑面积 90 万平方米,建筑产品包括工业厂房、科技产业大厦、配套公寓和住宅,是国家科技部认定的首批国家级民营科技园。截至 2009 年,园区入驻企业达 1600 家,员工 5 万多名,国家、省、市认定的高新技术企业 148 家,总部型企业占园区企业数量的 61%;各类商业银行 17 家,风险投资机构 2 家,基金公司 4 家,小额贷款公司 1 家,担保中心 1 家,知名评估机构、会计师事务所等生产性服务机构十多家;上市企业 19 家,准备上市企业 22 家。园区形成通讯及电子设备制造业、软件、创意产业和金融服务四大主导产业,形成中小科技企业集聚发展、总部经济和哑铃型经济特征明显的发展局面。园区在成长中日益体现出强大的培育能力,成为中小科技企业成长的孵化器和加速器。

深圳天安数码城公司核心业务为产业园区开发和运营。至 2009 年,公司业务以珠三角、长三角城市经济圈为重点,并积极拓展其他经济较为发达的大中型城市。已先后建设广州番禺节能科技园、佛山南海天安数码城、东莞天安数码城、江苏南京天安数码城、江苏常州天安数码城、重庆天安数码城等一系列综合产业园区,并相继成为当地产业发展和城市价值提升的重要动力之一。

天安南海数码新城位于广佛都市圈的黄金节点——南海桂城,是一个融合城市功能的科技产业园。园区占地面积 12 万平方米,规划建筑面积 30 万平方米,已建成面积 14 万平方米,成为桂城"广佛 RBD"发展战略布局的重要一环。

天安广州番禺节能科技园位于广州新规划的城市中心——番禺区。园区占地 50 万平方米,规划总建筑面积 80 万平方米,已建成面积 25 万平方米。园区进驻企业四百多家,主要集中于电子信息、新材料和新能源、先进制造业和文化创意产业。园区分为总部发展中心、创业中心、研发中心、培训中心、服务中心、科技产业带、白领公寓等功能组团,国家网络游戏动漫产业基地、国家干细胞生物实验室先后落户园区,不仅成为番禺区自主创新和民营科技企业发展的窗口,而且成为促进番禺区产业结构调整升级,增强区域科技创新能力和可持续发展能力的主要力量之一。园区被列为广州市十一五规划重点发展的科技园。

常州天安数码城位于常州发展战略"一体二翼"的金南翼——武进高新技术产业开发区(省级高新区)。其地理位置处于长江三角洲腹地,与上海、南京、杭州三大都市等距相望,与苏州、无锡联袂成片,构成了苏锡常经济圈。园区占地面积 34 万平方米,规划建筑面积 100 万平方米,已建成面积 6 万平方米。与紧邻的常州科教城一起形成常州最具价值的科技创新中心,促进武进区发展成为华东最大的科技创新平台之一。①

二、深圳金融业企业在国内的布局

深圳金融业企业由于行业特性,既面向全国布点,又相对集中在珠三角地区、长三角地区、环渤海地区三个经济发达地区投资。

招商银行是深圳金融业企业向国内拓展的代表。招商银行在国内共有分行 38 家,分支机构(支行)500 多家,见表 3 - 3。②

表 3 - 3　招商银行在内地分行布局

网点名称	地　　　址
总行	深圳市福田区深南大道 7088 号招商银行大厦一楼
北京分行	北京市复兴门内大街 156 号
上海分行	上海市陆家嘴东路 161 号
广州分行	广州市天河体育东路 138 号金利来大厦首层
沈阳分行	沈阳市和平区十一纬路 12 号
南京分行	南京市汉中路 1 号
杭州分行	杭州市杭大路 23 号
西安分行	西安市和平路 107 号
重庆分行	重庆市渝中区临江支路 2 号合景大厦
成都分行	成都市顺城大街 248 号
武汉分行	武汉市汉口建设大道 518 号招银大厦一楼
兰州分行	兰州市东岗西路 623 号
福州分行	福州市鼓屏路 60 号粮食大厦
天津分行	天津市河西区友谊北路 55 号

---

① 参见天安数码城网站(www.tianan-cyber.com)"项目发展"栏目。

② 参见招商银行网站(www.cmbchina.com)"招行信息—营业网点"栏目。

网点名称	地　　址
济南分行	济南市朝山街 21 号
乌鲁木齐分行	乌鲁木齐市新华北路 80 号小西门金谷酒店配楼
合肥分行	合肥市长江中路 436 号金城大厦
昆明分行	昆明市东风东路 48 号金泰大厦(市政府对面)
哈尔滨分行	哈尔滨市道里区中央大街 3 号
厦门分行	厦门市思明区厦禾路 862 号金山大厦 1 楼
郑州分行	郑州市经三路 66 号(经三路与东风路交叉口)
大连分行	大连市中山区人民路 17 号
长沙分行	长沙市蔡锷中路 24 号银宏大厦
南昌分行	南昌市八一大道 162 号
青岛分行	青岛市香港中路 36 号
东莞分行	东莞市东城区东城大道愉景新时代广场首层
丹东支行	丹东市振兴区南金桥区 11 号楼
无锡分行	无锡市人民中路 128 号
苏州分行	苏州市三香路 363 号
宜昌分行	宜昌市夷陵路 98 号
黄石支行	黄石市劳动路 11 号
宁波分行	宁波市百丈东路 938 号
温州分行	温州市车站大道京龙大厦一楼
绍兴分行	绍兴市胜利东路 60 号金盾大厦
烟台分行	烟台市芝罘区南大街 237 号
盘锦支行	盘锦市兴隆台区石油大街 123 号
佛山分行	佛山市季华五路 23 号鸿业豪庭西侧首层
泉州分行	泉州市丰泽街煌星大厦
常州分行	常州市和平南路 125 号

(以上数据截至 2010 年 4 月)。

招商银行在深圳的总资产为 2000 亿元,在深圳以外地区的总资产为 18000 亿元,深圳以外地区资产占了 90%。招商银行投资主要布局在华南地区、华东地区与环渤海地区,上述三个地区分支机构占全部机构的比例高达 50%。

　　中国平安保险(集团)股份有限公司是深圳金融业企业向国内拓展的又一个代表。它是中国第一家以保险为核心的,融证券、信托、银行、资产管理、企业年金等多元金融业务为一体的紧密、高效、多元的综合金融服务集团。公司成立于1988年,总部位于深圳。中国平安拥有约41.7万名寿险销售人员及8.3万余名正式雇员,在国内各省市、自治区设有35家二级机构,3800多个营业网点。截至2009年12月31日,集团总资产为人民币9357亿元,90%以上的集团资产分布在中国内地各级各类分支机构。①

表3-4　中国平安保险集团在内地二级机构布局②

分公司名称	地　　址
上海分公司	上海市常熟路8号
南京本部	龙蟠中路77号(华山饭店旁)
武汉分公司	武汉市建设大道418号中奇大厦
甘肃分公司	兰州市城关区互助巷60号石油大厦
大连分公司	辽宁省大连市中山区人民路24号平安大厦
苏州分公司	苏州市人民路738号
佛山分公司	佛山市季华五路12号
东莞分公司	东莞市莞太路南城路段13号
沈阳分公司	辽宁省沈阳市沈河区大西路291号
安徽分公司	安徽省合肥市庐阳区寿春路153号平安大厦
厦门分公司	福建省厦门市厦禾路189号银行中心大楼
福建分公司	福州市五一中路88号平安大厦
青岛分公司	山东省青岛市香港西路67号光大国际金融中心
天津分公司	天津市南开区白堤路1号
海南分公司	海口市国贸大道1号景瑞大厦
广东分公司	广州市体育东路160号平安大厦
山东分公司	山东省济南市历山路67号
内蒙古分公司	呼和浩特市新城北街农行大厦

---

① 参见张琨:《五年铸就综合金融巨鳄》,《深圳商报》2010年5月7日。
② 参见中国平安保险集团网站(www.pingan.com)"关于平安"栏目。

分公司名称	地　址
贵州分公司	贵阳市新华路 9 号乌江大厦
四川分公司	成都市武侯区航空路 7 号丰德国际广场
浙江杭州本部	杭州市文晖路 108 号物资出版大厦
山西分公司	太原市新建路 78 号新闻大厦
广西分公司	南宁金洲路 36 号金州大厦
西安分公司	陕西省西安市太乙路南段 49 号南侧平安大厦
无锡分公司	无锡市圆通路 27 号
河南分公司	郑州市郑东新区商务内环路世贸大厦
昆明分公司	昆明市环城南路 676 号汕头大厦
重庆分公司	重庆市渝中区渝中大厦 7 楼
宁波分公司	宁波市开明街 396 号平安大厦
河北分公司	石家庄市平安北大街 29 号商业银行大厦
新疆分公司	乌鲁木齐市西后街 56 号平安大厦
北京分公司	北京市西城区金融大街 24 号平安大厦
黑龙江分公司	哈尔滨市南岗赣水路 22 号平安产险大厦
青海分公司	西宁市东关 236 号西宁市商业银行 12 楼
长春管理本部	长春市东中华路 339 号
江西(南昌分公司)	江西省南昌市中山路 151 号地王广场
长沙市中心支公司	长沙市芙蓉中路平安大厦
宁夏分公司	宁夏银川市民族北街
西藏分公司	西藏拉萨市罗布林卡路 21 号

(以上数据截至 2010 年 4 月)。

三、深圳房地产企业在国内的布局

深圳的房地产商大多是立足深圳,辐射全国,采取的是"3+X"的发展模式,3是指珠三角、长三角和环渤海地区,X 是指中西部地区的重点城市,像武汉、成都这样的中心区域城市。

万科集团是向内地发展较早的企业,1992 年就开始向内地拓展项目。万科在 2004 年确定了以"城市经济圈聚焦"为核心的战略布局,积极推进在珠三角、长三角、环渤海城市经济圈,以及其他区域中心城市的跨地域发展模式。目前,万科已经进入全国 31 个城市,包括广州、东莞、佛山、珠海、中山、厦门、福州、长沙、海口、惠州、上海、苏州、无锡、南京、杭州、宁波、南昌、镇江、合肥、北京、天津、沈阳、大连、长春、青岛、鞍山、成都、武汉、西安、重庆。在全国性开发商中,万科的土地储备分布最广,截至 2009 年年末,万科的土地储备为 2000 万平方米。①

招商地产公司在从深圳起步,全国布局。分别在深圳、北京、上海、广州、天津、苏州、南京、佛山、珠海、重庆、漳州等多个大中城市拥有 60 多个大型房地产项目,累积开发面积超过 1500 万平方米。公司目前的土地储备 1000 万平方米。公司所拥有的土地储备不但数量充足,而且多位于城市的核心区域,或属于城市郊区低密度住宅用地,含金量高。2009 年公司在 12 个城市同时发展,有 58 个项目同时进行。招商地产正逐步实现从区域开发商发展向全国性综合开发商的战略转型。目前公司在国内外直接和间接控股子公司 60 家,合营企业 3 家,其中房地产开发公司 35 家、物业管理公司 13 家、园区相关业务公司 5 家、海外公司5 家。②

华侨城房地产公司在全国已经形成"1+3"战略版图布局:以深圳本部为中心基地的珠三角区域发展平台、以北京为中心的环渤海区域发展平台、以上海为中心的长三角区域发展平台、以成都为中心的西部区域发展平台。公司房地产开发项目也已完成全国东西南北战略布局。在华南,公司持续开发波托菲诺纯水岸、东部华侨城天麓和招华曦城等项目;在华北,北京欢乐谷地产项目已开发到了第三期;在华东,公司正在开发上海新浦江城和上海万锦合利坊项目、泰州华侨城项目,并拟拓展上海欢乐谷地产项目;在西部地区,公司正在开发成都欢乐谷地产项目,并拟拓展昆明华侨城项目。

四、深圳商业企业在国内的布局

深圳商业企业向国内拓展的地域主要有珠江三角洲、长江三角洲、东北、环

---

① 参见《万科公司 2008 年度公司年报》,《证券时报》2009 年 3 月 9 日;《万科公司 2009 年度公司年报》,《证券时报》2010 年 3 月 2 日。

② 参见《招商地产公司 2009 年度公司年报》,《中国证券报》2010 年 4 月 20 日。

渤海等地。表 3-5 是各个大型商业企业在内地设立分支机构情况。

表 3-5 深圳大型商业企业在内地设立分支机构统计表①

企业	投资地区	分店数(个)
天虹商场	南昌、厦门、东莞、惠州	16
华润万家	广州、珠海、上海、苏州、杭州、北京、天津	456
农产品公司	福田、南昌、上海、广西柳州、山东寿光、合肥、西安、北京、成都、长沙	30
粮食集团	上海、河南、惠州、珠海、海口、湛江	8
人人乐	华南、西北、惠州、西南、华北、增城	49
海王星辰	广州、昆明、成都、上海、杭州、宁波、大连、江苏	400
新一佳	广州、长沙、武汉、四川、山东、天津	52

(以上数据截至 2009 年年底)。

华润万家超级市场有限公司(简称"华润万家"),由华润超级市场有限公司(简称"华润超市")和万家百货股份有限公司(简称"万家百货")整合而成,是华润(集团)有限公司旗下一级利润中心。从 1991 年开始,华润超市积极拓展内地市场,先后在深圳、苏州、天津、北京、徐州等地落户,建立区域性总部,形成了全国性的经营规模和连锁销售网络。2001 年华润集团提出"四个五工程":用 5 年时间,在向中国内地拓展的基础上,零售业务上投资人民币 50 亿元,实现年营业额 500 亿元,投资回报率 10%,达到年度利润 5 亿元。从 2001 年起,万家百货也积极向外拓展,相继在珠海、中山、广州和惠州成功开设了分店。2001 年 8 月,万家百货为华润集团收购,跟华润超市整合,后更名为华润万家超级市场有限公司。华润万家向内地拓展地域分华北、华东、华南三大区域,包括北京、天津、上海三个直辖市及河北、江苏、浙江、广东、香港等省市的十多个城市。截至 2008 年 12 月,华润万家在全国拥有门店 2698 家,员工人数超过 15 万人,2008

---

① 参见天虹商场网站(www.crv.com.cn)、华润万家网站(www.myrainbow.cn)、深圳农产品公司网站(www.szap.com)、深圳粮食集团(www.szlsjt.com.cn)、深圳人人乐公司(www.renrenle.com)、深圳海王星辰公司(www.nepstar.cn)、深圳新一佳公司(www.abest-xyj.com)。本表数据取自以上各公司网站"公司组织架构"栏目内容。

年实现销售 638 亿元,位居中国连锁超市第一位。

深圳市农产品股份有限公司是国家农业产业化经营重点龙头企业,深圳市"菜篮子"重点工程,1989 年成立,以资本运营和管理创新为主要手段,从最初 517 万元的注册资本发展成为总资产近 40 亿元、净资产 20 亿元的上市公司。近几年公司连续五次入选"中国最具发展潜力的上市公司 50 强"。近十年来,深圳市农产品股份有限公司致力构筑全国性农产品市场体系,建设农产品拍卖、电子商务、物流配送三个交易平台,向生产、零售领域两头延伸,努力实现农产品经营的"专业化、产业化、网络化、现代化"的发展战略。近年来,则先后投资控股了深圳福田、南昌、上海、广西柳州、山东寿光、合肥、西安、北京、成都、长沙等地的大型农产品批发市场,初步形成了覆盖珠江三角洲、长江三角洲、京津唐渤海湾三角区、西北、中南和大西南地区的全国性批发市场体系。

1996 年,深圳国际信托有限公司(简称"深国投")与全球最大零售企业美国沃尔玛公司开始共同投资设立合资企业,并在深圳开设了中国第一家沃尔玛超市。十年来,"深国投"加强与沃尔玛在中国的合作,通过不懈的努力积极推进全国性网点布局,在全国设立了包括沃尔玛购物广场、山姆会员商店、沃尔玛社区店三种经营业态的分支机构,业务范围涉及日用百货、服装鞋帽、家用电器等商品的商业零售和批发,组织国内商品出口和自营商品进口以及提供店内经营配套设施服务等。2004 年年底,中国根据加入 WTO 时的相关承诺,进一步开放了国内的零售市场,合资公司迎来了高速发展的新机遇和新时期,公司提升了开店速度,力争在较短时间内占有更多市场份额,发挥零售业的规模效益。截至 2009 年年底,"深国投"与沃尔玛共同成立了六个合资公司,并且各合资公司已在 37 个城市开设了 71 家商场,覆盖东北、华北、华中、华东和西南,所雇员工超过 3 万人。各合资公司的名称及其在全国各地开设分店的情况如下(见表 3-6)①。

(1)沃尔玛深国投百货有限公司:该公司成立于 1995 年 12 月 8 日,截至 2009 年年底,该公司共开设分店 59 家,分布地点为:

---

① 参见沃尔玛公司网站(www. wal-martchina.com)"关于沃尔玛—沃尔玛在中国的分布"栏目。

表 3 - 6　沃尔玛深国投百货有限公司开设分店统计

地点	分店数	地点	分店数	地点	分店数	地点	分店数
深圳	12	长春	3	哈尔滨	3	成都	2
福州	3	武汉	2	贵阳	2	厦门	2
长沙	2	南昌	2	天津	2	太原	1
青岛	1	济南	1	芜湖	1	岳阳	1
晋江	1	潍坊	1	烟台	1	漳州	1
汕头	1	重庆	3	南宁	1	娄底	1
襄樊	1	泉州	1	佛山	1	茂名	1
大庆	1	大同	1	齐齐哈尔	1	廊坊	1
绵阳	1						

（2）北京沃尔玛百货有限公司:该公司成立于 2003 年 1 月 2 日,截至 2009 年年底,该公司在北京开设了 5 家分店。

（3）东莞沃尔玛百货有限公司:该公司成立于 1997 年 5 月 12 日;2001 年 11 月 15 日,深国投受让沃尔玛商业咨询(深圳)有限公司所持有的沃尔玛东湖百货有限公司的 25% 的股权,成为该公司中方股东;截至 2009 年年底,该公司在东莞开设了 4 家分店。

（4）沈阳沃尔玛百货有限公司:该公司成立于 2001 年 7 月 26 日;在 2003 年 8 月 14 日,"深国投"受让中国粮油食品进出口(集团)有限公司所持的沈阳沃尔玛百货有限公司的 35% 的股权,成为该公司中方股东;截至 2009 年年底,该公司在沈阳开设了 3 家分店。

（5）大连沃尔玛百货有限公司:该公司成立于 1999 年 10 月 18 日;在 2003 年 8 月 6 日,"深国投"受让大连友谊集团有限公司所持有的大连沃尔玛百货有限公司的 35% 的股权,成为该公司中方股东;截至 2009 年年底,该公司在大连开设了 4 家分店。

（6）福州沃尔玛百货有限公司:该公司成立于 2006 年 3 月 21 日,截至 2009 年年底,该公司在福州开设了 3 家分店。

第三节 深圳企业向国内拓展的动因

一、土地资源不足：制约深圳企业发展的物理空间

无论工业还是房地产业,其发展都需要土地资源。深圳已经越来越缺乏这个条件,很多工业项目缺乏土地而往内地发展。

土地资产作为城市最大的、价值最高的存量资产和最基本的生产要素,几乎被所有城市列为城市发展过程中的首要资源。深圳市土地总面积1952平方千米,分可建设用地和不可建设用地两大类。可建设用地包括工业用地、商业服务业用地、居住用地、学校医院等各类公共设施场所用地、交通用地和公园和绿化用地。不可建设用地中包含基本生态控制线内面积974.02平方千米,线外基本农田7.38平方千米,线外河流、湖泊及滩涂等36.31平方千米,剩余可建设用地总量为935.13平方千米(见表3-7)。①

表3-7 深圳可建设用地构成表

用地类型	面积(平方千米)	所占比重(%)
工业用地	290.75	36.80
商业服务业用地	29.32	3.70
住宅用地	183.26	23.17
公共管理与公共服务用地	69.83	8.80
交通运输用地	209.88	26.53
公园与绿地	8.03	1.00
已建设用地合计	791.03	100.00
剩余可建设用地	144.10	

---

① 参见《深圳市(2006—2020)土地利用总体规划》,载深圳市规划和国土资源委员会网站(www.szpl.gov.cn)"城市总体规划"栏目。

　　2009 年深圳本地生产总值 8200 亿元,每平方千米 GDP 产出达到 4.1 亿元人民币,每平方千米税收超过 13775 万元。这意味着,深圳以全国大中城市中人均占有土地面积最少的空间,在水、电、煤等资源消耗不断下降的投入基础上,实现了单位土地 GDP、单位税收产出的全国领先水平。

表 3－8　深圳土地产出率与其他城市比较

序号	城市	土地面积 (平方千米)	2008 年 GDP (亿人民币)	每平方千米 GDP (万人民币)
1	深圳市	1952	7806	39990
2	苏州工业园区	288	1001	34756
3	上海浦东新区	1210	3676	30380
4	上海市	6393	13698	21418
5	天津滨海新区	2270	3102	13665

　　深圳土地产出率与国内其他经济发达地区差距更大。北京市每平方千米土地产出 GDP 6242 万元;天津市每平方千米土地产出 GDP 5776 万元;福建省每平方千米土地产出 GDP 905 万元;广东省每平方千米土地产出 GDP 2000 万元;江苏省每平方千米土地产出 GDP 3000 万元;山东省每平方千米土地产出 GDP 2070 万元;浙江省每平方千米土地产出 GDP 2150 万元。①

　　由于深圳土地空间严重不足,企业发展几乎没有可新增的土地,导致企业向内地拓展。房地产企业最重要的资产是土地储备。针对深圳房地产市场供应过快、房地产市场存在发展过热的隐患,深圳市实行了房地产用地紧缩政策。因此,为企业发展战略需要,深圳的开发商冲出深圳走向全国,如万科、金地、中海、招商、华侨城等众多的深圳开发商,不惜重金在内地储备土地。

二、市场容量有限：制约深圳企业的经营规模

　　市场容量与金融、商业和房地产企业的发展直接相关。市场容量主要表现

---

　　① 参见北京市、天津市、福建省、广东省、江苏省、山东省、浙江省 2009 年度国民经济和社会发展统计公报,载中国统计信息网(www.tjcn.org)"统计公报"栏目。

为人口和收入、消费能力。

深圳人均年收入已经达到 8000 美元,属于收入、消费能力较强地区。但消费规模受人口总量和消费能力限制,深圳常住人口 800 多万,总量有限,加上大部分是暂住人口,收入有漏出效应,消费能力有限。2009 年,深圳社会消费品年销售总额 2500 亿元,商品房销售面积 600 万平方米,这个市场容量不能提供金融、商业和房地产企业继续发展的空间。以广州、上海和北京为主导的三大经济带,是中国经济增长最快的地区,经济的发展、居民收入的水平提高,消费升级换代,大量外资的进入和劳动力的流动都会增加投资机会。21 世纪以来,大型工业、商业、金融、房地产项目崛起在长三角地区,吸引深圳企业前去参加投资。2005 年 9 月 21 日,由深圳市新世界集团投资兴建的无锡新世界国际纺织服装城,建筑面积达 130 万平方米、总投资 40 亿元人民币,是全球最大的纺织服装交易市场。无锡新世界国际纺织服装城中服装服饰交易区约 58 万平方米,纺织品交易区约 39 万平方米,可容纳近万家企业进场经营。无锡新世界国际纺织服装城的启动,揭开了新世界集团跨区域发展的帷幕,成功实现了以深圳为中心基地,向长三角、珠三角区域的战略辐射,从地产单一住宅开发向多类型、多品种开发的跨越。

平安集团总部在深圳,但为了拓展发展空间,将资产管理公司、养老保险公司、健康险公司总部设在上海。平安银行先设在福州,后来跟汇丰银行合作,作了战略投资以后将总行迁到上海,2007 年因收购深圳市商业银行才改为深圳平安银行。平安集团财险、寿险在全国有 73 个分公司,一般都在省会城市。随着公司越大,所需资源越多,硬件设施需要量增大。平安集团在上海建立了后援中心,在苏州建立了电话中心。上海市政府对平安集团进入上海提供了很多支持,一次性补贴 1500 万元,在税收和土地使用方面提供优惠,高管人员还提供生活补贴。

三、成本水平提升:制约深圳企业赢利空间

深圳经过 20 世纪 80—90 年代的经济发展,市场已相对成熟,成本已经提高,如土地成本、房价、水电费、人工工资等皆高于内地,企业难以承受,发展速度

趋缓。人力资源成本是企业营商成本中的重要组成部分,它的高低直接影响到企业在市场上的竞争力,进而也对一个区域的竞争力产生重要影响。人力资源成本的高低主要表现为工资的高低。最低工资作为政府的一项强制政策,其目的是为了保护劳动者最低生活水平,其高低的确定一般考虑城镇居民生活费用支出、职工个人缴纳社会保险费、住房公积金、职工平均工资、失业率、经济发展水平等因素。最低工资水平历来以深圳最高,上海、北京、广州等各个城市都低于深圳水平(见表3－9)。

表3－9　2009年有关城市最低工资水平比较①

城市	最低工资水平(元/月)	百分比(%)
深圳	1000	100
广州	860	86
上海	960	96
北京	820	82
天津	820	82
杭州	960	96
青岛	760	76
苏州	850	85
武汉	700	70
太原	610	61
成都	650	65
南昌	580	58

　　在营商成本不断提高的情况下,深圳企业必然向内地进行投资,这在工业企业体现的最明显。比亚迪科技有限公司是这方面的代表。比亚迪公司从2003年开始,投入巨资,建设比亚迪汽车西安高新区项目,达产后,年产轿车达20万辆。2003年10月,上海比亚迪公司正式投产,是比亚迪公司锂离子电池的重要生产基地之一,具备日产10万只的生产能力。2004年年初,成立北京比亚迪有

① 参见中国劳动咨询网(www.51labour.com)"社保数据"栏目。

限公司,是比亚迪汽车模具中心和零配件生产中心,厂房面积 20 万平方米。2004 年 7 月,比亚迪又在上海建立了汽车研发和检测中心。上海比亚迪有限公司坐落于上海市松江区车墩镇出口加工区内,占地 56 万平方米,已建成生产厂房三十多栋,员工宿舍二十多栋和标准体育场等相关硬件设施,是上海松江地区的主要大型企业之一,共有 11 个事业部,员工一万多人,产品种类包含二次充电电池、塑胶件、液晶显示屏、汽车零部件(含汽车研发中心)。这里既是比亚迪充电电池的生产基地,又是比亚迪汽车产业群的研发基地,并建有全国一流的汽车检测中心。

　　深圳企业到内地去投资,得到当地政府的高度重视,内地政府在税收方面给企业很多的优惠。很多地方政府对深圳企业投资提供所得税享受 2 年免税 3 年减半征收优惠,增值税中地方政府留成的 25% 部分也全部或部分返还给企业,甚至还将上交中央的 75% 部分中返还地方政府的增值税部分的 30%—50% 返还给企业。上海市在土地提供方面对深圳企业很大支持,深圳农产品公司在上海浦东的农产品中心批发市场需要 10 万平方米土地扩大规模,上海市以每平方米 450 元的优惠价格提供,而周边土地价格是每平方米 4500 元。

四、智力资源缺乏：制约深圳企业竞争力

　　获取内地和海外智力资源,是深圳工业企业尤其高科技企业开展向国内拓展的一个重要原因。深圳是个新城市,只有一所综合性大学,政府科研机构也寥寥无几。北京、上海高校都有上百所,内地每个省会城市一般也都有几十所高校。深圳本地智力资源薄弱,与发展高科技工业形成实质性矛盾,如果不获取内地和海外智力资源,就无法取得促进技术进步。除了吸引内地和海外人才、与内地和海外大学合作外,以华为、中兴为代表的深圳企业,通过在内地和海外大量设立研究机构,解决了这个矛盾。

　　华为年研发投入 30 亿人民币,除了在北京、深圳、上海、南京、西安、成都设立的六大研究所外,华为还在海外设立了五家研究所,分处美国硅谷、美国达拉斯、瑞典、印度和俄罗斯,其中北京、上海、印度、南京研究所都已经达到经 KPMG (毕马威)认证的 CMM 五级软件管理标准。华为北京研究所设立最早,目前拥

有一千多名员工,主要从事数据通信技术和产品的研究与开发。华为(成都)研究所位于成都高新区南部园区,建筑面积5000平方米,从业人员约二百人,主要从事光网络的技术开发。华为印度软件研究所有员工700人,主要是从事软件的开发。

中兴通讯目前在海内外有11个研发中心,包括南京、上海、北京、成都、美国、韩国和瑞典的研发中心。中兴通讯在南京的研发中心成立最早,1993年,中兴通讯将它在国内最早的研发中心设在这里;1996年,中心开始了数据产品的研发。该研发中心已经发展到2400多人,成为中兴通讯最大的数据产品研发基地。2003年11月25日,总投资7.6亿的中兴通讯上海研发中心挂牌暨入驻仪式在上海张江高科技园区举行。该中心的正式启用,将使中兴通讯进一步利用上海的综合优势,完善研发、生产布局,提升在全球市场的竞争力。这个研发中心占地面积约12.5万平方米,可容纳5000名研发人员。一期工程投资5.3亿,建筑面积为5.3万平方米,已有3000名研发人员,是目前上海最大的高新技术企业研发中心。中兴通讯上海研发中心将主要跟踪国际通信尖端移动及无线通信技术,从事具有自主知识产权的WCDMA、GSM、PCS系统产品及GSM、CDMA、PCS手机研发。中兴通讯5个产品事业部中的3个,即移动事业部、手机事业部和网络事业部都迁入上海研发中心。中兴通讯上海研发中心主要瞄准两个方向:往"外面"看,跟踪国际通信尖端移动及无线通信技术;往"深里"想,从事具有自主知识产权的通信产品研发。中兴通讯在成都高新区南部园区设立的研发中心,占地面积33350平方米,建筑面积40000平方米,总投资2亿元,从业人员约2500人,一期工程于2006年竣工并投入使用。这是中兴通讯继在上海和南京建立研发中心后,在中国西部再一次进行大规模投资。该中心负责开发中兴通讯的公共平台软件以及各式内置设备,还将致力于对3G移动通讯系统软件和终端软件的研发。它成为中兴通讯公共平台软件研发的根据地,并且是一家集软件产品研发、离岸开发、网络信息管理、手机电信实验以及专业培训和综合服务于一体的综合研发中心。

深圳高科技企业在内地大量设立研发中心,是获取内地智力资源的重要举措。中兴通讯选择南京最早设立研发中心,就是依据南京周边高校云集条件。

南京周边有南京大学、位于合肥的中国科技大学以及南京、上海等地的诸多高等院校,人才密集,给研发中心提供了丰富的人才储备。在上海、北京成立研发中心,更是如此。上海、北京高校毕业的人才,基本上都不愿意离开上海、北京,这种趋势已经越来越明显。

五、追求新的利润增长点

内地改革开放,国企转制,给深圳早先发展起来的企业带来并购机会。内地大量的基础设施、城市建设项目,给深圳企业带来投资机会。内地消费水平、收入水平提高,给深圳商业、金融业企业带来发展机会。

收购内地工业项目,实现低成本扩张,弥补深圳工业企业本身资源不足,是深圳工业企业开展向国内拓展的重要方式。深圳康佳集团在 20 世纪 90 年代实业经营形成一定规模后,立即与内地企业联合、优势互补,走共同发展之路,进行资本经营,并最先获得成功。康佳集团的规模能够在 90 年代中期几年之内迅速高效地发展,成为我国第二大彩电生产企业,在中国彩电业兴盛的年代取得骄人的业绩,也取决于这一战略目标的顺利实施。早在 1993 年 2 月,康佳就有目标有选择地与牡丹江电视机厂合资组建了牡丹江康佳实业有限公司;1995 年 7月,与陕西如意电器总公司合资组建了陕西佳电子有限公司;1997 年 5 月,又与安徽滁州电视机厂合资组建了安徽康佳电子有限公司,从而最终形成了东(安康)、南(集团)、西(陕康)、北(牡丹)"四方联合"的战略格局,奠定了大企业集团的基础。通过联合,康佳集团扩大了生产规模,提高了市场占有率,加快了集团公司自身的发展。到 1997 年年底,全集团公司拥有员工 8000 余名,下控股多个子公司、分公司,总资产 49 亿元,净资产 20 亿元。1997 年,实现工业总产值72 亿元,销售收入 72 亿元,利税 5.6 亿元。1998 年,康佳集团在全国电子行业排名第 4,在全国综合实力百强企业排名 32 位,在"全国 500 家最大规模工业企业"排名 92 位。经过二十多年的快速发展,康佳已成长为总资产 100 亿元、净资产 30 亿元、年销售收入 130 多亿元的大型电子信息产业集团和境内外上市的公众股份制公司。

内地有许多城建和投资项目,尤其是二、三线城市尚未活跃起来的房地产市场是极具潜力的市场。深圳地产商以其超前眼光与明显的管理和资金优势,以较低成本取得内地城市中心地段的用地或高科技园的用地,目前史多的是作为土地储备,满足公司远期发展的需要,如天健集团在2005年获得的芙蓉盛世项目,位于长沙市芙蓉中路,处于长沙市繁华的商务中心地段。该地块占地总面积17万平方米,总建筑面积90多万平方米,计划总投资26亿元,是长沙城区首席大盘,被确定为长沙市重点建设工程,是一个包含有写字楼、酒店、购物中心、高尚精品住宅在内的综合性物业。

六、正确看待"企业外迁"

深圳企业"走出去"与"企业外迁"不能画等号。连根拔起离开深圳的企业行为是"企业外迁",而深圳企业"走出去"是企业有意识到内地投资,企业总部还在深圳。

企业外迁可以分为适应性外迁和扩张性外迁,前者是指企业为降低土地、工资、水电等营商成本而整体搬迁至外地;后者是指企业为做大做强,把总部留在深圳,而在异地投资设厂寻求产能的扩张或者将劳动密集的加工生产环节搬迁至异地。目前深圳适应性外迁涉及的企业数量较少,涉及产值较低,约占外迁企业总产值的25%;扩张性外迁企业居多,涉及产值较高,约占外迁企业涉及总产值的75%。深圳市企业对内地投资主要是扩张性外迁,本质上是一种"走出去"行为,而真正连根拔起的离开深圳的企业很少。

企业扩张性外迁归根结底是资本利益驱动的表现,是企业为寻求更大的利润而作出的经营选择,有其符合市场规律的必然性,在一定程度上反映了深圳市产业结构调整的要求。基于深圳市良好的投资环境、自主创新环境、产业配套环境和已形成的营销网络,企业"走出去",企业最主要部分仍留在深圳市。

第四节　深圳企业向内地拓展的制约因素

深圳企业在向国内拓展中也存在以下诸多制约因素：

（1）缺乏对当地经济周期的判断以及内地投资信息渠道。深圳企业在20世纪80年代到90年代初在深圳淘到了第一桶金，普遍尝到"暴利"的甜头，就开始大举进入内地，但是没有对当地经济周期进行准确的判断，对当地的需求和购买力缺乏的分析，过早进入，当销售情况不理想时，实力不够雄厚的地产商马上会陷入困境，甚至出现半截工程的现象。如"武汉万科广场"半截子工程是万科90年代初大规模扩张的产物。1992年起，万科选择百万人口以上的城市，北到沈阳、大连、鞍山，东到上海，全面开花。万科的开发类型从住宅楼跨至商场、写字楼，开发城市从深圳一地扩张到全国13个城市，"武汉万科广场"是13个城市中的一个物业。"武汉万科广场"开工没几天，房地产市场形势一泻千里，导致项目失败。所以，对当地经济周期的判断以及内地投资信息渠道，是房地产商对外拓展的关键。

（2）市场竞争相当激烈，机会稍纵即逝。中国内地经济发展进入了"群雄竞争"时代，一个好的项目往往是很多企业在竞争，市场竞争相当激烈，机会稍纵即逝。如21世纪以来，电力企业的经营环境开始发生变化，电力体制改革加快、煤炭价格上涨、发电成本上扬，但"电荒"在全国的蔓延又使得电力投资建设又一次达到高潮，电力市场纷争的局面愈演愈烈。积极抢占战略性资源，在有条件的地方布设电源点，增加装机容量已是各发电企业努力追求的目标。一个好的电源点往往是几个电力企业在竞争。深圳一些企业试图涉足这个领域，但进展不大。

（3）资金缺乏，很多机会抓不住。目前很多企业存在资金来源单一、资产负债高、抵御市场风险的能力较低的情况，在中央政府加紧金融与宏观调控的严峻形势下，很多企业很难获得当地金融机构的金融支持，这也是制约深圳企业向外拓展的重要原因。

(4)对内地投资监管和控制问题。由于在组织架构上空间的分离,企业的管理环节增多,出现对外地分公司或子公司的监管不到位和内部控制乏力的问题。这些轻则导致管理和运营成本增加,重则导致分公司或子公司的"内部人"现象严重,公司资产严重流失,从而使项目流产。

(5)缺乏与内地政府的沟通协商机制,政府和政策资源优势欠缺。"走出去"到其他地方投资,必然要利用当地的自然资源和社会资源,和当地政府建立起良好的关系、争取到好的地方政策支持往往是项目成败的关键。但是深圳企业与地方政府是处于两个层面,与之进行有效的沟通困难重重。每个项目前期工作,选址、可研、环保、水资源、地质等都要经历小到县级政府、大到国家相关部委的审批。深圳政府属于一个运作较为规范透明的政府,而内地二三线城市在项目审批上经常出现手续繁多、时间太长,致使投资良机丧失;而深圳的地产商缺乏与内地政府的沟通协商渠道,可能会与当地政府的职能部门出现摩擦,导致经营成本上升(如各类罚款收费等)。深圳只在上海等城市设立了政府办事处并成立了深圳企业投资商会,其他城市没有设立政府办事处,成立深圳企业投资商会的城市也不多。

(6)各地政府的地方保护主义政策阻碍企业正常顺利进入。在对内地拓展过程中,深圳企业经常碰到当地政府所设置的障碍,即要求本地国有企业在进行股权转让时,转让对象优先以本地国有或民营企业为主,最后才准深圳的企业进入。

(7)被投资企业管理团队本身所带来的风险。对外投资时所遇到的最大风险来自于人的风险,深圳企业对外投资中尤其并购外地企业时经常碰到被投资企业管理团队本身所带来的风险,其表现在经营理念的差异、经验团队的自身能力、职业道德等问题。

(8)少数深圳企业诚信问题。少数深圳民营企业素质不高,缺乏诚信,出现了或多或少的欺诈消费者的行为,损害了深圳企业形象。如何维护企业经营信誉度和加强企业品牌化是一个重要问题。

第五节　拓宽深圳企业向内地发展的路径

一、发展"飞地经济"

"飞地经济"是在与本市不接壤的地区,拓展归本市管辖的土地区域,以便在周边无法获得土地的情况下弥补本市土地区域的不足。深圳市土地空间不足,发展"飞地经济"是解决经济飞速发展与土地资源严重"先天不足"的矛盾的一种创新举措。国内很多城市实践证明,它通过促进生产要素向最能发挥效率的地区集中,实行对土地的高效集约利用,最大限度地节约土地,从而走出了一条经济持续发展与合理利用资源的双赢之路。

(1)安徽铜陵市的"飞地"。安徽铜陵市以铜矿为支柱产业,铜陵有色金属公司是铜陵市龙头企业。该公司在安徽省另一个城市——安庆市拥有一个铜矿基地。为便于管辖,安徽省在 20 世纪 80 年代初将这个铜矿基地连同周围的一些村划归铜陵市管辖,成为铜陵市在安庆市内拥有的一块飞地。铜矿基地连同周围的一些村的村民属于铜陵市市民、铜陵市户口,飞地上的税收归铜陵市,司法管辖权属于铜陵市。安徽省对铜陵市划出这块飞地,有利于铜陵市有色金属发展,形成铜陵市以至于安徽省的支柱产业。

(2)福州的"飞地工业"①。在素有"八山一水一分田"之称的福州,土地资源珍贵稀缺,而经济的高速发展又对土地的需求不断增加。如何解决好土地资源严重"先天不足"的矛盾,促进生产要素向最能发挥效率的地区集中,从 2002 年开始,福建省福州市创造性地发展"飞地工业",从而走出了一条经济持续发展与合理利用资源的双赢之路。

福州近年来通过重新调整产值、税收分配政策,积极发展"飞地工业"

---

① 参见高建进:《福州"飞地工业"带来经济增长方式可喜变化》,《光明日报》2005 年 10 月 11 日。

（即各区县引来的各种工业项目实施集中落户，而这些项目产生的新增产值、税收则按比例由招进地与落户地共同分享），不仅破解了多年来的用地"瓶颈"，而且还在实现集约发展与合理利用土地资源方面，成功探索出了一条新路。自实施"飞地工业"以来，福州市开发区、工业区数量减少了30%，工业用地节约了25%，"缩编"后的全市25家工业园区，每家产值、税收平均增长了2—3倍。

2002年10月，福州市利用闽江滩涂荒地在金山新区建起了金山片、浦上片、福湾片总共8平方千米多的市级"飞地工业"基地。区内基础设施采用统一规划、统一建设，建设4层以上的专用和标准厂房712幢近400万平方米。入驻企业以科技和环保类为主，严控污染型企业进入。入驻投产企业达到四百多家，总投资超过100亿元。"飞地工业"的节地率达到30%—50%。集中区基础设施共建共享，入驻企业建设成本平均节约10%以上。

"飞地工业"模式目前已扩大到全市所有区县乡镇。经过重新调整治理，福州市将原来的36家各类开发区缩减至25家，节约土地二十余万亩。长乐市两港工业集中区，集中了全市7个乡镇（街道）的22个工业项目，在仅占全市0.83%的土地上，创造出了占全市16.75%的经济总量。

"飞地工业"没有动用太多的资源，却有效解决了各自为政带来的工业园区遍地开花、滥占耕地、重复建设、开而不发等问题，土地利用效率大大提高。"飞地工业"区按照规划功能要求合理、高效布置工业用地，不用或少用耕地，尽量利用荒地、闲置地并盖多层厂房。如长乐两港工业集中区建在大片沙滩荒地上，福清江阴工业集中区利用了4500亩废弃盐场。

"飞地工业"实现了产业跨地区聚集，推动了工业区跨越式发展，同时也为土地匮乏、基础设施滞后或产业基础薄弱的地方提供了发展工业的良好载体。集中上工业项目比单独选址建设可节约基础设施投资10%以上，统一用地条件和地价水平可避免各地为招商引资恶性竞争。占地8500亩的金山工业集中区发展"飞地工业"，共引进科技和环保型企业497家，形成电子、制衣、医药等8大产业，总投资逾百亿元。依山而建的福州软件园三期工程引入"飞地工业"模式，集中各县市区掌握的信息技术产业项目，引进的15家企业投资约 4 亿元。

(3) 厦门同安工业集中区"飞地模式"。厦门同安工业集中区面积约 12 平方千米,2005 年 9 月开工建设,建成 480 多万平方米通用厂房,是目前福建省规模最大的通用厂房建设项目。建设同安工业集中区是厦门市一个重大战略决策,是厦门前所未有在短期内进行大规模成片集中开发的建设项目。工业集中区规划定位为以发展机械电子、有色金属等符合产业导向劳力和技术密集型产业为主综合性产业基地。同安工业集中区开发主体采用"3+1"飞地模式,由思明区、湖里区、同安区和火炬管委会联合开发、联动发展。同安工业集中区土地全在同安,却分同安、思明、湖里和火炬管委会四个不同开发主体,这样的开发模式在厦门市是前所未有的。厦门希望通过这种模式,举全市之力推动新一轮跨越式发展。①

(4) 江苏省的"飞地开发"探索。2003 年 2 月 15 日,江苏省江阴、靖江两市政府领导签署协议,宣布在靖江沿江 60 平方千米的土地上共建江阴经济开发区靖江园区。这种开发形式突破了行政区的界限,将苏南开发区的政策延伸到了长江北岸。对于"飞地开发",现阶段采用"产值税收分成"办法。产值税收以一定比例进行分成,有利于这种合作型开发的长期化与深入发展。②

(5) 大连长海县"飞地经济"。2005 年 5 月 30 日,辽宁普兰店市与大连长海县的万众海洋科技发展有限公司举行土地转让签字仪式,取得了在岛外建设渔业加工园区所必需的土地使用权。这是长海县与普兰店市两地携手,实现共赢的重大举措。为加速"海上大连"先导区和示范区建设步伐,长海县将发展渔业加工业建设"工业强县"作为经济发展的主要战略之一。但由于海岛淡水匮乏,交通瓶颈制约,致使海岛丰富的资源优势始终不能有效地转化为工业优势。2004 年年末,长海县开始着手研究在岛外借用"飞地"建设渔业加工园区的问题。最终将园址选在仅一海之隔的普兰店市皮口镇。长海渔业加工园区建设总投资 6 亿元,填海造地 4 平方千米。引进日本、韩国、中国台湾等国家和地区以

---

① 参见郑友贤:《"飞地模式"助力跨越式发展》,《海峡都市报》2005 年 9 月 18 日。
② 参见汪晓东:《区域经济观察:跨江如何联动》,《人民日报》2008 年 4 月 3 日。

及欧洲的水产品加工企业入驻园区。①

"飞地经济"是解决深圳经济发展与土地严重不足的一条"出路"。深圳可以选择广东省内经济相对落后的同时离深圳近、交通便利的地区发展"飞地经济",将生产基地建在那里,把制造业往"飞地"转移,降低商务成本,从而解决深圳总部经济发展与腹地空间不足的矛盾。

二、推进国内异地工业园模式

"飞地经济"这种模式是在异地扩张有土地管理权的物理空间。除此以外,在区域经济日趋一体化的背景下,加强异地区域合作,发展异地工业园,整合工业资源,实现优势互补,也是一条有效途径。各地在这方面已经有很多经验,出现了以下几种模式。

1. 跨省市建工业园模式

发展工业,不能离开地域优势和交通条件,而这种优势和条件并不是各个地方都具备的,但各地虽然条件有差异,都不能置身于工业化的进程之外。这样就构成了一对矛盾,即各地都要通过工业化来加快资本原始积累与有的地方缺乏发展工业条件的矛盾。跨省市发展异地工业园,则可以比较好地解决这一矛盾,有利于打破地域和交通条件差的地方发展工业的制约因素;有利于统筹园区和非工业园区的发展,统筹城乡发展,统筹人与自然和谐发展,符合科学的发展观;有利于资源整合,产业聚集。跨省市发展异地工业园,顺应了集约、高效利用土地资源的要求,也节约了引进企业在基础设施、配套建设等方面的资金投入,可以降低成本,提高效率,提高企业竞争力和区域招商引资吸引力。

(1)深圳坂田村惠东建工业园。2003 年 3 月 27 日,由深圳市龙岗区布吉镇坂田村投资兴建的坂田工业园,在惠州市惠东县奠基。异地兴建工业园,这是深圳与惠州优势互补、互利合作、发展经济的新兴模式。深圳土地少,惠州土地多;作为珠三角的龙头,深圳由于产业升级的需要,一些劳动密集型、资源密集型产

---

① 参见战庆国、王忠:《长海县借用"飞地"发展海岛经济》,《中国海洋报》2005 年 6 月 17 日。

业急需向四周辐射,而邻近的惠州则因自身的发展需要积极承接深圳的产业转移。两市经济发展逐渐形成了日益紧密的合作关系,惠东坂田工业园就是惠州承接深圳产业转移的一个范例。惠东坂田工业园由坂田村负责开发、招商和管理,占地3000亩,首期投资8200万美元,内设欧美区、日韩区、台湾区和香港区、东南亚区,已有二百多家企业入园发展,吸纳5万人就业,年产值达100亿元以上。①

(2)浙江工贸园区落户黑龙江。2005年9月30日,四十多家浙江等地企业代表云集黑龙江省东宁县,共同参加浙江工贸园区的奠基仪式。浙江工贸园区是东宁县与浙江运能投资管理有限公司依托中俄东宁——波戈拉尼奇内互市贸易区,面向中俄,以"前店后厂"模式共同兴建的。园区面积2.81平方千米,投资5亿元,采取整体规划、分期建设的方式,首期占地35万平方米。园区针对浙江企业的特点,重点发展轻纺、服装、家电、建材、食品、文化用品及其相关产业。浙江工贸园区的创建,为浙江产品借助东宁县的口岸优势进入俄罗斯市场开辟了一条"绿色通道",而东宁县则可以利用工贸园区以商养商,不必再耗资耗力建园招商。在中俄边境线建市场、毗邻区域建工厂,可以推动中俄双方大企业规模集聚,缩短运距,产品通过东宁口岸,直销俄罗斯或转销第三国,实现对俄经贸战略升级。②

(3)台州市在乌鲁木齐经济技术开发区举办民营企业工业示范园。2005年7月25日,台州民营企业工业示范园奠基仪式在乌鲁木齐经济技术开发区举行。这种以区域形式建立工业园在新疆尚属首次。台州是中国塑料产业集聚带,从塑料模具、塑料机械的制造到塑料制品的生产,再到原料贸易和产品销售。入主乌鲁木齐经济技术开发区的台州企业以塑料产业项目为主,投资6亿元。台州受地理条件所限,远离原料基地,台州商人每年都有大批来自中西亚的塑料、模具等产品的订单,将原料从新疆运到台州,都需要原料异地加工后,再运回新疆发货,运费问题已经成为制约台州商人进军中西亚市场的瓶颈。在新疆投

---

① 参见陈海峰:《深圳坂田村惠东建工业园》,《深圳特区报》2003年3月28日。
② 参见徐大勇:《浙江工贸园区在东宁开工》,《黑龙江日报》2005年9月21日。

资建造这座工业园后,台州商人的经营成本可以大大降低。①

　　2. 跨区镇建工业园模式

　　在同一城市,一些经济已经高度发展的中心城区,区域面积狭小,可用于继续发展工业的土地资源不多,同时,作为中心城区,发展工业必须走高、精、尖的道路,致力发展都市型工业,就要站在战略的高度看问题,跳出自己的区域谋发展,利用中心城区的信息、市场资源优势,谋求与土地资源丰富的兄弟区域合作,实行"异地建园招商",按照责、权、利对等原则,利益均沾,实现双赢的目的。另外,中心城区的产业要不断优化升级,许多不适于本辖区发展的企业要迁出去,这也给这些企业找到了一个发展好去处。

　　同一城市在本区镇领地以外的地方通过招商引资兴办工业企业,该工业企业按属地管理原则,由所在地政府依法管理和服务,其产值等各项经济指标全额或按一定的比例由引资方和所在地政府统计,税收按一定比例分成。目前,这种发展模式在沿海地带已经相当普遍。

　　(1)南京"鼓楼溧水科技产业开发区"模式。南京市溧水区有一块由鼓楼区负责经营开发的面积为100万平方米的"鼓楼溧水科技产业开发区"。

　　南京市鼓楼区在历史上就是个科技、教育、卫生、体育、文化设施集中的区域。近年来鼓楼区也成了在南京地区首屈一指的经济强区。但是,地价的飙升使得区内企业不仅本身租房、建房成本不断提高,一些原本从事科技成果研发的企业在发展壮大之后也迫切需要足够的空间来建设自己的生产基地。然而,限于鼓楼区作为主城的区位,一时却难以找到合适的场地和空间。溧水区在基础设施和劳动力方面具有鼓楼区不可比拟的优势,仅土地一项,价格即可能相差达到百倍,但由于种种条件的限制,这块极具潜力的土地过去一直难以吸引到足够的高新技术企业投资的目光,以致其开发在相当长一段时间里处于停滞状态。

　　鼓楼区和溧水区经过合作研究,溧水区在高阳镇划出了1300万平方米土地由鼓楼区开发建设"鼓楼溧水科技产业开发区"。由鼓楼区负责经营开发,招商引资,引入需求发展空间的高新技术企业,产生的税收等收入由鼓楼区和溧水区

────────────

　　① 参见周生斌:《台州6亿投资新疆建工业园》,《台州晚报》2005年7月27日。

共享。这块"飞地"交由鼓楼区和溧水县共同开发后,双方的优势恰好可以互补,既能解决鼓楼区企业的发展空间,又对溧水县的城市化进程和产业结构的提高起到了极大的促进作用,同时还有效地解决了溧水县经济转型期出现的劳动力剩余问题。①

(2)成都市"锦江—金堂工业园"模式。2005年7月,成都市锦江区和金堂县按照优势互补、共同发展的目的,双方在金堂县赵镇工业开发区共同建立"锦江—金堂工业园"。该工业园区地方经济指标及报市级以上的有关经济指标,锦江区和金堂县按3∶7的比例分成。锦江区邀请的辖区企业分别与金堂县签署投资协议,包括建服装批发市场、打造服装产业链、建立水果深加工基地等。在合作原则中,双方将坚持市场主导原则,按照"市场运作,政府推动"的方式推进区域合作;优势互补原则,充分发挥双方的比较优势和合作的积极性、主动性、创造性,加强资源、产业、人才等方面的优势集成与互补;还有互利共赢原则。②

(3)高要市河台镇异镇创办工业园。广东高要市河台镇经济发达,缺乏土地空间,2001年在高要市委、政府的支持下,河台镇在高要市金渡镇开辟了"河台工业园"30万平方米用地,异地创业。为了引项目入园,河台镇在市城区设立了招商公司,河台镇主要领导亲自经营。2001年8月,成功引进广东华芬酶有限公司落户工业园。该公司主要生产高科技生物剂,总投资6000万港元,为工业园新增工业产值2.5亿元,新增税收800万元。在此基础上,工业园开辟了四个分别以陶瓷、松脂生产、肉桂加工、木制品加工和黄金生产精炼加工为主的四个工业小区,成功引进森源林产化工有限公司、河顺桂油厂、恩亿凯特有限公司等项目,项目总投资超2500万元。

(4)蓬莱市各村镇"异村发展"破瓶颈。山东蓬莱市在发展镇村经济中,引导各镇区街道按照"一镇一业、一镇一品"的思路,结合自身优势,发展特色产业,走特色兴镇的路子。为解决一些村镇缺乏发展空间问题,蓬莱市各村镇"异

---

① 参见朱锐、蔡双根、陈思平:《鼓楼秦淮与溧水在发展中求共赢》,《金陵晚报》2005年5月30日。

② 参见严斌、陈泳:《锦江金堂共建"工业飞地"》,《成都日报》2005年7月22日。

地发展"破瓶颈。大柳行镇政府引进的投资 2200 万元的烟台奥斯曼葡萄酒项目,占地空间大,大柳行镇没有土地空间,蓬莱市当即决定在城东拥有良好区位、产业和资源优势并临近葡萄观光长廊的经济开发区专辟大柳行工业园,以供该镇吸引承载项目,并最终促使烟台奥斯曼葡萄酒业公司落户园区。"异地建园区引项目"这一全新的思路,为不具备区位、产业和资源优势的镇村提供了吸引项目入驻的最佳方案。如今,蓬莱市紫荆山街道、村里集镇、小门家镇等 6 镇区街道也纷纷在异地建园区,将不适合落户本地的项目送到异地发展。异地发展让因受区位、资源和土地等因素所限的镇区街道在招商引资上大有作为。目前,各镇区街道送到异地落户发展的项目达 74 个,投资额达 98 亿元,年可实现产值100 多亿元。①

(5)江西上饶工业园模式。上饶工业园区共分凤凰工业园区、旭日工业园区和三江工业园区,规划总面积为 8 平方千米,其中市本级的凤凰工业园区地处上饶市西大门宽敞的北环路(原 320 国道)两侧,面积为 2.8 平方千米。区内共分电子信息、生物基因、新材料、加工业、商业和公共服务设施 6 个区域。按照"高起点、高标准"的原则和"投资环境优越、功能齐全、设施配套"的要求,工业园区要建成"经济发展的带动区、体制和科技创新的试验区、城市发展的新区"。

上饶工业园对所属县(市、区)在工业园区内举办的企业,实现异地办厂,属地纳税,税款由本级财政按季度划拨还原地政策。县(市、区)老厂搬迁进园区的企业,其原有税收基数划还给县(市、区),新增部分三年 70% 给原地,30% 归市财政;以后对半分,即县(市、区)得 50%;市财政得 50%;县(市、区)为主引进的进区企业,前 2 年税收全额归县(市、区),后 3 年按对半分成,以后每 3 年核定一次。②

"异地工业园"也是解决深圳经济发展与土地严重不足的一条"出路"。深圳可以选择广东省内经济相对落后的同时离深圳近、交通便利的地区发展"异

---

① 参见戴发利、张绍贤:《"异地发展"破瓶颈,蓬莱镇村经济财源从何而来》,《烟台日报》2005 年 7 月 5 日。
② 参见中国江西网(www.jxcn.cn)"招商引资——开发园区"栏目。

地工业园",将生产基地建在那里,把制造业往"异地工业园"转移,降低商务成本,从而解决深圳总部经济发展与腹地空间不足的矛盾。

三、加强政府协调作用

政府管理部门要对深圳企业在内地投资集中的城市的政府形成沟通机制。大力支持深圳企业在的内地扩张及投资,关心深圳企业在内地的成长及其发展,并协助解决相关困难。

政府首先要建立区域合作职能部门,这是企业在外地的成长及其发展的管理、协调、服务机构。目前,很多城市都形成了区域合作职能部门的模式。

(1)合作交流办公室——上海市政府区域合作职能部门模式。① 上海市政府区域合作职能部门是"上海市人民政府合作交流办公室"。上海市人民政府合作交流办公室主要职责包括:

——贯彻执行国家和本市有关加快沿海地区发展、西部开发、振兴东北等老工业基地,对口支援,服务全国扩大对内开放的战略、方针和部署,组织研究本市合作交流工作的发展战略,与各省市区之间合作交流的重大问题,提出本市合作交流的指导方针、工作原则。

——按照本市国民经济和社会发展规划的要求,负责编制本市合作交流工作的总体发展规划并组织实施;研究起草有关地方性法规、规章草案;研究制定本市合作交流政策措施。

——负责本市合作交流信息的综合和发布;组织收集、整理各地政务、经济等综合信息,及时向市委、市政府领导提供决策参考,为社会提供合作交流信息公共服务;组织、指导、协调本市有关单位调查、统计,进行分析研究,提出对策,指导有关工作。

——组织、指导、协调本市招商引资和市场拓展工作,负责建立协调机制,做好服务;组织、指导和协调本市有关行业到各地投资与合作,牵头组织本市参加市外大型经贸活动;会同有关部门做好上海到外地、外地在上海的招商引资和展

---

① 参见上海市政府网(www. shanghai. gov. cn)"政府机构职责"栏目。

销博览等工作;配合市委、市政府办公厅做好本市党政代表团出访各省市区的组团、联络等工作。

——负责本市参加国内区域性合作组织的联络工作,牵头承办和参与区域性经济合作组织的例会;组织、指导和协调本市与沿海、沿江、中西部、长江三角洲等地区开展双边、多边合作和服务,以及参与西部大开发;会同有关部门、行业和单位参与区域合作组织及有关的专项合作等工作。

——组织、统筹、协调、推进本市与各地在经济、科技、基础设施、人才、教育、文化、卫生、服务等领域的跨省市合作交流工作;负责联系、指导各区县和市有关委办局合作交流部门的工作。

——承担对口联系国务院三峡工程建设委员会、扶贫开发办公室的职责。会同有关部门管理本市服务参与西部大开发专项资金;负责管理本市有关对口支援工作的基金和资金。

——负责管理归口的市政府驻外省市办事机构;负责对国务院各部门和各省、市、自治区驻沪办事机构的联系、服务和协调;负责管理各地驻沪单位和人员组成的全市性的联谊性社会团体;配合有关部门做好各地在沪单位和人员的社会稳定工作;负责管理各地在沪投资企业协会,并提供指导、协调和服务。

——负责市政府接待工作、接待经费的管理和接待标准的制定;承担非中共党员的全国人大副委员长和非中共党员的全国政协副主席接待任务;承担中央和国务院部级领导、各省市区省级领导的接待任务;负责地市级以上代表团的接待工作;会同有关部门做好国际、国内重要大型会议和活动的接待工作;负责联系、协调和指导市政府各部门和各区、县人民政府接待部门的工作。

(2)区域经济合作处——北京市政府区域合作职能部门模式。① 北京市政府区域合作职能部门是北京市发展和改革委员会区域经济合作处。北京市发展和改革委员会负责区域合作的职责调整是根据中共中央、国务院批准的《北京市人民政府机构改革方案》和《北京市人民政府关于机构设置的通知》(京政发[2003]18号),将原北京市经济委员会承担的企业技术改造投资管理、区域经济

---

① 参见北京市政府网(www.beijing.gov.cn)"政府机构职责"栏目。

合作、促进中小企业发展、地方电力行业管理和煤炭行业管理、重要工业品和原材料及成品油的进出口需求平衡、指导资源节约与综合利用、环保产业发展、组织减轻企业负担等职责划入到发展和改革委员会。北京市发展和改革委员会区域经济合作处工作职能是：

——研究提出本市与周边地区经济合作发展战略、规划及相关政策；组织和协调区域经济合作工作；协调解决区域经济合作与发展中的有关问题；承担区域经济合作组织协调机构的日常工作。

——研究提出本市与其他省区市开展经济合作的指导意见，拟订合作领域及重大合作事项；参与筹划和筹备本市与其他省区市高层领导之间的经济合作洽谈活动。

——研究提出本市参与西部大开发规划，组织协调本市参与西部大开发的相关工作；承担市西部开发工作领导小组办公室日常工作；指导市西部开发办公室网站工作。

——组织指导和统筹协调本市对口帮扶和对口支援工作；承担市援藏工作领导小组办公室日常工作；承担市政府支援三峡库区移民工作领导小组办公室日常工作。

——负责外省区市驻京机构的管理、协调工作；协调驻京机构与本市开展经济合作和文化交流，并配合本市开展重大活动，完成重大任务。

（3）国内经济合作办公室——杭州市政府区域合作职能部门模式。① 杭州市政府区域合作职能部门是杭州市人民政府国内经济合作办公室。杭州市人民政府国内经济合作办公室主要职责包括：

——贯彻执行国家、省、市有关加强国内经济技术合作工作的方针政策和法律法规；会同有关部门研究拟定加强国内经济技术合作的政策、发展规划和年度计划，并组织实施。

——负责全市国内招商引资的组织、协调、管理和考核工作；组织开展国内经济技术合作情况的调查、统计和信息综合。

---

① 参见杭州市政府网（www. hangzhou. gov. cn）"政府机构职责"栏目。

——负责对外地来杭投资企业的联系、管理、服务;负责来抗企业的认证工作和投诉受理工作;组织或参与杭州到外地、外地来杭州举办的产品展销、经贸洽谈活动。

——负责与国内城市间的联络、交流和合作工作。负责全市区域经济合作工作,拟定深圳市参与西部大开发和接轨上海的工作规划、实施意见,并承担组织对旨导、协调等日常工作。组织有关单位对重点合作项目落实情况进行督促、协调和服务。

——负责中央部属机构和外地在杭办事机构的管理和服务;负责本市企业到外地设立办事机构的管理、协调、联络、服务工作。

——协同有关部门做好其他省、市有关经济技术合作方面的代表团的来访接待工作;负责市领导对其他省、市有关经济技术合作工作出访的联络和服务工作。

深圳市政府要借鉴上海、北京、杭州等地政府经验,建立自己的区域合作职能部门,承担对外地合作交流、区域经济合作、国内经济合作的任务,作为企业在外地的成长及其发展的管理、协调、服务机构。随着深圳与内地经济交流规模日益发展,政府区域合作职能部门显得越来越重要。

除了建立政府服务机构外,政府还要建立健全中介服务体系,进一步建立和完善投资企业服务平台,为企业提供信息咨询、合作交流等相关的服务。以政府购买服务的方式进行管理,为中外企业和机构提供免费的投资促进便利服务。尤其在中介服务体系的培育完善上,可以加强与深圳市企业"走出去"主要地域的投资贸易促进机构、商会组织的联系与合作,互相提供企业、产品动态信息。发挥深圳市行业协会等中介组织的资源和优势,为"走出去"企业提供市场调研、合作交流等服务。积极培育和引进会计、法律等中介机构和专业咨询机构,为"走出去"提供专业服务。建立"走出去"专家平台,聘请相关领域的专家、学者及资深人士为深圳企业"走出去"提供专业指导。积极发挥深圳国际科技商务平台的作用,利用已入驻的多个省份、国家和地区的政府机构、商会、协会等,为企业"走出去"开辟咨询、信息、交流合作的快速通道。

政府要建立健全"走出去"人才队伍建设体系,形成政府、企业和教育培训单位开展"走出去"人才培养引进机制。"走出去"主管部门及组织、人事部门应制订有针对性的培训计划,加强"走出去"专项人才交流培训工作。各教育培训机构积极采取与境内外高校联合培养、互换交流等方式,锻炼培养外向型复合人才。相关企业要把人才的发掘和培育放在重要地位,注重在"走出去"实践中培育使用人才。同时不断拓展人才引进的领域和渠道,采取有效措施吸引国内外技术、管理、营销等各类人才。

搭建顺畅的融资渠道,降低"准出"门槛,制定和实施优惠的融资、汇兑、税收,促进深圳企业向内地拓展。企业"走出去"过程中遇到的资金问题,除了通过自有资金或银行贷款等方式融资,还可通过原有股东增资的方式解决这个难题,但政府要对股东增资的方式予以支持,尤其是国有企业。政府不但可以通过一般的优惠融资措施予以企业支持,对于政府下属企业也可通过追加资本金的方法实现支持和鼓励。

第四章

深港合作——深圳
走向世界的通道

深圳之所以能快速走出去,与深圳地处对外窗口位置有香港这个国际通道密切相关,深港合作是深圳走向世界的通道。深港合作内容非常广泛,重点包括金融领域合作、深港创新圈的打造等。

第一节　推进深港金融合作与创新

一、深港金融合作的进程

1. 清算系统合作:深港金融合作基础

自 1998 年以来,香港金管局与中国人民银行深圳市中心支行密切合作,陆续推出了深港港元和美元双向票据交换安排以及深港港元及美元双向实时支付结算系统联网,中银香港被委任为这些支付结算安排在香港的代理银行。这些安排为香港和深圳之间的外币资金往来提供了高效和安全的信道。随着两地贸易和投资往来的日益增加,其使用量也不断增加。此外,深港两地还建立了票据清分系统相互备份机制,一旦一方出现异常可以利用对方设备清分票据。2009年深港美元支票累计结算金额 15 亿美元。

深港支付结算系统起步于银行卡联合结算机制,其发展过程是:

——1997 年实现深港澳 ATM 网络单向联网,使港澳"银通"(Jetco)ATM 网络成员行的持卡人可以在深圳联网银行的 ATM 机上提取人民币现钞。

——1998 年 1 月深港之间建立了港币支票单向联合结算机制,香港出票人签发的港币支票可以在深圳流通使用。

——2002 年深港两地建立银行卡双向联合结算机制。

——2002 年 6 月建立了港币票据双向联合结算机制,深圳出票人签发的港币支票可以在香港流通使用。

——2002 年深圳运行了外币实时全额系统并和香港的即时支付系统实现了对接,深港之间的港币清算实现了实时到账。

——2003 年 11 月系统增加美元支付业务,深港之间的美元资金清算也实行了实时到账。

——2004 年 7 月美元支付业务扩展至两地之间的美元支票。

——2004 年 2 月香港人民币业务开通,香港清算行接入中国现代化支付系统,符合中国人民银行公告要求的人民币资金清算实现实时到账。

——2006 年 3 月 6 日香港人民币支票在广东省(包括深圳)流通使用。

至此,深港两地在支付清算系统方面的合作已经涵盖了票据交换和实时支付系统,在支付工具方面包括了香港人民币支票、银行卡和港币、美元等外币票据,大大方便了两地企业和个人的跨境支付。

2. 为香港银行经营人民币业务提供服务

自 2003 年 11 月起,中央政府分阶段允许香港银行经营个人人民币业务,中银香港获委任为香港人民币业务的清算行。中国人民银行深圳中心支行于 2004 年 2 月 25 日起为香港银行办理香港个人人民币业务提供清算安排,香港人民币业务范围包括为香港居民提供人民币存款、兑换、汇款及人民币银行卡服务。中国人民银行于 2005 年 10 月 29 日发布《中国人民银行公告》[2005]第 26 号,宣布扩大香港人民币业务范围,主要包括:为指定商户提供存款服务;提高人民币兑换最高限额并扩大允许兑换人民币的指定商户范围;提高香港居民汇款限额;取消香港银行发行的人民币银行卡的授信限额;为香港居民签发的个人人民币支票在广东省使用提供清算安排。

香港人民币业务的开展,便利两地居民互访和旅游消费,促使深圳与香港金融业更加紧密地结合,增进两地金融管理当局的合作,提升两地的金融合作层次。

香港人民币业务开办后,中国人民银行深圳中心支行和香港金管局建立了定期沟通机制,就香港人民币业务的运行情况、出现的问题以及业务的拓展方面交换意见,提出解决方案。这一机制运行顺畅,及时有效地解决了香港人民币业务运行中出现的问题,确保了香港人民币业务的稳定运行。同时,由于负担着为香港人民币业务提供具体清算安排和业务监测的重任,深圳中支和香港方面的合作已突破了支付结算范围,加强了对香港人民币业务涉及的反洗钱、货币政策等问题的沟通,提升了两地的合作层次。

人民币清算机制这一制度性的安排,使香港的人民币业务由非正规的、自发性的业务逐渐纳入正规的、规范的银行市场,从现钞和个人业务逐渐向非现钞和非个人领域扩展,促进了两地经济金融融合的日益加深以及人民币资金流动的迅速增加,促进了人民币有序回流及加强了对境外人民币的监测,并成为未来人民币逐步走向区域化和国际化的基本平台,为进一步试验人民币的可兑换打下基础。

3. 两地互设金融机构

香港银行在深圳设立金融机构分两个阶段,20世纪80年代末至90年代初期为第一个阶段。早在1982年1月,中银香港旗下的南洋商业银行已率先在深圳开设分行,接着又有东亚银行、汇丰银行等香港银行进入。但在90年代中期至2003年期间,受亚洲金融危机影响,香港银行放慢了进入深圳的步伐。2004年,受惠于CEPA降低银行准入门槛到60亿美元的规定,香港中小银行加快了进入内地的步伐,中小型港资银行纷纷在深圳开设分行或以收购/重组的方式在深圳开展业务。

截至2009年年底,港资银行在深圳开设营业性机构共47家,其中总行4家、分行13家、支行30家,位居内地城市榜首。同时,越来越多的深圳金融机构已经"走出去",在香港设立分支机构。

2009年年末在深圳的港资银行员工总数达到1000多人,港资银行从业人员占深圳外资银行从业人员的 60% 以上。在深港资银行比例居全国各城市前列,资产收益率在内地的外资同业中亦名列前茅。

港资银行在深圳金融市场积极活跃,各项业务指标在全市外资银行中排名明显靠前。除汇丰银行依然保持优势,贷款和利润为第一位、总资产为第二位外,部分银行位次大幅提高。东亚银行贷款总额排名第二,资产总额排名第四。永亨银行贷款总额排名第四,资产总额排名第五。南洋商业银行税后利润排名第三。CEPA 协议签署后进入的港资银行业务发展也十分迅速,永隆银行税后利润增长 3 倍,上海商业银行贷款业务增长 12 倍。大新银行资产负债均有一倍的增幅,利润则增长 10 倍。①

二、深港合作与创新的潜力

1. 香港最大优势:亚太国际金融中心

经过了一个半世纪的市场经济发育过程,香港确立了现在的国际金融中心的地位,其最大优势是成熟的国际资本市场、自由货币制度、自由汇率制度、自由港,能吸引世界各地的资金。香港银行体系的总资产超过 10000 亿美元,居亚洲第四位,全球第十七位。股票市场的总市值为最高时达到 15 万亿港元,是亚洲第三、全球第八大股票市场。香港是中国目前唯一的国际金融中心,具有较强的融资能力和资本运营能力。香港的核心竞争力是金融及相关服务业和现代物流业。香港银行业认可机构达 200 多家,客户存款总额达 3.3 万亿港元,世界前100 家银行,有 80 家在香港营业。香港是亚洲主要的基金管理中心,各类基金管理公司管理的基金品种达到 2000 种,基金净值达到 3000 亿美元,国际资金通过其香港的机构很快能进入中国内地。② 香港拥有一批国际水平的金融专业人才,良好的专业素质和外语水准,能应对国际金融市场的变化需求。另外,香港

---

① 参见黄惠敏:《深圳确定百家人民币结算试点企业》,《每日经济新闻》2009 年 5 月 8日;刘键:《深港紧密合作促进共同繁荣》,《深圳特区报》2007 年 12 月 18 日;王佑武:《深圳银行业务创新的现状、问题及前瞻》,《深圳金融》2001 年第 3 期。

② 参见香港贸发局网站(www.hktdc.com)"香港经贸"栏目。

资本市场有完善稳定的法律体系,尤其是对投资者方面的制度保护,高度流动性,自由兑换的货币体系,高增值的金融服务,等等。

到目前为止,共有 360 多家内地企业在香港股票交易所上市,其中,内地股份有限公司(H 股)和内地有关公司(红筹集股)占总市值的 48%,由此产生的结集效应也帮助了香港资产管理业务的蓬勃发展,国际上主要的基金管理公司纷纷进驻香港。

2006 年年底,中国加入 WTO 以后的过渡期已经结束,中国全面放开对外资银行经营人民币业务的限制。这些政策走向为香港金融业向中国内地拓展提供了条件,也将逐步消除香港金融业向中国内地拓展的障碍。

2. 香港最大制约:发展空间受限

与国际其他金融中心,例如纽约、伦敦和东京相比,香港最明显的不足之处是规模较小。由于没有庞大的本土经济支持,香港国际金融中心的发展偏重于为内地国际层面的资金融通活动提供服务。为避免香港受到类似亚洲金融危机的冲击,提高香港金融竞争力,发展香港资本市场,争取更多内地优质企业来港上市,促进香港银行走向内地,提供平台、服务,是香港金融业发展的重要方向。香港资本市场成为国际资本市场与国内企业结合的平台、通道。由于香港本地经济规模比较小,在过去的 20 年间,主要是为国际资金提供了一个进入亚洲和中国内地的平台。香港的金融活动主要是通过银行和股票市场两个渠道进行。

香港本地金融业处于高度竞争状态。香港有 146 家持牌银行,规模较大的银行有:香港汇丰银行、香港渣打银行、香港大新银行、香港中信嘉华银行、香港港基银行、香港东亚银行、香港亚洲商业银行、上海商业银行(香港)、浙江第一银行(香港)、香港永亨银行、香港荷兰银行、香港星展银行、中国银行(香港)、香港中银、香港恒生银行、香港南洋商业银行、香港永隆银行、香港廖创银行、美国亚洲银行(香港)、美国运通银行(香港)、香港蒙特利尔银行、香港丰明银行、香港富通银行、香港大华银行、香港集友银行、银联信托有限公司、中国工商银行(香港)、交通银行(香港)、中国建设银行(香港)。

分割香港金融市场蛋糕的是以下几大巨头:

(1)汇丰银行,资产规模 1 万亿港元,约占香港银行总资产 15%;

(2)中银集团,资产规模 8000 亿港元,约占香港银行总资产 12%;

(3)恒生银行,资产规模 6000 亿港元,约占香港银行总资产 9%;

(4)渣打银行,资产规模 2000 亿港元,约占香港银行总资产 3%;

(5)工商银行,资产规模 1000 亿港元,约占香港银行总资产 1.5%。其余 130 家银行都是资产规模在几十到几百亿港元的中小银行。

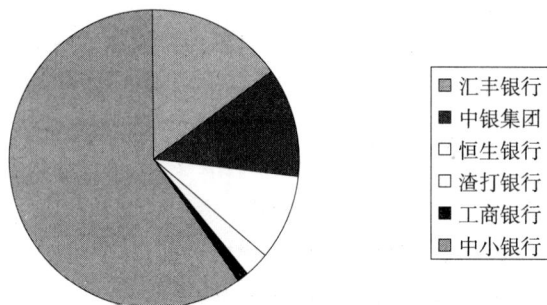

图 4-1　香港金融市场分割格局图

在自由利率的制度下,银行之间价格战激烈,存款与贷款的利率差越来越小,目前只有 1 个百分点(中国内地是 2.5 个百分点),有时甚至降到 0.6 个百分点。加上高昂的经营成本,银行办公楼每平方米租金通常达到每月 300 元,是深圳的 5—10 倍。人工成本年 40 多万元/人,是深圳的 3 倍,内地的 8 倍。在香港,银行达到盈亏平衡点的资产规模是 100 亿港元,而在中国内地,银行达到盈亏平衡点的资产规模是 20 亿元。招商银行香港分行贷款业务已经降到资产的 40%,另外 60% 买债券,利息更低。① 银行过去是融资中介,现在企业越来越倾向于去资本市场融资,逼得银行变得越来越像资金交易中心和金融超市,客户需要什么就提供什么,代理客户买卖股票、买卖保险、做定向广告(信用卡消费),收中介业务手续费,由融资型向交易型转变,由息差收入向收费收入转变。因此,香港所有银行都希望尽快进入内地,抢占市场份额。目前香港银行进入内地

① 参见 2009 年 8 月 4 日《证券时报》;参见查振祥:《香港国际金融中心的发展与深港金融合作的方向》,载《香港回归十年的回顾与展望》,中国评论学术出版社 2007 年版。

的最大障碍是中国内地金融业的"管制"。由于内地现行的外汇管理体制和人民币管理体制,香港的金融体系在为内地国际层面的资金融通活动提供服务的角色仍然十分有限,这也是深港两地合作的最大障碍。随着这个"管制"机制的逐步松动,香港银行进入内地的速度会越来越快。

3. 香港最大挑战:内地金融体制改革

国家"十一五"和"十二五"确定的加快内地金融体制改革的措施包括:深化金融企业改革,完善进入机构的公司治理结构,稳步发展多种所有制金融企业;加快发展直接融资,积极发展股票、债券市场,稳步发展期货市场;健全金融调控机制,稳步发展货币市场,逐步实现人民币资本项目可兑换;完善金融监管体制。在人民币开放的改革方面,中央政府的政策路向有三个特点:一是先入后出;二是先经常项目后资本项目;三是资本项目则再分为先长期后短期。在经常项目方面,早于1996年12月中国政府已宣布接受国际货币基金组织协议第八条款的义务,允许经常项目交易的人民币自由兑换,例如支付贸易、旅游等开支。资本项目方面,按先入后出原则,内地很多年前已允许外资兑换人民币在内地直接投资内地资本项目。近年,内地鼓励企业"走出去"到海外直接投资,2006年6月,全面取消了有关海外直接投资的兑换限额。对于开放证券投资的兑换限制则较审慎。2002年12月,内地开始允许海外机构投资者通过QFII机制,以外币兑换人民币流入内地证券市场。而在流出方面,中国人民银行在2006年4月发布了2006第5号公告,放宽了内地机构和个人进行境外投资的限制。

从上述情况可看到,人民币在经常项目交易和直接投资等方面的兑换已基本开放。未来的放宽主要是会涉及短期资金跨境流动的范畴,未来的开放可以通过额度的不断增加来实现。内地良好的宏观经济情况,如经济高速增长、低通胀和国际收支的庞大顺差等,为实现人民币资本项目进一步可兑换创造了有利的条件。加上近年外汇不断流入,为货币与汇率管理增加了难度,有必要按照渐进性、可控性和主动性的原则,让资金有序流出。作为全球最大规模经济体系之一的货币,人民币的国际化是一个必然的大趋势。可以预料,人民币亦会与其他主要经济体系的货币一样,成为国际货币。

香港政府已经意识到内地金融体制改革的推行可能会对香港国际金融中心

的地位带来挑战。一是随着内地股票及债券市场不断改善,内地企业可善用内地市场集资,而减少利用香港的平台集资;二是当内地实现了人民币资本项目可兑换的时候,境外投资者将可直接进入内地的金融市场进行投资,国际资本会纷纷涌入上海、北京,不必先通过香港;三是当内地的金融市场全面开放的时候,则没有必要分割国内和国际部分,也没有必要区分国内和国际市场参与者。香港作为国际金融中心的作用将随着时间逐步减弱,因为市场活动将转到届时已开放的、规模更大和流动性更强的内地市场;四是当人民币成为了国际货币的时候,在提供以人民币作为交易单位的金融服务方面,国内的其他金融中心会成为香港的竞争对手。

香港需要与时俱进,及时配合内地的改变而"转型"。这样,中国内地的金融发展路向,将会为香港带来至少以下三方面的机遇:一是作为国际金融中心,香港可强化和继续发展为国际与内地之间资金融通的角色:香港可利用在亚洲时区的优势,配合伦敦、纽约的金融中心,提供24小时的国际金融服务。香港在这方面,尤其是作为国际资金进入内地的平台,已有一定的优势,可以继续巩固。除了把境外的储蓄资金带引到内地之外,随着内地实现人民币资本项目可兑换,有关资金流出的政策将会继续放宽,跨境资金的流动趋于双向。内地有着庞大的储蓄,但主要是由官方部门(国企)持有境外资产,民间投资者的对外投资需求得不到满足。香港可以成为内地资金"走出去"渠道,为内地的机构和个人的境外投资提供服务。二是作为国家及区域金融中心,香港可参与内地本地层面的资金融通活动:在作为内地国际层面资金融通平台的基础上,为适应内地提升金融体系资金融通效率的需要,香港可以从两方面入手,加强在内地本地层面的资金融通中的参与:一方面,涉及需要在当地提供的金融服务,内地的广大客户市场,给予香港的金融机构极大的发展空间。由于珠三角地区毗邻香港,预期香港金融机构将能更有效地在该地区参与提供金融服务。另一方面,随着内地对个人外汇管理的放松和资本项目的开放,内地集资者及投资者将可更自由地"走出去"。香港也可提供方便、低风险和有效的平台,例如在股票方面,现时有不少比较优秀的内地企业都来香港上市。随着内地放宽对境外投资的限制,内地的投资者将可投资于内地企业在香港上市的股票。三是在内地金融体系与国际接轨过程中,香港可为由人民币国际化提供试验场地。香港是内地在境外第一个容许银行提供人民币存款、兑换、汇款及银行卡服务的地方。自 2004 年以来,香港积累了经营人民币业务的经验,再加上香港和内地的金融监管机构一直维持紧密的合作关系,香港将可为人民币走向全面可兑换,以及人民币在国际贸易和金融交易中的使用,提供一个稳健可靠的试验平台。现阶段国务院正积极研究进一步扩大在香港经营人民币业务的范围,包括香港进口商用人民币支付来自内地的直接贸易进口和内地金融机构在香港发行人民币金融债券试点等项目。香港可以早着先机,抓住人民币自由兑换前的战略机遇期,进一步发展成为内地境外以人民币为单位进行贸易支付及金融活动的金融商业中心,配合人民币国际化的大趋势。

三、推进深港货币市场合作

1. 人民币:香港第四套支付系统

香港银行参与个人人民币业务终于成为事实。这是双赢之举,一方面,香港银行可扩大业务范围,从而巩固国际金融中心的地位;另一方面,这亦是人民币逐步走向国际化的其中一步。目前香港每年人民币流通量已有数百亿元,随着香港与内地的经贸往来日渐频繁紧密,加上内地持续开放旅游业,人民币业务的商机将不断增加。

香港银行参与个人人民币业务后,内地旅客可持人民币信用卡在港签账,香港人亦可在港申请人民币信用卡到内地消费。香港银行可参与经营的人民币业务范围,包括汇款、存款、信用卡及兑换四个方面。所有香港持牌银行均可参与。参加行吸收的人民币存款,除保留适量头寸以备存户提取外,会将存款转存于一间由人行授权担任人民币业务清算的香港持牌银行(清算行)。清算行吸收其本身和其他参加行存入的人民币存款后,除保留一定数额的头寸外,会全数存款存入人行深圳市中心支行。深圳市中心支行将向清算行支付存款利息,而清算行亦付利息给参加行,而参加行则付息给存户。

香港银行参与个人人民币业务范围目前只限于方便个人消费,不涉及企业投资等资本项目的交易。目前的措施是允许香港人民币现钞通过合法渠道回流深圳,将原来地下流通的钱公开化、合法化,通过一定的制度设计,让在港的人民币顺利流回国内。但允许境内人民币银行卡在香港使用,允许香港人在港申请人民币信用卡到内地消费,允许在香港进行人民币兑换这三个业务意义重大。人民币在目前不能自由兑换的情况下已经在香港实现了实际上的自由流通,在香港流通的这块人民币就变成了可自由兑换货币。

但从发展看,香港完全有可能在适当时候在支付系统中加入人民币。根据人民币目前在港内外的地位和作用,人民币可望在不久以后加入以港元和美元为主的香港支付结算系统。届时,香港居民可以持人民币支付各类公共事业费,未来包括现金、支票、信用卡、扣账卡及储值卡的支付和结算都有可能接纳人民币作为其系统的"新成员"。这样做将有助巩固香港作为国际金融中心的地位。目前香港已拥有美元、欧元及港元三套支付结算系统,这三套系统能同时联网并实现同步交收服务。其中,美元和港元是最受欢迎的两大交易货币。人民币加入香港支付结算系统后,就成为除美元、欧元和港元之外的第四套系统。

2. 人民币离岸金融中心:香港发展目标

香港具有成为人民币离岸金融中心得天独厚的条件。香港已是内地第四大贸易伙伴,而内地则是香港第一大贸易伙伴;香港—内地之间的直接投资各占双方引资额比重的一半。在香港有 2000 多家中资企业,而香港在内地的企业则有上万家。部分有较紧密业务往来的香港和内地企业逐渐形成了货币互换的习惯,内地企业为香港企业及其合资企业在内地提供人民币资金,香港企业则将相应的港币汇入内地企业指定的账户中,或者香港企业向中资企业以合资的名义注入港币,而中资企业则以相应的人民币予以偿还。在香港,人民币和其他货币是否可自由兑换并无专门法规,任何机构如果觉得从事人民币的兑换业务有利可图,就可以向特区政府申请兑换牌照,然后从事人民币汇兑业务,其间并不存在什么障碍。

随着中国的崛起,人民币成为世界货币只是时间问题,未来中国境外会崛起若干以人民币为主要经营品种的离岸中心。一般来说,各国家和地区的金融机构只从事面对本国居民和企业的本币存贷款业务,即"在岸业务"。但在第二次世界大战之后,各国家和地区金融机构面向非居民从事本币之外的其他外币的存贷款业务逐渐兴起,有些地区还因此成为世界各外币存贷款中心,这种专门从事外币存贷款业务的金融活动统称为"离岸业务"。任何国家、地区及城市,凡主要以外币为交易标的,以非本国和地区居民为交易对象,其本地银行与非本地银行所形成的银行体系,都可称为离岸金融中心。为了巩固香港的国际金融中心地位,香港有必要开辟新的金融产品市场,人民币的离岸市场则是其中最富有吸引力的设想。香港如果能成为人民币离岸中心,将是相当长时期国际上唯一的人民币离岸中心,不仅巩固香港现有国际金融中心地位,也使其同时成为中国的国际金融中心。

香港作为人民币离岸金融中心的地位一旦被确认,则无疑会给香港金融和经济发展注入新的活力,这同时也推动人民币资本账户可兑换进程。

3. 香港银行参与人民币业务:深圳金融业和企业国际化机遇

香港银行人民币业务的全面开通,意味着香港人民币长期脱离银行体系的"体外循环"时代正式结束,人们久盼的人民币"回流"机制已进入实践层面,深港之间货币市场的合作取得实质性进展。从目前中银香港作为香港清算行,人行深圳市中心支行作为内地清算行的格局来看,深港货币市场合作前景喜人。

香港银行参与人民币业务对深圳金融业和企业"走出去"有三个方面的重要意义:

(1)延伸了深圳的货币市场。深圳货币市场已经运作多年,目前主要是银行间拆借市场,这方面深圳已经很有基础,2003 年深圳银行间拆借市场成交金额近 2 万亿元,发展迅速。香港银行参与人民币业务后,香港银行为发展人民币业务,会逐步加入深圳货币市场的银行间拆借业务,用于在港的人民币个人消费业务需要和结算业务。这一块拆借业务会逐步增长。香港银行业向深圳货币市场延伸,是深圳金融业国际化的重要一步。

(2)延伸了深圳的外汇市场。深圳外汇市场比上海起步还早,建于 1985 年11 月,十多年来,经过不断努力,已经初具规模。2002 年外汇买卖累计额就超过50 亿美元,外汇存款也已经超过 100 亿美元。深圳的外向型经济是外汇市场的坚强后盾。深圳外汇市场是中国内地的金融机构和香港的金融机构业务沟通的又一通道。香港银行参与人民币业务后,由于允许境内人民币银行卡在香港使用,申请允许境内人民币银行卡的不但有内地中国人,也有大量住在深圳的香港人、外籍人。他们用港币和外币在深圳外汇市场转换成人民币银行卡,这块业务会逐步增长,扩大深圳外汇市场规模。成为国际金融中心的最重要标志之一,是要有一个开放的国际性的交易量庞大的外汇市场。金融中心所在城市的外汇市场,是货币自由兑换机制的运行枢纽。

(3)促进深港资本市场融合。在一国两制的框架下,联合深港国际国内两个资本市场,资源共享,形成合力,打造世界级金融中心,形成连接中国与世界经济的跨海大桥,是深港两地合作的发展方向。港交所与深交所一直在探讨创业板层面上联合经营,即一家公司,经过一个审批程序后,可同时在港深两地的创业板分别买卖,在深圳创业板上市的公司,可以同时在香港创业板挂牌买卖其股票。在香港创业板上市的公司,可以同时在深圳创业板挂牌买卖其股票。一种资源,两地共享,既吸引了国际资金,又吸引了国内资金。上市公司可以同时在国际国内两个资本市场筹资。但两地的不同货币,加上人民币目前还不是可自由兑换货币,成为这种合作的一道越不过的障碍。香港银行参与人民币业务后,人民币在香港实现了实际上的自由流通,消除了在深圳创业板上市的公司,可以同时在香港创业板挂牌买卖其股票的货币障碍,为深港两地在资本市场的合作开创了灿烂的前景,这是一个有重大意义的事情。

4. 推动深港货币市场合作与发展

深港货币市场合作前景喜人,为推动深港货币市场合作与发展,与香港货币市场接轨,深圳银行业需要抓住机遇,进行以下改革和创新。

(1)率先进行利率市场化改革。

利率市场化改革,特别是存贷款利率市场化改革,这是一个国际化的货币市场必要条件。深圳是金融市场化程度比较高的地区,商业银行经营行为相对灵活,早在1986年就进行过利率市场化改革的试点,有利率市场化改革基础。深圳的商业银行企业化程度较高,银行经济效益较好,国有企业比重低,具备利率市场化改革的条件。

(2)在深圳特区内实行人民币和港币双币流通。

自深圳经济特区成立之日起,港币就成为深圳的流通货币之一,后来海关又放宽了港币进入深圳的限额。但实行外汇制度改革后,反而禁止港币在深圳流通。目前人民币在香港已部分流通,而深圳却禁止港币流通,这给深港经济合作带来了不利影响。在中国改革开放30多年的历史进程中,香港和深圳这两个特区城市在经济领域、城市建设、居民生活等各方面迅速和广泛的融合,深港经济的逐渐一体化、深港都市圈的逐渐形成已经成为不争的事实。仅以居民生活为例,近年来深港两地居民生活的"同城化"已经成为一个普遍的现象。随着深港两地经贸往来的日益频繁,越来越多的港人选择到深圳工作和居住,据统计,目前深圳近5万套住房被香港居民买走,在深圳已形成不少以港人为主的住宅小区。深圳不仅已成为香港居民节假日休闲、娱乐、购物之地,而且深圳火车站和东门老街一带的商业街区几乎就已成为港人的"天下"。在深圳罗湖商业城,由港人直接注册的零售企业占30%以上,这标志着在消费市场方面,港、深早就一体化了。由此可见,深港这两个城市经济融合的广度和深度是中国任何其他地区所未能达到也不可能达到的。这两个不同制度的陆路接壤城市,正在逐渐实现经济一体化,正在逐渐形成一个前所未有的共同市场,正在逐渐形成一个十分特殊的、"一国两制"的现代化大都市圈。在深圳特区内实行人民币和港币双币流通,已经是深港这两个城市经济融合的要求。

(3)放宽外汇管制。

在特区内尽快地实现人民币自由兑换和外汇自由出入试点,人民币资本项目放开率先在深圳经济特区试行。近几年,大量企业境外投资已成为浙江、广东等沿海发达省份新的经济增长点。为此,国家外汇管理局已经以浙江、广东、上海、江苏、山东、福建六省市为试点,开始对企业境外投资购汇限制"松绑",允许符合条件的企业通过人民币购汇向境外投资。上海已经提出在上海进行人民币资本项目放开试点。深圳市应先行一步,为人民币在资本项目下自由兑换取得经验。

深港之间首先可以积极争取有限度的"人民币自由行"和"外汇自由行"试点。由于香港的企业手中有很多人民币,目前不能汇到内地的下属企业中去,内地的下属企业手中的外汇也不能汇到香港的企业手中。如果深圳和香港能共同努力争取到这个政策,深圳就很好发挥了先头阵地作用。深圳要积极争取深港之间有限度的"人民币自由行"和"外汇自由行"试点,为将来实现人民币成为国际可兑换货币和人民币在境外流通积累的经验。所谓有限度的"人民币自由行"和"外汇自由行",就是争取国家管理层每年给予深港之间一定额度的"人民币自由行"和"外汇自由行"指标。这个指标由中国人民银行总行确定,在深圳和香港各指定一批银行,授权使用分配的指标。这样既在一定程度上解决了香港企业的需求,又将人民币和外汇自由出入境控制在一定限度内,防范了风险,具有可操作性。这项试验包括香港银行可以对深圳的港资企业人民币现钞汇款;把吸存的人民币存款拆放予香港银行在深圳的分行;以及向在深圳置业的港人发放以内地物业为抵押的人民币按揭贷款;再进一步便是对深圳的港资企业进行人民币贷款。除此之外,深港还可以先全国一步,率先试验在香港以人民币结算深港贸易(包括深圳从香港进口也以人民币结算),以及争取深圳官方机构和企业早日来港发行人民币债券。

(4)实现汇率浮动的市场化。

本外币自由兑换需要汇率浮动机制,中国从1994年起实行以市场供求为基础的、单一的有管理的浮动汇率制度,但处于提高国际竞争力考虑,这个改革进度不快。随着人民币升值压力加大,可考虑在深圳进行试点,摸索实行浮动汇率经验。

(5)大力开发新的金融工具和业务品种,加大金融创新力度。

金融创新浪潮在短短几十年内席卷全球。加入WTO以后,国内商业银行面临着外国金融业的全面竞争,所以我们必须在有限的宽限期内,实施全面的金融创新以迎接挑战。金融创新的种类很多,包括金融工具的创新,如自动转账服务、可转让存款证、综合账户等新工具;金融制度的创新,如跨国银行和全球资产负债管理;金融机构的创新,如银行与非银行机构混业经营;金融技术的创新,高新技术在金融业广泛应用;金融监管的创新等。深圳金融业有创新的传统,曾创造了全国金融界100多项"第一"和"率先",今后应加大金融创新力度。深圳货币市场交易主体仍显不足、交易品种仍然较少,目前主要是债券回购交易。应从发展中间业务入手,大力开发新的金融工具和业务品种,丰富交易主体,扩大交易渠道。应不断扩大担保、租赁、委托、代理、理财、信息咨询等低风险或零风险中介业务的市场份额。随着金融市场的快速发展和混业经营趋势的逐步形成，应逐步发展金融期货等衍生金融工具。

（6）积极吸引和鼓励香港银行参股深圳本地银行。

CEPA 降低了香港银行到深圳设立分支机构的门槛，为中小香港银行到深圳设立分支机构提供了政策的便利。从目前情况看，香港银行在深圳可以开展的业务，在一段时期内仍然还要受到较大限制。即使设立了分支机构，也将在一段时期内存在业务量小、赢利少的状况，对促进深圳金融中心的发展不会带来较大贡献。因此，用设立分支机构的方式进入深圳开展业务，对香港银行特别是中小银行意味着较高的成本和较大的风险。相反，香港银行作为战略投资者参股本地银行，将产生共赢的局面。一方面，深圳本地快速增长的银行服务市场，对香港银行具有较大的吸引力，如果香港银行参股本地银行，就可以不受业务政策的限制，极大地分享深圳本地银行服务市场快速增长带来的利润增长，对香港银行而言是事半功倍的策略。另一方面，香港银行参股本地银行，将为本地银行带来资金、技术、管理、人才、营销等方面的支持和提升，从而提升深圳本地银行机构的综合竞争力，提升深圳银行服务业的整体竞争水平，提升深圳银行业中心的地位。从宏观政策层面看，鼓励外资银行参股中资银行从而提升中资银行的整体竞争实力，增强中国银行在世界银行业的竞争力，是中国银监会的政策取向。因此，加大深圳本地银行机构对香港银行的开放力度，符合银行业监管政策走向，具有较大的可行性。

因此，吸引和鼓励香港银行入股本地中资银行，将是把香港银行实质性引进深圳的首选策略。加大对外开放力度，就是要在国家关于引进外资银行的政策允许范围内，步子比别的地方大一些，进度快一些。一是在外资持股比例上，单个香港银行持股可以达到20%的比例上限，全部外资银行的持股比例可以达到25%的比例上限；二是在股东相互关系上，市政府和国有股可以把第一大股东的位置让出来，整体持股比例可以低于20%，不再相对控股；三是在董事会构成中，国有股可以不占半数以上席位。如果再进一步，甚至可以争取中央的支持，通过引进香港银行入股的形式，积极探索外资持股超过25%，争取在深圳成立第一家中外合资形式但是经营中资银行业务的银行，这将具有十分重要的标志意义。

（7）积极建设香港银行业的后台业务基地。

深圳要加快速度，积极建设香港银行业的后台业务基地。目前一些香港金融机构如中银（香港）、南洋商业银行、渣打银行都在深圳设立后台业务中心、产品研发中心、客户服务中心、金融业务及数据备份中心。渣打银行还在深圳设立了个人理财中心、数据处理中心、电脑中心等服务性机构。中银（香港）在深圳的后台业务基地规模最大，员工达到 500 人，每天处理 30 万—40 万张从香港前台传过来的票据。

（8）进一步促进监管机构间的合作。

随着深港经济和银行合作的深入，深港两地银行业联系更加紧密，与之对应，银行业的风险也将逐步呈现一体化，任何一方银行出了问题，都将产生较大的溢出和传染效应，客观上要求两地监管机构密切合作，加大信息共享力度。中国银行业监督管理委员会在成立之后，也与香港金融管理局签署了《监管合作谅解备忘录》，具体包括：监管当局的定期磋商机制、定期交流信息机制和对对方在本辖区进行现场检查的互动机制等。

深港两地监管机构合作包括以下几个方面：一是两地银行监管信息的交流。深港两地互设有分支机构的银行，既要遵守香港金融管理当局的规定，又要遵守深圳银行监管部门的规定，两地监管部门加强信息的交流，有助于监管标准趋向一致，减少监管成本；二是监管对象信息的交流。随着深港两地跨境设立分支机构和相互参股的银行越来越多，两地监管当局需要定期通报各自掌握的有关监管对象的信息，便于全面掌握银行的经营情况；三是银行客户信息的交流。由于两地银行跨境展业日趋活跃和银行客户跨境流动日益增多，因此两地银行需要加强对客户信用信息的交流，以减少银行与客户之间的信息不对称、防范信贷风险。深圳有信贷登记系统和逃避银行债务的企业黑名单，香港也有商业信贷资料库和个人信贷资料库，如果深港银行和监管部门可以共享客户信用信息，将会提高两地银行经营效率和监管效率。

第二节　深港创新圈

一、"深港创新圈"组织机制的形成

"深港创新圈"是指以深圳皇岗口岸和香港落马洲口岸为圆心、1 小时车程为半径的深圳和香港两个城市所组成的创新区域,并以深圳和香港为创新中心城市,以 2 小时车程为半径辐射的珠三角创新区域。"深港创新圈"的目标定位是:将深港创新圈建设成为国际领域有影响、国家战略有地位、区域建设有贡献的创新圈。

2005 年 7 月 15 日,时任深圳市委书记李鸿忠代表市委市政府,在北京向陈至立国务委员及有关部委领导汇报深圳自主创新工作时,第一次正式提出建设"深港创新圈",并得到与会领导的肯定。

2005 年 12 月,深圳市科技和信息局组织召开了深港两地相关部门、中央部委领导和专家、学者参加的首届深港创新圈论坛。

2006 年 1 月 4 日,深圳市委市政府通过《关于实施自主创新战略建设国家创新型城市的决定》,第一次以规范性文件的形式确认了建设"深港创新圈"的构想。

2006 年 3 月,全国政协委员、香港科技大学创校校长吴家玮,时任深圳市政协主席的李德成,原深圳市委书记、全国政协常委、港澳台侨副主任厉有为等人,联名向全国政协大会提交了一份题为《积极发挥香港深圳的创新优势建立有特色的区域创新体系》的提案,建议中央批准深港两地政府就建立两地的创新圈进行接触协商,并希望中央能将其上升为国家战略。此一建议迅速在京港深三地发酵。2006 年 4 月 21 日,深圳市科技和信息局、香港创新科技署在深圳首次联合公开举办"深港创新圈专题研讨会",深圳市科技和信息局向大会提交了《建立"深港创新圈"工作草案》,得到与会代表的认同。科技部尚勇副部长在大会发言,对建立"深港创新圈"表示支持。至此,"深港创新圈"完全走入公众的

视野。

2006年4月20日,深圳市科技和信息局组织了150家深圳企业,由常务副市长刘应力带队,赴香港参加香港5个研发中心成立揭幕仪式。

2006年4月21日,深圳市科技和信息局与香港创新科技署联合组织召开第二届"深港创新圈"论坛。

2006年4月21日,"深港创新圈"直通巴士开通,为两地科研人员的往来、交流和考察等活动提供了便利条件。

2006年6月5日,深圳市常务副市长刘应力率团访问香港中文大学,签署了《深圳市政府与香港中文大学全面合作备忘录》,在科研教育、医疗各个方面展开全面合作。

2006年6月8日,香港6个研发中心在深圳举行推介活动,市科技和信息局组织了近200家企业参加。

2006年4月以来,双方着手起草《合作协议》,经反复研究、磋商,形成了最终的正式文本,并于2007年3月获得国务院港澳办批准。

在进行理论和政策探讨的过程中,"深港创新圈"在实践层面上也不断地在采取新的行动。2006年3月,香港科技园、深圳高新区及西安高新区三方在深圳签署了跨区域创新科技合作备忘录;深港两地高新科技园区和大学城之间的特殊"直通车"——穿梭巴士在4月22日正式开通;2006年4月,深圳市政府、北京大学、香港科技大学三方再度携手,在深港产学研基地组建深港发展研究院;2006年5月,深港双方就共同开发河套地区达成了共识,成立环境评估研究小组进入专题工作。

在深圳加速推进"深港创新圈"的情况下,香港方面同期也作出了热烈的响应。2006年9月,第二届香港科技经济高峰会建议在深港河套地区建设深港高新科技产业园;香港生产力促进局在推进深港之间的测试、检测等中小企业平台的建设等方面都做了积极的工作;香港贸易发展局牵头完成了"深圳香港科技产业合作"专题研究报告。香港在"'十一五'与香港发展"报告中将深港创新圈列为行动纲领之一,提出要巩固香港作为世界级的创新科技活动区域枢纽的地位,与深圳加强合作,研究建立"深港创新圈"具体措施,两地应加强人才、信息和资源的交流,推动科研机构合作,以期成为区内创新科技及服务的一站式平台。

2007年5月21日,在香港会展中心,《"深港创新圈"合作协议》终于正式签署。① 协议明确,"深港创新圈"是以科技合作为核心,整合各类创新要素,全面推进和加强深港两地科技、经济、人才培训、商贸等领域的广泛合作,形成创新资源集中、创新活动活跃的区域。合作协议的签署,标志着深港合作进入新的历史时期,必将极大地提高两地自主创新能力,促进两地产业优化升级,增强两地发展后劲;香港特别行政区财政司司长唐英年表示,深圳毗邻香港,两地的经济活动频繁,在创新科技方面有很大的合作空间。

二、深港创新圈的定位

深港创新圈定位为:"国际产业有影响、国家战略有地位、区域经济有贡献。"根据这个定位,深港创新圈不只是深港两地的项目,是全国的项目,甚至是世界性的项目。②

深港创新圈的第一个定位是产业互补。香港服务业非常发达,已经占到GDP的86%,深圳的服务业相对落后,占GDP的50%左右,从比重来看深圳和香港差得很远,从层次来看深圳也不如香港,香港的高端服务业非常发达。深圳的高科技产业发展比较迅速,高科技产业占工业总产值达到50%,成为深圳第一支柱产业。因此,深圳的高端制造业和香港的高端服务业是完全具有互补关系的。

深港创新圈的第二个定位是资源共享。香港政府非常支持高科技的发展,投资50亿专门设立高科技基金,并且投资20亿港元设立了5个研发中心;此外还设立了应用科技研究院,聚集了一批人才。但香港的一些产业已经转移到珠三角以及其他地区,制造业相对较少,香港可以把深圳的制造业资源作为自己的

① 参见刘秋伟:《深港两地政府签署"深港创新圈"合作协议》,《深圳特区报》2007年5月22日。
② 参见汪涓:《深港创新圈前途无量》,《深圳商报》2007年10月24日。

资源,嫁接高科技项目。深圳有很多企业到香港上市,而上市要有很多支撑。香港生产力促进局在深圳设立了一个基地,专门为在珠三角以及深圳周边的港资企业提供技术、测试和质量控制等服务,其目的就是利用双方的资源。

深港创新圈的第三个定位是教育同城化。深圳的教育特别是高等教育,和深圳目前的经济地位极不适应。深圳目前只有一所综合性大学,深圳的高科技发展快,得益于和北京大学等著名大学合作的结果。仅仅这样可能还不够,要加强和香港的合作,促进深圳的高科技发展。深港两地拿出科研经费共同设立科研基金,共同考察项目、支持深港合作项目,涉及教育、卫生还有其他科研类;同时还开通了深港创新圈的服务网站。

深港创新圈的第四个功能定位是平台相通。深港创新圈要打造成为内地高科技企业、高新区以及科技发展企业的一个平台。在内地偏远的一些地区的企业很不容易和境外进行联系,深港创新圈就给它们提供了一个很好的联系平台。

珠三角改革发展规划纲要提出,加强区域合作与国际合作,完善区域创新布局,加强创新能力建设,构建开放融合、布局合理、支撑有力的区域创新体系。深化粤港澳科技合作,建立联合创新区,支持联合开展科技攻关和共建创新平台。规划建设深港创新圈,加强穗港产学研合作,加快国家创新型城市建设,形成以广州—深圳—香港为主轴的区域创新布局。

三、深港创新圈3年行动计划

"深港创新圈"协议签订以来,建设进展较快。2009年3月31日,在深召开的深港创新及科技合作(深港创新圈)第三次督导会议原则通过了《深港创新圈三年行动计划(2009—2011)》,两地政府将通过3年努力,建设一批深港创新基地、创新平台,完成一批重大项目。

"深港创新圈"3年行动计划分三大范畴,即创新基地(提供实验室或设备)、服务平台(分享科技资源及提供科技服务的平台)、重大研究专项(在特定的科技领域合作,如太阳能电池)。3年内,深港将联手推动包括汽车电子、节能环保等在内的24个"创新专项"。为此,深圳目前每年科研资金中确定的3500

万元的专项建设资金将继续保持,而香港也将拨出资金支持。①

早在 2007 年 10 月,在深圳召开的深港创新及科技合作第一次督导会议通过了《深港创新及科技合作督导会议工作机制》。2008 年 5 月于香港召开的深港创新及科技合作第二次督导会议确定了新的合作项目,其中包括深港双方与美国杜邦公司合作开展太阳能光伏电科技项目,杜邦公司分别在香港科学园和深圳光明新区投资建设太阳能光伏电薄膜研发中心和生产基地。

2009 年 3 月 20 日,香港科学园太阳能技术支持中心及杜邦太阳能全球薄膜光伏电研发中心正式启用,这是"深港创新圈"建设迈出的重要一步,该项目是深港创新圈战略提出后,深港联合招商成功的第一个高新科技项目。

2008 年 11 月,深港签署《落马洲河套地区综合研究合作协议书》,将研究范围划分为 3 个片区,包括河套地区及深港两地有可能需要提供公共设施及市政设施配套的邻近范围。其中,河套地区(A 区)及港方邻近范围(B 区)由港方牵头聘请顾问开展研究,深方参与;深方邻近河套地区范围(C 区)由深方牵头聘请顾问研究,港方参与。深港双方将按协议书确定的研究范围、研究内容、合作细则及时间表开展研究。C 区规划研究工作与港方负责的 A、B 区将同步于今年 6 月启动,预计至 2011 年 10 月底全部完成。C 区规划研究的第一阶段前期研究和概念规划预计约需 11 个月完成,第二阶段详细规划约需 17 个月完成。

规划建设深圳前后海地区等合作区域,作为加强与港澳服务业、高新技术产业等方面合作的载体,是"深港创新圈"建设重要内容。目前,深圳前海地区正在作前期规划,而后海片区的深圳湾滨海休闲带工程已正式开工建设,有望于 2010 年竣工使用。

南山后海中心区位于深圳湾滨海休闲带西侧,深圳湾口岸北侧,南山商业文化中心东侧,高新技术产业园区南侧;并由滨海大道、沙河西路、东滨路以及后海滨路形成边界。其发展定位,是未来深圳城市的滨水生活中心、办公、商业、文化、体育、娱乐高度聚集地,以滨海环境特征为主,有完善公共服务系统的特征鲜

---

① 参见李可心、文倩:《深港创新圈三年行动计划出台》,《深圳晚报》2009 年 4 月 8 日。

明的海傍新城;体现深圳城市建设和城市空间及城市生活的新标准、新价值。南山后海中心是形成南山城市高潮和焦点,也是支撑南山参与新的城市地区分工的重要地区。

积极推进莲塘/香园围口岸规划与建设,是"深港创新圈"建设重要内容。莲塘/香园围口岸选址现文锦渡和沙头角口岸之间,将采用相连联检大楼的设计连接和"两地两检"查验模式,即港深的口岸设施将在各自的行政边界范围内布设;在用地规划方案方面,拟采用"两地两检"客货分层的双层方案,即以客货运功能分层的设计。为配合新口岸的有效运作,深港双方各自拟订口岸的连接路方案。深圳一侧连接路将会连接新口岸与深圳东部过境通道的主线。新口岸不但能分流文锦渡及沙头角口岸的货运及客运的车流,更提供实际空间改善这两个现有口岸的跨界旅运设施。分析预计新口岸在 2018 年建成后至 2030 年,可带来 143 亿港元的总经济效益或 22 亿港元的净经济效益。经新口岸前往东部过境通道直接联系的龙岗地区,最少可节省约 22 分钟和 5 千米路程。

尽快开工建设深圳东部过境高速公路等基础设施,是"深港创新圈"建设重要内容。东部过境高速公路位于深圳市东部发展轴线上的中心组团和东部组团内(罗湖区和龙岗区),起于规划东部口岸(未实施),通过该口岸向南与香港境内的东部通道(规划)相连接,向北沿深圳市东部发展轴向外辐射,终点接深惠、深汕高速公路交会处的金钱坳立交。该项目全长 32.8 千米,投资估算 48.6 亿元。项目分两期建设:一期为深惠高速至莲塘水厂段,为项目主线工程,全长约 31 千米;二期工程为莲塘水厂至规划中的莲塘口岸段,长约 1.8 千米,与规划中的莲塘口岸同步实施。

积极推进深港空港合作等项目,是"深港创新圈"建设重要内容。"客货并举,以货为主",逐步构建"区域性客运枢纽机场和南中国超级货运门户机场"的定位让深圳空港发展迅猛,目前深港机场客运合作已有"深港飞"、"港深飞"等业务项目;"深港空港物流快线"已开通。机场轨道交通枢纽的建设,将使港深居民向往已久的空港深度合作成为可能。据了解,深圳机场新航站区轨道交通枢纽将接驳两条轨道交通线:一条是深圳地铁 11 号线,起点在福田中心区,经前海枢纽到达机场 T3 航站楼前地下,向北延伸衔接穗莞深城际线;另一条是全国瞩目的港深机场轨道联络线。香港旅客乘机场联络线列车到达 T3 航站楼,甚至只需 10 多分钟。

四、深港合作建设亚太地区重要创新区域

《珠江三角洲地区改革发展规划纲要》要求珠三角地区"完善自主创新的体制机制和政策环境,构建以企业为主体、以市场为导向、产学研结合的开放型区域创新体系,率先建成全国创新型区域,成为亚太地区重要的创新中心和成果转化基地,全面提升国际竞争力"。这对珠江三角洲地区发展目标提出了新要求。深港创新圈的目标是合作建设亚太地区重要的创新区域。

1. 建设创新型区域,提升国际竞争力

自主创新能力是一个地区和一个国家科技事业发展的决定性因素,是区域竞争力和国家竞争力的核心,是强国富民的重要基础,是国家安全的重要保证;要把推动自主创新摆在全部科技工作的突出位置,把提高自主创新能力作为推动结构调整、转变经济增长方式和提高国家竞争力的中心环节;要大力增强科技创新能力,大力增强核心竞争力,在实践中走出一条具有中国特色的科技创新路子。珠三角地区应从国家战略的高度,充分认识提高自主创新能力的重大意义,争当自主创新的排头兵,为把我国建设成为创新型国家作出更大贡献。

我们当前的形势,是一个经济全球化的形势,在经济全球化当中,科技应该作为体现国家竞争力的一个核心,科技创新已经成为世界主要国家的战略选择。当今世界上一些主要的发达国家用他们的技术优势来取得对别的国家的控制权,来控制市场、控制资源。

美国为保持在民用科技、国防科技上领先地位,维护世界的霸权地位,历届联邦政府大幅度增加科研经费,高度重视组织一些具有前瞻性的、战略性的大的科学工程,包括实施人类基因组计划、纳米技术的计划、未来能源计划等。美国连续几届政府都推出了由政府主导的新一代汽车的计划,保持在汽车领域的先进地位。布什政府后来又提出了清洁能源计划,在 5 年之内投资了 17 亿美元来开发研究清洁能源,保持了美国在汽车行业的竞争地位。

韩国作为我们的一个邻国,在过去短短的 40 年创造了汉江奇迹,人均 GDP

从 80 多美元跃升到 10 万美元,并以相当于我国 4% 的人口创造了相当于我国经济总量五分之一的经济总量。韩国已经造就了许多具有自主知识产权的世界知名的品牌,三星、LG、现代等。在造船、钢铁、汽车、半导体、通信、高速铁路、核电等众多领域它们起步比我们晚得多,但是技术能力、创新能力、国际竞争力已经超过我国。韩国已经成为世界第一大的造船国家,而且造船装备国产的配套率达到 70% 以上,而我国现在造船装备配套率才 30%,核心设备仍然采用国外的设备。

尽管中国现在是一个制造业的大国,出口的机电产品、高技术产品也每年都在逐步增长,但是百分之七八十的产品没有自主知识产权。轿车领域中主要的核心技术都是别人的,还没有全面掌握汽车的设计技术、发动机的设计和制造技术,包括汽车的其他方面的很多方面的高技术附加值的产品。我国的通信技术产品、计算机"缺芯少软"情况还未改变。核心的芯片、核心的基础性的软件仍然是被别人所控制。

2. 以企业为主体的技术创新体系是国家创新体系基础

创新的基础在企业,这是美国创新经济学的创始人熊彼特教授于 1934 年在其《经济发展理论》一书中给出的:"创新是指企业家实行对生产要素的新的结合。它包括以下五种情况:①引入一种新的产品或提供一种产品新质量;②采用一种新的方法;③开辟一个新的市场;④获得一种原料或半成品的新的供应来源;⑤实行一种新的企业组织形式,例如,建立一种垄断地位或打破一种垄断地位。"以上创新行为都是企业行为。

世界上成功的企业都是创新型企业。索尼公司是全世界推出新产品和改进型号最高效的公司之一,大约平均每天推出 4 种新产品,每年推出 1000 多种,其中 800 多种是原有产品的改进型,其余完全是创新的。其在科技开发上的经费投入占营业额的 6% 以上。

创新是企业发展的生命和动力。企业发展的过程就是一个创新的过程,没有创新就没有企业的发展。如果我们将一个企业的发展比作为一个人的成长,那么企业的创新机制就好比是人的新陈代谢机制。新陈代谢是人的生命和动力之所在,同样,创新是企业的生命和动力之所在。比尔·盖茨明确地说:"我们所做的一切在 3 年以后将不再有意义。未来 5 年人们拥有的计算能力将等于过去创造的一切计算能力之和。这一事实意味着你必须时时冲在别人前边。"

企业创新要伴随大量投资,特别是产品创新。大众汽车每年的科研经费是 30 亿美元,他们研究的车型已经到了 2012 年。中国目前没有一家汽车产业有 30 亿美元的利润。华为公司每年将销售额的 10% 作为科研投入,年投入科研经费 40 多亿元。

创新要有大量人力资源投入。华为公司产品研发的科研人员达 10000 多人。微软中国研究院,约有 60 位研究人员。其中 20 位教授,基本都具有国外留学的背景。另外 40 位副教授,大部分是中国各著名高校毕业的博士。

IBM 中国研究中心成立于 1995 年 9 月,是最早在中国建立的独立的跨国公司研究机构,也是 IBM 在全球设立的 8 个研究中心之一。现在,它在中国拥有 60 多名研究人员,全部具有硕士及博士学位。

朗讯科技有限公司旗下的贝尔实验室,是目前在中国设立的最大的跨国公司研究机构,上海和北京两地的科研人员共有 500 人。据了解,贝尔实验室的研究人员,具有博士和硕士学位的人也达到了 96%。这样高水准的研究队伍,本身就是一笔巨大的财富。[1]

我们国家的企业目前的技术创新的能力很低的,据不完全统计,我国的企业只有 30% 左右有科研创新活动,或者是技术革新、技术推广、技术普及,科学研究开发新产品,70% 的企业没有任何科技活动,只是简单的一个生产单位。[2]

《珠江三角洲地区改革发展规划纲要》要求,到 2020 年,基本实现由"广东制造"向"广东创造"的转变,形成以现代服务业和先进制造业为主的产业结构。"广东创造"的背后,其实是自主创新体制机制和政策环境的日益完善,一个以企业为主体、以市场为导向、产学研结合的开放型区域创新体系。

《珠江三角洲地区改革发展规划纲要》提出,珠三角地区要培育一批具有国际竞争力的大企业,带动中小企业和产业集群的发展,提升企业整体竞争力。为

① 参见魏才:《跨国公司的鲜花与陷阱》,《经济月刊》2005 年第 12 期。
② 参见周文水:《企业应成为自主创新的主体》,《时代潮》2006 年第 1 期。

此,制定了具体的目标,包括培育一个"千亿"俱乐部,一批"百亿"大军。纲要提出,到2012年,销售收入超百亿元企业达100家,超千亿元企业达8家。推动大型企业加快转型升级步伐,是带动企业整体转型升级的突破口。

深圳市随着自主创新能力的不断提高和高新技术产业的快速发展,出现了一批创新能力强、具有国际竞争力的行业龙头企业,包括:通信领域的华为、中兴等国际知名企业;软件领域的金蝶、金证、亚都等企业;生物工程领域的科兴、海王、赛百诺、海普瑞等企业;新材料领域的比亚迪、长园、中金高能等企业;医疗器械领域的安科、迈瑞、金科威等企业。深圳还大量培育千千万万具有创新活力和良好的成长潜力的科技型中小企业。深圳民营科技企业有3万家,其中绝大多数是小企业,这是原始创新的主要力量。

3. 区域和国家创新体系是自主创新体系的高端层次

区域创新体系是在一个地区范围内指由科研机构、大学、企业及政府等组成的创新网络,它能够更加有效地提升一个地区创新能力和创新效率,使得科学技术与社会经济融为一体,协调发展,分别发挥知识创新、技术创新、知识传播、知识应用等各有侧重的功能。

建立区域创新体系的目的是围绕提高企业技术创新能力,调动各方面力量为企业技术创新服务,形成一个区域的整体创新环境,包括:

——形成有限地域的特定产业或产品生产中大量企业及其相关支撑机构(包括供应商、生产商、顾客、地方政府、中介组织、知识生产机构等)的相互支持系统,依靠比较稳定的分工协作和纵横交错的网络关系形成有利于产业组织协调的空间集聚体。

——发展各类科技中介服务机构。

——促进企业之间、企业与大学和科研院所之间的知识流动和技术转移。

——加强公共技术平台作用,建立国家重点实验室、工程中心向企业和社会开放的共享制度。

——加大资金支持,发展风险投资基金。

——加大对自主创新的知识产权保护,加大对侵犯知识产权行为的查处和打击力度。

　　深圳的民营科技企业具有极强的聚集特征,它们在物理空间上汇集在一起。在深圳高新技术开发区,有几千家家企业聚集在这里,当某一个产业相关的企业聚集在一起时,就会增加企业的竞争力,降低企业技术开发、技术创新的成本,尽快得到信息。

　　深圳市创新集群从空间分布看主要分布在深圳高新技术产业带。作为国家重点支持的五大科技园区之一,深圳高新区现已形成电子信息、生物医药、新材料和光机电一体化四大主导产业,形成了从移动通信、程控交换机到光纤光端、网络设备的通信产业群;从配件、部件到整机的计算机产业群;从集成电路设计、嵌入式软件到系统集成软件的软件产业群;从检验试剂、基因疫苗、基因药物到医疗器械的医药产业群。

　　国家创新体系是在一个国家范围内由与知识创新和技术创新相关的机构与组织构成的网络系统,其主要组成部分是企业(大型企业集团和高技术企业为主)、科研机构(包括国立科研机构、地方科研机构和非营利科研机构)和高等院校等;广义的国家创新体系还包括政府部门、其他教育培训机构、中介机构和起支撑作用的基础设施等。

　　区域创新体系是国家创新体系的重要组成部分,是国家创新体系在区域层次上的衍生,完善而充满活力的区域创新体系将为国家创新体系的实现夯实基础。在珠三角地区率先推进核心技术的创新和转化,强化企业自主创新主体地位,探索如何构建开放型的区域创新体系,深化国家与地方创新联动机制,加强自主创新环境建设,是国家战略需要。为此,国家在珠三角地区"实施产业前沿技术重大攻关计划"、"打造以广州—深圳—香港为主轴的区域创新布局"。

　　创新型国家是自主创新体系的最高层次。国际上把那些将科技创新作为基本战略,大幅度提高科技创新能力,形成日益强大竞争优势的国家称为创新型国家。具体来说,创新型国家应至少具备以下 4 个基本特征:一是创新投入高,国家的研发投入占 GDP 的比例一般在 2% 以上;二是科技进步贡献率高达 70% 以上;三是自主创新能力强,国家的对外技术依存度指标通常在 30% 以下;四是创新产出高。目前世界上公认的 20 个左右的创新型国家所拥有的发明专利数量占全世界总数的 99%。

半个多世纪以来,世界上众多国家都在各自不同的起点上,努力寻求实现工业化和现代化的道路。一些国家主要依靠自身丰富的自然资源增加国民财富,如中东产油国家;一些国家主要依附于发达国家的资本、市场和技术,如一些拉美国家;还有一些国家把科技创新作为基本战略,大幅度提高科技创新能力,形成日益强大的竞争优势,国际学术界把这一类国家称为创新型国家。

目前世界上公认的创新型国家有 20 个左右,包括美国、日本、芬兰、韩国等。这些国家的共同特征是:创新综合指数明显高于其他国家,科技进步贡献率在70% 以上,研发投入占 GDP 的比例一般在 2% 以上,对外技术依存度指标一般在30% 以下。此外,这些国家所获得的三方专利(美国、欧洲和日本授权的专利)数占世界数量的绝大多数。目前,我国科技创新能力较弱。在全面建设小康社会步入关键阶段之际,根据特定的国情和需求,我国提出,要把科技进步和创新作为经济社会发展的首要推动力量,把提高自主创新能力作为调整经济结构、转变增长方式、提高国家竞争力的中心环节,把建设创新型国家作为面向未来的重大战略。①

4. 深港合作建设区域创新体系的途径

区域创新体系本质上是一个技术创新的簇群。有技术竞争力的公司及其研发机构的集中对区域创新体系的作用不可低估。

深圳要把建立健全技术创新机制作为建立现代企业制度的重要内容,鼓励企业建设各类研究开发机构和增加科技投入,使企业成为研究开发投入的主体,直接为企业的利益服务,与企业共命运。

深圳要大力培育具有较强自主创新能力和国际竞争力的大企业。大企业是区域创新体系的主要力量,也是自主创新活动的组织者和引领者。只有大企业才能大规模地进行专利的申请、购买、储备、加工、改进和产业化。应着力培育出10 来个像华为这样的大企业,使其充当区域创新体系的组织者和引领者。

在培育具有较强自主创新能力和国际竞争力的大企业的同时,要培育千千

① 参见娄伟:《我国科技人才创新能力不足的原因与对策》,《科技时报》2006 年第 22期。

万万具有创新活力和良好的成长潜力的科技型中小企业。在美国,每年新技术中的70%是小企业创造的。珠三角地区已经涌现出一大批具有创新活力和良好的成长潜力的科技型中小企业,这是原始创新的又一重要力量。

引进外部研发力量,是一个重要方面。要努力创造条件,把引进先进技术,鼓励跨国公司和香港企业在深圳设立研发机构作为引资的重点,尤其是鼓励外企以非独资方式建立研发机构。通过外商投资研发中心的外溢作用,激活和带动深圳的研发力量,提高深圳整体的研发能力。

建设区域创新体系,不仅要有企业的力量,还要有为企业配套的各种软硬环境。

首先要不断完善企业孵化的软环境建设,办好高新技术创业服务中心、大学科技园等各类企业孵化器。遵循多元化、专业型、互动式的发展思路,支持境内外企业、高校和院所、行业协会及其他投资主体创办多元化科技企业孵化器,鼓励创办针对不同对象和不同行业的专业型科技企业孵化器,促进政府、高校、企业及各类孵化器之间的互动式发展。

大学科技园是一个国家界限之内的区域创新系统,其核心构成要素包括大学、科技企业和政府。这些构成要素在目标和功能上具有相互依赖与相互补充的特点。多年实践表明,我国大学科技园充分发挥产学研合作、区域创新、集群创新三大功能。清华科技园共有400多家企业、研发机构、转化机构、中介机构、培训机构等进驻园区。包括光盘、液晶、CAD等国家和部委的工程研发中心,SUN、P & G、NEC等跨国公司和研发机构,同方、紫光、诚志等科技企业,北京清华大学工业开发研究院、河北清华大学发展研究院、清华大学科技开发部等清华大学成果转化机构,清华大学继续教育学院等培训机构,各种金融、投资、法律、咨询等中介服务机构,清华创业园、清华留学人员创业园、生物技术孵化器、IC设计孵化器(筹)、国际园·日本、国际园·韩国等各类孵化器,形成的产学研创新集群包括企业孵化器群、技术研发机构群、高校科技产业群、教育培训机构群、中介服务机构群和配套服务机构群等。清华科技园已经走过了十年的风雨历程,取得了令人瞩目的成绩。深圳和珠三角地区应在大学和大学城的周边,设立大学科技园,加大高科技研发力量的成长速度。

科技数据库和科技信息网也是重要的公共技术平台。深圳和珠三角地区大专院校少,科技数据库和科技信息也弱。要依托政府所属的科技情报机构、大学图书馆等联合建立专业性、资源共享的科技数据库和科技信息网。

增加政府投入是对自主创新最直接、最有效的激励措施之一。但政府投入存在投入不足和投资分散的问题,必须整合现有的政府科技发展资金,改进资金使用方式,提高资金使用效率。设立区域创新体系专项补助资金,重点支持一批技术先进、能形成自主知识产权、产业化前景良好的高新技术企业。

投资、税收、消费和政府采购政策等都应当有利于企业的自主创新,充分发挥政策对自主创新的促进作用。深圳政府要在国家税法规定范围内,通过税收优惠支持企业加大研究开发投入。要在税收上制定鼓励自主创新的财税、金融政策。比如在日本,企业研发基金的20%可转税,美国是30%可转税。

通过政府采购促进企业自主创新,是政府对企业的自主创新的另一支持手段。美国的政府采购法就明文规定,首先要购买国内企业生产的产品,国内企业没有的才能到国外去买。深圳和珠三角地区的政府部门要把重大课题项目直接交给企业,解决产品当中的重大技术问题。

发展风险投资基金是对创新集群的资金支持的根本办法。从硅谷的情况看,风险投资可以分为三类。第一类是天使投资,投资人用自己的钱进行投资,向处于起步阶段的企业提供子资金,一次性的投资额在5万至50万美元之间;第二类是创业投资基金,投资规模从50万到500万美元不等,资金来自养老基金、共同基金、各类基金会、保险公司和银行以及一些富裕的家庭和私人等;第三类是战略投资基金,是由一些大公司建立、专门投向与本企业业务发展相关联的公司。这三类风险投资基金,是自主创新产业的乳汁。是深圳今后要大力发展的方向。

建设区域创新体系,必须加大对自主知识产权的保护。深圳市、区政府要安排专项经费,资助在深圳注册的科技型企业申请国内外发明专利。要进一步加大对侵犯知识产权行为的查处和打击力度,为知识产权提供强有力的保护体系。要对大中小型企业进行分类指导,特别是要对大企业实行专人专责的知识产权"直通车"服务;对中小企业依托的科技园、孵化器、创业中心、软件园等知识产权产出的源泉地带,建立起知识产权基层工作站。要引进国际知名的知识产权专业机构前来合作和发展,带动和培养本地中介机构向专业化、规模化、国际化发展,为企业提供专业服务。

实施自主创新战略,关键是人才。当今的国际竞争,归根到底是人才竞争,核心是尖子人才的竞争。深圳要通过努力营造创业发展环境、改善创业生活环境、为创新人才施展聪明才智创造机会和舞台,广泛吸引从事自主创新的国内外各类人才,形成人才积聚效应,努力使深圳成为对各类人才最有吸引力的区域之一。

几年前,硅谷的一些留学生对国内用高薪聘用留学生回国搞高科技不以为然。他们拿公司股票期权,与公司同生共死、荣辱与共,弥补是将来公司取得成功并最终上市,获得巨额收入。这些留学生认为,创业是在与所有的同行展开竞争,是在与时间争分夺秒,是在与体力和智力的极限挑战,因此不仅需要有持久的动力,更需要有置其死地而后生的巨大压力。如果以为国内靠高薪就能吸引人才回国,那么回来的可能就不是人才,是人才也可能在优裕的生活环境中一事无成,变成庸才。随着深圳高新技术企业的发展,技术入股作为引入海内外先进技术、促进科技成果转化的有效方式,已经越来越显现出它的作用。但同时,在技术入股企业运作中的一些深层次的矛盾和问题也日益显露,并正在成为阻碍技术入股深入进行的障碍因素。当前,深圳技术入股企业中的主要矛盾已由企业成立之前的投资阶段的矛盾发展为企业成立后公司运作过程中的矛盾,表现为技术方和出资方在资源整合中产生的矛盾。包括出资方未能完全兑现出资承诺;技术方未完全实现技术转移;技术方在企业技术入股以后又私自向第三方转移技术成果;部分企业技术方持股比例过高,造成企业流动资金不足;部分技术入股企业技术方被剥夺了正常参与公司经营管理的权力;技术成果实现经济效益后,部分公司未能兑现给技术方增加或提供股份的承诺;出资方在技术成果入股以后,对技术方的态度和合作方式发生变化等问题。这些矛盾,既影响企业技术入股以后的技术开发进程,也影响到经营和管理目标的实现。当前深圳完善技术入股政策的中心任务,是解决技术入股企业在运作中产生的矛盾,解决技术方与投资方在资源整合中的矛盾。

第五章

打造国际供应链
体系的重要节点

　　《深圳市物流业"十一五"发展规划》提出,在"十一五"期间,深圳基本实现现代物流业向供应链物流一体化方向的转型,并以"两港"为中心所形成的物流服务体系为依托,将深圳融入全球供应链网络之中,力争将深圳打造成为国际供应链体系的重要节点,并走在国际供应链的前端,增强深圳在国内供应链的控制能力,建设创新型的国内物流先锋城市和绿色物流前沿城市。这是深圳实施"走出去"战略的重要步骤。

第一节　融入全球供应链网络体系

一、中国在世界货物流动格局中的地位

　　集装箱运输是货物运输的主要形式。世界集装箱航线中最繁忙的是泛太平洋航线,而其中亚洲与太平洋之间的货物运输量又占绝对优势,亚洲国家向北美出口货物是世界物流的重要部分。亚洲与欧洲之间的货物运输也比较繁忙,因此,亚洲是集装箱物流的重要产生地。就国家来看,东北亚与美国之间的集装箱来往是极其密集的,东北亚中的韩国与中国大陆占的份额又占大部分。中国在亚太经济圈乃至世界物流格局中占据重要地位。

二、东南亚地区：全球物流竞争的焦点

近年来东南亚各国都投入了相当的精力在发展物流业,以期成为亚洲的转运中心。新加坡早已成为亚洲的转运中心,又在进一步推动与各国物流信息协同化。菲律宾在打造克拉克物流走廊等,泰国向各国开放领空飞行。东南亚各国对物流基础设施开始新一轮的投资。

由于对蓬勃发展的亚洲市场的重视和东南亚特殊的地理优势,近几年来,国际巨头对东南亚物流市场做了大量的渗透布点工作,借机收购整合地方物流公司的网络、码头,建立转运中心,参与新机场的建设,获得亚洲国家及地区的航线权,建立计算机化比较高的作业中心,签订快速通关的协议,重新划分东南亚物流格局。

三、深圳目标：着力打造国际供应链体系的重要节点

《深圳市物流业"十一五"发展规划》指出,"十一五"期间,深圳将全面构筑深圳现代物流业的"1271 工程"(一个枢纽、两个基地、七个园区和一个物流信息平台),即围绕把深圳建设成为一个区域性的现代物流枢纽和国际物流集散基地与综合物流服务基地为核心,在 2010 年基本建成分工明确、合作紧密的七大现代物流园区,继续建设和完善现代物流业信息平台。

目前,物流已进入全球供应链时代,随着全球经济一体化和信息技术的发展,企业之间的合作正日益加强,它们之间跨地区甚至跨国合作制造的趋势日益明显。国际上越来越多的制造企业不断地将大量常规业务外包去给发展中国家,而只保留最核心的业务(如市场、关键系统设计和系统集成、总装配以及销售)。譬如,波音 747 飞机的制造需要 400 万余个零部件,可这些零部件的绝大部分并不是由波音公司内部生产的,而是由 65 个国家中的 1500 个大企业和15000 个中小企业提供的。我国的四大飞机工业公司承担了波音 737/300、737/700、757、MD82、MD90—30 各机种的平尾、垂尾、舱门、机身、机头、翼盒等零部件的"转包"生产任务。福特公司在马来西亚生产零部件后,要送至日本组装成发动机,然后再将发动机送至美国的总装厂组装成整车,最后汽车返回日本销

售。美国克莱斯勒公司制造汽车使用的零部件有 2/3 是从外部获得的,它从 1140 个不同的供应商购买 60000 个不同的部件。我国一些运营良好的家电企业和高科技企业在其生产经营过程中也是把很多零部件生产任务外包给其他厂家,如春兰公司就有近 100 家零部件协作厂。在这些合作生产的过程中,大量的物资和信息在很广的地域间转移、储存和交换,这些活动的费用构成了产品成本的重要组成部分,而且对满足顾客的需求起着十分巨大的作用。①

随着物流已进入全球供应链时代,物流与供应链管理总部经济形态产生和发展。这种总部经济的特点是物流与供应链管理企业高端功能(管理、研发、投资及以上功能的区域指挥中心)与中低端功能(营销、配送、采购)部分在空间上分离,高端功能部分在一个中心区域内集聚,形成一个个企业总部,包括管理总部、研发总部、投资总部,甚至随企业总部集聚而在中心城市形成一个个总部基地。中低端功能部分分散到周边地区、周边城市甚至其他国家。

在全球供应链环境下建设深圳国际物流总部基地的研究与实践是一个全新的课题。由于总部经济的发展,跨国公司全球运作、全球投资、全球贸易,已经在全球形成了产业链和供应链。许多跨国公司,将其全球供应链延伸到中国,在中国建立新的大规模生产基地、设立新的合资公司及销售网络,以期降低其运营成本、更贴近消费者,并提高市场份额。深圳是珠三角世界制造基地的中心,其原材料供在内地,销售市场在海外。深圳地处我国的南大门,毗邻香港,作为珠江三角洲的一个重要组成部分,是香港与内地连接的唯一的陆路经贸转运和货物集疏通道。深圳既是内地走向国际市场的通道,同时也是港澳走向内地的桥梁,已成为华南地区对外的主要窗口,这为深圳建设国际物流总部基地打下了良好的基础。

深圳力争成为全球供应链的源头,同时又成为国内物流供应链的核心环节。如能引来国内外物流巨头聚集深圳,将深圳变成物流系统解决方案的发源地,将加快深圳传统物流企业向供应链服务企业转型,促进物流企业立足深圳,在全国设立分拨中心和物流节点,发展海外市场,形成覆盖全国、辐射全球的供应链网络。

---

① 参见陈国权:《供应链管理的兴起》,《中国软科学》1999 年第 10 期。

在全球供应链环境下,从建设国际物流总部基地这个全新的角度来研究深圳特区物流发展,重新定位深圳物流园区的功能,发展"物流总部",使深圳成为物流的研发中心、信息交流中心、全球供应链的构建中心、全球供应链物流的运作中心、全球采购中心、物流设备展示中心,全面提升物流对区域总部经济发展的影响力,这将有利于将深圳建设成全球供应链的枢纽城市。建设国际物流总部基地是深圳发展总部经济、构建以深圳为核心的全球供应链的必然选择,是提升区域物流发展水平的历史跨越。

深圳建设国际物流总部基地的优势有:首先,深圳及珠三角已建立起规模庞大的制造业体系,形成了强大的外向型经济圈。同时,深圳毗邻港澳,是国内唯一陆路与香港接壤的城市,区位优势得天独厚。其次,深圳基础设施发达,基本形成了以海港、空港为核心,以高速公路、快速干道、主干道为骨架,面向国际、国内两个扇面的交通运输平台,初步建立了以"大物流、大口岸、大通关、大平台"为特征的物流信息平台。正在加紧推进的国铁"两线两站"建设,又将大大提升深圳在国家交通战略布局中的地位。深圳港是天然良港,目前,深圳港有168条航线通往世界各地。深圳港集装箱货源构成中,深圳市和珠三角地区约占八成,外省约占一成,国际中转约占一成。由此可见,深圳港不仅为深圳,而且为广东省、华南地区、香港以及国际集装箱的中转发挥了重要作用,同时将通过与香港港口的优势互补、互相促进,联手构筑亚太地区国际航运中心。按照物流产业发展规划,到2020年,深圳港的集装箱达到3800万标箱,深圳将极有可能与上海携手成为我国通向世界的最为重要的门户中心城市,成为名副其实的区域物流中心城市。

从全国范围来看,物流一体化程度不够,行政分割、行业垄断严重。运输行业分属数个部、委、局机关,地方和行业保护以及物流垄断和不正当竞争导致物流服务质量低、效益低。相比之下,深圳的物流资源则相对较为集中,深圳的铁路、公路、航空等运输资源统一由市交通局管辖。外贸、民航、铁路、通信等部门企业化运作较早,市场化程度较高。深圳现代物流业与国内其他城市相比,规划、发展较早,深圳土地资源紧张,土地面积相对较小,总面积为1952平方千米,可建设用地只有900多平方千米。所以物流园区的用地规划少、港口后方堆场小,不能满足物流特别是港口发展的需要。深圳物流业走量的扩张道路是有限度的,必须加快产业提升,走高端发展道路。

物流总部经济,是资本密集型和"知本"密集型产业,是以总部基地的形式,实现产业聚集,使资源最大化配置。总部基地的异军突起,源于区域特有的产业资源优势,吸引企业将总部集群布局,同时将上下游行业紧密联系起来,实现企业价值与区域资源的最优化,企业与产业链良性互动,推动产业链和市场链的延伸,扩大企业市场版图。

在总部基地的整合带动下,产业链上下游行业充分沟通和交流,构建庞大的信息网络共享和建立战略协作关系,合理而快速的配置资源,在合作中有序竞争,上下游行业稳定协调发展,提高信息传播速度,降低信息获取成本,优化物流效率,使产业链得到可持续的良性循环,最终增强基地各企业的竞争优势,物流总部基地,将为产业注入强劲发展动力,打造最强势的现代服务业企业方阵。

四、吸引国际国内高端物流企业

由于深圳在全球物流业中的地位,国际国内高端物流企业近年来已经纷纷进入深圳,如马士基、联合包裹、联邦快递、敦豪、嘉里物流等60多家跨国物流公司来深注册经营物流企业。深圳已经入驻100多家全球500强跨国公司和国际知名物流企业,其中包括全球最大的综合服务供应商"欧唯特物流服务集团"等。其中有9家设立了地区总部,26家设立了研发中心。美国沃尔玛、法国家乐福、英国百安居、香港华润集团等已在深圳开花结果。深圳已成为跨国公司采购中心的龙头,如沃尔玛、家乐福、欧姆龙等跨国公司将中国采购中心设在深圳。日本永旺中国总部和采购中心落户深圳。在沃尔玛中国公司的采购清单中,有将近95%来自深圳,总建筑面积达20万平方米的沃尔玛亚洲总部和全球采购中心已投入使用。①

---

① 参见成康:《对深港物流业合作发展的思考》,《特区实践与理论》2009年第4期;祝娟:《成都总部经济发展研究》,载贾松青、林凌主编《四川区域综合竞争力报告2007》,社会科学文献出版社2007年版。

深圳本土物流企业也发展迅速，深圳物流和货运企业达 2000 多家，仅第三方综合物流企业就超过 1000 家，这些企业以生产商、零售商及原材料供应商为服务对象。① 由于深圳本土物流企业起点高，一批在国内外物流界比较有影响的本土物流企业迅速崛起。深圳本土物流企业中资产过亿元的有 32 家。随着以第三方物流业务和第四方物流业务为重点的综合型专业物流企业迅速成长，推动了包括采购分拨、批发配送、展览配送、拍卖配送、代理批发和网络批发等物流配送业务和专业市场的快速发展，一些本地物流企业开始为全球著名跨国公司提供专业物流服务，跻身全国同行前列，形成名气响亮的企业群，部分企业物流服务已走出国门。据统计，深圳市物流企业的 50% 左右的业务量在深圳以外，如招商局物流集团在国内乘势布设网点 18 家，腾邦物流布设的网点超过 20 家，全程、恒路、亦禾、怡亚通、海格等物流企业也都在国内城市建立了健全的服务网点。还有一些重点物流企业通过与外地企业战略结盟的方式，成功登陆当地物流市场并迅速成为重要的物流服务提供商。深圳市涌现的这些重点物流企业，使深圳市迅速成为国内重要的物流服务输出城市之一。

第二节 加快港口建设，打造深圳国际竞争力

一、深圳港：中国南方的明珠

深圳地处经济发达的广东珠江三角洲地区，毗邻香港，同时拥有优良的深水岸线资源，具备得天独厚的自然经济地理条件。深圳市的全部建设物资、90% 的一次性能源、70% 的生活物资、60% 的外贸物资都是由港航业完成的。在过去的 10 年时间里，深圳港口吞吐量与深圳国民生产总值相关系数高达0.98，接近同比例增长，呈现高度相关性。港口航运的兴旺，直接带动深圳经

---

① 参见钟淑云：《深圳物流业发展的经验及启示》，《合作经济与科技》2009 年第 2 期。

济繁荣发展。①

深圳港建成或在建的港区包括盐田港区、蛇口客运港区、前海湾港区、大铲
湾港区、宝安港区共 5 个港区,建成 500 吨级以上泊位 128 个、大型集装箱专用
泊位 30 个,开通了远近洋国际集装箱班轮航线 197 多条,每月靠泊远近洋国际
集装箱船舶 500 艘次。无论是国际远洋定期班轮航线数量,还是航班密度,深圳
港均名列国内外港口前列。

图 5-1　深圳港口布局图

在深圳港集装箱货源构成中,深圳市和珠江三角洲地区约占八成,外省约占
一成,国际中转约占一成。由此可见,深圳港不仅为深圳,而且对华南地区乃至
全国的交通运输体系的完善和发展,对提高我国在国际航运市场的整体竞争力
也起到十分重要的作用。

_____

① 参见深圳市宝安区贸工局调研报告:《大铲湾集装箱港区建设对宝安经济社会发展
的影响及对策研究(内部报告)》,载深圳市宝安区委区政府内部刊物《宝安调研》
2008 年第 7 期。

二、深圳港：珠三角港口群中心区位港

珠江三角洲地区进出口货物主要是通过香港、深圳港、广州南沙港和珠海港,它们是外贸集装箱干线港。经过深圳、香港、南沙等港口进出口的集装箱总量在 2009 年达到 6000 万标箱。各货源地的生成量在各海港分配情况如下:

香港港口:香港港口 2009 年的吞吐量 2092 万标箱,已经饱和,由于香港未来 10 年将不会添置任何新码头设施,没有很大潜力可挖。

广州港:2009 年广州南沙、黄埔港集装箱吞吐量达到 1119 万标箱。

其他港口:其他港口,如珠海港、中山港、虎门港等,这些港口年吞吐量共计 1000 万标箱左右。①

深圳港口:深圳港口有很好的条件和基础,2009 年完成集装箱吞吐量 1825.01 万标准箱,其中盐田港区吞吐量 857 万标箱,赤湾港区吞吐量约为 476 万标箱,蛇口港区吞吐量 466 万标箱。

深圳港是珠三角港口群中心区位港,位于香港与广州、珠海中间,不但是始发港,也是珠三角地区支线货物的转运港。

三、大铲湾集装箱码头：深圳西部物流业的崛起

大铲湾港的建设带来了深圳西部物流带的崛起。大铲湾港区和航空城组成了深圳西部物流区的核心位置,对深圳西部物流带的形成将起到重要支撑作用。总投资 250 亿元,吞吐能力为 1000 多万标箱的大铲湾集装箱港建成后,在西部通道、地铁一号线、滨海大道、沿江高速作用下,由物流、人流衍生的"港湾经济"效应将凸显出来。

深圳的物流支柱产业已有很好基础,但是以盐田和西部港口为龙头都有先天不足,缺乏堆场,后方堆场疏港通道紧张,办公环境,居住环境有很多不足,所以至今未形成一个物流密集区产业带以及高端物流业总部聚集区。

---

① 参见香港、广州、珠海、中山、东莞、深圳等珠三角各城市 2009 年统计公报,见各个城市政府网站"统计公报"栏目。

　　大铲湾港口物流使港口与公路、航运等多种运输方式有机衔接,并使沿海港口与内河港口形成有机的物流服务通道,并通过内河港口为结点,辐射连接众多的物流链,将港口与腹地更紧密地联系在一起。宝安内陆腹地通过大铲湾港口和集装箱运输实现了与世界市场的无缝对接。大铲湾港口物流整合了各种运输资源,有助于加强港口与宝安腹地间的联系和资源整合,并为腹地企业提供更便捷、更加个性化的服务。

　　新安、西乡、福永多年来的经济增长主要依赖于自下而上的"三来一补"工业的发展,迅速实现了工业化,并带来了经济的飞跃发展,但这是建立在"以土地换取发展,以环境换取效益"上的非持续发展的模式。而未来的发展,该地区的功能将不再局限于本地区的发展需求,而是更多的承担为整个城市甚至珠三角的发展提供服务,尤其是依托交通枢纽的城市功能。而对于高附加值的追求,将成为产业准入的必然选择,尤其是充分体现其交通区位特征的物流产业、城市综合服务业将会得到迅猛发展。而这些新兴产业与目前发展相比较,在发展效益上存在明显提升空间,客观上有利于在现有基础上推动产业结构的转型和城市功能的完善。随着大铲湾港区的崛起,西乡、福永、沙井的一些产业将由传统加工业向物流业转型。围绕大铲湾港区的西乡、福永、沙井等地的一些厂房正在向仓储业转型。各种运输、搬运、储存、保管、包装、装卸、流通加工和物流信息处理企业正在发展。大铲湾港区的崛起推动了产业升级改造,宝安区的加工业除了向高技术方向发展外,又增加了一条转型途径。

　　深圳新的城市规划把宝安中心区确定为城市第二个中心城区,配合深圳国际机场、大铲湾港区、高速公路、城市干道的建设,全面发展和完善宝安中心组团内外交通系统,形成以机场和港口为枢纽,高速公路、城市干道、轨道交通为框架,对内对外畅通高效的现代化立体交通网络;新建宝安客运中心和机场货运中心,建设连接特区、香港、辐射珠三角的区域性客流、物流中心,形成设施先进、功能齐全的综合性物流基地和商业集散地。

　　《珠江三角洲城镇群协调发展规划》也提出:"未来珠江三角洲将形成:由多层次的轴带体系与中心体系和产业空间体系(聚集区)组成的高度一体化、网络型、开放式的城镇空间体系",并指出珠三角未来将形成"一脊三带五轴"的空间总体结构。

　　"一脊三带五轴"中,"一脊"指构筑一条联通广州、深圳、珠海中心区,衔接香港、澳门并沿京广大动脉向北延伸的区域发展"脊梁",深圳的前海—宝安机场、沙井—松岗是位于这一"脊梁"上的重要节点。该脊梁是连接香港、深圳、广州三个区域中心城市的最重要轴线。从区域总体空间结构来看,深圳西部发展轴恰好与区域发展脊梁重叠。随着珠江三角洲一体化进程的加快,该发展轴将成为区域内生产要素集聚密度最高的区域。宝安物流带作为轴线上的重要节点,发展前景十分广阔。

第三节　加强保税港区建设,提高深圳国际化水平

　　2008 年 10 月 18 日,国务院正式批复同意设立深圳前海湾保税港区。保税港区规划控制面积 3.71209 平方千米,东至铲湾路,南以平南铁路、妈湾大道以及妈湾电厂北侧连线为界,西以妈湾港区码头岸线为界,北以妈湾大道、嘉实多南油厂北侧、兴海大道以及临海路连线为界。其功能包括国际中转、配送、采购、转口贸易和出口加工等业务,享受保税区、出口加工区相关的税收和外汇管理政策。

　　2008 年 11 月 24 日,海关总署在"关于深圳前海湾保税港区规划建设有关事项的函"中指出:深圳前海湾保税港区要"充分利用保税港区这一政策平台,发挥其连接国内外两个市场、利用国内外两种资源的桥梁和纽带作用,引导现代生产型服务业和先进制造业入区发展,进一步提升广东开放型经济水平,为落实当前中央提出的保持经济平稳较快增长的方针作出贡献"。

　　深圳港毗邻港澳,背倚珠三角,区位优势明显,产业基础雄厚,港口经济实力较强,既有建设保税港区的市场需求,也有发展保税港区的基础和潜力。在深圳建立保税港区,有利于增强深圳港的配套功能,将深圳港从"大港"建设为"强港",加快推进物流产业发展,提升深圳的国际竞争力;有利于带动"珠三角"地

区的产业升级和经济增长,加快转变外贸发展方式,提高广东开放型经济的总体水平,更好地落实国家促进广东率先发展的战略部署;有利于推动深港两地产业合作,深化深港港口在全球运输服务体系中的分工合作关系,支持香港的繁荣、稳定和发展。

一、前海湾保税港区战略地位

前海湾保税港区所处的前海湾地区位于穗深港西部通道的核心地带,拥有海港、空港、西部通道等交通区位优势。即将建成的广深沿江高速公路与港区相邻。目前正在开工建设中的沿海铁路杭福深铁路客运专线(从杭州经温州到厦门目的地为深圳龙华站)也将为前海湾保税港区的交通运输提供进一步支持。宝安国际机场正在进一步扩建中,前海湾保税港区可利用与宝安国际机场相邻的优势,大力推广海陆空联运业务。

前海地区为深圳宝安区与南山区的结合部,深圳市政府已将前海—宝安地区定义为与福田—罗湖地区并列的深圳中心区之一,作为深圳的另一个主城区进行开发。其规划定位为:未来深圳最有竞争潜力和优势的地区;深圳未来20至30年的战略利益所在;世界高端产业园区;生产性服务业中心和区域性物流中心。

前海湾保税港区处于深港共同建设的前海现代服务业示范区范围,这是前海湾保税港区发展的又一机遇。2009年6月2日,香港政务司司长唐英年率团访问深圳,作为未来深港合作的重点之一,深港就共同建设前海现代服务业示范区达成共识。深港双方决定成立专责小组探讨研究现代服务业示范区的合作,港方将由商务及经济发展局牵头。

规划建设前海深港现代服务业合作示范区,是在粤港澳合作框架下,进一步巩固深港合作基础,拓宽合作领域,创新合作方式的重要探索,是促进深港现代服务业资源整合、集聚发展的重要平台,是吸收香港先进管理经验,发挥改革开放引领作用,进行体制机制创新的示范地区。

规划建设前海深港现代服务业合作示范区,有利于促进香港与内地更紧密合作,维护香港的长期繁荣稳定。利用前海地区的区位优势,规划建设合作示范区,有利于香港现代服务业的空间拓展和产业延伸,促进深港两地现代服务业深度融合,巩固香港作为国际金融、信息、贸易和航运中心的地位,维护香港的长期繁荣稳定,为深港两地可持续发展提供更强大动力。有利于实施珠江三角洲地区发展战略,建设粤港澳合作的先导区。利用深港两地的比较优势,规划建设现代服务业合作示范区,引领产业结构调整方向,发挥辐射和带动作用,全面提升珠三角地区国际化水平和整体竞争力,为粤港澳成为全球最具经济活力的大都市圈之一提供强有力的支撑。有利于探索市场开放和产业融合的新经验,推动香港与内地更紧密经贸合作。利用前海合作示范区这一特殊区域,积极探索内地对香港服务业开放的新模式和新经验,形成内地走向世界和香港辐射内地的"双跳板",有助于不断丰富 CEPA 的形式和内容,在风险可控的前提下,加快内地服务业市场的开放步伐,提升现代服务业的发展水平和国际竞争力。有利于体制创新先行先试,深化改革扩大开放。借鉴香港的先进经验,规划建设合作示范区,继续承担深圳作为全国改革"试验田"的历史使命,在深港产业融合方面率先突破,在体制机制创新领域先行先试,在管理制度衔接环节大胆探索,为进一步深化改革扩大开放创造新鲜经验。

二、前海湾保税港区功能定位

保税港区叠加了保税区、出口加工区、保税物流园区乃至港口码头通关的各项政策和功能,借鉴国际通行做法,重点发展国际中转、国际配送、国际采购、国际转口贸易和出口加工等业务。在我国的海关特殊监管区域中,是目前我国国情下政策最开放、功能最强大、层次最高级的海关特殊监管区。

2007 年 9 月 3 日,海关总署出台的《中华人民共和国保税港区管理暂行办法》更明确了保税港区的口岸、物流、加工三大主要功能,突出了"区港一体"的特色优势,兼有"港"和"区"的双重特性,业务导向上,具体列明仓储物流,对外贸易,国际采购、分销和配送,国际中转,检测和售后服务维修,商品展示,研发、加工、制造、港口作业等功能,即从原国务院批复中的转口贸易拓展到了一般贸易,增加了研发、维修、展示功能,对加工贸易中从事高耗能、高污染和资源性产品进行了限制,从而丰富了保税港区的功能,规范了业务拓展范围。

深圳海关辖区共有保税区 3 个,保税物流园区 1 个,出口监管仓库 32 家,主要海关辖区发展情况如下:

沙头角保税区:以发展先进的外向型工业为主。1991 年 5 月 28 日经国务院正式批准设立,是中国创办最早的保税区。沙头角保税区围网面积 0.27 平方千米,位于深圳东部的盐田区,东距华南最大国际集装箱港盐田港 1 千米,南距通往香港的沙头角口岸 2 千米,西面通过梧桐山隧道与深圳市区相连。沙头角保税区的发展目标是:以发展先进的外向型工业为主,并适当发展贸易、仓储、运输等产业。沙头角保税区投资客商主要来自港、台、日、美等地,其中台湾精英、大众、唯冠等知名企业分别在沙头角保税区投资设立了鑫茂科技、才众电脑、唯冠科技等高新技术企业。企业产品主有电脑主机板、显示器、智能玩具、黄金珠宝、纺织服装和塑胶制品等。

福田保税区:高科技工业+现代物流业。1991 年 5 月 28 日经国务院批准设立,1993 年 2 月 18 日隔离围网设施通过海关总署验收。围网面积为 1.35 平方千米。东起皇岗口岸,北邻广深珠高速公路,南沿深圳河,西至红树林自然保护区,毗邻深圳地铁与香港西北铁路接驳的皇岗地铁总站。福田保税区致力于发展高科技工业和现代物流业。目前已有 22 个国家和地区的投资者在福田保税区内投资,产品主要为微电子、电脑及零配件、光通信元器件、生物医药工程等。福田保税区还正在大力拓展商贸业务,向国际贸易方向发展。

盐田港保税区及盐田港保税物流园区:区港联动。盐田港保税区于 1996 年 9 月 27 日经国务院批准成立,面积 0.85 平方千米。盐田港保税区作为特区中的特区,享受一系列比现行特区更加特殊的政策,盐田港保税区是全国 15 个保税区中少数与港口、铁路、公路地域相连的保税区,盐田港国际航线覆盖世界主要港口。2004 年 8 月 16 日国务院批准盐田港保税区和盐田港实施"区港联动",盐田港保税物流园区在其基础上设立,盐田港保税物流园区 0.96 平方千米,于 2005 年 12 月 30 日通过海关总署等国家部委联合验收。园区与毗邻的港区实施一体化运作,专门发展现代物流业,实行"入区退税"。2008 年,在国际、国内经济放缓的严峻形势下,盐田港保税物流园区充分利用特有的物流及政策优势抵御了外界冲击。

经过近 20 年的创新发展,深圳保税区已经形成了以保税加工、保税物流和高科技研发为特色、以港口为依托、自由贸易为运作空间的功能性产业基本框架,实现了持续、稳定、快速发展,特别是在单位面积经济效益指标中创造了全国保税区之最。深圳保税区成为深圳市对外开放的重要窗口和新的经济增长点,同时也是全国发展成就最突出、最具竞争力的保税区之一。2008 年,是金融危机前的业务高峰期,深圳保税区全年实现工业总产值 862.6 亿元;实现进出口总额 469.48 亿美元;实际利用外资 1.12 亿美元,同比增长 5.41%;税收总额 52.9 亿元,同比增长 9.69%;实现工业全员劳动生产率 26.79 万元/人,万元工业增加值电耗 334.53 千瓦时,万元工业增加值水耗 4.76 立方米,单位工业用地增加值 58.14 亿元/平方千米,各项效益指标都超过全市平均水平。全年新批准设立企业 98 家,共有 37 家世界 500 强企业在区内投资设立了 44 家企业。目前,深圳保税区已由简单的保税仓储、出口加工功能开始向高端研发制造、国际贸易、国际物流等高附加值产业链延伸,吸引入区投资的世界 500 强企业有 37 家。①

为贯彻落实海关总署提出开展各类海关监管区域整合的指示精神,实现"土地空间零增长、经济效益正增长"的科学发展目标,深圳市保税区系统正在突破土地存量不足的瓶颈制约,从依靠扩大空间向产业、功能的升级置换转变。

产业升级:保税区将利用此次大的经济调整阶段,加速摆脱依赖规模扩张和成本优势的发展惯性,加快引进有前瞻性的高新技术,引入更多高端产业,培育出企业新的增长点。一是在高新技术产业领域,重点引进与完善大型高科技项目和"产业配套链"和"高端项目群"。二是在现代服务领域,引进更多的国际物流巨头,大力发展服务外包业务,重点支持具有信息技术工作载体高、附加值大、资源消耗低、环境污染少、国际化水平高等特点的服务外包项目入驻。三是要大力发展总部经济。要按照市政府《关于加快总部经济发展的若干意见》的要求,落实扶持政策,引进一批国内外集团在保税区设立总部、区域性总部或者研发中心、采购中心等,特别是要吸引、扶持和培育一批支柱产业的总部企业,加快形成具有比较优势和核心竞争力的总部企业集群,不断增强保税区总部经济的辐射

---

① 参见 2009 年《深圳年鉴》"保税区 开发区"栏目,深圳市史志办公室 2009 年版。

功能。四是加速提升区域现代物流水平,依托著名国际物流巨头集聚的优势,促进货物在境内外快速流动、快速集运,带动资讯流、资金流和商品流的集聚和辐射。五是积极鼓励企业开展自主创新,着力培育自己的品牌,提高产品附加价值,优化产品结构,开发新产品,进一步提升竞争力。六是继续拓展保税功能,继续推进配套的维修、检测等业务的开展。同时,积极发展循环经济,推动了区内企业节能减排,按照循环经济的理念规划、建设和改造园区。要促进企业内部的循环经济活动,引导企业按照生态原理进行厂区厂房设计与建设,实施产品的生态化设计,选用清洁生产工艺和循环利用资源的技术体系。"十一五"期间,保税区高新技术制造业增加值占到全区生产总值比重的40%,物流业增加值占全区生产总值比重的35%,高新技术研发、软件设计以及国际贸易、国际金融、商品展销等产业增加值占全区生产总值比重的25%。

功能升级:创新保税区功能和体制,实施"一区两翼"发展战略。"一区"就是推动福田保税区向自由贸易区发展,在深圳中部率先建立起自由贸易区,"两翼"是指推进在深圳东、西两翼分别建设保税区与海港和航空港联动的国际保税物流园,为今后在深圳东部和西部各建一个自由贸易区或自由港区奠定政策和产业基础。

(1)一区:推动福田保税区向自由贸易区转型。

目前,全国保税区内企业在其经营管理过程中,普遍存在着海关"一线"与"二线"货物监管模式、进入保税区的国产产品出口退税和保税区外汇管理等领域的制度性障碍。从深圳市保税区的实际运转情况来看,目前的"一线"货物监管模式难以充分发挥福田保税区在地理上直接与香港或出口口岸相连的区位优势,受现行政策制约,福田保税区进出口贸易以及与加工制造联系紧密的下游物流增值分拨配送业务比重小,但解决保税区现行的"一线"管理问题,因涉及面广而很难在保税区体制框架内给予全面解决。对此,迫切需要突破福田保税区现有管理体制上的障碍,探索保税区向自由贸易区转型的体制改革路径和实施办法。

目前,深圳福田保税区向自由贸易区转型的时机已经成熟,第一是交通和区位优势得天独厚。福田保税区拥有与香港相贯通的一号专用通道。第二是产业集群优势凸显。为适应世界经济形势的发展,福田保税区在发展的过程中将及时调整产业政策,逐步将产业发展的重点放在高新技术产业和先进工业项目上,目前已吸引了一大批优势产业,"产业集群"优势凸显。第三是管理创新优势领先一步。近年来福田保税区在重大体制创新战略研究和运行机制改革领域进行了大胆探索和实践。启动了向自由贸易区转型的多项前期研究工作;获得国家海关总署的批准进行了综合试点改革;进行了拓展发展空间的调研和推进工作;研究制定了鼓励跨国公司设立地区总部、研发检测机构、生产基地和采购配送中心措施;探索了一、二线监管模式的改革路径;在出口退税、放开进出口经营权等领域积极开展了改革试点工作;配合海关推进了保税区海关管理体制的改革;参与深圳市人大、市政府相关部门研究修订保税区条例和管理体制改革方案,探索依法治区之路等多项工作。

目前福田保税区向自由贸易区转型的目标定位已经确定,借助国内保税区向自由贸易区转型的大趋势,积极争取成为向自由贸易区转型的体制改革试点,在产品内销安排、货物监管模式、出口退税机制、服务贸易开放以及外汇管理和人员出入境等领域,向香港的自由港政策和体制靠拢,并努力使之成为按照国际经济惯例运作的特殊经济地带,内地与香港建立更紧密经贸关系的示范区和我国开放型经济增长的新亮点。福田保税区将充分利用独特的地缘优势,实现与河套地区联动发展。在福田保税区与河套地区率先开展深港自由贸易园区试点。充分发挥福田保税区与河套地区的特殊地理、交通与功能优势。在功能上,两个园区各有侧重,其中,福田园区主要功能为:高科技研发与加工、检测、维修、国际贸易、国际金融、展示展销、服务贸易。河套园区主要功能为:高等教育、高科技研发与创意产业等。

福田保税区向自由贸易区的转型将采取分步实施、逐渐推进的方式。第一是探索尝试阶段,重点实施福田保税区的扩区和产业结构调整,进一步优化投资环境,争取部分政策的先行先试。第二是全面转型阶段,形成以国际贸易和现代物流为主体,出口加工和高新技术制造业协调发展的产业体系,进一步完善管理体制、法律环境与服务体系,同时政策创新取得实质性进展。第三是规范提高阶段,全面完成与国际上通行的自由贸易区要求相适应的设施建设,完善国际贸易、国际物流基地和保税仓储功能,成为深圳建设国际化城市的国际产业核心区。形成稳定统一的自由贸易区法律政策框架,从根本上实现转型。

(2)东翼:推进盐田综合保税区的申报工作。

按照"整合发展"模式,整合盐田港保税物流园区、盐田港保税区、沙头角保税区及盐田港码头作业区四个相邻的海关特殊监管区域,向国家申报设立深圳盐田综合保税区,打造更加开放的大型综合性保税加工、保税物流、转口国际贸易基地。

盐田港区作为深圳港的远洋主力港区和超大型船舶首选港,拥有国内最密集的远洋航线,承担着华南地区对美、欧商品贸易主通道的重任。深圳盐田港是全球集装箱吞吐量最大单一码头,集疏运条件优良,服务功能完善。盐田港区规划建设中 35 个泊位 20 个已投入使用。年集装箱吞吐量超过 1000 万标箱,为全国单一港区的最高水平。目前,盐田港共有 35 家全球知名船公司开辟了 85 条周班航线,覆盖世界主要港口。全球 10 大物流公司中已有 7 家落户深圳盐田港。建设深圳盐田综合保税区,一方面可充分利用盐田港自身的地理优势和硬件设施资源,进一步放大港口的集散与中转功能,积累发展势能,形成更强大的对外竞争能力;另一方面可强化龙头带动效应,推动珠三角港口群共同加速向第三代港口转型,提升珠三角港口群的整体竞争力。在此基础之上,利用海铁联运对华南、西南以及中西部地区的辐射带动,为泛珠三角区域合作与共同发展发挥积极的促进、整合和牵引作用,成为带动区域经济发展的重要动力源。

设立深圳盐田综合保税区,是通过现有资源的整合,在不新增土地的情况下,将港区后方海关特殊监管区域及码头作业区统一整合为综合保税区,符合国务院关于海关特殊监管区域整合的方向和要求。此外,现有的保税区、保税物流园区基础设施相对完善,在实施整合时,只需要在现有基础和条件上进行适度开发与升级改造,不会大规模地新增固定资产建设投入。而通过资源整合,完善临港开放经济发展的政策环境和产业集聚环境,有助于进一步吸引国际国内高新技术产业和现代物流业投资,发展一批技术含量高、市场占有率高、附加值高的大型科技项目与高端物流服务项目,促进高新技术产业的进一步快速发展,推动区域内产业的自主创新,加快港口物流等现代高端服务业的结构升级,进而发挥区域支柱产业的辐射带动作用,成为落实"以港强市"和支柱产业发展战略的先行区与示范区。

盐田综合保税区选址涵盖沙头角保税区、盐田港保税区、盐田港保税物流园区、盐田西港区及中港区,总用地面积为 693.43 万平方米,分成 A、B 两片区。其中,A 片区北至永安三街、东至明珠大道、南至深盐路,西至梧桐山大道,用地面积 172.326 万平方米;B 片区北至深盐路、东北至明珠立交,东面和南面以盐田港码头岸线为界,西以海山东三街、海景二路和海山路连线为界,用地面积 521.101 万平方米。盐田综合保税区用地全部位于深圳市土地利用总体规划确定的建设用地范围内,符合深圳市土地利用总体规划。

(3)西翼:发挥前海湾保税港区的综合功能,提高深圳港的综合竞争实力,实行"空港联动"。

前海湾保税港区在深圳各个保税园区中面积最大,功能最全,位置最重要。前海湾保税港区规划控制面积是深圳其他几个保税区的面积总和。前海湾保税港区享受保税区、出口加工区和保税物流园区有关"国外货物入港区保税"等税收和外汇管理政策。前海湾保税港区位于深圳港口核心地带。前海湾保税港区利用其国际中转、配送、采购、转口贸易和出口加工等业务功能,增强深圳的港口优势,提高深圳港的综合竞争实力,推动深港两地产业合作。同时,借助深圳宝安国际机场庞大的航空物流与华南地区枢纽港优势,实行"空港联动",加快推进物流产业发展,实现区域经济的可持续发展。

前海湾保税港区拥有物流、加工、贸易、港口作业、研发、检测、维修等多种功能,特别是国际中转功能,贸易功能,金融业务,对提高提高深圳港的综合竞争实力,有重要作用。可以利用这些功能大力培育国际航运市场,以及为物流和制造业提供支持和配套的其他各类业务,发展国际配送、国际采购、国际转口贸易和出口加工等业务,实现货物、资金、人才自由流进流出,构筑区域性国际物流中心、大宗资源交易定价中心、特色产业集聚中心,以港口物流业为载体,进一步加快区内外中下游产业链的延伸,加快港口物流、保税仓储、世界贸易的发展,打造华南地区的港口物流枢纽中心。前海湾保税港区将引进国内外著名的物流企业总部和在国内拥有较多的经营网点信誉好、实力强有发展潜力的专业物流企业、大型的物资供应及采购商入驻。另外,也给货代货运企业、提供综合服务的物流企业以及大型工业、商贸、高新技术企业的物流职能部门在从事进出口货物集散和中外客商国内采购、分销及配送提供物流集疏运平台。

前海湾保税港区政策和体制最为接近香港的自由港政策,使粤港合作、深港合作具备坚实的体制对接基础。通过大力开展多式联运以及区域通关便利化等措施,对珠三角腹地经济形成辐射效应,促进粤港两地乃至泛珠三角区域的深入融合,巩固深港港口在全球运输服务体系中的分工协作关系,进而巩固与支持香港繁荣、稳定和发展。

借助深圳宝安国际机场庞大的航空物流与华南地区枢纽港优势,与前海湾保税港区实行"空港联动",将给深圳和珠三角地区经济的发展注入新的活力。"空港联动"实现了港口国际物流业从传统的"港到港"向"门对门"服务的转变,建立一个以港口为中心的多式联运作业,构筑起海陆空立体型集疏运大交通网络,在积极发展航空货运的同时,改变目前"大海港、小空港"格局,逐步形成两港并举的良性互动。这将有力促进珠三角产业带经济发展、协调香港国际航运中心地位、促进东南亚贸易的交流,连接着国际国内两个市场,是参与全球经济一体化的前沿阵地。深圳空港物流园区的崛起,必将大大提升深圳在全球港口城市中的竞争力,对深圳建设现代化国际港口城市、构建国际贸易平台将产生巨大的推动作用。

广州南沙保税港区与深圳前海湾保税港区都分布在珠江口的东西部,距离不到 50 千米,为避免功能雷同,前海湾保税港区与广州南沙保税港区从三个方面进行功能分工。

(1)辐射范围分工,南沙保税港区主要辐射珠三角中西部地区以及广西、贵州等省区,而前海湾主要是辐射深圳、东莞以及粤东地区、湖南、江西等省区。

(2)业务结构分工,广州南沙地区将逐步形成汽车、钢铁、造船、重型机械装备、石化、高新技术产业及出口加工业的产业结构,南沙保税港区主要依托以上产业,服务于广州、佛山、中山等大量加工贸易型企业,其业务结构主要是"为生产制造业服务",具有生产主导型的结构特点,偏向于加工贸易;而前海湾保税港区主要是发展现代国际物流,起着连通中国和世界两个市场的角色,其业务属于"流通主导型"。同时,带动深圳和周边地区制造业升级。

(3)发展模式分工,南沙保税港区基于珠江口纵深长和位于省会的特点,有着整合全省资源的优势,而前海湾保税港区作为特区新一轮改革开放的窗口,有着深港融合度高的优势。依托 CEPA,进一步加强与港澳的经贸合作。

两个保税港区各自依托的资源和发展路径有所差异,进而可以形成两种不同的发展模式和道路。

前海湾保税港区与国内保税港区体系从以下方面形成功能分工。

(1)业务结构分工,国内保税港区大部分依托重化产业和现有老工业基地,振兴区域经济。大连大窑湾保税港区致力于实现东北老工业基地全面振兴,进一步扩大东北地区对外开放;青岛前湾保税港区发展定位是:构筑区域性国际物流中心、大宗原材料交易定价中心、特色产业集聚中心。深圳前海湾保税港区不依托重化产业,致力于高科技研发和高附加值加工业务,发展现代服务业,拉动周边现有产业升级。

(2)区域功能分工,上海洋山保税港区大力培育国际航运市场服务以及为物流和制造业提供支持和配套的其他各类业务,打造国际航运中心。天津东疆保税港区致力于建成我国北方国际航运中心和国际物流中心。深圳前海湾保税港区推动深港两地产业合作,深化深港港口在全球运输服务体系中的分工合作关系,维护香港国际航运中心地位。

综上所述,前海湾保税港区肩负重要历史使命,其功能定位是:

——维护香港国际航运中心地位,成为南中国国际航运中心的核心区,促进深圳港从"大港"建设为"强港",把深圳建设成为亚太地区对外开放的重要门户。

——成为深圳和"珠三角"地区的产业升级的引擎,带动深圳西部地区和"珠三角"地区的产业升级和经济增长,加快转变经济增长方式。

——成为深圳和"珠三角"地区外向型现代服务业发展的核心功能区,提高深圳和"珠三角"地区开放型经济的总体水平,实现区域经济的可持续发展。

三、前海湾保税港区的产业定位

根据前海湾保税港区的功能定位,前海湾保税港区重点发展以下五大产业。

1. 国际中转业务

建设国际集装箱中转枢纽港,实现由大港向强港的转变,是深圳港口建设的一项重要任务,也是提升深圳国际竞争力的重要举措。

前海湾保税港区对于提高深圳港口国际竞争力,维护香港国际航运中心地位,起到积极推动作用。

国际航运中心是一个功能性的综合概念。它是以港口城市为依托,集发达的航运市场、繁荣的物流、密集的航线航班以及良好的配套服务和灵活、方便、优惠的政策法律环境为一体,能够对周围地区乃至全球产生巨大的商业辐射,通常兼具国际贸易中心、金融中心、经济中心、采购中心、中转中心多种角色,是世界级城市经济发展的积极推动力和身份地位的特有标志。国际航运中心作为资源配置的载体,有利于促进地区经济融入全球经济体系,在更大范围实现资源的合理配置与有效整合,是推动地区产业升级和结构调整的推动力。

追溯国际航运中心的发展历程,随着国际经济的发展和生产要素的转移,经历了空间的转移和功能的演进两维发展。在空间上,18 世纪以来,世界经济中心经历了产业革命、美国经济腾飞、日本和亚洲"四小龙"等亚太国家和地区的经济迅速发展,地理上完成了地中海、大西洋、太平洋三次大转移,国际航运中心城市也先后在西欧、北美、东亚和东南亚等地区形成。伦敦、纽约、新加坡和香港分别成为"西欧板块"、"北美板块"、"东亚板块"这几个区域国际航运中心的典型代表。根据港口的主要功能和作用,国际航运中心又分为三类:第一类为国际中转型枢纽港,如香港和新加坡,凭借其地理位置和便捷高效的服务吸引来自全球的货船,集装箱的中转量占港口吞吐量的主要部分;第二类为国际腹地型枢纽港,如鹿特丹和纽约,它们依托西欧和北美广阔的经济腹地与发达高效的内陆运输网络体系,保持着较大规模的吞吐量;第三类为国际信息型航运中心,如伦敦,它以提供航运服务和市场交易为主,具有悠久的贸易与航海传统文化、众多优秀的海事人才、强大的保险服务、国际航运信息以及国际海事研究、咨询、仲裁等服务功能优势,也是航运中心级别最高,形成时间最长的一类。

深圳港经过二十多年来的跨越式发展,基本实现了国家确定的我国综合运输体系中的主枢纽港和华南地区集装箱枢纽港的发展目标。深圳港对华南地区乃至全国的交通运输体系的完善和发展,对提高我国在国际航运市场的整体竞争力也起到十分重要的作用。深圳港不仅是我国第一个外国班轮公司开辟定期班轮航线的港口,目前也是我国远洋班轮航线最多的港口,完成集装箱吞吐量约占全国沿海港口的1/5,直接运输量约占全国沿海港口的1/3。深圳港的发展优化了我国沿海港口集装箱的运输结构,增强了我国的航运和外贸在全球的竞争力。

但建设国际航运中心的重要标志是国际集装箱的中转量,国际中转集装箱箱量是衡量一个港口是否是世界强港的主要指标之一。世界强港的国际中转集装箱箱量比重通常在20%以上。集装箱中转运输的发展的确带来了许多直接的和间接的利益。可以为船务代理、船舶修理、金融保险和船舶供应商增加业务量,带动港口城市所依托的经济腹地的发展。

国际上公认的中转港如香港、新加坡、釜山、高雄,其集装箱的中转比例均超过40%。综观国际中转港,有其四大特征:一是强大的经济腹地;二是在国际航线的要道上;三是基本是自由港或者实行自由港区政策;四是港口设施优越。

目前,世界上真正可以称得上国际集装箱中转大港的有三大港口,即香港、新加坡和鹿特丹。再次一级的就是釜山这样的地区性中转港。目前中国大陆众多的港口城市当中没有具有成熟国际中转能力的港口,中国绝大部分的进出口货物都是通过周边国家进行输送,要想为了更好的参与国际间港口的竞争,首先就要拥有具有国际中转能力的枢纽港口。

随着近几年中国外贸经济的迅猛发展和航运中心向亚太地区的转移,中国沿海港口都在积极发展国际中转业务。由于靠近香港,前海湾保税港区可以借鉴香港自由贸易港建设的先进管理经验,接受香港国际航运中心的市场辐射。这有利于加快珠江三角洲区域经济一体化进程,提升其整体升级转型能力,从而保持珠江三角洲地区作为中国经济增长极的活力和能力。香港的中转港业务已经趋于饱和,深圳与香港港口集装箱运输业发展具有高度的相关性,深圳港与香港港在全球运输服务体系中存在显著的分工合作关系,两港所从事的物流增值业务互为补充,协调发展,深圳港集装箱运输业的迅猛增长对香港集装箱运输业快速发展形成了有力支撑。深圳港在发展过程中成功引入香港主要码头发展商如和记黄埔、招商国际、现代货柜等港资企业,实现香港货柜操作的自然延伸,使香港港拥有充足的空间来发展高附加值产业,这成为深港两地合作的典范之一。目前,港资约占深圳港全部投资的65%。其中,招商局分别持有蛇口集装箱码头65%及赤湾集装箱码头26%的股权;香港和记黄埔分别持有盐田港一期与二期73%、三期65%的股权;香港现代货柜持有大铲湾集装箱码头一期65%的股份。

深圳发展国际中转业务,维护香港国际航运中心地位意义重大。深圳发展国际中转业务,有利于深化深港港口在全球运输服务体系中的分工合作关系,巩固两港的利益统一体,支持香港的繁荣、稳定和发展,共同形成世界级的深港国际大都市;有利于联合打造国际龙头枢纽港,形成共同繁荣、共同应对国际枢纽大港竞争的互惠格局;有利于优化珠江三角洲港口群的功能配置,支持泛珠江三角洲经济圈形成,全面提升区域整体国际竞争力;有利于助推深圳港由世界大港迈向世界强港,并实现"以港兴市"战略构想;有利于进一步扩大特区的功能定位,构建起对外开放的新战略。

深圳港国际中转集装箱箱量比重目前达到15%左右,正在向国际集装箱中转大港迈进。但深圳港目前还不是世界强港,港口发展尚停留在粗放式增长阶段,对城市经济增长的拉动作用有待进一步提高。虽然深圳港的运输、搬运、装卸业务效率较高,但由于缺乏国际保税物流政策支持,特别是深圳前海湾港区所在的西部港区,尚未构建上规模的、享受保税政策且由政府统筹管理运营的海关特殊监管区域(目前深圳东部港区通过盐田港与盐田港保税物流园区实施"区港联动"享受保税物流政策),使得集装箱国际中转量远小于其他世界强港,难以对周边经济形成强有力的带动作用;从港口通关效率看,集装箱在深圳港的通关时间平均为3.5天左右,远高于新加坡港和香港港的通关时间,通关效率有待提高。

深圳市2007年的一号文件《关于加快深圳市高端服务业发展的若干意见》

提出,发展现代物流业,要以海港和空港为龙头,大力发展国际采购、国际中转、国际分拨以及国际配送业务,建设亚太地区具有重要影响力的物流枢纽城市和国际供应链服务基地。深圳市配套出台的《关于进一步促进深圳港发展的若干意见》提出,要全力推进港口各项重大工程建设,大力开展国际中转业务。

2. 现代物流业

在前海湾地区以保税港区为依托发展现代物流业,有巨大的优势。随着激烈的港口竞争和码头建设与运营成本的不断提高,提升码头装卸效益的难度越来越大,传统的以装卸作业为特色的生产方式已经难以满足港口发展需要。提升港口运输附加值和经济效益必将是港口实施科学发展的重要路径。按照全球物流发展的要求,现代港口日益成为全球综合物流网络的神经节点,其功能正朝着全方位的增值服务的方向发展,成为商品流、资金流、技术流、信息流与人才流会聚的中心。在前海湾保税港区建立保税物流业务,允许进行多国货物的简单加工后发往国内外市场,这相当于将产品的某些物流增值环节从国外转移到了国内,延长了国内增值链,同时也提高港口的国际竞争力。

保税港区不但降低物流成本,而且能延伸物流服务半径,形成以保税物流为引领,基础物流为支撑的现代港口物流体系,发挥现代物流业市场关联度高、服务领域广、服务模式先进等优势。将保税港区的物流、贸易及增值服务功能延伸,扩散至周边腹地,形成一批具有航运服务、贸易、金融等功能的集聚区块,吸引更多的国际航运集团、跨国大型班轮公司、第三方物流企业、跨国采购中心投资深圳,成为深圳现代服务业发展的新载体,使深圳在更高层次、更大范围、更宽领域参与国际经济合作与发展,吸引国际物流及人流、信息流和资金流,促进深圳现代物流业发展理念、管理水平和运作机制与国际接轨。

物流产业是临港经济的重要组成部分。现代物流的概念已从最初的"仓储+运输"拓展到企业生产和经营整个过程。现代物流业是一个复合型产业,已成为衡量港口城市经济发展和港口现代化水平的标志,当代著名的港口城市,无一不是国际或区域的物流中心。港口城市在产业结构调整升级中,凭借海港这个宝贵的战略性资源优势,大力发展现代物流产业,并将之摆在优先发展的位置。综观世界港口的发展趋势,港口功能正在由传统的货物运输中心、商业和工业服务中心向以物流中心为载体,集国际商品、资本、信息、技术等集散于一身的资源配置型港口发展;在服务范围、服务方式等方面不断延展新的领域。国际物流中心已成为第三代港口的基本特征和港口功能拓展的方向。

3. 高科技研发业务和先进制造业

前海湾保税港区将为国内外企业尤其是珠三角企业提供一个适合其开展高科技研发业务和先进制造业的便利环境,推动区域乃至全国产业结构的升级和经济增长方式的转变。前海湾保税港区以境内关外的环境将有利于吸引国际制造业企业的核心业务包括研发、高附加值的产品核心元件制造加快向深圳转移,从而推定深圳的产业结构升级,推动外贸增长方式的转变。

目前珠三角地区产业的低级化,使得其在全球分工中处于末端地位,以低端的组装加工为主,技术水平与世界先进水平存在着较大的差距。作为我国经济最发达的地区之一,珠三角是引领产业升级的龙头,而要真正起到龙头作用,自身就必须率先完成产业升级、提高效率,继续保持地区经济的国际竞争力,只有这样才能带动其他地区的产业升级。

当前跨国产业转移方兴未艾,并且呈现出高科技研发业务和先进制造业向发展中国家转移的新趋势,这是深圳利用国际产业转移提升产业结构的重大机遇。深圳市已经确定了工业产业优化升级战略,巩固 IT 产业,扶持新材料和新能源、生物技术等新兴产业,适度发展先进制造业;以产业集聚为突破口,提升优势产业的集聚效应,提升产业竞争力。以 IT 产业为代表的高科技研发业务和先进制造业,具有"购销全球化、订单电子化、生产零库存"的特点,对高效便捷的通关环境具有极高的要求。但是,深圳目前的运作环境尚不能适应跨国公司开展高科技研发业务和先进制造业的要求。跨国公司开展高科技研发业务和先进制造业进口需缴纳高额关税和增值税消费税,出口享受高额退税,海关必须在进出口两个方向监管。在前海湾保税港区建立研发与出口加工区域,以较低的成本优势、快捷的通关速度,促进高技术项目得到研发,先进技术与设备得到引进,达到对外开放、吸收引进和对内辐射、联动发展的双重功能。还可以对出口产品提供境外环境的检测维修等售后服务业务,延长加工贸易的价值链,提高增值率,加快区外加工贸易产业升级的速度。

　　高新技术产业和先进制造业是前海湾保税港区周边的南山、宝安两个区经济发展的方向性产业。目前,南山已基本形成电子信息、光机电一体化、环境保护、生物药业、新材料和新能源等7大领域的高新技术产业群。预计到2015年,南山区将形成电子信息、生物医药与医疗器械、光机电一体化三大高科技产业集聚基地,并在新材料、环保产业、动漫产业等领域形成较大规模的产业集群。分布在电子信息、光机电一体化、生物医药与医疗器械、软件业等高新技术产业产品产值超过100亿元的重点企业将达到10家。宝安区确定了以产业结构调整为主线,提升经济发展质量和效益的发展思路,重点发展电子信息业、新型装备制造业,打造高新技术与先进制造业基地,把宝安从工业大区建设成产业强区。

　　深圳是国内高新技术产业和先进制造业配套最好的城市之一,与高新技术和先进制造业产品的开发生产相关的制造业较为完备,目前建立了一系列相关的产业配套市场。深圳的高新技术和先进制造业企业,无论是从事小规模研制,还是进行大规模生产,都能以较低的成本找到为自己配套的企业。产业配套优势使供货实现了本地化,大大缩短了物流链条,降低了流通成本,进一步保证了质量和交货时间,提高了高新技术产业的竞争力,但核心、原创技术的自主创新能力仍然不足。深圳市高新技术和先进制造业的自主知识产权是在公共技术基础上进行二次创新获得的,主要以直接面向产品市场的应用研究为主,决定产业技术进步和发展方向的前瞻性、基础共性技术研究成果少,缺乏原创性和垄断性。使得深圳市高新技术和先进制造业产业依然在关键技术、专利和标准方面受制于美、日、欧盟等跨国企业,阻碍了企业的核心竞争力的进一步提升。深圳市高新技术和先进制造业产业虽然成长起一批行业龙头骨干企业,但绝大多数企业为小型民营科技企业,"小、散、杂",技术力量薄弱,阻碍了深圳市高新技术产业向规模化发展,降低了企业抵御技术与市场风险的能力。提高核心、原创技术的自主创新能力的重要渠道。

　　在前海湾保税港区发展高科技研发业务和先进制造业是带动周边区域产业升级的一条重要的途径。发展高科技研发业务和先进制造业可以吸引国外投资,引进先进技术与设备,促进区域经济向高层次发展,具有对外开放、吸收引进和对内辐射、联动发展的双重功能。区内企业可以开展研发、检测以及我国出口的机电产品的售后维修业务,鼓励在区内建立技术与资本密集的研发机构和信息与管理密集的服务业,延长加工贸易的价值链,提高增值率,带动区外加工贸易产业升级。

4. 现代贸易业务

前海湾保税港区要大力发展现代贸易,包括国内贸易、国际贸易和转口贸易,带动深圳和珠三角地区高端服务业发展。

在前海湾保税港区发展国内贸易和国际贸易,是促进深圳和珠三角地区的产业升级和经济增长,加快转变经济增长方式的另一个重要举措。并提高深圳和珠三角地区开放型经济的总体水平。要鼓励深圳和珠三角地区的大型生产企业将企业采购和销售机构设在保税港区,与国际产品市场保持直接接触,加快产品更新步伐,并享受采购和销售环节保税服务,减少采购和销售环节成本。要鼓励深圳和珠三角地区的商业企业在前海湾保税港区设立贸易公司,与国际贸易市场保持直接接触,加快指导深圳和珠三角地区的中小生产企业产品更新步伐。

国际转口贸易是指国际贸易中进出口货物的买卖,不是在生产国与消费国之间直接进行,而是通过第三国转手进行的贸易。这种贸易对中转国来说就是转口贸易。转口贸易对中间商所在国而言,一般必须具备两个条件:一是自然条件,即中转国的港口必须是深水港、吞吐能力强,地理位置优越,处于各国之间的交通要冲或国际主航线上;二是要求中转国对中转地采取特殊的关税优惠政策和贸易政策,使中转费用不致过高。同时,要求该地的基础设施、交通、金融和信息等服务系统发达且完备,以利于转口贸易的进行。前海湾保税港区具备发展国际转口贸易的基本条件,港口企业具有较强的经济实力,在长期的港口运营实践中与部分国际贸易客商建立了良好的合作关系,本着开拓创新、合作共赢的理念,可努力探索发展国际转口贸易,推进港口由运输港向贸易港升级。

5. 离岸金融业务

前海湾保税港区要大力发展离岸金融业务,并成为香港国际金融中心的延伸区。离岸金融业务是指在货币发行国国内金融循环系统或体系之外,且通常在非居民之间以离岸货币进行的各种金融交易或资金融通。一些规模较大的著名的自由港,都有较发达的金融业特别是离岸金融的支撑。开办离岸金融业务,是形成离岸金融中心的良好经济基础。离岸金融中心是一国或一地区在境内建立的专门经办离岸金融业务,为非居民提供金融服务的市场,是游离于货币发行国或体系之外而形成的该货币供给和需求市场,是一种典型国际金融市场。离岸金融中心具有强烈的国际性,涉及众多主体,包括资金供给方和需求方、离岸金融机构、中介机构、市场服务机构(律师事务所、会计事务所)、监管机构、行业自律组织等。

前海湾保税港区利用境内关外的优势可以成为香港国际金融中心的延伸区,把香港证券交易业务、银行业务和其他金融业务延伸到保税港区。

四、前海湾保税港区产业发展布局

前海湾保税港区的产业布局要分三个区域考虑,即:

(1)保税港区核心区。保税港区核心区即国务院批准的前海湾保税港区领域,位于深圳市南山区蛇口前海片区,规划用地面积3.71平方千米,主要包括前海湾物流园区部分区域及妈湾码头,其中前海湾物流园区(包括招商保税物流园区、招商汽车物流园区、能源集团的妈湾油库和西部物流用地)规划建设用地面积约为2.37平方千米;妈湾码头(集装箱码头5、6、7号泊位、散货码头、驻港部队的海军码头和油气品码头)用地面积约为1.34平方千米。

保税港区核心区承担发展国际中转业务、维护香港国际航运中心地位、带动深圳西部地区和珠三角地区的产业升级和经济增长、成为深圳和珠三角地区外向型现代服务业发展的核心功能区的基本功能。

(2)辅助功能区。辅助功能区包括了前海商务区、前海湾物流园部分园区、中集集团的集装箱堆场、南山污水处理厂、深圳西站、西部通道和南平快速公路经过区域,面积约为4.96平方千米。

由于前海湾保税港区面积偏小,需要在前海湾保税港区周边区域建立辅助功能区,为保税港区配套,从长远看,也为保税港区区域扩展作准备。辅助功能区成为保税港区向深圳和珠三角广大地区产业辐射的加速器。

(3)临港产业带。临港产业带是在前海湾保税港区的周边区域,规划一片区域,发展临港产业。临港产业带包括南山区的西部片区和宝安区西部片区,面积约 300 平方千米。前海湾保税港区的周边地区是南山、宝安的工业区,这些工业区中的很大一部分产业要向临港产业转变。

发展临港产业带,是利用前海湾保税港区这个龙头来促进经济发展的一个重要举措。临港产业带基于港口的优势,以港口为中心发展的相关产业。临港产业由于依托着港口资源,能够将港口码头纳入企业生产的组成部分,最大限度地节约生产成本,增强企业竞争力,并为港口提供货源。因而临港产业又成为推动港口发展的基地。日本的"京滨"工业带,是沿着东京湾西岸,包括东京、川崎、横滨等城市的海湾地带,在这条宽仅 5 千米、长 60 余千米的带状地区内,分布着千人以上的大型工厂 200 多家,工业产值占日本全国的 40% 左右。日本的阪神工业带,在港口沿海附近 1—3 千米的狭长区域内,分布着 6000 多家工厂,神户制钢、川崎重工、三菱电子等都在这里设有大厂。美国洛杉矶港周边主要集中了石化、航空航天、高科技等临港工业;比利时的安特卫普港在 178 平方千米的港区内,拥有工业企业 100 多家,其中 2/3 是外资企业,港区是世界第二大石化工业基地。上海在距离洋山深水港 32 千米的杭州湾畔规划建设一座近 300 平方千米、人口规模达 80 万人的"临港新城",由主城区、重装备产业区、物流园区、主产业区和综合区 5 个功能板块组成。

前海湾保税港区产业发展要充分利用保税港区这一政策平台,发挥其连接国内外两个市场、利用国内外两种资源的桥梁和纽带作用,引导现代生产型服务业和先进制造业入区发展,进一步提升广东开放型经济水平,为落实当前中央提出的保持经济平稳较快增长的方针作出贡献。

前海湾保税港区产业要坚持"体制创新、开放合作、高端引领、集约发展、统筹推进"的原则。

体制创新。推动建立深港高层合作协调机制,大力借鉴香港科学管理经验,积极探索新型合作管理模式,加快形成政府推动、企业主导、市场运作、行业协调的科学发展格局。

开放合作。在深港两地平等协商、共同推进的基础上,加快产业开放融合,促进要素自由流动,通过合作示范区建设,延伸香港服务功能,拓展深港合作空间。

高端引领。集中优势资源,发展总部经济,充分发挥深港在创新金融、现代物流、信息网络、科技服务等现代服务业领域的引领带动,促进产业向价值链的高端延伸。

集约发展。充分发挥市场配置土地资源基础性作用,大力提高建设用地利用效率,更集中合理地运用现代管理与技术,实现土地利用效益和投入产出比的最大化。

统筹推进。立足于高水平规划,高标准建设,充分发挥深港两地的比较优势,找准最佳合作点和突破口,明确发展时序和建设重点,分阶段、分步骤推进实施。

前海湾保税港区产业发展目标是:

(1)成为南中国国际航运中心的核心区,维护香港国际航运中心地位,促进深圳港从"大港"建设为"强港",把深圳建设成为亚太地区对外开放的重要门户。

(2)带动深圳西部地区和珠三角地区的产业升级和经济增长,成为深圳和珠三角地区的产业升级的引擎。

(3)成为深港共同建设的现代服务业示范区的核心功能区,提高深圳和珠三角地区开放型经济的总体水平,实现区域经济的可持续发展。

2015年预计地区生产总值达到600亿元左右,2020年预计地区生产总值达到1500亿元左右。

1. 核心区产业发展布局

(1)建设国际中转枢纽港。

以集装箱中转和战略资源的国际中转为重点,大力发展国际中转业务。利用深圳深水码头资源,把握当今世界海运船舶大型化、集装箱化的趋势,利用保税港区政策优势,实现国际集装箱枢纽港的建设目标。

建设石油、煤炭、天然气、汽车和船舶等战略资源的中转交易基地,强化港口的转运功能,加大资源产业链系统的整合力度,逐步形成具有储运、深加工、交易等配置环节,具有国际影响力的资源交易市场。

建立服务于国际中转业务的航运服务业,包括对国内、国外集装箱货物(包括来自不同国家、地区的)进行快速拆拼、集运、转运至境内外其他目的港。大力吸引从事国际国内中转、多国多地区快捷集拼和国际联合快运业务的国际航运集团落户,汇集一批具有世界性经营网络的物流企业,进一步扩大园区的中转货物吞吐量。

积极研究采取措施,降低国际集装箱中转成本,鼓励我国外贸集装箱在前海湾保税港区转运。充分发挥深圳靠近国际主航线的区位优势和产业基础、商务环境等方面的综合优势,大力发展船舶交易、船舶管理、航运经纪、航运咨询、船舶技术等各类航运服务机构,拓展航运服务产业链,延伸发展现代物流等关联产业,不断完善航运服务功能。建立深圳国际航运综合信息共享平台,促进形成便捷高效的珠三角区域及干线港口航运信息交换系统。

对船运公司提供全球性的后勤保障,建立配给中心、代理服务。发展先进的港口设备、配给设施以及同世界便利的联系,吸引世界上大的船运公司进驻或设代理处。

优化现代航运集疏运体系。适应区域经济一体化要求,在继续加强港口基础设施建设基础上,整合深圳港口资源,形成分工合作、优势互补、竞争有序的港口格局,增强港口综合竞争能力。加快港区基础设施建设,扩大港口吞吐能力。推进内河航道、铁路和空港设施建设,优化运输资源配置,适当增加高速公路通道,大力发展中远程航空运输,增强综合运输能力。促进与内河航运的联动发展,加快江海直达船型的研发和推广,从船舶技术和安全管理方面采取措施,推动港区的江海直达,大力发展水水中转。

探索建立国际航运发展综合试验区。研究借鉴航运发达国家(地区)的航运支持政策,提高我国航运企业的国际竞争力。实施国际航运相关业务支持政策。对注册在前海湾保税港区内的航运企业从事国际航运业务取得的收入,免征营业税;对注册在前海湾保税港区内的仓储、物流等服务企业从事货物运输、仓储、装卸搬运业务取得的收入,免征营业税。允许企业开设离岸账户,为其境外业务提供资金结算便利。在完善相关监管制度和有效防止骗退税措施前提下,实施启运港退税政策,鼓励在前海湾保税港区发展中转业务。探索创新海关特殊监管区域的管理制度,更好地发挥前海湾保税港区的功能。

促进和规范邮轮产业发展。允许境外国际邮轮公司在深圳注册设立经营性机构,开展经批准的国际航线邮轮服务业务。鼓励境外大型邮轮公司挂靠深圳及其他有条件的沿海港口,逐步发展为中国南方邮轮母港。为邮轮航线经营人开展业务提供便利的经营环境。研究建立邮轮产业发展的金融服务体系,在保险、信贷等方面开设邮轮产业专项目录,促进邮轮产业健康有序发展。

积极实施发展国际中转业务的优惠政策。扩大中转货物奖励制度范围;减免中转货物的停靠费;减免船舶进港费和离港费;减免集装箱税;推进涉外港口建设项目,以吸引更多的国际中转货物。

加快发展航运金融服务,支持开展船舶融资、航运保险等高端服务。积极发展多种航运融资方式,探索通过设立股权投资基金等方式,为航运服务业和航运制造业提供融资服务。允许大型船舶制造企业参与组建金融租赁公司,积极稳妥鼓励金融租赁公司进入银行间市场拆借资金和发行债券。积极研究有实力的金融机构、航运企业等在深圳成立专业性航运保险机构。优化航运金融服务发展环境,对注册在深圳的保险企业从事国际航运保险业务取得的收入,免征营业税。积极研究从事国际航运船舶融资租赁业务的融资租赁企业的税收优惠政策。研究进出口企业海上货物运输保费的有关税收政策问题。丰富航运金融产品,加快开发航运运价指数衍生品,为我国航运企业控制船运风险创造条件。

(2)建立现代大物流产业体系。

以发展现代大物流为目标,全面推进保税物流监管体系建设,科学规划特殊监管区的布局与建设。全面推进物流加工区建设,利用临港优势,进行现代化的进出口货物加工、换装、分拨、调配等作业,力争成为国际物流中心。具体包括:

①集装箱装卸运输:依法取得国家有关运输、代理业务经营资格的企业,可以在保税港区展开国际船舶运输、国际船舶代理、国际船舶管理、国际海运货物仓储、无船承运、海运集装箱堆场等业务。

②集装箱口岸增值业务:取得港口主管部门许可从事国际海运、专业物流、国际贸易等经营业务的保税港区企业,可以在保税港区开展集装箱装卸、堆放、集装箱拆拼箱中转、集装箱运输和多式联运以及提供港口设施、设备和港口机械的租赁、维修等业务。

③采购和配送:保税港区企业可以在区内设立国际采购中心、物流配送中心、分拨中心,开展面向国内和国境外的商品采购、货物国际分拨、货物运输、物流配送等业务。

鼓励保税港区企业发展国际物流运营中心等业务。物流运营中心从事保税仓储、物流配送、流通性简单加工和增值服务、集中报关、物流信息平台、进出口贸易、检测维修、商品展示、转口贸易等业务,可处理一般贸易进口货物、加工贸易进口货物(包括原材料、零部件和设备)、外商暂存货物、国际转口货物、供应国际航行船舶和航空器的油料、物料和维修用零部件、办结海关手续的出口货物、保税检测维修货物和经海关批准的其他未办结海关手续的国内采购非保税货物等。

①仓储和商业性加工:保税港区企业可以在区内从事仓库设施的投资、建设、租赁等业务。可以从事商品的保税存放。鼓励发展境内外期货商品的仓储和交割业务。保税港区企业可以对所存货物开展不改变货物化学性质的流通性简单加工和临港增值服务,包括分级分类、分拆分拣、分装、组合包装、打膜、加刷码、刷贴标志、改换包装、拼装、拆拼箱等具有商业增值的辅助性作业。

②航运物流等服务:保税港区企业可以在保税港区开展报关检测、货运代理、船舶代理、理货、货运保险、船舶保险等航运物流服务业务以及设备租赁等其他服务。

③建立物流公共信息平台:发展以互联网为主要载体的信息网络。积极引进国内外电子商务、网络内容、网络游戏、即时通信、电信运营等知名企业入驻前海。加快发展互联网、软件与系统集成、信息技术、数字与网络增值、电信与广电运营等服务。重点发展电子商务、移动互联网、互联网内容等产业,推广电子商务的应用和以网络互联协议为基础的再售服务,开展远程网络服务。促进深港共同开展共性关键技术项目,在信用认证体系、在线支付体系以及信息安全等领域实施信息服务关键技术攻关,支持网络增值服务的研发和产业化项目,把合作示范区建设成为引领国内信息服务发展的重要基地。

整合散布于各个专业物流系统、专业物流信息运营商和社会以及政府管理信息系统中具有共性的内容,进行标准化、规模化,建立共享平台,改变目前企业物流信息化应用中各自为政,缺乏统一标准和规划,在系统功能上相互重叠,数据格式不规范,无法互联互通的现状,提高使用者效率、实现物流信息资源共享的目标。物流公共信息平台提供以下信息。

①物流及相关行业、机构的基础信息,包括公共物流基础设施资源(包括道路、铁路、水运、远洋和航空运输网络、仓储网点、货运场站、运输装卸设备、交通流状况、物流相关政策、行业标准和法律法规等)、物流供应商的资料(包括物流企业的资质、特色服务、信誉评估、资源及规模功能、物流服务报价和服务范围等)、客户资料以及商业和市场信息(包括商品交易信息和市场信息)等。

②电子商务、电子政务等第三方服务的信息,包括对园区的通信网络基础设施、对电子政务、电子报关通关、电子支付、企业和客户信用认证、工商税务管理、物流电子数据交换等服务的信息;网上客户和供应商查询、网上报价、电子合同公证和法律保护、合同执行质量跟踪、违约赔偿、物流交易管理等信息。

③对供应链可视化功能的信息,包括基于 GPS/GIS 技术的智能运输控制、线路优化、运输过程的全程监控、实时仓储存货信息等,帮助企业实时掌控业务动态,客户实时查询货物状况和交易进程。

④企业 ASP 服务的信息,主要功能包括仓储管理、运输管理、配送管理、货代管理、多式联运订单管理、客户关系管理、OA 系统、合同管理、结算管理、企业进销存、财务、支付管理等。

开展物流增值服务。以先进的软硬件环境为依托,强化其对港口周边物流活动的辐射能力,突出港口集货、存货、配货特长,以临港产业为基础,以信息技术为支撑,以优化港口资源整合为目标,发展具有涵盖物流产业链所有环节特点的港口综合服务体系。构成由港口铁路、公路、内河、管道和城市交通系统及机场连接的集疏运系统。通过货物合理配置,满足顾客需求和目的地国家的要求,包括再包装、标签、称重、装配、质量监控、配送、海关等环节。将运输、仓储、配送等物流环节整合成"一条龙"服务。

发展现代大物流业,在整个前海湾港区建立"大港区、大物流、大通关"的体制。整个前海湾港区包括蛇口、赤湾、妈湾建立一个大港区,统一闸口,集中进行货物查验,实行大通关,各个港口之间货物调拨自由,形成大物流。

（3）发展高科技研发业务和临港增值加工业。

促进各类研发企业在区内从事产品与技术研发、数据处理、软件开发等业务、发展自主创新和高科技创业项目。吸引跨国公司把高技术水平、高增值含量的研发机构转移到保税港区，推动它们向设计制造、品牌制造、自主研发、综合服务和全球运营方向升级。发展以知识和资本密集为特征的科技服务。大力引进专业性科技服务机构和企业入驻前海，为现代产业发展提供委托研究服务和公共技术服务。以科技合作为核心，整合各类创新要素，重点发展科技咨询、技术贸易服务、知识产权服务、科技孵化、科技风险投资，建设孵化器网络、科学仪器协作共用网络、技术贸易服务网络。大力培育和发展技术评估、技术转移、产权交易等各类中介服务机构，建立海外市场评估中心，为企业提供信息咨询。借鉴香港和国外知识产权运营模式，组建知识产权营运中心，聚集知识产权战略咨询、信息检索、分析服务、专利代理、专利代办、举报投诉、涉外维权、知识产权评估及交易等机构，把知识产权运营中心建设成为国家级的专利技术展示、交易的平台。

设立出口加工区域，开展加工贸易。进口的原材料、零部件、元器件进港区可予保税。保税货物和采购进区的国内货物可以在进口加工、装卸后出口。开展加工制造、再制造、保税、保税维修、检测以及产品研究开发中心等业务。引进和发展机电仪器、IT 产品、汽车零部件、高档消费品的功能加工制造项目。符合海关有关规定并事先经批准的，保税港区企业可以将境外运入的材料委托非保税港区企业加工，或接受非保税港区企业的委托进行加工业务。保税港区的跨国公司、高科技公司可以建立自己的仓储中心、海外组装中心、配送中心、多功能仓库、区域辐射性服务中心和物流管理中心。

（4）发展国际商贸和转口贸易业务。

区内企业可以从事保税港区与境外之间、保税港区内的贸易，企业依法办理对外贸易经营者备案登记及相关手续后，可以从事商品进出口贸易、分销等业务。区内企业可以设立商品交易市场、分销中心、举办商品展示会、从事境外商品和非保税港区商品的展示、展览、交易以及相关咨询代理、技术培训和物流服务等业务。鼓励发展大宗商品国际交易中心业务。

积极拓展国际转口贸易业务。保税港区的企业可以从事转口贸易、交易、展示、出样、订货等经营活动。

创新出口复进口业务。出口复进口业务可以通过港区中转,货物从国内进入港区,然后进入国内,节约时间,降低成本。

促进对零库存有很高要求的大型 IT 企业和现代物流、制造企业以港区作为其配送中心和物流基地,利用港区开展分拨业务。

(5)积极拓展国际采购和国际配送业务。

保税港区企业可以在区内设立国际采购中心,开展面向国内和国境外的商品采购业务。国内货物进入保税港区即可享受出口退税政策。采购进港口保税区内仓储物流区的国内货物,可以进行出口集运的综合处理或商业性的简单加工,向世界外分销;采购进区的进口保税货物,同样可以在进行商业性的简单加工后,再向国外分销;需返销国内市场的货物,按规定办理进口手续。将来企业入驻后,不但可以发展进出口贸易,同样也可以发展区内企业之间的贸易以及保税港区企业和境外企业之间的贸易。

利用保税港区的政策优势,重点引进跨国公司采购中心,依托经济腹地的地理优势和国际枢纽港的口岸优势,由各供应商集中运至港区即实现货权的转移并取得退税凭证,便于国际物流供应商将跨国采购中的增值服务移师到港区,以园区为节点开展门到门的国际物流全程服务。

结合深圳的产业优势,借助保税港区的优惠政策,打造深圳优势商品的内外贸采购基地,包括具有较高的国内市场占有率和具有一定国际竞争力的出口产品,如高科技产品、家具、服装、钟表、机电产品、汽车零部件等。发挥深圳国际贸易城市和会展城市的优势,强化深圳特色产业集群的国际竞争力,加快建设国际贸易大平台,引进国内外总部型采购中心,形成具有强大的进出口优势商品交易功能和产业提升功能的国内外商家集聚、展示、交易和采购的基地。

在保税港区特定区域内设立仓储物流区,在配送库场可进行货物的分拣、分配、分销、分送等分拨配送业务。进境保税货物进入保税港区特定区域,可进行商业性简单加工、批量转换后,向境内、外配送。

(6)发展结算中心和离岸金融业务。

在合作示范区规划建设金融集聚区,吸引香港及国内外金融机构在该区设立国内总部或分支机构,鼓励创业投资基金、私募股权投资基金,小额贷款公司、民营中小银行在该区发展,吸引金融后台业务中心入驻,培育具有国际竞争力的金融控股集团,使其成为国内外金融机构的集聚地。将合作示范区建设成为深港金融开放与合作试验区,稳步推进跨境贸易人民币结算试点工作,开展深港银行资金同业拆借、跨境贷款试验,鼓励两地交易所实现技术上的互联互通,率先开展境内居民投资境外证券试点。探索发展离岸金融业务、外币商业票据、中间业务等金融新业务和新产品,承接国际离岸服务外包。鼓励发展供应链金融等新型融资模式,探索发展物流专业性保险公司、自保公司和再保险市场,协助进出口企业更便捷地完成信用证办理、结算流程。探索与香港的证券产品合作,推进房地产、港口码头等资产证券化,开展项目收益债券试点。争取中央和省的支持,设立黄金、钻石交易中心、碳交易平台、电力期货交易市场。积极向中央建议,设立中国人民银行南方总部或深圳分行。

促进金融、保险、信息、代理和咨询等服务业的发展,开展海运理货业务、海运报关服务、船务代理服务、批发业务等增值业务。其中,在金融增值服务中,重点发展保税金融仓业务。在保税港区建立保税物流金融仓,通过国内外银行等金融机构与物流企业、生产厂商在保税货物领域设立动产质押贷款、仓单质押融资和买方信贷等业务,发挥银企在各自领域的优势,构建良好、长期稳定的银企合作关系,进而形成保税物流资金中心,有效地发挥金融服务工具作用,做大做强保税港区的保税物流产业,进一步提升保税物流产业的增值率。

经国家金融主管部门或者其授权机构批准,境内外金融机构可以在保税港区内设立经营性分支机构,经营有关相关金融业务。经批准的保税港区外资银行可以经营人民币业务。经批准的保税港区中外资金融机构可以经营离岸金融、境外融资、对外担保和其他特许业务。

发展离岸金融业务,为非居民提供金融服务。引进离岸金融机构、中介机构、市场服务机构(律师事务所、会计师事务所)、监管机构、行业自律组织等。

发展以与国际接轨的专业服务。加强深港在法律服务、会计、咨询、知识产权、公共关系、经纪与人才猎头等专门专业服务业的合作。借鉴香港的先进经验,提升专门专业的整体素质与专业化程度,建立健全"法律规范、政府监督、行业自律"的管理制度,构建种类齐全、分布广泛、运作规范、与国际接轨的专门专业体系。支持符合国家有关法律法规和政策规定的专门专业机构承接企业财务审计、资产评估以及法律意见报告等业务。建立深港两地会计服务行业协调机制,积极争取放宽香港律师事务所来深合作联营条件,共同拓展专门专业服务市场。

2. 临港产业带产业发展布局

(1)打造临港制造业基地。

逐步转移现有的低端产业,引进符合深圳产业政策的大型项目,打造临港制造业基地。依托港口和腹地资源,加快发展高科技产业,特别是优化提升电子信息产业,集中资源重点发展通信、数字视听、软件、新材料、生物医药及医疗器械、化合物半导体六大"战略创新型"产业。主攻集成电路制造与设计、存储技术、新型平板显示技术、第三代移动通信、LED 照明、生物基因工程等代表当前国际科技发展潮流的技术和产品,形成完整的上下游产业链和产业集群。巩固通信设备、计算机及网络产品制造支柱地位,不断壮大集成电路、平板显示等产业,积极推进产业带动性强的航空航天电子、汽车及汽车电子和国防工业电子产业发展,加大软件和信息服务业的比重。

大力发展先进制造业,重点发展数控机床、高精密加工设备、高性能专用设备、数字化精密仪器等光机电一体化装备制造业,加快发展汽车整车、汽车电子及运载装备关键零部件产业,积极发展港口机械、装卸和仓储设备等临港工业项目。

在南山、宝安区各个街道选择若干有一定规模的工业园区,改造和发展现代工业园。现代工业园的管理实行政府参与、园区现有投资者为基础,引进新投资机构,建立股份制的园区管理机构。各个现代工业园要进行产业结构调整的规划,对按照规划进行的产业结构调整、新项目引进,政府在税收方面给予一定的优惠。

现代工业园要逐步转移现有的低端产业,引进符合深圳产业政策的大型项目,依托港口和腹地资源,加快发展电子信息产业、数控机床、高精密加工设备、光机电一体化装备制造业、汽车产业等现代工业园项目。积极发展传统优势产业。大力推广信息化技术,采用先进制造模式,以高新技术和先进适用技术改造提升传统优势产业。进一步增强模具、塑料制品和金属制品业等配套产业能力。积极推动服装、钟表、珠宝、食品、饮料、玩具、文体用品和工艺品等传统优势产业实施名牌精品战略,按照现代都市工业发展方向,逐步改造为知识、信息、技术和技能密集产业,实现传统优势产业低消耗、高税收、少污染、少占地,与城市功能和生态环境协调发展。

促进现代工业园加工贸易企业升级,对于大量中小型港台资加工贸易企业,重点推动它们从简单的加工装配向设计制造、品牌制造、自主研发、综合服务和全球运营方向升级。大力鼓励民营企业发展加工贸易,逐步使民营企业成为加工贸易的主体。鼓励支持符合南山、宝安区产业政策的"三来一补"企业优化提高、转型升级。

除以上产业调整措施外,在管理上着重采取以下措施。

第一,科学规划,优化布局,重视产业配套,形成产业群体,扩大现代工业园的辐射范围。

第二,抓紧对土地规划的保护性控制,采取得力措施严禁"两违"行为,遏制"两违"泛滥的势头。

第三,进一步提速行政效率,提高服务质量。除简化审批制度等措施外,政府主动提供更高层次的公共服务产品,制定支持现代工业园健康快速发展的政策体系,包括临港产业政策、区港一体化政策等,出台土地、财税、工商、产业调控等优惠政策、措施,大力扶持、引导现代工业园的发展,为现代工业园的发展注入强大的政策活力。

第四,在投融资体制机制上实现新突破。落实放宽市场准入的措施,保证民营企业与国有企业、外资企业享有平等待遇,引导社会资本向重点项目集聚;通过招标选择投资主体,形成多元投资、多元经营的竞争有序的临港经济。

第五,鼓励循环经济发展,打造临港经济的突破点。鼓励企业按照"企业小循环、产业中循环、区域大循环"的原则,建立低投入、高产出、低污染、高循环运行的生产系统和控制系统,全力打造经济发展与环境保护相统一的生态工业体系。

（2）发展深圳西部物流产业带。

以前海湾保税港区、大铲湾港区和航空城建设为契机，促进深圳西部物流带的崛起。将以"两港"为中心所形成的深圳物流服务体系融入全球供应链网络之中，将深圳打造成为国际供应链体系的重要节点。

在南山、宝安两区积极扶持重点物流项目，培育物流企业做大做强，促使物流业成为南山、宝安现代服务业的支柱。加快六类骨干型物流企业的建设：以仓储分发为主的物流企业、以零担快运服务为主的物流企业、以物定客户服务为主的物流企业、以满足企业自我需求为主的物流企业、以综合物流服务为主的物流企业、以物流方案设计为主的物流企业。

制定发展深圳西部物流经济的政策，提供土地方面的支持，安排专项资金，推动企业采用先进的物流技术和设备。

加快物流业对外开放，充分推进与香港物流企业的合作，积极利用国内外的资金、设备、技术和智力，借鉴国际现代物流企业先进的经营理念、管理经验和管理模式，不断建立符合国际规则的物流服务体系和企业运行机制。

整合西乡、福永、沙井土地和厂房资源，打造物流业发展基地，带动宝安物流业发展；出台措施促进西乡、福永、沙井的一些产业由传统加工业向物流业转型，工业厂房向仓储业转型；发展各种运输、搬运、储存、保管、包装、装卸、流通加工和物流信息处理企业。具体采取以下措施。

①推动传统企业转型升级，推动物流业组织形式和运营流程创新，培养现代第三方物流企业，鼓励国际货贷企业的网络化发展，促进物流业协会组织发展。以电子商务网络为依托，建立与物流、商流相配套的电子商务网络。以标准服务为品牌，建立标准化服务体系，培育发展现代物流业主体，塑造物流企业形象。

②对南山、宝安境内目前还现有没有合法身份的产业向物流转型取得合法身份，给予工商注册。现有的工厂，仓库向物流转型减免一定税收，或政府给予一定的补贴。对新办物流企业提供"两免三减"待遇。对从事第三方物流经营企业，按科技型企业享受相应的减税和退税政策。对于政府确定的重点项目和重点企业，在其设立和早期经营中，用其营业税抵交土地使用费，或给予低息和

贴息贷款。

（3）制定南山、宝安物流发展规划，促进产业转型。规划建设综合性、专业性的物流基地，结合工业园区、港口码头建设，建设物流中心，并建立物流总部。营造物流宏观发展环境，推出物流业发展的政策措施。在规划中，宝安区物流空间布局为："三条主轴，一个辅助区域，一个物流配送体系"。

沿海物流轴：呈纵向三点一线：海港及其物流园、空港及其物流园、福永码头及福田保税区扩区。重点布局：大型港口、航空设施及配套设施，保税仓、监管仓、大型货车装卸场、大型物流园区，高端物流总部大厦，综合物流服务中心，综合物流信息平台及物流金融、物流投资与物流人才培训产业，对内对外道路网络等设施。在宝安区中心区规划建设一座现代化的大型综合会展中心。

东部沿铁路物流轴：呈两点一线：龙华物流园及观澜和记仓储物流园。主要布局：铁路物流园区、保税仓、监管仓、物流信息平台、海铁联运企业总部等。

中部专业物流轴线：以松白公路、龙大高速公路为连线，连通市高新区、石岩高新区、光明新区、向北到东莞松山湖，这条新兴高新技术产业主线上，汇集电子信息、光机电一体化、新材料、新能源等高新技术产业。重点布局：工业产品专业批发、展销市场，高端产业会展中心。

海空后方物流配套扩展区：在福永、沙井广深高速路东侧规划一个区域，重点解决海港集装箱堆场不足和海空两港生产、生活配套设施不足的问题。规划建设集装箱后备堆场和海空港经济开发区。海空港经济开发区重点规划建设为海空港口配套的高新技术产业、会展、酒店业、商业、旅游休闲等配套设施。

一个物流配送体系：重点布局深圳市及宝安区市民生活物品的仓储、批发、分发、配送等相关设施。

宝安区物流产业功能布局为：

物流总部经济区：机场物流总部区、大铲湾物流总部区、龙华物流园总部区、观澜和记仓储物流园总部区。

功能物流园区：海港及其物流园、空港及其物流园、福永码头及福田保税区扩区、龙华物流园及观澜和记仓储物流园。

物流配套区域：重点规划建设一个集装箱后备堆场园区和一个海空港综合

经济开发区。

城市物流配送区:规划一个大型综合物流配送中心(西乡物流配送中心)和各街道生活物品配送园区。

随着前海湾保税港区、宝安国际机场与大铲湾港区的建设发展,必将带来大量的物流进出和国际贸易机会,为现代服务业发展提供了契机。吸引世界各国跨国公司进入物流产业带,促进保险、金融业、法律、咨询、商检等服务业功能的运转。划出一定地域用以发展面向世界的商贸业、娱乐业、金融业、保险业、信息咨询业等第三产业。完善运输服务设施、建立展览中心、开展运输保险业务,通过快捷的运输网络和良好的服务设施来促进自由贸易快速的发展。

第六章

总部经济：深圳企业
"走出去"的发展架构

第一节　总部经济：经济中心城市快速高效发展模式

一、总部经济开创企业走出去的新模式

最近几年,伴随着经济全球化、信息网络技术的发展和中国经济市场化程度的不断加深,出现了"总部"与"生产制造"环节在空间上分离的现象。一批企业,特别是一批民营企业集团,由欠发达地区向中心城市"迁都"。四川东方希望、江苏春兰、浙江杉杉等一批大企业将公司总部迁往上海;山西经纬纺机、湖南远大空调等一批大企业将公司总部迁往北京;"乐百氏"、"健力宝"、"今日"等企业将总部迁到广州;"科龙"将总部迁往香港;"二汽"将总部从十堰搬到了武汉;浙江"吉利"总部从台州迁到杭州;等等。这些企业在迁移总部过程中,依然将生产制造基地留在原来的地区继续发展。这种变化,形成了一种新的经济形态——总部经济,即企业高端功能(管理、研发、投资、营销、配送、采购及以上功能的区域指挥中心)与中低端功能(生产加工、销售网络)部分在空间上分离,高端功能部分在一个中心区域内集聚,中低端功能部分分散到周边地区,形成区域合作。总部经济与区域合作相辅相成,总部经济开创了区域经济合作的新途径、新模式。

　　总部经济是第二次世界大战后在发达国家首先形成的。发达国家企业在第二次世界大战后特别是七八十年代以后开始大量将生产基地外移到发展中国家或本国的中心城市周边地区。美国的纽约,英国的伦敦,日本的东京、大阪,还有新加坡、香港、台湾、韩国、瑞士等,都是总部经济发达的地区或城市。最典型的是新加坡。新加坡已俨然成为东南亚乃至全球最为著名的总部聚集地之一,在全球贸易和国际金融业务中发挥着举足轻重的作用,几乎所有的跨国公司都选择了新加坡为进军东南亚的起点,越来越多的跨国公司在新加坡设立地区总部来实施其海外扩张战略。最新统计显示,全球有 6000 多家跨国公司的区域总部设立在新加坡,仅中国就有超过 230 家企业在此投资,美国和欧洲投资的企业分别超过了 2000 家,日本企业 1800 家,印度企业 800 家,澳大利亚和新西兰企业各 800 家。新加坡已成为亚太地区当前极具实力的"总部基地"。[①]

　　香港总部聚集始于第三次经济转型中,香港岛的中环区便是总部聚集的区域。目前,这一地区集中了大量的金融、保险、地产及商用服务行业,已发展为成熟而标准的 CBD,成为香港经济的"心脏"。到 2005 年,香港拥有 1000 家外资公司地区总部,2240 家外资公司地区办事处。[②]

　　总部经济带来 5 种效应,即:税收和 GDP 贡献效应、产业乘数效应、消费带动效应、劳动就业效应、社会资本效应。发展总部经济就是通过营造良好的环境,吸引国内外大型企业集团的研发中心、销售中心、采购中心、营运总部或分支机构的集聚,以带动更多的人流、物流、资金流和信息流,扩大所在地区的经济总量,从而增强所在区的竞争力和辐射力。充分利用所在地区优势资源,大力发展总部经济,是一个地区深化发展内涵,增大经济总量,增强辐射力、集聚力和吸引力的重要举措。它将对一个地区实现信息、资金、人才、服务、管理、技术等方面质与量的提高和扩充发挥积极的作用。总部经济产生的巨大资源,有利于促进

[①] 参见赵弘《总部经济》著作第六章第三节"新加坡:从'制造基地'到'总部基地'"部分,中国经济出版社 2004 年版。

[②] 参见饶余庆:《香港:国际金融中心的复兴》,(香港)《信报财经月刊》2005 年 1 月号。

所在地区各项事业的发展;总部经济的带动作用,有利于促进所在地区产业结构的优化;总部经济的品牌效应,有利于增强所在地区经济的竞争力;总部经济的国际化水平,有利于所在地区经济与国际接轨。

北京有4个总部基地:北京丰台园总部基地、通州区总部小镇、怀柔区总部新城、石景山民营总部育成基地。

上海市已成为总部经济发展最快的一个城市。上海已经聚集了300多家上市公司总部、183家跨国公司地区总部、165家跨国公司投资性公司以及244家跨国公司研发中心,8家央企总部和100多家央企地区总部以及160多家民营企业总部。① 英特尔把旗下五大事业部之一的全球总部搬到上海,IBM先后把系统与技术部(STG)亚太区总部、零售商店解决方案部亚太总部搬到上海,戴尔把亚太运营中心搬到上海,索尼、菲利浦、巴斯夫和杜邦等"全球500强",把区域总部先后从国内外其他各地迁到上海。

中部地区武汉,目前已经拥有跨国公司分支机构和跨区域的大集团总部100多家,总部型企业创造的增加值占武汉市GDP的25%。

西南的重庆,也正在为发展总部经济进行策划。重庆市政府对渝中区的解放碑地区的200万平方米土地进行拆迁,投资450亿元,打造重庆乃至中国西部的总部经济基地。

二、向总部经济转型:深圳发展新目标

总部经济成长是有条件的:必须是中心城市,有广阔的经济腹地,拥有资本市场与发达的金融业,服务业发达,智力资源密集,法规环境完善,文化氛围浓厚,交通条件便利。

深圳是中国的区域中心城市,又是连接香港与内地的国际通道,具有发展总部经济的地理条件。

深圳具有发达的服务业、交通条件、完善的市场经济环境、法治环境、资本市

---

① 参见李安方、李庆科:《上海总部经济聚集区建设现状及发展趋势》,载赵弘主编《中国总部经济发展报告2009》,社会科学文献出版社2009年版,第227—244页。

场、优惠的税收条件,具有总部经济成长的基本条件。

深圳的土地空间、水资源、能源资源、人口承载力严重不足。深圳总面积1952.48平方千米,其中30%即700多平方千米可供开发,目前已开发了500多平方千米。深圳水资源和能源短缺,每年用水为15亿立方米,而本地只能解决3.5亿立方米,而且电力等资源也面临短缺。这些限制条件决定了深圳不可能成为加工制造基地,必须加快向总部经济转型。这是落实科学发展观,建设效益深圳的根本举措。

深圳已成长出一批大中型企业,与内地开展区域合作多年,已形成了大量的投资,客观上已形成总部与加工基地分离,投资、研发、销售、采购、配送中心与业务操作环节分离的局面,总部经济正在成长。

中国各地在改革开放二十多年中成长起来的一大批大型企业,其总部正在向中心城市转移。深圳应创造条件,抓住这个机遇,吸引企业总部,同时,留住本身已成长起来的企业总部。在总部经济时代,一旦一个城市中企业总部纷纷外迁,这个城市就会加速衰退。一个城市如能吸引企业总部纷纷进来,这个城市就会加快发展。

深圳市政府2008年一号文件《关于加快总部经济发展的若干意见》提出深圳市总部经济发展的总体目标是:建立比较完善的总部企业发展环境、政策框架和服务体系,总部企业数量明显增加,总部经济规模效应显著提高。经过5—10年的努力,争取一批企业进入世界500强,一批企业进入专业领域世界500强,一批企业进入全国500强;到2010年,总部企业增加值占GDP比重达9%,对全市税收的直接贡献率达到18%。

《关于加快总部经济发展的若干意见》根据企业总部主体功能和配套功能要求,强化总部企业与园区产业融合,在高新技术产业园区、光明产业园区、大工业区和物流园区规划建设高新技术产业和先进制造业总部集聚基地,重点发展先进制造业相融合的研发中心、物流配送中心、培训中心等职能型总部。

第二节　深圳总部经济初具规模

一、深圳总部经济逐步形成

深圳总部经济正在逐步形成。由深圳市企业联合会与深圳商报联合评选的年度深圳企业百强,基本上是总部型企业,包括总部和区域总部型企业。这些企业最低年销售额达到 10 亿元,最高达到 2000 多亿元。

深圳企业总部经济特点是:管理中心、投资中心集中在深圳。部分企业营销中心设在深圳,如华为、中兴、康佳等。研发中心、技术开发中心普遍有外移趋势,如华为、中兴、招行、发展行。物流中心(采购、配送)正在形成阶段,有土地条件的企业就设在深圳,没土地条件的企业设在外地。

金融业总部聚集是深圳总部经济又一特点。国内所有全国性银行及政策性银行悉数在深设立分行,证券公司在深均有分公司和营业部、主要保险公司在深都有分公司开展业务。招商银行、深圳发展银行、深圳市商业银行、华商银行、中国国际财务有限公司是深圳总部型银行。总部在深圳的证券公司有国信证券、招商证券、平安证券、特区证券、联合证券、蔚深证券、华林证券、国海证券、金元证券、汉唐证券、、中山证券、世纪证券等 19 家。基金管理公司总部设在深圳的有 15 家,分别是博时、南方、大成、鹏华、招商、宝盈、融通、长盛、长城、中融、银华、景顺长城、中信、巨田、诺安。保险公司总部设在深圳的有平安保险集团公司、平安人寿保险公司、平安财产保险公司、华安财产保险公司、招商信诺人寿保险公司、中保信息研究发展中心,另有保险分公司 20 家。

总部在深圳的基金公司很多是国内有规模的基金公司。深圳、上海是全国基金管理公司家数最多的两个地区,其基金业的发展在全国举足轻重。

福田作为深圳中心区,是众多大企业、大公司、大集团的聚集地和抢滩地。中国平安、招商银行、南方基金、金地集团都是国际国内大型品牌公司,它们的总部大多落户在福田辖区。大公司总部主导和控制着相关产业链。中心区 CBD

内的服务业领军企业类型有:

1. 金融服务业领军企业类型

深圳 CBD 的金融业主要由非银行金融业组成,包括证券、基金、保险、担保及风险投资。

目前,证券公司选址于福田区的有十多家,包括长城、国都、巨田、世纪、蔚深、五矿、招商、中建投、众成、中山、华林、金元,其中招商、中建投、中山、华林、金元设在 CBD。此外,还有一批总部在异地的大型证券公司在 CBD 内设立了地区总部,如国泰安、长江证券、广发证券、中银证券、银河证券等。

全市获证监会批准设立的基金公司十二家选址在福田区,包括宝盈、博时、长城、长盛、大成、国投瑞银、景顺、巨田、南方、银华、诺安、招商,其中国投瑞银、南方、诺安、长城在 CBD 内。这四家基金管理公司中,南方基金管理的基金有十四只,资产超过 2500 亿,是国内最大的基金管理公司之一;国投瑞银是国内首家外资持股达到百分四十九上限的公司,管理了八只基金,管理资产超过 800 亿;诺安基金管理了五只开放式基金,管理的资产约 650 亿,长城基金管理了八只基金,管理资产总额约 800 元。另外 CBD 内还华夏基金、富国基金设立的深圳营销部等一些基金公司的分支机构①。

全市经保监会批准设立的产险经营机构,包括分公司、营销部等设在 CBD 的有阳光产险深圳分公司、中银保险深圳公司、安联产险广州公司深圳营销部、中国出口信用保险深圳分公司、天平汽车保险深圳公司、华泰产险深圳公司、天安保险深圳公司七家,全市经营人寿险的机构有十五家,设在 CBD 的有太平人寿深圳公司、安联寿险深圳公司、中国人寿保险深圳公司、生命人寿险深圳分公司、新华人寿险深圳公司,中国健康保险深圳公司六家,从事保险经纪业务的有深圳金信、韦莱浦东等保险经纪公司。此外,全国性公司东安保险筹备处也设在 CBD 内。在 CBD 中,保险业发展最大的亮点是民安保险(中国)有限公司的总部设立于此。民安保险是最先获准进入内地的保险公司,后经保监会批准改制

---

① 参见深圳市福田区贸工局、科技局调研报告:《福田区现代服务业载体研究(内部报告)》,2009 年。

为全国性的保险公司。它是深圳仅有的两家全国性综合保险公司(另一是平安保险集团)之一。

CBD 设有金融担保机构八家,包括深圳中建、深圳中银通、深圳大金等,其中中融信是业内的龙头企业之一。

深圳是全国风险投资行业发展的重镇。而 CBD 成为深圳风险投资扎堆的沃土。据粗略统计,深圳风险投资公司有超过五十家,而 CBD 内就聚集了近十家,包括深圳创新投、量科风险、和君创业、晓扬科技、中科创、中科招商投资、彩虹创投、大象风投、同创投资、南海成长等,其中深圳创新投、中科招商投资都是国内成立最早、资产规模较大的风险投资公司,和君创业、晓扬科技是国内较知名的民营风险投资企业。

在 CBD 内设立全市总部的有招商银行、渣打银行、东亚银行、兴业银行及丰田汽车金融(中国)银行深圳分行、泰国泰华农民银行深圳分行。此外,深圳银联客服中心也设在此。

2. 现代流通业领军企业类型

CBD 内知名连锁零售商业企业有,天虹百货商场有限公司、百丽投资股份有限公司、ITAT 服装会员店有限公司、百里臣便利店有限公司,其中天虹公司是全国连锁百强企业之一,百丽投资是在香港上市的企业,ITAT 属服装连销业的创新业态,其在全国的门店已超过数百家,发展势头迅猛。连锁餐饮管理公司有麦当劳深圳有限公司、深圳王子饮食管理有限公司、深圳真功夫饮食管理有限公司、广州顺记饮食管理有限公司等品牌企业。

深圳市连续十多年进出口贸易均居国内大城市的前列,国际贸易的发展具有深厚的基础。中心区 CBD 与香港有落马洲和皇岗有两个口岸相通,其中皇岗是二十四小时全天候通关的口岸,加上其他优越的条件,逐渐吸引了不少国际贸易的企业入驻。比较大型的有美国 RADIOSHACK 全球采购公司、巴固工贸、乐金化学贸易、日立高科贸易、京瓷元器件、柯尼卡美能达识别系统贸易、津岛国际贸易公司、佐腾自动技术贸易公司等。

总部在中心区 CBD 的大型流通企业都积极开发了电子商务,其中网上天虹是国内最早开展网上 BTOC 业务的网站。还有全国知名的网上销售机票、客房和旅游服务产品的芒果网,也是中心区从事电子商务的重要代表。

物流业是深圳重点发展的四大产业之一。在CBD内已驻扎了一批物流企业,这些企业具有浓厚的国际化色彩,其中包括全球500强的日本邮船、全球航运业第九名的中远航运、第十一名的日本川崎汽船,以及全球集装箱运输前二十名的以色列企业以星航运,还有从事货代的跨国公司中意捷运、柏灵顿货运、海连货运、德国德高等。柏灵顿是隶属全球500强企业之一Brinks集团的成员。中意捷运国际货运是经国家商务部批准的一级货运外商独资物流企业。

3. 信息服务业领军企业类型

中心区CBD内拥有一批最重要的信息节点,包括公共信息源的市政厅、海量图文资料的图书馆、展期密布的会展中心及电信枢纽、广播电台等,它们本身既是信息服务业的重要组成部分,也为信息服务业的发展创造了优越条件。

中心区CBD内的信息枢纽大厦是深圳移动电信服务的中心,其主机房处理的业务量占全市百分七十。深圳本地主要的门户网站和游戏网站腾讯和中国游戏中心的服务器,都托管在该中心的主机房内。

在CBD内有三家广播电视机构或其分支机构,深圳广电集团、凤凰卫视深圳基地公司、深圳华娱传媒营运公司。深圳电视台覆盖了整个珠三角地区,并是最有影响力的电视台之一,其广告收入位于珠三角电视台的前二位;凤凰卫视是在世界华人当中具有较大影响力的电视台,其总部在香港,但在深圳的员工超过200人,其职能包括采编和制作及广告营销,随着凤凰大厦的落成投入使用,将会有越来越多职能部门从香港转到深圳。深圳华娱运营公司是香港华娱电视机构的子公司,其职能是为华娱采编和制作电视节目。加上同在福田区天安数码城的澳亚卫视的内地采编机构,中心区CBD已成为电视资讯机构密布的地区,这也将为更多财经信息和行业信息机构进入机构产生巨大的吸引力。

在CBD内有证券时报、上海证券报深圳办事处等。有新浪及搜狐深圳分公司。有环球资源中国有限公司及财华社深圳办事处。前者是那斯达克上市公司,国际上最著名的贸易信息服务机构,后者是香港联交所创业板上市公司,是专注发展大中华地区的大型财经信息提供商,向金融机构、企业客户、机构及个人投资者提供涵括跨区新闻、数据、分析的综合解决方案及内容服务。

除上述支柱产业以外,中心区 CBD 内的房地产和都市型工业也有较大的规模。大型房地产企业荣超地产、星河地产、卓越地产、和黄地产等,其总部均在 CBD 内;还有一大批都市型品牌服务企业入驻 CBD 内。

福田总部经济和现代服务业驱动效应凸显。全市认定的 180 家总部企业中,福田区 93 家,占 51.6%。世界 500 强累计落户福田 75 家,纳入统计监测的总部企业实现增加值 630 亿元,同比增长 12.6%,占全区 GDP 比重 38.8%;新增区域性金融总部 11 家,金融业实现增加值 583.16 亿元,增长 20.3%,占全区 GDP35.9%。

金融业支撑总部企业发展。2008 年金融业总部企业创造增加值 343.84 亿元,占总部企业增加值的 60.0%;工业总部企业实现增加值 75.31 亿元,占福田全区规模以上工业企业增加值的比重为 35.8%,占总部企业增加值的 13.1%;商业总部企业推进消费市场稳步发展,实现营业收入达 583.28 亿元,创造增加值 67.81 亿元,占总部企业增加值的 11.8%;其他服务业总部企业推动高端服务业发展,实现增加值 46.19 亿元,占总部企业增加值的 8.1%;房地产总部企业创造增加值 25.89 亿元,占总部企业增加值的 4.5%;交通运输、仓储和邮政业总部企业实现增加值 14.13 亿元,占总部企业增加值的 2.5%。

福田区总部企业按区域分为跨国公司中国总部企业、中国公司总部企业和地区型总部企业三大类型,地区型总部企业占增加值的比重最大。地区型总部企业 142 家,实现增加值 474.38 亿元,营业收入 1522.12 亿元,分别占 78.0%、82.8% 和 64.0%,地区型总部发挥主力作用;跨国公司中国总部企业 32 家,实现增加值 75.23 亿元,营业收入 685.16 亿元,所占比重分别为 17.6%、13.1% 和 28.8%;中国公司总部企业 8 家,实现增加值 23.56 亿元,营业收入 169.86 亿元,分别占 4.4%、4.1% 和 7.2%。

世界 500 强企业助力总部发展。2008 年世界 500 强企业在福田投资达 102 家,2008 年新增 10 家,其中有经营活动的 32 家,实现增加值 75.23 亿元,占全部总部企业增加值的 13.1%,占地区生产总值的 5.0%;实现营业收入 685.16 亿元,占全部总部企业营业收入的 28.8%。其中,工业总部企业所占份额最大,实现增加值 63.34 亿元,营业收入 590.83 亿元,分别占 500 强投资企业的 84.2%

和 86.2%。

2009 年上半年发展情况。上半年保增长工作顺利，效益初显。福田总部经济上半年实现增加值 302.51 亿元，占 GDP 比重为 41.9%，比 2008 年提高 3.6个百分点，上半年引进世界 500 强企业 4 家，累计达 106 家，新增金融总部 6 家。总部经济中一批企业逆势增长，成为抵御危机的中坚力量。

金融业仍是总部企业发展的中流砥柱，2009 年上半年福田金融业总部企业创造增加值 165.09 亿元，增长 18.3%，占总部企业增加值的 54.6%；工业总部企业受外部环境影响，实现增加值 37.66 亿元，下降 9.8%，占总部企业增加值的12.4%；商业总部企业创造增加值 39.03 亿元，增长 13.5%，占总部企业增加值的 12.9%；其他服务业总部企业实现增加值 29.69 亿元，增长 6.8%，占总部企业增加值的 9.8%；房地产总部企业创造增加值 23.62 亿元，增长 21.6%，占总部企业增加值的 7.8%；交通运输、仓储和邮政业总部企业实现增加值 7.42 亿元，增长 7.5%，占总部企业增加值的 2.5%。[①]

二、总部型企业内部管理模式

深圳企业总部对内地下属企业形成了一套系统的管理与监控模式，包括：设置合理的组织体制——事业部制、地区总部制、行业公司管理、矩阵式组织结构等；企业管理人员、财务管理人员的派出；对内地下属企业资金运营的控制；对内地下属企业投资决策的垄断；对内地下属企业价格的管理；对内地下属企业采购、配送的集中统一；技术研发的统一；销售渠道的监控等。

万科集团对内地下属企业的控制模式，具有代表性。万科采用矩阵式组织结构来对子公司进行管理，子公司职能部门受子公司总经理领导，同时受总公司职能部门直线管理。

万科总部，是整个集团系统的心脏和大脑，是一个"强势总部"。只要是经过最高领导或者最高职能部门的认可，哪怕是最细小的信息和指令，都能在最短

---

① 参见深圳市福田区贸工局、科技局调研报告《福田现代服务业载体研究（内部报告）》，2009 年。

的时间内及时准确地传达到位于各个城市的万科一线全资子公司,并落定在正在同时开展的诸多项目上。万科将诸如投资决策权、财务承诺权、融资权、人事权和工资制订权等很多权力都"上移"到了总部,子公司更多地只是一个执行和操作的机构。万科的资金由总部统一管理,一线公司的主要款项支付都是通过集团结算网络统一支付,各一线公司的主要销售回款也集中存放在集团资金中心。但业务性较强的职能部门,包括营销企划部门、工程管理中心等部门,总部更多的是通过制定政策和管理制度、规范业务流程和监督项目执行,来指导、服务子公司。这样既保证了总部对子公司的掌控和管理,又保证了一线子公司有相当的自主权,从而在具体业务中发挥自己的活力。由于万科在各个城市同时开展诸多项目,总部还是很难管理到每一个子公司。因此,万科在北京、上海等地区设立了若干地区总部。上海万科是一个地区总部公司,注册资本 8 亿元,管理南京、苏州、南昌、镇江、无锡 5 个城市的 7 家子公司。

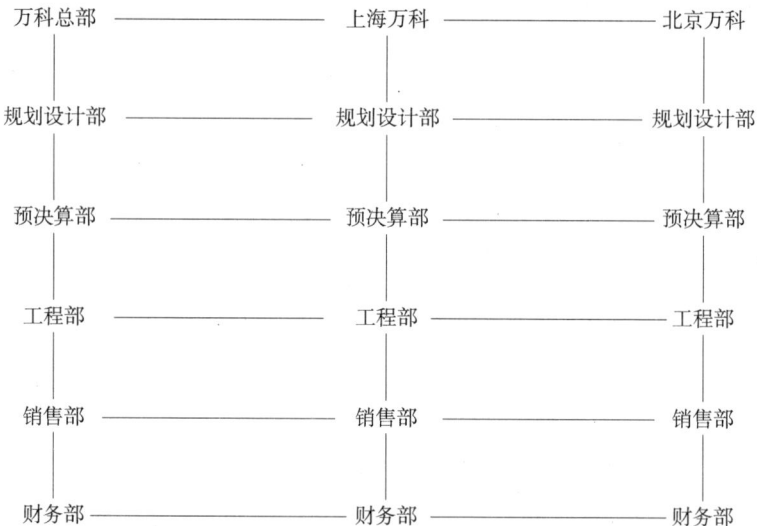

万科总部	上海万科	北京万科
规划设计部	规划设计部	规划设计部
预决算部	预决算部	预决算部
工程部	工程部	工程部
销售部	销售部	销售部
财务部	财务部	财务部

图 6－1　万科矩阵式组织结构示意图

深圳一些产业多元化的总部型企业,则设立事业部制管理体制,每一类产业集中到一个事业部管理,事业部成为总部与外地子公司之间的二级管理机构,由事业部组织各个产业子公司的经营活动。事业部没有人权和财权,但是一个相对独立的经营实体,它适应现代大型公司的经营越来越趋于多元化的特点。总部设在深圳的中国宝安集团就是这种管理模式。

中国宝安集团股份有限公司

房地产事业部	医药产业事业部	资产经营部
恒安房地产公司	武汉马应龙药业公司	武汉宝安创新科技园
武汉宝安房地产公司	吉林马应龙药业公司	珲春出口加工区
上海宝安企业公司	大佛药业公司	贝特瑞电子材料公司
北京恒丰公司	宝华药业公司	运通物流实业公司
贵州宝安房地产公司	安徽大安生物公司	森林王木业公司

图6-2 中国宝安集团的事业部管理架构

天虹商场在对内地拓展过程中,对自身的组织结构进行了专业化整合,建立起专业化的管理体系,包括招商采购、商场管理、信息管理、财务管理等方面都由总部专业化管理。将统配中心划分为:百货分部、超市分部、电器分部及配送分部。企划部专人负责百货、超市及电器的营销策划。营运管理部按专业内容,设立了营运百货分部和营运超市分部。

下派财务主管人员深圳市总部型企业对外地投资企业财务管理的最普遍的做法,即子公司财务部长或总会计师应由总公司任命派出,工作关系在所在总公司。中国宝安集团对一些重要的外地投资企业既派出总会计师,又同时派出财务部长,形成财务人员之间也相互制衡局面。财务部长或总会计师受总公司财务部和子公司经理双重领导,负责执行总公司财务政策,监督子公司经理和经营班子财务和资金运作,把好财务收支的关,做好企业财务分析工作,维持与银行和税务部门的关系,做好融资和筹资工作,做好企业收益分配工作以及其他企业财务工作。一些连锁经营的商业企业如民润对一些小规模的外地门店还实行了财务统管,由总公司统一管理对外地门店财务,实行财务管理权完全集中的管理模式。以总公司为单位,集中进行财务记账核算,下属门店不设会计,只设出纳员。

第三节　体制·文化·环境:形成
深圳总部经济的土壤条件

形成深圳企业总部经济的环境条件,是深圳在 20 多年发展过程中成长起来的,包括:特区的地位,毗邻香港的地缘优势;深圳的城市创新能力;深圳相对完善的法制环境,政府部门的规范运作;深圳公平竞争的市场机制;深圳包容性的多元文化;深圳的气候与自然条件;企业在成长为总部经济过程中形成的社会关系资源;深圳的工作、生活条件;深圳的城市面貌、生活质量,基础设施服务等。

特区的地位,毗邻香港的地缘优势在形成深圳企业总部经济过程中有重要作用。香港地处中国与东南亚经济圈的中心,是亚太区域内的国际金融中心城市,在连接国际市场、带动中国经济发展、实现国家的发展战略中将担当重要角色。深圳处于香港与内地过渡地带,在连接香港与中国内地经济,维护与发挥香港的国际金融中心作用,促进中国内地经济发展方面担当重要角色。在深圳的企业,无论对内地拓展还是走向国际市场,都非常方便。

深圳的城市创新能力强,是一个不争的事实。对总部经济发展有直接作用。深圳为什么有这么强的城市创新能力? 根源于以下几个方面。

一、移民文化

移民文化是深圳创新动力的根本所在,也是发展总部经济的文化支撑,是深圳所具有的其他城市无法比拟的优势。华为、中兴、招商银行、平安保险这些总部型企业在深圳产生,而目前国内没有任何其他城市产生如此具有自主创新能力的企业,不是偶然的。深圳这个移民城市和三峡工程中的水库移民不同,后者纯粹是空间意义上的概念,而深圳移民城市是人文意义上的,全国 32 个省、自治区、直辖市,50 多个民族的人在深圳都有,岭南文化、北方文化、海派文化等不同地域不同民族的文化在这里交融碰撞,形成了兼容并包、独具特色的移民城市文化。深圳文化一个显著特色,是没有平均主义的狭隘意识。而在内地很多城市,红眼病文化、"关心"他人超过"关心"自己的心理至今还在制约着经济发展。深圳的城市创新能力从深层来说,来之于深圳这个独有的移民文化优势。移民一般都比较年轻,年龄在 20—40 岁之间,因此,深圳是一个年轻的移民城市,根据第五次人口普查,深圳人的平均年龄只有 29 岁。这种年龄优势与移民文化结合,使深圳具有巨大的创新活力,具有天然的创新优势。移民文化带来深圳人开放、进取的观念,以事业的成功为移民的目标,达不到创新不罢休。每一个来深圳的人都是带着一个梦来的,希望在这里能实现他的人生目标,否则,他就不会舍弃内地已有的基础。移民社会,崇尚创新,宽容失败,敢于冒险。

二、良好的企业生态

深圳从实际出发,走了一条独特的路,构建了以民营企业为主体,以市场为导向的技术创新体系。深圳的技术开发机构 90% 以上建在企业,主要是民营企业。全市的研究开发人员中有 90% 集中在企业,90% 的研发经费来自企业,如华为在研发方面投入的资金年高达 40 多亿元,占销售额近 10% 以上。深圳的四大支柱产业,特别是高新技术产业,则是民间创新力量的直接成果,其产值、自主知识产权产品比例、出口在全国居前列。华为的专利申请量排全国单位第一。深圳既成长了像华为、中兴、招商银行、平安保险这样一批产业层次高、市场竞争力强、在全国乃至世界都有影响的总部型企业集团,也产生了像中集、万科、康佳等这样一批正在由小变大、由弱变强迅速成长的总部型民营企业,同时,还有 10 万多家破茧而出正在艰苦创业的中小民营企业,形成了一个雁形的企业梯队和良好的企业生态。这都是在国家没有在深圳布点一个大型国有企业的情况下发展出来的。这些企业从一开始就在市场化和公平竞争的环境中拼杀,具有极强的竞争能力和生存能力,像华为、中兴这样的企业多次在与国际电信巨头的激烈竞争中胜出,成为有国际竞争力和影响力的企业。高新技术企业已经成为深圳研究开发的投入主体。深圳市的发明专利申请量与专利申请总量均名列广东省各大城市榜首,其中专利申请总量在国内大中城市中排名第三,仅次于上海、北京。不但成果层出不穷,深圳民营科技企业的科技成果的应用程度也在全国遥遥领先。深圳市科技局的统计显示,近年来,深圳市民营企业的科技成果应用率一直保持在80%以上,远远高于全国的平均水平。专家分析认为,这个指标意味着已经赶上了发达国家的科技成果应用水平。

三、体制优势

深圳作为中国改革开放的窗口和试验田,又毗邻香港,国家赋予她的功能就是创新、先行先试优势,为全国提供经验。过去20年深圳以敢闯敢试,敢为天下先而自豪,在政府主导下,深圳以极大的政治勇气趟过许许多多的雷区,在价格体制、企业体制、市场体制、建设体制、政府体制以及资本市场等各方面禁区闯关成功,创下了数以千计的全国第一,仅金融业就创造了全国金融界100多项"第一"和"率先",感动了全国,震动了全国,也为全国提供了宝贵的经验和榜样。深圳基金公司风格是创新、有活力。深圳基金公司已经形成了自己勇于创新、充满活力的整体风格,对比上海的基金公司反差很大,他们更喜欢深圳的风格。

四、金融环境

深圳已形成了比较完整的、开放的金融组织体系和金融市场体系,正逐步成为我国重要的金融中心之一。无论是从金融机构的数量、银行存贷量,还是融资能力,深圳都是我国重要的金融中心之一。深圳全市共有各类金融机构160多家,其中,银行和非银行类金融机构达61家(有6家银行总部);证券公司共17家,数量居全国第一,A类公司6家,占全国35%;基金管理公司16家;期货经纪公司11家,有3家位于全国前10名;保险市场共有保险主体50家,有7家法人机构。此外,还有保险专业中介机构178家,信用担保公司193家,创业投资公司205家,实收创业投资资本总额260亿元,是国内创业投资资本集聚力最强、创业投资最活跃的地区之一。还有一些为金融机构服务的配套机构,如金融电子结算中心、押钞公司、资信评估公司、征信公司、外汇交易中心、国宝币厂等。

全市金融从业人员约 10 万人,金融机构密集程度居全国大中城市前列。各个行业都涌现出一批在全国具有重要影响的机构。深圳一些金融机构如招商银行、发展银行、平安保险公司正积极开拓异地甚至国际业务,发展成为全国性金融机构。驻深圳外资银行 25 家。①

深圳相对完善的法制环境,政府部门的规范运作,公平竞争的市场机制,对发展总部经济,作用很大。大型企业更需要规范、公平的法制环境。很多企业在内地投资,最大的难题,是政策随政府换届而变化,缺乏连续性,企业经营具有不可预测的风险。甚至同一届政府,承诺的条件也随着时间变化而变化。

深圳的所得税率比内地低,也是一个对总部经济的重要的吸引条件。企业总部交纳流转税少,主要是交纳所得税。深圳的基金公司选择深圳作为总部的主要原因之一,深圳为基金公司的发展提供了税收优惠与市场化环境,这对基金公司有巨大的吸引力。比如 2002 年博时基金公司舍弃北京将总部迁来深圳就是受这点的吸引。

第四节　深圳总部经济成长的制约因素

深圳企业总部经济成长过程中也存在很多的困难,产生这些困难有各个方面的原因。

1. 客观困难之一:深圳土地严重缺乏,制约总部经济发展

深圳市可建设用地不足 200 平方千米,而且大多分布在特区外,土地资源十分紧张。如果按现在建设用地平均每年新增 12 至 13 平方千米计算,再过 15 年深圳就无建设用地可用了。而目前深圳市人口已突破 1000 万,人口机械增长速度达到每年 40 万人。快速的人口增长对土地资源的需求十分巨大,人地矛盾十

① 参见李小芳:《深圳金融业改革开放 30 周年系列报道》,《深圳特区报》2008 年 10 月 7 日。

分尖锐。北京、上海、武汉、重庆等城市能拿出大片土地建设总部基地,深圳缺乏这个条件。很多深圳企业外迁就是在深圳批不到土地。年产5万辆的风神汽车总部迁往广州市就是缺乏土地。更多的在深企业因为没有土地无法发展。农产品公司总部所在地布吉农产品批发市场至今还困在布吉关口内不足5万平方米的一个狭长地带内,这个小小地带还包括了盖住布吉河面的部分,一个供应深圳全市和香港部分农产品需要的中心批发市场就在这么一个狭小地方藏身。并且,深圳土地成本也较高,地价仅次于上海,特区外每平方米都达到1600—2000元。另外,深圳土地利用效率仍需进一步提高。2009年深圳市每平方千米土地的GDP产出为4.1亿元,在全国各大城市中位居前列,但只有香港的1/3,与香港相比,仍有相当大的差距。目前,深圳市建成区面积为800平方千米,而香港的建成区总面积还不到200平方千米,但深圳市的GDP总量仅为香港的1/2,单位建成区的GDP产出仅为香港的1/8。所以说,在深圳市可建设用地资源十分紧缺的情况下,节约用地提高土地的利用效率已成当务之急。

2. 客观困难之二:缺乏一定的大学、科研机构的支持

总部经济是知识经济的表现形式。随着总部经济的发展,我国沿海地区各个城市正在大力创办大学或吸引内地的大学到当地办分校或二级学院。这个现象预示着高等教育作为总部经济发展的一项原动力已备受人们的关注。

深圳历史短,知识创造的源泉——大学、科研机构太少,这是深圳发展总部经济的一个重要制约因素。至今深圳仍然只有一所综合性大学,大型科研机构仍然是空白。而北京、上海、广州各已经发展到近百所大学,深圳已经不能同日而语。由于本地高校缺乏,深圳在引入人才的竞争方面先天不足,企业的创新能力在削弱,企业科技研发得不到当地高校技术力量的指导和合作。许多企业不得不把研发机构设到上海、北京等科技力量强的城市,其结果是进一步加强了北京、上海的知识创造能力,研发成果也在当地转化较多。

大学对总部经济发展有非常重要作用,它有助于营造以下促进总部经济发展的软环境:第一,培养知识人才,满足总部经济发展的人才需求。大量高素质的劳动者对于总部经济发展是必不可少的。第二,创造新知识,产生新的科技成果、开拓产业新领域、促进生产力的发展。

3. 客观困难之三:国家宏观调控偏紧,企业资金缺乏

由于资金缺乏,深圳总部企业投资能力普遍不足,缺乏金融的支持。在国家宏观调控的背景下,银行融资的难度加大。深圳信用环境不完善,缺乏完备的征信体系,这已成为深圳商业银行开展业务遇到的最主要困难,使得银行找不到合适的贷款对象,其不良后果主要是两方面:第一是导致商业银行盈利下降,深圳对商业银行的吸引力减弱;第二是由于在本地找不到合适的贷款对象导致银行资金大量流出深圳。除每年的高交会之外,没有其他机会为企业组织投融资洽谈会,吸引国际资本和国际大型跨国企业与深圳企业间的合作。深圳的基金主要投资对象是证券市场,高新投、创新投等投资公司主要投资对象是高科技项目。目前还没有形成为总部经济的形成和发展配套的投融资系统。

深圳市商业银行也未形成公平竞争的环境。深圳政府在政府重点项目建设贷款银行选择方面没有完全实行市场化。目前深圳对于地方项目建设的贷款银行尚没有完全引入市场化竞争,很多项目是政府指定某家银行来办理(比如交通罚款由建设银行收取等),商业银行对此意见很大。北京市对于行政事业单位等存款大户没有行政指定存款银行,放开让商业银行进行市场化竞争,招商银行凭借自身的实力吸引了不少国家级企业在该行开户,包括中国网通、中国国电集团等。深圳市要放开相关限制,创造商业银行公平竞争环境,增强深圳对商业银行的吸引力。

4. 客观困难之四:缺乏与总部经济发展相配套的相关措施

企业的发展是与政府作用息息相关的。政府要为企业的生存、发展提供良好的经济环境,提供便于企业发展壮大的政策、方针。

为发展总部经济,促进深圳企业对内地投资,政府要对深圳的总部型企业分类进行登记、认定,列入管理范围,同时在深圳企业对内地投资集中的城市组建深圳企业投资商会,与所在城市的政府形成沟通机制,帮助企业解决投资和经营中存在的问题。

目前深圳没有专门为总部型企业设立的基地。建立总部基地是企业普遍要求。总部基地可以为总部型企业提供配套完善的成长环境。

为发展总部经济,促进深圳企业对内地投资,要建立企业投资信息系统,便于企业及时了解和掌握国内国际投资业务动态、投资商动态、资金信息动态、项目动态、政府优惠政策、政策法规等有关信息等。目前的"深圳投资创业网"是为企业指路栏目较多的网站,但仍很不成熟,远远达不到为企业提供投资信息的要求。随着深圳企业实力的发展,企业对外扩张已呈发展态势,政府如何为企业投资提供信息,建立企业投资信息系统十分重要。

政府要加强对企业的推广活动。除了华为、中兴、万科、招商、平安外,很多深圳企业到内地拓展缺乏知名度,影响了发展。政府部门领导或者工作人员要定期出访深圳企业在外投资的主要区域,参与企业推介活动。政府牵头在内地有发展潜力的地区举办深圳企业推介会。政府有关部门组织在全国性媒体上进行对深圳企业的宣传。政府还是一个企业最好的形象代言人,有了政府的推广和支持,企业的品牌成长就会加快。

深圳政府的办事效率依然存在一些问题,行政承诺落不到实处。现阶段深圳政府的办事效率问题已经不是行政一条龙办公等外在形式能解决的,而是深层次问题,即政府各个部门的握有实权的办事人员对企业办事的拖延、阻拦。企业重要投资项目审批过程依然要"过五关斩六将"。一些政府部门在行政过程中歧视刁难企业的现象仍然存在而无法制止。有些政府部门的办事程序,对国有企业和民营企业、对大企业和小企业有不同的区别对待,如在民营企业的劳动用工、人事档案管理、人员出入境政策方面,与其他类型的企业相比,都还存在一定的待遇差别。如很多民营企业员工的人事档案管理问题,现在需由人才服务中心管理,而该中心又收取较高的管理费。

交通问题已成了影响深圳总部经济发展的焦点问题之一。据不完全统计深圳市现有注册机动车辆 150 多万辆,深圳市现有道路 2200 多千米,这个比率远低于中等发达国家。① 深圳本地交通建设对企业的发展也存在较大影响,深圳市商业物流,对道路交通顺畅有一定要求,同时应尽量减少道路交通收费站,对不合理的收费情况加以控制,以便企业能减少成本支出,商业物流是低毛利的行业,高的运营成本管理使企业盈利产生困难。目前,深圳市周边的收费站主要集

---

① 参见刘春林:《"粤 B 大军"带来围城之困》,《南方都市报》2010 年 4 月 14 日。

中在和东莞、惠州接壤的地区,一共有 8 个收费站。而深圳市内也有梧桐山隧道等经营性收费站。尤其梧桐山隧道收费站,对深圳东部企业发展影响很大。

近几年,深圳各项生产要素价格的不断提高,使得企业生产成本与国内其他地区企业相比处于不利竞争地位,由其在地价、水、电、气等,以及经常出现的"油荒"等方面,使得生产成本的增加速度过快、企业盈利能力减弱。商业用电价格很高,达到 1 元人民币 1 度电,比工业用电价格高出 60%。家庭天然气开户只要 2000 元,企业要 10 万元。不允许超市自己买大巴车接送顾客,租用大巴车价格过高,提高了成本。对企业征收的房产税不是以开发商推出时的原房价为计税基数,而是房子每转手一次,就按照升值的价格为计税基数,提高了企业交税水平。

深圳经济一直保持持续稳定的高增长状态,对国际资本的吸引力正逐步增强,同时,随着深圳企业改革不断深化,公司的治理结构明显得到改善,外资对深圳的关注程度进一步增强,外资进入深圳的步伐加快,这对发展深圳总部经济非常重要。深圳企业的很多投资项目,都有外资进入。但深圳缺乏与国际接轨的专业中介机构。外资在进入深圳的投资项目时,看重专业中介机构对项目的规范评估,并且特别相信境外的评估机构。发展与国际接轨的专业中介机构,对引入国际资金进入非常重要。深圳目前的各种专业中介机构都是在国内环境中成长起来的,与境外机构在业务水平、操作规范、信誉程度上还有较大差距。

重引进,忽视留住企业,企业总部外迁或变相外迁现象近年来在深圳有所发展。2000 年以来深圳金融中心城市的地位受到严重挑战。为此,深圳市政府2003 年 3 月 1 日颁布了震动全国的《深圳市支持金融业发展若干规定》,并成立了金融服务办。2003 年有 5 家金融机构总部或分支机构落户深圳,分别是招商信诺人寿保险公司、中山证券公司和 3 家香港中小银行—永隆银行、大新银行、上海商业银行在深设立分行。2004 年有 8 家总部或区域总部落户深圳,分别是华林证券公司(总部从江门迁入)、国海证券(总部从南宁迁入)、金元证券(总部从海口迁入)、恒泰证券、香港民安保险深圳分公司、中保(控股)信息研发中心、华夏基金深圳分公司、嘉实基金深圳分公司。但在深圳注册 10 亿元的华鑫证券2003 年把总部搬迁到了上海,离开了深圳。在深圳,欧美银行退出的趋势十分

明显。2001 年德国德累斯顿银行撤离深圳;次年,荷兰商业银行撤离;2003 年
11 月,法国巴黎银行深圳分行、法国兴业银行深圳分行关闭。目前,驻深圳营业
性欧美银行已降至 4 家,分别为渣打银行、花旗银行、荷兰银行和比利时联合银
行。华为、中兴、平安、招商四大企业的功能性总部纷纷外迁。比亚迪近年来迅
猛往外拓展。风神汽车最终出走广州。

第五节　亚太地区经验:总部经济与区域合作格局大调整

当前,亚太地区一些发展较快的国家和地区正在进行总部经济与区域合作
格局大调整,大力发展总部经济,进行产业高端与低端在空间上的分工。这种总
部经济与区域合作格局大调整,有三种模式。

一、日韩模式:推行经济圈战略

日本发展总部经济特点是对企业总部和工业加工基地及时进行区域分工,
把总部留在都市,而在都市外围和城市走廊之间发展工业区。

日本的城市空间结构上是由核心圈和近郊、远郊三大层次构成的网络状结
构。核心圈是企业总部基地,东京、大阪、名古屋市的核心圈内,集中了日本著名
的大型企业总部,如三井集团、住友集团、三菱集团、松下电器集团、三洋电器集
团、新日铁公司等。城市的近郊和远郊发展工业区。第二次世界大战前日本的
工业区的建设是从沿海地区开始的,集中在东京、大阪、名古屋和北九州,特点是
沿海地区集中发展、周边地区被动同步发展、整体发展不平衡。第二次世界大战
后日本工业区的开发建设是在 20 世纪 50 年代初期随着重化工业化发展战略的
实施逐步展开的,是以传统的四大工业区,京滨工业区、中京工业区、阪神工业
区、九州工业区以及关东内陆工业区等九大工业地带和一系列城市中的工业地
带组成的,特点是"带状型"和"据点型"相结合的方式,以"点"带"面"放射形逐
渐展开建设的。所谓带状工业布局,是以东京、大阪、名古屋等大城市为依托,经

济比较发达的工业基地为基础,以本州铁路干线为纽带,沿太平洋沿岸地带建设一条带状型的工业区,重点发展当时国民经济急需的钢铁、石油、机械和火力发电等重化工业。所谓据点型工业区,就是在东京和大阪等经济发达城市以外的地区,根据国民经济全盘发展的需要,按规划建设的工业发展据点,据点型工业区有两种:一种是集中建立一批大型工业企业群作为带动周围地区经济发展的工业辐射据点;另一种是集中建设大规模的外部经济环境,使之成为不依赖于经济发达的城市而能独立发展的中枢据点。从日本太平洋带状工业区的空间格局来看,在总体上分为两大工业区域:一是沿海地带的钢铁、石油、化学等工业生产区;二是后备地带的机械制造工业区,形成了以钢铁、石油、化工等基础资源型工业在沿海地带集中发展,机械制造和加工型工业在临近的腹地集中发展的工业格局。它们虽然在空间上相互分离,但在生产活动上却保持着较好的良性循环。这些稳定的工业区在政府开发建设"工业用地"的统一规制下,通过大型工业企业的进驻和关联企业的集中发展,日益形成了分工与协作相统一的系列化的生产体系。

纵观第二次世界大战后日本中心城市的规划建设,无论是中心城市的规划,还是中心城市的工业企业的布局,都是通过政府科学、合理、规范的宏观管理实现的。政府除了规划了中心城市和相应的工业区,还在大城市周围陆续开发建设了以中小企业为主体的独立发展的"工业团地",并通过"工业团地"的开发建设来重新调整和组合工业生产,发展了区域化的生产集团和系列化的生产体系。

韩国是较早注重总部经济发展的国家之一。20世纪70年代开始,政府就大力扶植大型企业集团的成长,先后扶植了三十多个大型企业集团,包括现代、三星、鲜京、起亚、韩亚、斗山、韩国电信等。韩国经济的发展和韩国政府主导的市场经济和所推行的企业集团化战略是密不可分的,为了实现经济增长目标,政府采取各种财政、信贷、贸易等优惠措施,扶持了一批大型企业集团成长,减少了资本的分散性和不节约性,提高了资本集中度。大型企业集团的迅速成长使韩国产品增强了国际竞争力,促进了出口,带动了各个产业部门的发展,促进了韩国经济的增长。这种政府主导推行的大企业集团化战略适合于韩国在比较薄弱的工业基础上发挥本国的比较优势,发挥规模优势,增强国家竞争力。

为促进总部经济发展，韩国较早推行经济圈战略，将中低端产业转移带中心城市外围和城市走廊之间。汉城是政治、经济、文化的中心，韩国政府在进行第二次国土规划时就开始对汉城、釜山等大城市的规模进行限制，并将比较优势的产业逐渐转移到落后地区。韩国建立了以东南沿海港口为基地的，从东南地区至汉城的京釜经济发展轴，包括京仁地区、大田、清川、釜山等地区；1973 年后，韩国进入重化工业的发展阶段，形成了东南沿海重化工业经济圈，以釜山为中心，向北延伸至蔚山和浦项，向西经玉浦至光阳湾的一些列蔚山的石化造船汽车基地、浦项的钢铁基地、丽水的石化基地、马山的机械基地等重化工基地圈；1980 年后，韩国提出"技术立国"，引导发展技术密集型产业，政府把区域开发的重点放到了一直被忽略的西部沿海地区，建立了从仁川到木浦的西南沿海经济带。至此，韩国"人"字形经济格局基本形成——以地带为轴线，以发达区域为结点组成的经济网络。这个网络以首尔和釜山为中心形成两大经济圈，经济圈层次结构分明，自上而下是金字塔形，顶层是首尔、釜山两大经济圈，其次一层是以首尔、全州、釜山、光州四大城市的中心圈，再其次是以 5 个直辖市和 9 个道的收复为中心的经济圈，处在最底层的是各开发区中心城市经济圈。

二、新港模式：境内为总部基地，境外为经济腹地

新加坡和香港由于本土空间太小，已经不能承载低端产业，因而发展了与境外地区的分工，把境外地区作为低端产业发展的经济腹地，本土则向总部经济发展。

新加坡已成为东南亚乃至全球最为著名的总部聚集地之一。新加坡在发展中国家（地区）中对于跨国公司总部最具吸引力，而且其发展规模已远远超过部分发达国家，成为亚太地区当前极具实力的"总部基地"。

香港以不到全球十万分之一的面积和千分之一的人口，创造了全球第二位的人均对外贸易贸易总值和世界第一的转口贸易总值，创造了世界经济的奇迹。香港经济能不断发展，主要得益于数次经济战略的调整，在经济全球化的背景下，香港经济逐渐呈现出总部经济的特征，即对周边的区域控制力不断加强，经

济发展开始突破资源的限制。

20世纪80年代开始香港的制造业利用中国内地改革开放的机遇,将产出效率相对低的加工工业向内地转移,为新兴产业的发展留出空间。香港从发展制造业转型为制造业等经济活动提供高端服务为主的经济结构,这种服务型的经济结构已经带有总部经济的特征,即香港把企业总部留在香港,以利用香港的人才、资本、信息优势,而把制造业放到内地。

服务型经济结构的确立与总部经济的发展是一个相互促进的过程,带来了香港经济的繁荣。香港的金融业在20世纪80年代得到了巨大发展,成为了一个健全的、发达的、具有融资的雄厚实力的、举世公认的国际金融中心。

香港经济从20世纪90年代开始出现失衡,经济增长主要依赖于金融业和房地产业,而制造业的比重大大下降产业范围越来越窄,同时亚洲金融危机也影响了香港的国际竞争力,这种情况迫使香港开始新一轮的产业结构调整,并与内地建立更广泛的联系。香港提出了"进一步改善营商环境、提升支柱产业、强化国际都会地位"等一系列推动经济转型的重点工作,提出了"依靠内地、立志全球"来迎接新一轮经济转型的挑战。新一轮经济转型使香港总部经济迅速发展。

时至今日,香港已经吸引近千家跨国公司在港设立亚太总部、地区总部。香港岛的中环区便是总部聚集的区域。目前,这一地区集中了大量的金融、保险、地产及商用服务行、中国银行新总部等,已发展为成熟而标准的CBD,成为香港经济的"心脏"。香港拥有1000家外资公司地区总部,2240家外资公司地区办事处。跨国公司在港,不仅数量多,并且覆盖的行业范围也十分宽广。

驻港的地区总部公司数目最多的国家是美国。共有233家美国公司设有驻港地区总部。其次是日本(159家)及中国内地(96家)。驻港地区总部的主要业务范围是批发、零售及进出口贸易业,及商用服务业。其他主要业务范围包括金融及银行业、制造业、运输及有关服务业。

驻港的地区办事处公司数目最多的国家是日本。共有471家日本公司设有驻港地区办事处。其次是美国(437家)及中国内地(170家)。驻港地区办事处的主要业务范围包括批发、零售及进出口贸易、商用服务业。①

国际大企业之所以愿意在香港设立地区总部,形成总部聚集并形成香港的总部经济,主要得益于香港五个方面的优势。

一是香港兼具良好区位条件。香港地理位置优越,位于东京与新加坡之间,正处亚太区的中央,是设立区域总部的最佳区位。

二是香港的基建设施十分完备。不仅拥有全球最繁忙的货柜港,而且其国际机场在处理空运货物方面的能力亦在国际间名列前茅。

三是香港具有健全的法律制度。香港的法律原则、法治精神和司法独立性、稳健性为国际社会普遍认可。

四是香港税收制度、金融环境良好。香港拥有一个简单易行和具吸引力的税制,只有本地的经济活动才作为征收对象。香港的利率在发达经济体中一直保持较低水平,这对于降低企业融资成本非常有利。

五是香港坐拥亚洲及中国大陆这片天然腹地。中国是全球发展最快的经济,而被誉为是世界各地的生产基地的珠江三角洲,成为香港吸引大公司地区总部或亚太总部入驻的重要条件和优势资源。

但是香港总部经济的发展并非一帆风顺。近年来,香港在吸引跨国公司地区总部或地区办事处入驻方面面临着激烈的竞争。新加坡、东京、悉尼、深圳、上海等城市是香港强有力的竞争对手。面对亚太地区其他城市的激烈竞争,香港正在不断寻求机遇,强化自身优势,增加新一轮的总部之争的砝码。

随着总部经济思想的不断明确,香港各界越来越认识到,加强同内地的经济协作是进一步发展总部经济的出路。香港特别行政区区政府更加强调加强同内地经济合作的重要性,并采取了不少务实的措施。如 2003 年年初香港和深圳海关宣布实行 24 小时通关,这一举措加强了海关的通过能力,强化了香港同内地的经济联系。而 2003 年 CEPA 即《内地与香港关于建立更紧密经贸关系的安排》的签署,也进步强化了这种联系。如果说 24 小时通关为硬融合,CEPA 可谓

---

① 参见深圳市发展和改革局调研报告《深圳企业区域合作与总部经济发展调查研究(内部报告)》,2005 年 12 月。

软融合。CEPA 的核心就是拆除壁垒,无论是港珠澳大桥,还是西部通道,都是为了流动的通畅,促进粤港经济一体化,促使资源跨地区流动,向各自的优势区域流动。在 CEPA 框架下,香港战略性资源与内地尤其是珠江三角洲的制造业资源将更加紧密的结合起来,有助于形成粤港间"厂店合一"的格局,进一步推动香港总部经济的发展。

三、台湾模式:总部经济与高科技产业高度结合

台湾自 20 世纪 90 年代以来,不但致力于发展总部经济,而且与高科技产业高度结合,形成了以高科技产业为特色的总部经济。

在 20 世纪八九十年代,台湾曾经推进"亚太运营中心"计划,其目的是吸引跨国公司将其亚太地区的业务基地和总部放在台湾,以统筹其区域内所有分支机构的业务,以管理跨国高附加值产业的经营,但是最终因为台湾没有"腹地"而计划失败。由此,台湾便致力营造自己的总部经济。进入信息经济时代,总部型大企业的发展方向是电子信息类高科技企业。台湾便通过发展高科技工业园来营造企业总部基地,新竹科学工业园就是台湾电子信息类企业总部基地。

1980 年,一个科学工业园在台湾北部的新竹正式破土动工。台湾当局将第一个高科技产业园区建在新竹,主要是因为这里有多所高等院校和科研机构,具备了为高科技产业提供知识支持的条件。另外,新竹地区环境优美,还有大片可供开发的土地,交通也比较方便。新竹工业园区占地 580 公顷,拥有 265 家大小高科技公司,其中有 103 家是海外留学者回来建立的,共创造了 68000 多个就业岗位,年产值高达 4000 亿台币。新竹科学园区的诞生,带动了台湾经济的蓬勃发展,还使台湾许多科技产业名列世界前茅。园区电子产品,像网络卡、影像扫描器、终端机、桌上电脑等产值,均占全岛 50% 以上,在世界上也能排名一、二。台湾地区 IC 产业的制造,包括电路设计、集成电路等,也由该园区垄断了,由于它的存在,台湾地区已经成为全世界第四大半导体工业制造者,仅次于美国、日本和韩国。新竹科学工业园应运而生了一大批名牌企业,如台湾积体电路、宏基电脑、华邦电子、旺宏电子、国联光电等,台湾当今 10 大企业当中有 7 家来自新竹。

新竹园区的技术来源 80 年代主要以依赖外来技术为主,在光电产业中有 61% 为外来技术支持,"海归"23%、外商与国外技术转移 38%,台湾学研单位技术转移为 39%;到 90 年后期,外来技术比重逐渐减轻,由 61% 降至 37%"海归"17%、外商与国外技术转移 20%,台湾学研单位技术转移提高至 46%,同时有 17% 为团队自行研发技术,可以看出台湾光电技术提升,学研单位成为技术主要供应者,企业自行研发技术比例增加,已达到自主研发技术目标。园区产业,也由早期系统产品开发,迈入关键零组件产制,堪称达到上下游整合,产业结构十分完整。其中又以光驱产业、投影机产业、LED 产业、LCD 产业等结构最为完整,带来极大之群聚效应。光电产业在政府政策性辅导下,关键零组件自制率已大幅提升,以 LED 产业为例,园区在上游芯片产制已占全国 86%,在 LCD 产业更因产业结构完整与群聚效应发挥,带动台湾各项关键零组件开发,产业形成垂直分工经营模式,上下游整合趋势发展,关键零组件自制率亦大幅提升:彩色滤光片 83%、背光模块 97%、驱动 IC78%、偏光板 73%、玻璃基板 92%。园区的建设有力促进了台湾的产业升级,从新竹工业园的发展就可以看出园区在引导台湾产业升级中的重要意义。

新竹地区拥有卓越的研究环境,包括邻近的台湾清华大学与交通大学,学生总数共 2 万名,其中半数为研究生;台湾最重要的产业研究机构——工业技术研究院提供近 6000 名研究人员,主要的任务包括配合台湾政策发展前瞻性技术,因应业界需求从事应用科技研究,以及协助传统产业升级,目前科学园区里有 40 家以上的公司为工研院的衍生公司。此外园区内还有高速计算机中心、同步辐射研究中心、太空计划室、精密仪器发展中心、芯片设计制造中心及台湾奈米组件实验室。这些大学及研究机构对于园区的技术研发、在职训练及新创公司之育成有很大的帮助。

新竹地区是世界著名的电子信息技术创新和制造中心。形成特色的产业集群。主导产业突出,以台基电、华硕、联合微电子等世界著名企业为核心形成新竹半导体、光电、计算机和通讯产业等产业集群。拥有国际竞争优势全球电子信息产业基地。新竹在全球电子信息制造业中取得了一席之地,拥有全球 80% 的电脑主板、全球 80% 的图形芯片、全球 70% 的笔记本电脑、全球 65% 的微芯片、全球95%的扫描仪。①

新竹地区是世界级的电子信息技术创新中心。注重技术创新和产业升级,走出了一条从技术引进到自主技术开发,从产业低端到高端的发展道路。在半导体、光电、通信、计算机等技术领域中,自主知识产权的技术大量涌现,相当长的时期内处于引领或紧跟产业技术发展的国际前沿。

新竹地区高端人才聚集,技术创新活跃,高效率运作的风险投资,各种高端要素聚集为新竹发展成为亚洲的硅谷奠定了坚实的基础。十分重视本土人才的培养以及吸引优秀的海外人才回国创业,本科以上学历占就业人员的66.1%,留学生在园区高新技术产业发展中起到重要的"桥梁"作用。

科研院所尤其是工业技术研究院对新竹技术创新作用显著。新竹科学工业园的企业与研究机构有同根同源发展成水乳交融、共生共荣的关系。研究机构、大学不仅为企业提供联合创新项目和人力资源培育,还衍生不少创新企业参与园区建设。形成了以企业为主体的创新网络体系:其中政府营造创新环境、制定鼓励技术创新的政策,提供资金支持;研究机构和大学成为研发的主要承担者,并提供人才培训和支撑;企业成创新的主体,加大研发并转化应用创新技术成果。

风险投资培育、推动了高技术产业的发展,具有基础性的支撑功能。台湾风险投资于高技术产业的比重高,占到总投资企业数的87%左右,总投资资金的88%;风险资本主要投向半导体、光电、计算机、通信、生物医药五大领域,催化高技术企业的诞生并促使高技术企业壮大,培养了一大批明星企业。

建立了政府引导发展和市场自主配置资源两种发展模式相结合的良性互动互促体制。有帮助和促进创新型小企业产生、培育和发展的一系列的制度安排和服务机构。包括扶持小企业成长的措施、孵化器、创业投资等。

----

① 参见钟坚:《台湾新竹科学工业园区的特色与启示》,《深圳大学学报》(人文社科版)1997年第4期;吴亚明:《台湾"硅谷"——新竹科学工业园区》,《人民日报》2002年2月24日;林世渊:《新竹科学工业园的建设与管理》,《亚太经济》2001年第6期。

政府科学的规划、建设和管理,建成了高效的管理体制。台湾当局对科学园实行了二级管理体制,并制定了较为完善的法规。在新竹科学工业园设园区管理局,隶属"行政院国科会",负责办理园区日常事务。两级管理机构各司其职,决策链条相对短暂,信息损失率低,决策有效性高,使管理能够顺利进行。政府的大力支持,制定了产业、税收、资金等整套政策促进园区发展。新竹是政府规划下建立的科技园区,政府在园区发展中起着重要的指导和支持作用。

此外,台湾还设立了占地638亩的台南工业园区,引进了半导体、微电子精密机械、农业生物技术产业;经济部工业局还在筹办南港软件园区、云林科技园区、电讯园区等。除了在行政主导的工业园区外,台湾还积极鼓励大企业建立各有特色的专业科学工业园区,如台塑华亚园区、宏基渴望园区等,形成了公营工业园区和民营工业园区互补共存、共同发展的格局。

目前,台湾高科技产业链的中低端部分基本上都转移到中国大陆,岛内主要是高科技产业链的高端部分,也是总部经济部分。

第六节 新加坡政府推进总部经济发展经验

一、新加坡成功转型总部经济

亚太地区政府推进总部经济发展的经验,以新加坡最为典型。新加坡面积704平方千米,人口450万,大约与深圳宝安区面积相当。就在这个小小的岛国上,云集着约7000家跨国公司和10万个中小型企业。在这些企业中,有超过4000家在新加坡建立了企业总部。包括葛兰素史克、埃克森美孚化工、日立、摩托罗拉、通用电子、惠普等。新加坡至今仍然是跨国公司立足和集中的区域中心,也是银行、制造业和物流运作的中心。

在20世纪60年代,跨国公司纷纷到新加坡开工厂。因为当时跨国公司在本国面对生产成本高涨的压力,必须把工厂搬迁到生产成本低的地点。新加坡有廉价的劳动力,是理想的新兴工业生产地。

从 1960 年成立至今的 50 年里,新加坡实现了 10 年一次的产业升级:从最初的蚊香、假发等劳动密集型产业到制药、造船、化工等资金、技术密集型产业,再到目前的晶圆、水务等知识密集型产业;从出口导向型的制造业,到制造业、服务业并举,成为全球最具竞争力的商务中心,新加坡创造着奇迹。

一直到 20 世纪 80 年代初期,就工业而言,新加坡仍然还只是跨国公司总部经济链条中的生产加工基地,产品在海外设计,只是借用新加坡工厂的生产线来生产。当时的新加坡有点类似目前的珠三角,制造业成为占主导地位的经济部门,而制造业的繁荣几乎完全依靠出口导向型的增长。

新加坡展开了政府所称的"第二次工业革命"的产业运动,朝着研发、工程设计以及电脑软件服务等一系列的知识密集型产业迈进。为避免出现产业空洞化,新加坡走了一条继续重视制造业发展的道路,使制造业的产值比重维持在 25% 的水平。同时,加快制造业的行业重组,将劳动密集型的企业转移到成本较低的亚洲邻国,而新加坡则集中发展高附加值的资本密集和技术密集型的产业。

新加坡成功转型总部经济有三大经验。

(1)全球化经济体系中准确的定位。新加坡转型路上最大的一个成功经验是在世界经济体系中找到了自己的最佳位置。新加坡把自身的发展同亚洲发展密切地关联。随着中国经济和印度经济的起飞,新加坡有机会延伸为世界与这两个巨大经济体的桥梁。1986 年,新加坡推出了"总部计划"。截至 2008 年,重量级企业总部已增至 415 家,经发局的目标是吸引 500 个重量级企业在新加坡建立企业总部。①

(2)瞄准世界新兴产业,产业结构不断调整升级。新加坡不断加强现有技术能力,积极探寻有前途的新领域,每 10 年成功实现一次产业升级。对每个有前途的新兴产业,新加坡政府总是不遗余力地支持。目前,他们的最新目标是清洁能源,为此,新加坡政府拿出了 3.5 亿新元(2.28 亿美元)的资金,要将新加坡发展成清洁能源枢纽。

(3)实施人才战略。人才战略被视为新加坡成功的核心。新加坡政府希望

---

① 参见邱敏、王希怡:《新加坡总部经济的成功之路》,《广州日报》2008 年 2 月 27 日。

把各界精英都吸收到政府担任高级领导人,包括医生、律师、会计、大学教授、企业家、银行家等有能力并且诚实和品行优秀的杰出人物。为了满足高科技产业所需的特定劳动力,新加坡经济发展局与日本、德国以及法国政府共同建立了技术机构,使培训过的新加坡人能够胜任电子以及工程领域的专门工作。

新加坡政府是总部经济形成的战略制定者。从 20 世纪 70 年代以来,新加坡政府制定一系列政策,促进本国产业升级转移,吸引跨国公司总部入驻。

二、新加坡政府吸引跨国公司总部政策措施

新加坡政府根据不同的企业总部类别采取了各种针对性优惠措施①:

1. 商业总部优惠措施

优惠商业总部的目的是奖励并协助在新加坡注册的公司或企业,将其技术扩展到本区域,并能提供商业、技术和专业服务,走商业区域化、国际化道路。

第一,奖励条件:申请奖励者必须是在新加坡注册的本国公司或外国公司,该公司在商业或特定领域有良好业务基础,在股权、资产和雇员方面都能达到相当的规模;申请者必须至少与三家真正从事商业活动的岸外公司签有正式合同,同时向这些公司提供服务,并从这些服务中获取利润。

第二,特定条件:申请者在本区域的主要业务包括商业和服务业;申请者必须明确其主要的业务核心是新加坡作为区域管理和监控中心。

第三,申请者的主要经营范围:工程和技术服务,主要包括研究发展各种技术、商贸行业咨询、管理和监控服务。计算机信息、通讯及业务。娱乐、休闲、生活消遣方面的服务及酒店管理。出版、医药卫生、教育及培训项目。仓储自动化。

第四,申请者的经营服务可通过特许经营权计划来区域划分。

第五,经营服务所雇用的人员必须以新加坡人为主,至少有管理人员 10 名、高级专业人员 5 名和技术人员 10 名等,受雇人员应向申请者的主要业务区域提供至少三项辅助性的服务,即总体管理、发展和协调。原材料和配件的采购。市

---

① 参见赵弘:《总部经济》,中国经济出版社 2004 年版。

场研究、控制及销售。公共宣传活动管理和设计。区域培训及人才管理。企业财务、债券及基金管理。区域技术与通信产品开发。

第六,由经发局授予"商业总部"称号的企业享有如下优惠:从事上述行业及特定领域里的业务可以享有10年免税优惠。对于前期享有"先锋地位"的工业,可获得15%的减税优惠,为期5年。对出口销售和服务所得收入50%予以免税,为期10年。对出口服务所得收入的90%予以免税,为期10年。对新增固定资产投资,在原折旧率的基础上可享受50%所得税优惠。对于购买生产设备的岸外贷款可扣除利息税。对经批准的专利权使用费、各种杂费及发展经费、对符合要求的付款可享受全部或部分免税。来自岸外公司的红利收入免征所得税。

2. 营业总部优惠措施

这是新政府为吸引跨国企业集团设立以新加坡为"区域营业部"(简称OHS)而推出的优惠措施。

第一,凡享有经发局授予区域总部地位的外国公司及本国企业总公司,在5至10年内对从所提供的服务中赚取的利润只交10%的公司所得税。

第二,岸外公司汇来的利息和权利金以及总公司买卖外汇所获得的利润,岸外投资所得,均可享有10%的公司所得税优惠。

第三,岸外附属子公司汇来的红利享有10年免税优惠。

"商业总部"为区域里的任何客户提供辅助性服务,所获取的优惠视情况而定。"营业总部"的服务对象只限于与自己业务有关的企业并统一享有10%的优惠税率。

3. 跨国营业总部优惠措施

跨国营业总部鼓励在新加坡成立和注册的公司将总部设于新加坡,并对其海外附属公司及其有关企业提供管理规划及协调。

第一,获"跨国营业总部奖"应具备以下条件:在本区域拥有众多的生产营销网络;与投资国其他同行业相比,其净资产值、员工人数均具有相当的规模和地位。

第二,跨国企业在新加坡设营业总部应具备以下条件:实收资本额在50万元新币以上(约250万元人民币);每年在新加坡营业支出在200万元新元(约100万元人民币);至少雇用4至5名高级行政人员和技术专业人员;至少从事三项与营业总部功能有关的活动;至少有三家子公司在其管理控制之下。

第三,奖励内容:跨国营业公司总部获得拥有股权的海外附属子公司或有关企业的红利可免交公司所得税,该公司若将其转贷给区域子公司或汇入新加坡总部也不增加任何税项;在新加坡境内的跨国营业总部,其各项管理服务收入只需交10%的公司所得税;跨国营业总部向新加坡金融机构融资,并将其转贷给区域总公司或有关企业的所得利息,可申请10%的优惠税率;跨国营业总部租税期一般为5至10年,税期延长视营业范围和营业项目而定。

为吸引跨国公司总部入驻,为发展总部经济提供优质的制度软环境基础,新加坡政府创造了世界上经济发展的高速度,同时也创造了世界上第一流的行政工作效率。例如,专门负责投资申报、审批手续的新加坡经济发展局,该局机构精简、手续简便、工作效率高,设有5个办事处,人员精干,职责明确。该局在世界各国共设13个投资促进办事处,却只有32个工作人员,十分干练。政府给予他们较大的权力,他们根据新加坡政策要求,与投资者可以直接进行初步洽谈,当天可谈成报告经济发展局。外商经过初步谈判后只需逗留一天,第二天晚上便可携带投资批准书返回本国,一项外国投资项目从申请到批准设厂,只需要10天至20天时间。

新加坡政府的高效行政离不开政府的廉政建设。新政府在廉政建设中首先建立和健全防止政府官员贪污的机制,早在殖民地时期的1937年便公布实施了"反贪污条例",在此基础上,先后于1959、1966、1981、1988年几次进行修订,使反贪污立法愈益严密和完善。政府建立起廉政公署清查官员贪污腐化徇私舞弊的行为,做到执法必严,形成对政府人员强大的监督和制约机制。新加坡政府在廉政建设中还十分注重高薪养廉,这也是该国政府廉政建设一个最具特色的方面。

三、独具特色的苏州新加坡工业园:境外区域合作的新模式

新加坡本土狭小,没有经济腹地。新加坡在发展总部经济过程中,以境外为

腹地。由于境外土地属于他国主权,为解决这个矛盾,新加坡政府与其他国家和地区签署有很多合作协议,开辟了很多合作模式。苏州新加坡工业园就是一种开拓境外经济腹地的创新模式。

1994 年 2 月,中国和新加坡签署《关于合作开发建设苏州工业园区的协议》,同年 5 月,苏州工业园区打下第一根基础桩。苏州工业园区行政区划 288 平方千米,其中,中新合作区 80 平方千米。16 年来,园区经济始终保持年均 30% 左右的增速,园区以占苏州市 3.4% 左右的土地,创造了全市 16% 左右的 GDP,每平方千米土地产出 GDP 3.48 亿元,土地产出率相当于建园初期的近百倍。2008 年,在年度土地供地量同比减少 40.71% 的情况下,园区实现地区生产总值 1001.5 亿元,同比增长 14.5%;地方一般预算收入 95.1 亿元,同比增长 24.5%;并实现进出口总额 625 亿美元、注册外资 30.2 亿美元、到账外资 18 亿美元,综合发展指数位居全国国家级开发区第二位。① 苏州工业园区在有限的土地上创造较高的经济效益主要经验如下。

(1)实施严格的用地规划。园区成立之初,即对工业园区 70 平方千米土地实施一次性规划。扣除水域和生态保护带等,苏州工业园区的实际可规划建设用地不到辖区面积的一半。面对有限的土地资源,按照集约利用的原则,苏州工业园区开发者树立"惜土如金、尽善其用"的观念,根据用途最佳、效率最高、效益最大的原则统筹安排各类建设用地。对工业、住宅、绿地、商务等用地分别按 32%、22%、14%、2.4% 的比例作出明确规定。在这个基础上,实行了"工业向园区集中,人口向社区集中,住宅向镇区集中"的土地管理模式,在全国率先停止审批宅基地,结合动迁安置,集中规划了 20 多个居住小区,将原先占地 20 平方千米的宅基地和村庄用地集中到 6 平方千米以内的集镇社区和中心村,集约利用土地达 14 平方千米。苏州工业园区属阳澄淀泖地区,水网密布、地势低洼。为确保建设需要,园区开创了"清淤、治水、取土、扩地"相结合的土地综合开发新模式。通过在金鸡湖、独墅湖、阳澄湖底清淤取土 4000 余万方,用于低洼地、沼泽地的填土,避免挖废耕地 1.5 万多亩,相当于新增用地 10 平方千米。同时,

---

① 参见苏州工业园区网(www.cyol.net)"园区概况"栏目。

110KV 电缆全部下地,既美观了城市环境,又节省了土地 2.4 平方千米。对园区南部科技创新区 220KV 和 500KV 高压线进行了归并,归并后高压走廊宽 72 米,总长 5500 米,较归并前减少占地 594 亩,为南部科教创新区提供了更大的建设用地空间。

(2)园区努力在提高引进项目质量、单位投资强度和建筑容积率上下工夫,最大限度地向空间要效益。从 2003 年开始,中新合作开发区对投资额低于 1000 万美元的项目原则上不供地,推荐进标准厂房。在周边三乡镇,少于 1 万平方米土地或低于 5 亿美元/平方千米的项目原则上不供地,一律推荐进标准厂房或多层厂房。目前,区内工业地块每平方千米平均投资强度超过 17 亿美元,在全国开发区中名列前茅。同时,园区严格执行工业用地标准,提高项目用地的门槛。工业用地容积率严格要求不得低于 0.8,行政办公及生活服务设施建筑占比不得超过 15%。对于已有项目的地块,园区定期督促企业加快开工投产步伐。2008 年,园区出台了《苏州工业园区闲置土地处置暂行办法》,严格对闲置土地进行处置。

(3)苏州工业园区根据土地稀缺的状况,适当提高各类建筑的容积率。商住用地平均容积率从最初的 1 提高到现在的 2.2 左右,其中湖西商务区内地块的平均容积率达到 4.2。管委会规定,中新合作区内二层以上标准厂房应占到80% 左右,乡镇应占到 20% 以上,目前区内正在尝试建设 4 至 8 层的标准厂房。同时,园区为节省土地资源,近几年明确规定农民动迁用房一律建设小高层、高层,并对农民入住小高层、高层动迁房给予补贴奖励。

(4)为提高土地利用率,苏州工业园区集中建设生活配套设施。借鉴新加坡公共管理先进理念之一的邻里中心,集商业服务和社会服务于一身,将所有社区服务设施(如农贸市场、邮政所、银行、阅览室、卫生服务站、理发室、洗衣房、修理铺等)合理集中、组合发展,严禁破墙开店、无序发展社会商业,这样做不仅节约了土地资源,而且也实现了便民服务与区容区貌、城市交通、人居环境高度统一。

(5)苏州工业园区的道路用地仅占 15%,低于国内一般城市,16 年来却从未出现过严重的堵车现象。早在规划时就预先排除了导致交通拥堵的种种因素,如采用由西向东"轴向布局"——商业区居于中心地带,其南北两侧向外依次是居住区和工业区,这样,上班、逛街的人流车流就自然分开了。①

苏州新加坡工业园开发建设取得了巨大的成绩——确立了完整科学的规划体系;建立了全新的开发管理体制;建设了高水准的基础设施;引进了高质量的投资项目;促进了社会事业协调发展;提高了社会和谐文明程度;强化了借鉴创新工作。

苏州新加坡工业园以不到苏州市4%的土地、人口和5%的工业用电量,创造了全市14%的地方一般预算收入、16%的工业总产值、17%的固定资产投资、30%的注册外资、28%的实际利用外资、31%的进出口总额。苏州新加坡工业园不仅成为率先实现统筹发展的排头兵,也创新地发展了一种工业园模式,为其他城市的工业园建设提供了借鉴。

苏州新加坡工业园成功之处是数字背后的先进理念和管理模式:

(1)恰当的发展目标。苏州新加坡工业园在一开始就设定发展目标为:借鉴吸收新加坡开发、管理裕廊工业园的经验,紧密结合中国国情,在苏州建设一个具有世界水准的、类似新加坡裕廊镇的现代化、国际化工业园。园区将致力于发展开放型,要求以高新技术为先导,生产性项目为主体,第三产业高度发达,社会公益事业完善配套,经过努力,把工业园最终建设成为经济繁荣、生活富裕、环境优美、富有活力和效率,适合创业发展、居住的国际性园区。

(2)严密的规划。苏州新加坡工业园在建设的过程中确立了"先规划后建设、先地下后地上"的科学开发程序。根据区域发展总体目标,中新双方专家融合国际上城市发展的先进经验,联合编制完成了具有前瞻性的区域总体规划和详细规划,科学合理布局工业与各项城市功能,先后制定和完善了300多项专业规划,形成了"执法从严"的规划管理制度。运用了"国际规划"的理念,有整体意识,通过一横两纵的生态廊道,构筑了与市域生态系统相协调的、富有明显地域特征的生态网架。

---

① 参见杨应奇:《苏州工业园区节约集约用地纪实》,《中国国土资源报》2009年6月11日。

苏州新加坡工业园在建设的过程中树立了"规划大于市长"的理念,建立了"专家从严执法"的城市规划管理制度,摒弃了随意性,增加透明度,保证了园区总体布局的合理性、原则性与灵活性结合。执行中,在严格维护总体结构的前提下,对土地进行集约管理。

1995 年印发的《苏州新加坡工业园区城市规划管理办法(试行)》明确规定:必须控制建筑退后线和建筑缓冲带的建设项目,施工前必须由园区规划建设局认可的测绘部门放线、验线,建设单位必须在放线前两天通知测绘部门。建设单位未经测绘部门按规定放线、验线进行建设的,由园区规划建设局对其处以10000 元的罚款。2002 年印发的《苏州市城市管线规划管理办法》明确规定:适时进行城市地下管线普查,建立城市地下管线信息资料库,实现动态管理、信息共享。经规划部门批准的管线工程建设,必须由具有城市规划测绘资质的单位进行开工前定线,在覆土前进行竣工测量。地下管线走向简单且严重影响交通的工程,经规划部门批准,在预留可靠标志后,可先行覆。苏州新加坡工业园区在城市地上地下"账"的管理方面,交了一份优异的答卷,为数字规划的成功实施打下了良好的基础。

苏州新加坡工业园在建设的过程中采用建筑信用证制度,建筑工程竣工后,使用前实行"扎口管理",具有城市规划测绘资质的单位应当按照规划部门规定的期限完成开工定线和竣工测量。

苏州新加坡工业园在建设的过程中注重"城市设计"的概念的应用,在建设中既注重单个规划,又兼顾整体美观和谐,实现了生态型、公园型的工业园区。

(3)严格的管理。苏州新加坡工业园以新方为主体进行了世界范围的招商引资,出台了相关的招商政策,同时有计划地向有关国家和地区进行宣传推介,取得了很好的招商效果。

苏州新加坡工业园在管理上全方位借鉴新加坡的模式,将新加坡的"经验"和"国际资本"的大规模进行了有效结合,使工业园按照"企业制度"来运行,创造了一个有序的竞争环境,使企业的经营发展纳入法制化的轨道。

苏州新加坡工业园有三个层次的管理框架:最高层是中新双方政府高层组成的中新联合协调理事会,一般 1 至 2 年开一次会;第二层是由苏州市政府和新加坡裕廊工业区裕廊镇管理局组成的双边工作委员会,定期开会;第三层是由苏州新加坡工业园借鉴新加坡经验办公室和新加坡贸工部软件项目办公室组织的管理委员会,经常碰头开会,解决日常问题。

苏州新加坡工业园建立了新的开发和管理体制。中新苏州新加坡工业园区开发有限公司是园区的开发主体,由中新双方财团组成:中方财团由中粮、中远、中化、华能等14家国内大型企业集团出资组建;新方财团由新加坡政府控股公司、有实力的私人公司和一些著名跨国公司联合组成。管委会是园区的管理主体,下设15个职能局(办),工作人员面向全国招聘,为副地市级建制,对工业园区及周边地区依法行使管理职能。园区管委会的主要职能是:根据国家法律法规和上级行政部门的授权,自主地行使园区周边地区行政管理和经济管理权;自主地、有选择地借鉴新加坡经济和公共管理经验;监督检查工业园区经济发展规划的实施;制定并组织实施园区周边地区经济和社会发展规划;加强社会管理职能,创造良好的社会发展环境,保障工业园区经济和建设的正常运行。

这种三个层次的框架保证了园区顺利建设,而管理和开发的分离保证了园区的效率。同时,在园区发展中,管委会的人员精简,机构也按照裕廊镇的设计,按发展经济的角度来设计岗位,提供服务,避免了机构庞大、臃肿、低效的局面。

苏州新加坡工业园借鉴新加坡经验,按照"精简、统一、效能"的原则,设立精简的园区管理机构,不要求区内机构同上级机构对口设置,区外行政机构一般不在园区设立分支机构。工业园区的总体规划及其分期规划由中新双方共同编制,报省政府批准后由管委会监督实施。工业园区分区规划、控制性详细规划由管委会组织编制,报市政府批准后,由工业园区管委会组织实施。

苏州新加坡工业园借鉴新加坡"亲商"理念,管委会不断提高服务水准,通过精简行政审批项目、清理压缩行政经费、增强"一站式"服务职能、实施社会服务承诺等有效手段,千方百计营造有利于企业发展的投资软环境,初步形成了"精简、统一、效能"的服务型政府,"全过程、全方位、全天候"的服务体系,"公开、公正、公平"的市场秩序和"科学、规范、透明"的法制化环境。

工业园区的建设中必然面临人才问题,苏州新加坡工业园建立了苏州新加坡工业园职业技术学院,全面借鉴南洋理工学院先进的职业教育经验和管理模式,采用"教学工厂"的教学模式,按照园区产业布局设置专业,有机电一体化、紧密加工、磨具设计、工业电子、现代通信工程、计算机网络、微电子制造技术、现代物流、电子信息工程等专业,此外,该学院还聘请了多位来自外企的、经验丰富的高级企业管理人员和技术主管,把最新的企业需要及时传递给学生,促进了学院以企业需要为办学目标的模式,为园区培养了适销对路的人才。工业园还制定了很多吸引优秀人才的政策、措施,设立了人力资源交流中心。

第七节 走具有深圳特色的总部经济发展之路

深圳由于自身特点,发展总部经济,开展区域合作,必须走具有自身特色的道路。具体来说,深圳应借鉴新加坡模式,发挥其科技产业和金融创新的优势,克服其经济腹地的不足,避开香港和广州在发展总部经济、开展区域合作方面与深圳的竞争,形成一条"内聚外联"的总部经济发展之路。

一、"内聚"型的总部经济

"内聚"就是靠自身的力量成长出总部经济,在开展对外部企业的吸引的同时,立足于自身企业的成长。深圳对外部企业的吸引力比不上北京、上海、香港、广州,但深圳的高新技术产业和金融业是产生总部经济的土壤。深圳具有较强的自主创新能力,尤其是高科技产业和金融创新能力,深圳总部经济主要是从内部成长起来的,属于"内聚"型的总部经济。

深圳总部经济与深圳的支柱产业发展密切相关。深圳以高新技术、物流、金融、文化为支柱产业,每一个支柱产业其产业链又分高、中、低端部分,总部经济属于产业链高端部分,深圳应大力发展高新技术、物流、金融、文化产业的高端部分。

深圳的高新技术产业在全国范围内有一定的优势,20世纪90年代中期以来成了深圳经济最大的支柱产业和主导产业,支持了深圳的快速发展,并成长出一大批总部型企业,促进了总部经济的发展。包括:通信领域的华为、中兴等国际知名企业;软件领域的金蝶、金证、亚都等企业;生物工程领域的科兴、海王、赛百诺、海普瑞等企业;新材料领域的比亚迪、长园、中金高能等企业;医疗器械领域的安科、迈瑞、金科威等企业。华为公司在第三代移动通信(3G)上,已跻身全球移动通讯企业第一阵营。专业从事二次充电电池研究、开发、制造和销售的比亚迪股份有限公司,日产二次充电电池达300万粒,镍镉、镍氢、锂离子电池的国际市场份额分别居全球第一、第二和第三位。

目前,深圳形成了相当数量规模自主创新企业群体,不少企业已经拥有较强的自主创新能力。全市从事开发、生产高新技术产品的骨干企业有2000多家,从事高新技术产品研究、开发的科技人员10多万人,专利申请量和授权量在国内大中城市中稳居第三位。

金融业是深圳经济发展的原动力,深圳这些年经济的高速发展,金融业的输血起了很大作用。深圳在短短的二十多年时间内,形成了一个由银行、保险、证券、基金其他非银行金融机构等组成的相对较为健全的金融体系,曾创造了全国金融界100多项"第一"和"率先"。目前,在深圳的经济总量中,金融业占有12%的比重,这在全国乃至世界上都是相当高的。深圳已形成了比较完整的、开放的金融组织体系和金融市场体系,正逐步成为我国重要的金融中心之一。无论是从金融机构的数量、银行存贷量,还是融资能力,深圳都是我国重要的金融中心之一。深圳一些金融机构如招商银行、发展银行、平安保险公司已经发展成为全国性金融机构和总部经济的代表企业。深圳已成为全国证券资本市场中心之一。随着中小企业板和创业板推出,深圳证券交易所已进入规模化、市场化发展的新阶段。20多年来,深圳金融业为特区发展作出了巨大的贡献,是名副其实的第一推动力。深圳市基本建设投资的1/3以上是由金融业提供的;深圳企业80%以上的流动资金是金融业供给的;深圳目前的100多家上市公司通过证券市场就筹集资金近400亿元。

深圳文化产业经过近几年的长足发展,已经成为目前潜在的优势产业。深圳印刷业与京沪"三足鼎立",和北京、上海一起被公认为国内三大印刷基地,目前有各类印刷企业近2000家,产值超过200亿元。文化旅游业方面,深圳华侨城集团培育的世界之窗、锦绣中华、民俗文化村、欢乐谷等集娱乐性、参与性和高科技于一体的主题公园模式,在全国许多地区被借鉴和推广。深圳现有电影制片厂和各类社会影视制作经营机构近 60 家,从事动画制作企业近 200 家,个人动漫形象设计工作室近千家,动画制作量大,前景令人瞩目。深圳市骨干文化产业实现的增加值在全市 GDP 的比重已接近 5%,并成为新的经济"增长点"。①

二、"外联"型的经济腹地

"外联"就是与外地进行区域合作而不是一般的对外辐射,形成深圳特有的经济腹地模式。

一个高度发展和高度繁荣的城市,其发展一定要有经济腹地的支持。美国的纽约之所以成为国际金融中心,与其强大的经济腹地支持密切相关。纽约市区的面积只有 930 平方千米,比香港还要小,其制造业的比重只占 9.2%,主要以服务业为主,与香港的产业结构非常相似。但是,纽约市有强大的经济腹地做支持,包括纽约州、新泽西州和康涅狄格州的 26 个县,面积达 32400 余平方千米,是世界最大的都市区之一。尤其是新泽西州,它作为纽约的"直接腹地",对纽约的经济发展起到相当重要的作用。东京也是如此,市区面积只有 2187 平方千米,只比深圳的面积稍大一点,但由于横滨和千叶成为东京的直接腹地,构成了日本著名的京滨工业区,因而东京能够成为日本最大的工业城市,日本主要的公司都集中于此,工业产值居日本第一。

香港地处中国与东南亚经济圈的中心,是亚太区域内的国际金融中心城市,在连接国际市场、带动中国经济发展、实现国家的发展战略中将担当重要角色。香港的最大优势是,香港是中国目前唯一的国际金融中心,具有较强的融资能力和资本运营能力。香港的核心竞争力是金融及相关服务业和现代物流业,国际资金通过香港的机构很快能进入中国内地。香港拥有一批国际水平的金融专业人才,良好的专业素质和外语水准,能应对国际金融市场的变化需求。另外,香港资本市场有完善稳定的法律体系,尤其是对投资者方面的制度保护,高度流动

---

① 参见李佳佳:《"深圳制造"再刮影视旋风》,《深圳商报》2008 年 4 月 17 日。

性,自由兑换的货币体系,高增值的金融服务,等等。但香港的融资能力和资本运营能力必须建立在强有力的经济腹地支撑基础上才能发挥作用。20年前港资进入内地,港商主要是以直接投资的形式将其制造业转移到内地,促成了内地加工业的快速崛起。香港国际金融中心以珠三角和中国内地强大的制造业为背景,中国内地和珠三角是香港的经济腹地。香港企业根据国际市场的信息,参与产品的设计,引导中国内地和珠三角企业生产什么,怎样生产。香港的金融和资本运营能力为中国内地广大企业提供资本增值服务,对中国内地经济发展产生巨大带动作用。

与香港相比,深圳是在特殊的时期发展起来的特殊城市,但深圳享有特殊地位的时期比香港短,在短短的30余年里,深圳与香港一样,金融、房地产、旅游、物流等产业先后发展成为深圳的支柱型产业,这些产业的壮大使深圳经济迅速发展,但也逐渐与香港构成产业的同构化,必然与香港形成一定程度的竞争关系。随着内地多个城市的崛起,深圳在全国的影响半径逐渐缩小,影响力下降,边缘优势、窗口效应和特区优势已不明显。

广州是华南中心城市,有区位优势,对珠江三角洲经济有较强的辐射力,作为经济大省的省会,有较强的资金凝聚力,能集中相当多的资金用来发展自己。广州工业门类齐全,既有加工业,也有钢铁、造船、汽车、石化等重工业项目,有像广本这样的大型骨干工业企业。广州市首次提出了将大南沙建成广州"东京湾"的新思路,实现由沿江城市向沿海城市转变。由于广州的存在,深圳不可能将华南地区作为经济腹地,也不可能变成华南地区中心城市。中心城市是指一定范围内具有较大影响力的城市,不能只看经济实力,而要看综合实力和影响力。北京、上海是全国中心城市,北京是国家级政治中心城市,上海是国家级的经济中心城市。广州是华南区域的中心城市。成都是西南区域的中心城市,成都的存在,重庆无法成为西南区域的中心城市。武汉是华中区域的中心城市,华东和华北由于有上海和北京的存在,像天津、苏州、杭州、南京、宁波和无锡等很难成为这两个区域的中心城市;东北区域的中心城市应是沈阳而不是大连。西北区域的中心城市应是西安,虽然西安的GDP比宁波和无锡少得多,但论在区域内的影响力则是当之无愧的中心城市。

由于总部经济需要经济腹地,深圳周边地区又不是深圳的直接腹地,而是香港、广州的经济腹地,深圳的经济腹地需要通过两种方式形成:第一是避开香港、广州的经济辐射密集区域,把包括珠江三角洲地区在内的整个南中国地区作为自己的经济腹地,在更大的范围内以与外地联合的方式延伸自己的产业链,走重庆、天津、苏州等城市的道路;第二是借鉴新加坡苏州新加坡工业园经验,在周边地区或内地通过直接介入方式,发展深圳在外地的工业园,延伸产业链,打造经济腹地。这两种方式,都是与外地进行区域合作而不是一般的对外辐射,是深圳特有的经济腹地模式。

第八节　发展总部经济的对策措施

为抓住总部经济发展和区域合作展开这个历史机遇,深圳市要加大力度,推出有力举措,促进深圳企业开展区域合作发展总部经济。

一、健全组织体系

健全组织体系是开展区域合作发展总部经济的保障。深圳应从以下方面健全相关组织体系。

1. 政府的常态化管理

发展总部经济,要处理好政府、行业组织、企业三方面的关系,充分发挥政府、行业组织、企业三方面的作用。政府的作用主要是管理与引导,行业组织发挥协调作用,企业是主体。政府要把发展总部经济提到日常管理高度,进行常态化管理和精细化管理。政府管理职能要常态化,确定编制和人员,明确职责。

在健全政府管理部门的基础上,对深圳企业在内地投资集中且没有建立投资商会的地区,组建深圳企业在内地投资集中的城市的投资商会,与所在城市的政府形成沟通机制。与深圳总部型企业和外地城市投资商会之间形成密切的信息交流关系和高层对话机制。投资商会由所在城市的深圳投资企业组成,商会的性质为:会员性组织、非常设机构。商会以"精干、高效、真诚、务实"的服务精神,遵照国家和地区有关政策和法规,维护会员企业的合法权益,接受当地人民政府和主管部门的指导和管理。深圳企业投资商会宗旨:增进投资企业的团结,联络本地地区深圳投资商及外区域的投资商,增进相互的交流和合作,加强与当地政府各个部门联系,促进企业的发展和经济的繁荣,维护会员取得合法权益。商会主要任务包括:

第一,密切协助会员间的合作,组织召开行业洽谈会、研讨会,促进同业在营运上的顺利、互相交流及任务。

第二,加强与人民政府及各部门间的联系,积极组织会员与相关部门座谈,沟通有关问题解决之渠道,并时常举办事务讲座及沙龙,沟通各种信息,使商会成为政府、企业、市场相互沟通、交流的工作平台。

第三,对会员在企业筹办、经营过程中遇到的困难予以帮助及协调,并及时向有关部门反映会员的意见和建议。

第四,依据中华人民共和国的法律、法令,积极维护会员的合法权益,会员的权利受侵害时,负责向政府及有关部门反映。

第五,代表深圳企业参加各种社团活动,组织会员考察、访问、旅游及其他活动。

第六,定期出版会讯并向深圳市企业投资信息系统及时介绍本地区及其他地区的投资环境,及时报道深圳市投资的有关政策及行业动态,反映会员的意见和建议,通报商会的会费及财务情况。

2. 按照类型进行登记认定

为促进总部经济成长,防止深圳本地企业总部外牵,积极吸引跨国公司及国内有实力的大型企业来深圳设立总部或地区总部或研发中心、销售中心、物流中心,使深圳发展成为企业总部基地,深圳在组织上对深圳总部型企业已经进行登记认定,以便进行管理并提供服务。这种登记认定目前主要是从下属机构数量和资产规模着手的,但这种登记认定办法过于简单,没有分类,不便于跟踪服务。要按照类型进行登记认定。

第一,金融机构总部和金融机构地区总部:金融机构总部是指注册地址在深圳的银行、证券公司、基金管理公司、保险公司、信托投资公司等具有法人性质的机构。金融机构地区总部,是指银行、证券公司、基金管理公司、保险公司、信托投资公司的分公司(分行),以及直接隶属于法人机构单独设立的业务总部、营运总部、资金中心、研究中心等。

第二,物流和商贸业总部:物流和商贸业总部是指在深圳市新注册的具有独立法人资格的航运公司、物流公司(包括采购中心、营销中心、配送中心等)、商贸企业(以异地采购货源且异地出口报关为主的企业除外),在中国境内设立的分支机构不少于 3 个,且对其负有管理和服务的职能,母公司资产总额不低于 1 亿美元的企业。

第三,研发总部:研发总部是指在深圳市注册的具有独立法人资格的研发机构,母公司资产总额不低于 2 亿美元(或等值人民币,下同),在深圳市的研发中心业务辐射全国,母公司分支机构不少于 3 个。

第四,工程、会计、法律中介服务业总部:工程、会计、法律中介服务业总部是指在深圳市注册的工程咨询(设计、咨询、监理等)、会计服务、资产评估、法律服务机构;在中国境内设立的分支机构不少于 3 个,且对其负有管理和服务的职能,母公司资产总额,工程咨询机构不低于 1000 万美元,会计、法律中介服务机构不低于 500 万美元。

第五,旅游和会展服务业总部:旅游和会展服务业总部是指在深圳市注册的具有独立法人资格的旅游服务机构、会展服务与代理机构;在中国境内设立的分支机构不少于 3 个,且对其负有管理和服务的职能,母公司资产总额不低于 500 万美元。

第六,跨国公司地区总部:有独立法人资格;母公司的资产总额不低于 4 亿美元;母公司已在中国投资累计总额不低于 3000 万美元;在中国境内外投资或者授权管理的企业不少于 3 个,且对其负有管理和服务职能。

3. 加大宣传力度

为促进区域合作,发展总部经济,政府部门领导或者工作人员要定期出访深圳企业在外投资的主要区域,多参与企业推介活动。政府牵头在内地有发展潜力的地区举办推介会。政府出面加强企业与各界的联系,加强企业对当地影响。

为宣传和推介深圳总部型企业,需要建立推广基金和深圳企业推广协会,使政府对企业的推介有经费,有制度,有计划。推广协会实行深圳企业会员制。企业会员可以分为:会长单位、副会长单位、理事会单位、企业单位,特别赞助单位、特别顾问单位。推广协会设立推广基金,推广基金来源于深圳企业会员年费,基金来自于企业,用于企业。深圳企业推广协会会员入会后可以获得以下支持。

第一,入会后,企业可以获取行业资讯。利用协会广泛的社会关系及会员网络,获取行业最新信息。

第二,企业可以通过加强同行之间的交流。协会会员从行业巨头到小公司,从总经理到一般开发人员,所有会员都可以从协会举办的各类活动中获得与同行交流的机会。

第三,参加企业推广活动。利用市政府网络,免费或以优惠的价格参加协会组织或各类行业活动。特别是在全国和地方媒体上的对企业推介活动。

第四,获得政府项目机会。利用协会的桥梁作用,加强与政府之间的交流,获取政府项目或资助的先机。

第五,获得商务机会。利用协会接触面宽、信息量大的优势,获得商业机会。

第六,获得专业的推广宣传机会。协会定期编撰企业会员名单,企业会员以此可以向政府、同行以及相关部门宣传企业产品和形象。

第七,与国外交流机会。通过协会与各个地区的经常联系,获取国外最新信息和商务机会。

第八,优惠参加其他区域的展览会。会员拥有以折扣价格参加协会或相关部门举办的各类展览会。

第九,参与协会的运营、管理。会员有机会获得参加理事会会议的权利,为协会建设出谋划策。

4. 建立企业投资信息系统

建立企业投资信息系统是便于企业及时了解和掌握国内国际投资业务动态、投资商动态、资金信息动态、项目动态、政府优惠政策、政策法规等有关信息等,为企业提供快速、便捷的投资信息。

深圳企业投资信息系统应为企业提供以下内容:

第一,近期的国内、省市内大政方针、重大决策,产业动态;

第二,国内、省市内的项目公告及招投标公告;

第三,投资信息,尤其内地企业的并购信息;

第四,办事指南、政策法规;

第五,企业信息、企业交流等。

企业投资信息系统可以有两个形成方案:

方案一:深圳企业投资信息系统为政府管理部门下设机构,是一个资料信息中心,并设有深圳企业投资信息网。定期提供相关政策、法规等相关信息。市政府驻各省市办事处、各地区深圳企业商会提供当地的投资项目信息,尤其内地企业并购信息。

方案二:深圳企业投资信息系统采取政府委托企业经营方式,由企业开发信息系统、维护系统,自主经营系统的运作模式,采取企业会员制度。

二、促进金融创新,支持总部经济发展

深圳市在发展总部经济过程中,恢复深圳金融创新活力,采取创新举措,解决深圳企业开展区域合作、发展总部经济所需资金问题,为总部经济发展营造一个良好的金融环境。

1. 组建"产业投资基金"

产业投资基金是投资基金的一种形式,其主要特征是实行专业化管理,对未上市企业直接提供资本支持,并从事资本经营与监督的集合投资制度,即通过向多数投资者发行基金份额设立基金公司,基金公司自己或者通过委托基金管理人进行投资活动,投资者按照出资份额,共担风险、共享收益的制度。产业投资基金是以个别产业为投资对象,如电子行业、机电工业、化学工业、能源工业、交通工业、稀有矿产工业等,以追求长期收益为目标,属成长及收益型投资基金。这类基金的主要目的是为了吸引对某种特定产业有兴趣的投资者的资金,以扶助这些产业发展。

在深圳总部经济发展中,各个产业需要大量资金的支持。仅靠银行贷款既不符合经济市场化规律,也无法有效分散风险。这就要求建立一种新型的投融

资体制。设立各个产业的产业投资基金,不仅建立了一种"收益共享、风险共担"的市场化运作机制,也可以将社会闲散资本和短期消费资金转化为巨额的中长期建设资金。

从国际上看,各国产业投资基金都是广开渠道,吸引各方面的资金进行投资。其中政府提供的资金有:财政优惠贷款、政府担保的各类银行贷款、政府直接 R & D 资金;而个人资本包括退休基金、养老基金、大公司和银行控股公司、保险公司、捐赠基金、富有的个人或家庭。例如,美国产业投资基金资金来源居前三位的分别为养老基金、捐赠基金、银行与保险公司。但受有关规定的限制,目前,我国保险资金只能用于银行存款和购买国债、金融债;从返防金融风险的角度出发,政府对商业银行涉足产业投资基金也心存疑虑。基于这一事实,深圳产业投资基金的投资主体应定位于居民以及上市公司、有实力的民营企业、政府和外国投资者。具体而言,其募集对象主要有:地方财政、投资公司、非银行金融机构、大型实业企业集团、实业性上市公司、民营企业、有实力的个人投资者及外国战略投资者。其中,发起人认购基金的 25%。其余基金单位采用信函、电话、传真、电子邮件等管理部门认可的方式,向境内外有关投资者进行私募。基金以股份有限公司形式设立,每一投资者至少认购 10 万元人民币(10 万股),以 10万元为单位递增。

深圳各个产业的产业投资基金要按照国家有关产业投资基金法律、法规和国际通行的公司型封闭式基金的经营管理惯例,结合中国现行的投融资体制,通过制定一整套管理制度,以及一系列协议、合同、章程等法律文件的形式,建立一个职责分明、相互监督、安全有效的基金运作机制,实行基金公司、基金管理人与基金托管人三权分离、相互制衡的现代基金管理制度,以保证基金股东投资的安全与回报。基金将聘请有资格的商业银行为基金托管人,保管基金财产。基金托管人负责独立行使保管基金资产的职能,根据基金公司的委托,监督基金管理公司的投资运作。

产业投资基金要按照国际惯例,采取组合投资、联合投资、分期投资等策略以及分立制衡、畅通的基金投入、撤出安排等现代投资基金管理机制,保证基金的安全性、流动性和收益性,努力实现基金股东的利益。

2. 组建"房地产信托投资基金"

采用银行贷款的方式进行融资一直是我国房地产公司主要的融资渠道,大约70%的房地产开发资金来自银行贷款的支持。我国房地产业已成为与银行业高度依存的一个行业,为了防止房地产市场的隐患最终转嫁给商业银行,抑制可能产生的泡沫,中国人民银行在2003年6月13日出台了新的房产信贷政策(银发〔2003〕121号),对房地产开发商的开发贷款、土地储备贷款、个人住房贷款、个人住房公积金贷款等7个方面提高了信贷门槛。房地产信贷门槛的提高导致房地产融资成本提高。2009年,国务院又提出加强房地产市场引导和调控措施,要求加强金融监管。各商业银行要加强对房地产贷款和个人住房抵押贷款的信贷管理,防范贷款风险。目前,房地产行业迫切需要银行外的融资渠道,以解决开发和经营的资金问题。

房地产投资信托基金是通过集合社会散资金,使用专业人士投资、经营管理,专门投向房地产、物业项目的基金。房地产信托投资基金投资的基本上都是甲级的物业,可以收取比较高额的租金。房地产投资信托基金不仅可以解决房地产公司的外部融资渠道单一和融资难问题,而且也可以促进房地产业的资金结构和产品结构的优化,并为中小投资者参与房地产投资和收益分配提供了现实途径,是深圳房地产业发展的一条较好的融资渠道。可以支持深圳有规模的房地产企业组建房地产投资信托基金,解决开发和经营的资金问题。

按照国际定义,房地产投资信托基金有三个分类:一是股本房地产投资信托基金。该基金投资于房地产,收入来自于租金和房产销售利润;二是抵押借贷房地产投资信托基金。该基金是向房地产主贷款,收入来自于抵押借贷的利息;三是混合型房地产投资信托基金。该基金既投资于房地产,也向房地产商贷款。深圳应重点发展第一类房地产投资信托基金。为减少风险,房地产投资信托基金以发起的房地产企业拥有的有稳定收益的物业为基础,让公众投资,物业收益是分配来源。必须保证90%以上的收益是供分配的。

3. 开展物业经营,增加资金流量

目前,深圳众多发展商开发的项目,无论是住宅还是商铺写字楼,大都选择出售方式。国外房地产巨头更多地采用"开发—经营"甚至"经营—管理"的全新模式,房地产企业在开发房地产项目同时,开展物业经营。近年来,尤其是中央政府一系列房产新政相继出台后,各地地产投资开发模式开始悄然生变。深圳招商地产的物业经营收入已经占其收入36%。目前,招商地地产深圳和外埠收益占比分别为70%到30%,物业销售收入为60%,出租物业收入为15%,园区供水供电为20%。① 按照招商地产"发展规划"构想,深圳和外埠收益各占50%;出租物业和出售物业收益各占50%。华侨城地产围绕旅游主题进行商品房的开发,并实现相关产业的互动。形成一个集居住、生活和旅游等相关产业集群混合的现代都市化社区。华侨城的资源不是单一资源,而是一个多资源的集合。一方面,城区设施互为资源,公园和生态环境构成城区共享的景观资源,文化设施、酒店同时又是特色的文化资源。另一方面,是在原有的资源基础上,进行资源不断叠加,形成新的资源。尤其是通过文化与社区的结合,以文化来升级资源的价值。华侨城模式带来的直接收益,持续上升的住宅价格和稳定的配套产业收入。

经营物业是房地产投资开发最好的赢利模式。通过有效的专业管理使物业价值得到最充分的提升,然后再出售,这样不仅可以最充分地体现物业的最大价值,更能获得最大的投资回报,而且为房地产企业增加稳定的资金流量,并且将房地产企业根基扎在本地。到目前为止,深圳大多数企业一直沿用的是单一的盈利模式,即:获取土地——前期开发——工程建设——销售服务——交付物业(大企业自管,小企业托管)。这种模式主要依靠两类资源的获取:土地和资金。早期由于土地交易极不规范,很多企业获取土地的成本低,所以投入产出比较高。随着土地价格的上升,房地产商的利润空间缩小,只有通过成本控制来提高利润率。从现金流来看,其资金流动轨迹是启动资金——银行贷款——工程垫资——销售回款——净收入,其中自有资金仅占20%—30%,要想企业正常运转,必须依赖银行贷款和销售资金迅速回笼,才能确保企业的净收入甚至是后续

① 参见2007招商地产公司年报:《中国证券报》2008年2月22日;2008招商地产公司年报:《中国证券报》2009年3月31日;2009招商地产公司年报:《中国证券报》2010年4月19日。

投入资金,如果该项目的资金长时间不能销售回笼,企业马上会出现经营困难,成本高起,严重的工程都无法进行下去。所以除依靠土地资源、控制成本、销售推广外,还依靠资金筹措和社会关系。一旦出现政策打压、行业调控、市场规范,这类企业由于缺乏核心竞争力受到的冲击就非常大,易陷入困境。

深圳众多房地产开发商以深圳为中心,向全国范围拓展,这是房地产企业做大做强的必然趋势,因为它必须突破土地的局限。但是,要将这些房地产企业的总部留在深圳,深圳要有意识的引导这些企业向产业链的下游发展:物业经营、物业管理、不动产融资等,避开常规资源的局限,发挥深圳战略资源的优势。按照深圳市发展目标,深圳将努力建成区域的物流中心、研发中心、营销中心、金融中心,这必然会带来商业地产的发展,会促使商业楼群、写字楼、物流仓储设施的需求增加。高比例的流动人口也意味着深圳拥有稳定的租房市场,需要大量的公寓型的地产。这些都从需求面为房地产商经营模式从开发转向投资提供了有力保障,活跃的需求因素是促使房地产商进行自主经营物业的最大动力。所以,深圳要将这些区域中心的建设落到实处,加大力度鼓励物流总部、研发总部、营销总部、金融总部落户深圳,避免地产泡沫的产生。对于符合地区经济需求和有利于深圳经济转型的经营性物业项目,应通过一定的政策优惠,优先取得土地使用权,降低土地成本,减免税收,退还部分补地价和市政建设配套费。

4. 组建金融控股集团

进入21世纪以来,深圳根据国家宏观经济政策和自身发展战略提出了建设区域金融中心的目标,并在深港金融合作、珠三角和泛珠三角金融合作方面开展了一系列措施。随着总部经济发展,由政府推动,积极促进本市金融资源的重组整合,组建区域金融控股公司,对于提高本地金融资源的配置与运用效率,增强深圳金融业的服务能力与竞争能力,具有重要的意义。只有根植于本地的企业才能将自身发展与城市发展结合在一起,才能为城市发展提供长期稳定的支撑。如果没有强大的本地金融资源,仅仅依靠以逐利为目的和高流动性的外资和外地企业,城市发展就会受到许多不确定因素的影响。东南亚金融危机爆发以后外资金融机构纷纷撤离这些国家,使受灾国经济雪上加霜就是最好的证明。考察国外的金融中心,金融控股公司大多以本地具有实力的金融企业为基础构建,其原因在于此。拥有一支强有力的地方金融控股公司有利于提升深圳的金融地位,树立良好的形象。深圳市政府应该积极促进本地金融企业的发展,培育一批具有较强实力、业绩突出、在国际和国内有一定影响力的大型金融集团,以此为龙头打造金融中心,更好地服务总部经济。

经过 10 多年的建设,深圳市政府已经在金融领域形成了巨额的股权资产,但是,这些资产从格局上看比较分散,散布于银行、证券、信托、市属投资公司中,力量的分散削弱了国有资本的控制力,难以形成规模效应。有的企业虽然经营情况较好,人均利润指标居本行业前列,但由于规模不够大,也无法成为本行业的龙头。以证券行业为例。深圳是全国证券业中心之一,总部在深圳的券商有 20 多家,其中深圳地方参股的有国信证券、大鹏证券、特区证券,而国信证券经营情况最好,券商的两大业务投行业务与经纪业务在全国证券公司中均属前列。

可见,整合深圳金融资源,构建金融控股公司是适应国际上混业经营的趋势,增强深圳地方金融机构实力,提升整体竞争水平,进行制度创新的必然选择。尽管我国的金融管理体制是"分业经营"模式,但现行法律并没有明文禁止金融控股公司存在,因此,实际情况是不同模式的金融控股公司已经存在。

(1)以商业银行为主体组建的金融控股公司——"中银"模式。

"中银"模式是以中国银行为核心,成立中银国际控股集团有限公司(金融控股集团)。下设中国银行,在香港注册的中国银行(香港)有限公司和在伦敦注册的从事投资银行业务的中银国际。此外,目前建设银行、工商银行等也是按照这一模式组建金融控股公司的。

(2)以非银行金融机构为主体组建的金融控股公司——"平安"模式。

目前,我国此类金融控股公司的代表是平安保险集团公司,其构架是:母公司为平安(集团)股份公司,控股子公司有平安人寿保险公司、平安财产保险公司、平安信托公司、平安证券公司、平安银行等,全面涉足银行、证券、保险、信托等金融业务。

(3)以国有大型集团公司为主体的金融控股公司——"中信"模式与"光大"模式。

这类金融控股公司是以国有大型的集团企业为母体,全资或控股若干的实体企业、金融企业,形成大型的金融控股公司。比如中信集团公司,母公司是国务院所属的中信集团公司,几个重要的金融子公司有:中信实业银行、中信证券公司、中信期货经纪公司、中信嘉华银行、信诚保险公司,此外还有10多个从事实业的子公司,全方位涉足金融业与实业。光大集团公司的情况与此类似。

以上三类金融控股公司的共同特点是由国家推动形成的,巨型的金融控股公司,其运作比较规范、风险控制比较好,国家对其监管比较到位。从某种意义上说是国家推进金融控股公司的试点。

(4)产业资本控股多个金融企业形成的金融控股公司——"山东电力"模式。

近年来,国家对产业资本投资金融业的限制越来越宽松,加上许多企业提出了多元化经营的目标,一些实体企业凭借其雄厚的资本涉足金融领域,争夺稀缺金融资源。比如,山东电力集团目前已经控股山东英大信托、蔚深证券、鲁能金穗期货,而且是华夏银行的第二大股东。类似的还有德隆集团、首创集团,红塔集团等。

依照前述国内目前的四种模式,深圳市组建金融控股公司有这样几种方案。

第一,以商业银行为主体来组建。该方案的思路是,在母公司总体指导下,金融控股公司以商业银行为主体构建。从总部设在深圳的这几家商业银行而言,最有可能的是以招商银行为核心来组建。招商银行对招商基金公司持股31%,对招商证券持股33%,对招商信诺人寿保险公司持股50%,早已形成了金融控股公司的框架。对深圳市而言,虽然没有本地政府参股,但也应该积极支持该行的金融控股公司的组建,对发展深圳的地方金融是有益的。

第二,以某一非银行金融机构为主体来组建。该方案的思路是,在母公司总体指导下,以某一非银行金融机构为主体来组建金融控股公司。在深圳最有可能的是以深圳国际信托投资公司为主体或者以国信证券为主体来组建。以信托公司为主体进行混业经营在我国已有历史,1999年以前,我国许多信托公司都从事信托、证券、银行和实体投资等业务,由于缺乏相关法规的监管,内控又不严,经营走入困境,导致了国家1999年对信托行业的大整顿。我国对信托公司清理整顿了5次。经过10多年的洗礼,信托公司的发展逐渐规范,特别是《信托法》的颁布实施,为信托公司发展开辟了新局面。深圳国际信托投资公司在国家对信托行业的整顿中不但存活下来,而且不断发展壮大,公司的重要经济指标一直处于行业前列。公司发展历程上几次大的转型都很成功:1996 年参股国信证券公司;2003 年投资广东珠江沃尔玛并取得优良业绩。这些说明了深圳国际信托投资公司领导层卓越的战略眼光和公司稳健的经营风格及良好的经营模式。以深圳国际信托投资公司为主体组建金融控股公司应该有较好的条件。国信证券是我国证券行业的优质券商,以该公司为主体构建金融控股公司也有一定优势。

第三,以市属大型投资公司为主体来组建。2004 年 10 月,深圳在原有的市属三家投资公司(深圳市建设投资控股公司、深圳市投资管理公司和深圳市商贸投资控股公司)的基础上组建了深圳市投资控股有限公司,该公司掌握着1500 亿国有资产,并根据市政府的战略部署,拟做大一些行业和退出某些领域。可以以此次国有资产重组为契机,以投资控股公司为主体来构建金融控股公司,将地方政府持有的金融股权注入投资公司,由投资公司整合内部金融资源并在市场上进行兼并重组,形成业务明确、资产结构合理的金融控股公司。

无论采取何种模式均要实行严格的"防火墙"机制,子公司是独立的法人,独立开展业务、独立经营、独立核算,防止子公司的风险扩散至整个集团。这是欧美和我国金融控股公司普遍的做法,事实证明,这对降低金融控股集团的系统风险有着积极作用。

5. 发行市政债券

市政债券是地方政府或者是地方政府指定的代理机构发行的债券,用于城市或者地方的基础设施建设,发行市政债券可以开辟合理的融资渠道,为深圳的持续发展尤其是基础设施建设提供资金动力。因为受相关法律如《预算法》、《担保法》的约束,我国目前在法律上并不允许地方政府发行债券。但实际情况是,上海、北京、济南等城市通过种种变通方式已经发行了与市政债券含义相当的债券。理论界和实际部门呼吁修改相关法律,选取试点城市,放开市政债券发行的呼声越来越高。深圳应该充分意识到这一点,尽快制定出切实可行的方案,力争市政债券的"先行先试"权。

发行市政债券是资本市场重要的创新,可以丰富资本市场交易品种,并为金融机构资金寻找合理的保值增值渠道。深圳应该抓住这一机遇,保持资本市场的领先优势。深圳具有的金融优势之一是其较发达的资本市场,目前,股票市场的发展遇到较大挫折及深交所地位的下降使得深圳资本市场的优势正在逐渐丧失,股票市场的持续低迷以及投资品种的匮乏使得券商经营举步维艰。如果发行市政债券,在发行承销环节上本地券商可以承担大量业务,在流通交易环节上投资者买卖、转让市政债券取得稳定的收益。因此,发行市政债券可以丰富深圳资本市场交易品种,增加资本市场的交易量,丰富本地的资本市场体系,促进深圳资本市场的发展。发行市政债券可以为在本地的金融机构提供稳定的投资渠道,防止资金外流。根据课题组的实际调查,深圳的银行普遍反映由于本地优质贷款对象不足,资金得不到充分运用。兴业银行深圳分行有关人士反映,由于本地优质大型企业较少,而中小企业贷款风险很大,导致其资金无法得到充分运用,深圳分行的经营业绩已经被上海等地超过。而招商银行深圳分行由于找不到合适的贷款对象,目前已经有1/3的贷款投向内地大型企业。因此,发行市政债券无疑为金融机构提供了一条新的、稳定的投资渠道,必然会得到它们的欢迎,大大增强深圳吸引资金的能力。

发行市政债券的关键因素是地方政府要有较好的经济基础和财政收支状况,当地要有发达的资本市场,而这些正是深圳具备的优势。

深圳要抓紧时间制定出具体的、切实可行的实施方案。同时积极争取国家在深圳进行市政债券的发行。实施方案应包括以下内容。

(1)拟发行的市政债券类型的确定。

市政债券分为一般债务债券(以税收收入来偿还)和收益债券(以项目收益偿还)。目前深圳市应主要发展收益债券,通过优质的市政设施产生的稳定的现金流来偿还债务。

(2)拟发行的市政债券发行主体的确定。

发债主体有两种选择:一种是由市政府出面,为具备条件的基础设施企业或项目直接发债;另一种是由市政府授权城市建设投资公司作为发债主体,集中替需要融资的项目或企业发债。根据目前的法律,由市政府出面直接发债还有一定的障碍,因此,可以采取第二种方式,即由承担城市基础设施建设项目的城市建设投资公司发行市政债券,市政府来担保,以该项目的收益来偿还本息。由于这种方案能较好地规避我国现行法律的约束,具有较强的可操作性,可以作为现阶段深圳市政府债券融资的主要方式。

(3)发行规模的选择。

在发行规模的问题上必须考虑两个要素:一是不能超过地方政府每年财政收入的一定比例,而且总的债务量也不能超过地方政府的债务警戒线;二是发行规模不能太小,规模太小会影响债券的流通性,且不能满足城市基础设施建设的需要。具体的金额可以参考国外相应的计算市政债券规模的模型计算出来。

(4)利率结构与期限结构。

市政债券的信用等级高于企业债券低于国债,因此在设计利率时,市政债券的利率水平应在国债之上,企业债券之下。根据项目的建设周期不同,可以灵活设计市政债券的期限结构。一般来说,城市环保基础设施投资期较长,设计的期限可以为 10 年左右。

6. 促进资本、外汇积极流动

建设总部经济需要促进资本市场和外汇市场适度流动。要增强资本市场的流动性必须打通货币市场与资本市场的障碍,促使合规资金流入资本市场。深圳促进资本市场和外汇市场适度流动应从以下方面进行。

(1)积极争取资产证券化,促进货币市场资金向资本市场流动。

促进货币市场资金向资本市场流动的重要举措是实行银行信贷资产的证券化,商业银行把缺乏流动性但具有稳定现金流的资产建立资产池,并以此作为偿债基础,发行资产支持证券,实现资产所有权的转移。投资者在资本市场上通过购买资产支持证券,获得资产池资产的所有权,以银行信贷资产稳定的现金回报作为保障,取得投资回报。国内外实践证明,银行信贷资产的证券化是沟通信贷市场与资本市场最好的渠道。

深圳应该积极争取资产证券化的试点,以住房抵押贷款证券化和基础设施资产证券化为切入点,这是因为影响资产证券化成功与否的关键一个因素是证券化的标的资产风险。目前可以进行证券化的资产主要有:住房抵押贷款、汽车贷款、银行信贷、基础设施、土地开发和企业资本等,其中住房抵押贷款与基础设施的风险最小,未来收益稳定并且可预测。从国外的经验来看,住房抵押贷款证券是最早发行的资产证券化产品,也是目前运作最成功、市场占有份额最大的资产化证券。而基础设施证券化更是具有现实意义:一方面可以增强深圳的资本市场流动性,另一方面为地方基本建设筹集大量资金。

(2)扩大证券公司、基金公司的融资渠道。

扩大证券公司、基金公司的融资渠道对于增强资本市场的流动性具有重要意义。深圳市可以从这样几个方面着手。

第一,鼓励证券公司发行金融债券。发行金融债是券商取得资金的重要途径,按照目前证券公司发债的规定,证券公司发行债券必须要有担保机构给予担保。深圳市政府部门应该协助券商寻找合适的担保机构,发行金融债以解决券商的融资问题。

第二,积极推动基金管理公司的融资试点,争取在深圳进行基金公司向银行短期融资,以证券进行质押融资的试点工作。

第三,抓紧对证券融资公司问题的研究,争取在深圳设立证券融资公司。设立专门的证券融资公司具有很好的效应,比如可以创造性地弥补证券公司现在渠道有效程度不足问题,便于管理层实施有效监管;有利于贯通货币市场和资本市场联系。

(3)发展新兴市场。

积极稳妥地发展金融衍生品市场、离岸金融市场等新兴市场。目前,金融衍生品市场、离岸金融市场等新兴市场在全国都处于起步萌芽阶段,深圳应该积极推进这些新兴市场的建设,以确保金融中心城市的地位。根据目前的情况,在金融衍生品市场方面重点发展外汇期货、股指期货、利率掉期等产品;争取国家支持,授予深圳企业一定的发债额度,鼓励深圳优质企业发行企业债券,做大企业债券市场;从国际航运和发展总部经济的需要出发,争取让相关企业设立离岸金融账户,让金融企业开设离岸金融业务。

7. 发挥资本市场作用

资本市场对于企业筹集资金、完善公司治理结构具有不可替代的作用,而深圳拥有全国一流的资本市场。因此,深圳市企业应该充分利用资本市场的优势。

(1)抓住机遇,发行企业债券,为企业筹集资金,进一步搞活资本市场。

我国目前适用的企业债券管理条例是 1993 年发布的《企业债券管理条例》,该条例对企业发行债券进行了极为严格的限制,因此使得只有极少数资质好且不缺乏资金来源渠道的大型国有企业才能发行企业债券,而大量一般企业的融资需求无法通过发行债券得到满足。在有条件的单位发行企业债券,其重要意义有两个方面:一是为企业筹集资金,二是进一步丰富资本市场体系,从而进一步搞活资本市场。

发行企业债券应考虑以下因素:

第一,严格选择发行主体。2004 年经国家发改委批准,北京市旅游集团发行了总额为 10 亿元的公司债券。深圳的企业债券的发行主体拟选择效益较好、有稳定回报的大型企业作为试点。

第二,实行市场化监管。政府必须对企业债券进行严格的市场化监管,可采用的措施是信用评级和信息披露制度的确定。由于企业债券的信用度小于国债与市政债券,因此,信用评级问题和信息披露制度成为降低企业债券风险、保护投资者利益的重要措施,必须在企业债券方案设计中予以重视。从目前已有的企业债券评级情况来看,我国的企业债券评级尚不成熟,表现为不同企业发行的债券基本没有信用等级差别,均是 AAA 级。为此,深圳市政府在鼓励企业发行债券时,必须制定政策监督发行主体对信用评级单位的选择,同时规定发行主体定期进行详细的信息披露,以降低和防范风险。

第三,引导与鼓励企业发行债券方式的创新。深圳对企业债券的设计,应该是高起点、高标准和国际化的,因此要鼓励和引导企业在发债过程中参照国际先进并结合我国实际进行创新。深圳企业发行的债券及发行方式可借鉴目前在全国上市交易的企业债券的发行方式,采用承销团包销方式,也可以借鉴国外国债发行方式,发展网上直接发行方式等多种方式。其定价可以采用目前流行的市场定价方式,积极试行更为市场化的方式比如招标发行、"路演询价"方式等。

第四,积极构建完善的企业债券二级市场,促进企业债券流通市场的发展。考虑的措施是发挥柜台交易的优势,进行柜台交易系统建设,以方便投资者进行企业债券的买卖。

第五,完善企业债券担保体系和偿债保障机制建设。企业债券以公司信用为载体,缺乏完善的债券担保体系,债券市场不可能正常发展。深圳市可由地方政府应出面建立担保公司,为经过严格信用资质论证的企业债券提供担保建立比较完善的债券担保体系。

(2)积极利用多层次的资本市场体系,通过中小企业板、创业板、风险投资、创业投资基金和产权交易市场扩大中小企业融资渠道。

与全国其他城市相比,深圳拥有相对全面的资本市场体系,目前已经形成了全国性的主板市场、中小企业板、创业板市场、风险投资体系和产权交易市场,而深圳有着为数众多的、带有高新技术性质的中小企业,政府应该积极引导,让中小企业充分利用深圳多层次的资本市场体系做大做强。具体来说有如下几点。

第一,对于有条件的中小企业,政府应积极推介,促使其在中小企业板市场上市。对于条件更加成熟的中小企业,政府应积极推介其到海外上市。

第二,充分利用本地的产权交易市场,对达不到中小企业板市场上市要求且又需要股权流通的,利用该市场组织中小企业包括高新技术企业的产权交易,吸引各方资金投资中小企业,同时为中小企业与国企之间股权流动创造机会。

第三,采取种种优惠措施进一步吸引和完善创业投资基金和创业投资公司。发达国家和地区的实践证明,设立风险投资基金和创业投资公司是解决中小企业融资问题的根本出路之一。为此,深圳应该在原有成绩的基础上,进一步加大扶持力度,采取种种措施吸引国内外优秀的风险投资基金和创业投资公司来深圳。可考虑的措施有:税收优惠,政府适当参股,鼓励银行、证券、保险等机构投资者进行一定比例的投资。

(3)发挥政府的引导作用,在上市公司中积极推动重组与并购,利用资本市场打造大型企业,提升企业的核心竞争力。

在上市公司重组与并购中,政府应该发挥指导推动作用。政府可以根据上市公司的经营情况提出要求和提出重组意见,并会同各主要股东研究整改方案。对经营效益较好的上市公司,政府可以提建议,找项目,创造各种条件鼓励其进行收购、兼并。对于业绩差的上市公司,要督促其尽快进行资产重组,通过股权重组、债务重组,摆脱困境。

在并购重组中,政府为企业提供良好的服务,在政策上给予支持,切实解决企业在土地使用、债务重组、人员安置上的实际困难。

三、扩大总部经济发展空间

1. 借鉴苏州新加坡工业园模式,异地延伸产业链

深圳可以借鉴苏州新加坡工业园的模式,实现区域合作、资源整合,突破深圳土地面积对深圳发展的制约,在异地建立深圳工业园。可以在珠三角以及泛珠三角地区(如惠州、梅州、汕头、韶关、雷州半岛、赣州等地)选择若干区域,设置若干"深圳高端产业园",完成以深圳市为中心总部,周边腹地工业园为"躯干"运行中心的建设模式,解决当前土地紧张以及国际化城市建设中产业升级的需要。同时,将深圳港与周边港口和异地深圳工业园结合起来,形成"区港连动"的机制,扩大深圳港口的辐射力。

建立深圳异地工业园的具体举措包括:

(1)确立工业园目标。

深圳市政府要根据市场经济的思路建设,同时要考虑深圳未来的产业发展,要把工业园的总体规划和深圳未来的产业发展、深圳的总部经济放在一起通盘考虑,要合理确定工业园的发展目标和战略,要使建设的工业园在未来要符合经济国际化、产业科技化、环境生态化、信息数字化、管理科学化、优化城镇空间与功能等特点,准确定位。

(2)超前性规划。

苏州新加坡工业园区的成功建设,既得益于其"先规划后建设、先地下后地上"的先进理念,也得益于其规划的精确、动态管理。深圳市在规划工业园时要深入考察,合理选址,准确布局,争取高起点、高规划。

(3)科学选址。

深圳市工业园一定要选择交通便利的地方,深圳和该地区要有便利的交通网络,或者正在规划和建设相应的交通路线;同时,这些地区也应有一定的信息网络基础。便捷的交通和信息网络是实现未来总部"脑体分离"的基础。该地

区应该有比较明显的相对于深圳的比较优势,例如较便宜的土地资源、较便宜的人力资源,而且已经有一定基础的市政建设以及和周边地区相连接的产业集群优势;该地区最好周边有大学,而且有一定的金融基础、物流基础。

对于选址的面积可以有两种选择:

一种是面积100平方千米以上的大型的、综合的以产业链的上中下游布局的产业链工业园。这类工业园深圳市政府要和当地政府联合开发,对园区的发展的企业要以深圳发展的支柱产业以及目前广东地区已经形成的产业集群为基础,形成为这些产业配套生产或制造加工环节为主体的制造基地,满足未来总部对腹地"躯干"建设的需求,也便于以深圳的主干产业为中心招商引资总部项目,同时为这些总部在周边布局提供方便。

另一种是100平方千米以下的面积相对小一点的专业化工业园。这类工业园可以和当地政府或深圳大企业或总部企业合作建立。这类专业化的工业园可以根据周边的产业集群情况,围绕深圳的支柱产业建立专业化的、以高新技术为主体的小型工业园,例如,"软件工业园"、"精细化工工业园"、"电子汽车配件工业园"等,同时利用深圳"孵化器"的模式,把全国一流大学的力量引入工业园的研发和建设中。

通过这两种建工业园的模式可以有助于总部的建设,也可以解决深圳土地面积不足的制约,同时也有利于引导深圳位于产业链终端的中小企业转移到更有比较优势的工业园发展,既帮助了这些企业降低成本,也促进了深圳产业结构的优化与升级。

对于选址的地点,建议政府应投入人力、物力考察,然后有步骤、有规划地发展建设。

(4)科学的组织架构。

苏州新加坡工业园因为是两国政府的结晶,因此在架构上层次多。深圳工业园可以采用两层架构,首先由市政府出面和当地政府沟通,双方建议各协调委员会,以便于解决在建设发展中需要政府出面协调的各方面关系,同时制定出台一些有利于工业园的政策。

同时,由深圳市政府牵头深圳若干大企业,组建一个财团作为一个投资方,和当地政府或者对应机构的投资方组建一个工业园开发公司,深圳的投资方负责出资,而当地的投资方负责出地,深圳市政府的投资方要保证控股,然后由双方组建的工业园开发公司一起负责工业园的招商引资以及建设。

(5)注重工业园人才培养。

由于深圳工业园选址都在珠三角或泛珠三角,人力资源比起长三角本来就有很多差距,需要和当地政府合作,利用好园区周边的大学,在条件成熟时及时在工业园区内设立高等职业技术大学,为园区企业培养应用型的技能人才,满足园区企业对人才的需要,必要时可以实施"订单式"培养,根据园区产业来设置专业。

另外,由于深圳市已经成功利用内地名校的研究机构,在深圳建立了上千个"孵化器",而且取得产学研的丰硕成果。深圳市政府要把这种模式嫁接到工业园的建设发展中,以内地高校为依托,通过一些政策、资金的支持,鼓励这些学校和企业到工业园区搞"孵化器",为工业园的技术升级提供技术支持,同时也可以通过研发基地来培养高新人才。

深圳市政府也可以适当出台政策鼓励深圳的技术人员去园区工作,或者短期派驻,为园区企业提供服务与技术支持,以解决园区可能出现的人才不足的问题。

2. 提高对深圳现有土地的利用率

深圳人多地少,土地资源非常宝贵。当前,要在有限的土地资源条件下保障城市的可持续发展,节约用地势在必行。深圳高新区的工业用地仅 3.28 平方千米,每平方米年产值高达 3 万元,达到了寸土寸金,是节约用地的典型。

为发展总部经济,需要对深圳现有土地更新整合,使低效土地实现产业转型、改造,提高土地利用效率。深圳有一批正在营运的项目,建设早,占地多,但效益不高,需要进行产业转型。如西丽湖度假村,占地 1.2 平方千米,目前每年亏损 1000 多万元,应实现产业转型。这个地方可以规划为一个总部基地。

大力推进"城中村"改造。深圳的"城中村"占有了大量土地,深圳总共有241 个城中村,其中特区内 91 个,特区外 150 个。位于特区内三个主要城区(罗湖、福田、南山)的 67 个"城中村",它们的土地面积超过 10 平方千米。深圳全部"城中村"拥有的土地面积为43.9平方千米,占深圳建成区面积的6%。进行"城中村"改造的一个重要作用就是能充分发挥存量土地的积极作用,提高"城中村"原有建设用地的利用效率。①

退出低附加值、占用土地、能源资源多的"三来一补"产业,是发展总部经济的一个重要途径。深圳市可利用的土地空间本来就少,而现有的土地空间又有60%—70%是以来料加工为特征的工业区所用。以来料加工为特征的工业区,产品附加值低,消耗资源多,是形成深圳发展中的"四个难以为继"——土地空间、能源和水资源、劳动力投入、环境承载力难以为继的重要原因,在深圳的发展已经走到极限。而深圳市高新技术产业经过20年发展,目前在土地利用方面已呈现严重的空间不足局面,可用于高新技术产业的土地资源相当稀缺,工业用地尤其宝贵。改变工业区模式,实行产业升级,是提高土地产出率,实现效益深圳目标的重要途径。

深圳很多工业区的现有厂房及配套设施已较为陈旧,无法适应深圳经济高速发展的步伐。随着历史的变迁,水、电、消防、排污各种问题相对突出,加剧了安全隐患,实施改造刻不容缓。同时,现有的工业区厂房日益落后和老化,绿化稀少,通道狭窄拥挤,缺乏现代通信和网络技术的支持,供水供电的不足,排污和除污功能不完善,使得这些厂房色彩暗淡,气味难闻,交通不畅。老厂房周边的环境污染比较严重,交通时常堵塞,治安秩序相对较差,配套设施落后,噪音污染严重等问题使得老厂高度改造日益迫切。这不仅有碍于高新科技项目的推广与引资,而且不利于高新科技园区的发展。原有的建筑设计没有弹性空间和信息渠道,难以适应现有市场的需求,不仅造成了土地资源的大量浪费,而且影响了特区的形象。工业区内驻企业基本是早期"三来一补"劳动密集企业,由于存在人车混杂,车位不足,绿化稀少,物业管理配套还不完善等问题,与新兴的科技工业园相比相形见绌,无法提高经济效益。

目前,深圳市政府极力倡导厂房改造,鼓励产业升级,遵循"政府引导、企业运作、各方支持、共同受益"的原则,对部分老工业区及闲置楼宇进行改造,为进

---

① 参见李斌等:《深圳挑战"城中村"》,《南方都市报》2010年4月8日。

一步拓展深圳市高新技术产业发展空间探索一条内涵式发展的新路子。罗湖区政府部门正在积极改造老工业区,促使原有的劳动密集型、低附加值的传统产业企业和污染企业搬出罗湖。吸引高附加值的高新技术产业企业落户园区,最终形成以高科技产业为主导的产业企业群体,促进该园区产业结构的根本性转变和置换,成为罗湖区经济增长的一大亮点。这种内涵式空间拓展不仅在厂房再造中完成产业置换,实现资源的高效配置与利用,达到局部区域经济的良性循环,更在为多媒体产业提供发展空间的同时,完成老工业区改造,从而提升城市形象,适应城市发展所需。高新区已经成为我国经济增长快、投资回报率高、创新能力强、极具发展潜力的新的经济增长点和经济发展中最大的亮点之一。

对用地规划的适当调整,增加企业总部用地,宝安、龙岗土地规划不到位,粗放经营,规划不到位,政府应以指导规划为龙头,对土地资源进行市场化管理,严控产业用地。特区内在规划上要适当减少商品住宅用地,让红树湾区的政府预用地用于总部经济,是解决总部经济用地的又一举措。

加大对闲置土地的清理力度,增加总部经济用地。对超过出让合同约定的动工开发日期满一年未动工开发的,征收土地闲置费;满 2 年未动工开发的,无条件无偿收回土地使用权。2003 年以来,全市已共收回土地 1.08 平方千米。此外,对于那些并未列入收地范围的闲置土地,政府也积极采取措施督促用地单位在规定的时间内开发建设。

3. 促进特区内外一体化发展

考虑到土地区域面积已经成为深圳总部经济发展和深圳市未来发展的关键性制约因素,深圳市应采取创新举措,扩大总部经济发展空间,其中促进特区内外一体化是一个重要措施。

1979 年,深圳经济特区成立后,国务院于 1983 年批准在特区与内地之间设立具有相应管理设施的陆地管理线(二线关),1985 年,"二线关"建成使用,内地人士前往深圳,必须持有《前往边境地区通行证》。至此,"二线关"正式设置,一直沿用至今。

"二线关"东起小梅沙,西至南头安乐村,之间有 84.6 千米的一条实物性的界限,由 2.8 米高的铁丝网和沿途的巡逻公路构成,从而将深圳经济特区与内地分割开来。在这个全长 80 多千米的"二线关"上,设置了大小 9 个检查站和多个便于当地农民出入的耕作口。

当初设立"二线关"的目的,在很大程度上就是为了防止大规模的偷渡,减轻"一线关"面临偷渡的直接压力。目前,"二线关"已经失去了存在的价值,并对深圳总部经济的发展极为不利,也是导致大量企业总部外迁的直接动因,原因在于:

第一,土地资源的限制。深圳总部经济地位对深圳经济转型具有深远的意义,在深圳总部经济发展中的"最短的木块"就是土地资源的限制,尤其是关内土地资源的限制。据官方统计的数据表明:深圳市纳入政府储备的土地总面积为 173.9 平方千米,其中特区内为 20.8 平方千米,占政府储备土地总面积的 12%;特区外为 153.1 平方千米,占 88%。①

第二,特区内外的投资环境反差较大。总部经济对当地的软硬环境有着较高的要求,企业将具有智力密集型特征的总部设在深圳,大多愿意选择在特区内,因为特区内具有良好的办公和居住环境,流动人口管理较为规范,城市管理水平较高。而深圳建设自一开始就没有把特区内外纳入同一发展序列,占全市六分之五面积的特区外两区城市化、现代化的水平仍不高,城市规划、基础设施建设都严重滞后,治安环境也较特区内差。

第三,占深圳土地面积六分之五特区外的土地使用效率低下。宝安、龙岗两区在土地利用现状中存在着诸多问题,如违法用地、违法建筑势头强劲,工业房地产"隐性"市场活跃,"遗留问题"不断产生,土地用途管制难以切实有效执行,土地监督法不责众,私宅问题积重难返,农村集体经济发展乏力,基础设施欠账过多,等等,从根本上说,都是目前土地经营模式的必然结果。一方面,村集体作为土地的所有者,他们掌握着土地的经营权,为了保障村民的收入水平每年有所提高,完成上级布置的经济增长任务,保障辖区内治安、绿化、教育、安全、市政道路等设施的正常运行,在没有其他经济来源的前提下,他们不得不大规模地进行土地开发。另一方面,由于村集体土地经营的低水平、低效益,以及建设的不规

---

① 参见刘众、冯杰:《深圳土地管理经验获得肯定》,《深圳特区报》2005 年 1 月 10 日。

范性,又使得政府用于基础设施与公共配套设施所需要的市政配套费难以保障。这种粗放式的土地经营方式不改变,特区外的经济发展只能是低水平、低层次的。

第四,"二线关"增加政府的开支,同时也提高了企业的运营成本,已成为深圳经济发展的羁绊。"二线关"的存在,也直接影响了企业的业务洽谈和货物运输等,增加了企业的经营成本。如关外企业的业务员包括一些高层主管要到市里洽谈业务,进出关时间和精力浪费不少。"二线关"的存在还有一大弊端,就是将特区内外人流、物流、车流和客流人为阻隔,致使流通速度大大减缓。最为典型的是"二线"布吉关,经常塞车,影响企业的货物运输。

因此,在可开发土地日趋紧张的情况下,必须消除"二线关"带来的特区内外的差异,进一步放松"二线关"检查制度,使"二线关"仅仅成为经济特区的地理界限,不再成为关内外交流和经济发展的限制线,促进特区内外一体化。并争取早日将"二线关"外移到龙岗、宝安外部边界。

促进特区内外一体化可以消除特区内外人为的地域阻隔,确立大深圳大特区的观念,贯通特区内外的交通网络,有效配置土地资源,拓展特区内的功能区,使特区内的先进生产力和管理模式迅速向外辐射、延伸,为深圳总部经济的发展创造有利条件,加快引进发展高科技产业和现代服务业,提高产业的资金、技术聚集度,使深圳大特区的产业结构进一步合理化、现代化、国际化。

四、支持深圳企业总部建设

1. 建设总部基地

为促进总部经济发展,深圳市应借鉴北京等城市经验,在特区内外选定合适的区域,建设总部基地,吸引总部型企业入驻,促进总部经济集中发展。

总部基地对总部经济的发展作用,如同高新科技园对高新技术企业发展的作用一样重要。总部经济是智力型经济,人才层次高,办公环境条件要求较高,配套条件要好,适宜在一个集中的环境发展,以便为其提供良好的服务。北京丰台园总部基地取得良好业绩后,在丰台园总部基地带动下,北京通州区总部小镇、怀柔区总部新城、石景山民营总部育成基地、海淀区中关村总部基地、朝阳区的 CBD、西城区的金融街等总部基地都相继推出。金融街目前已经吸纳了中国人民银行总行、银监会、证监会等国内外金融企业和金融企业总部。中关村已吸引了许多外埠大企业研发中心入驻,包括微软、英特尔、IBM、NEC、SUN、朗讯、贝尔实验室等一大批世界 500 强企业和国际知名企业。显然,在 IT 软件硬件产业集群之后,研发正成为海淀的又一重要集群产业。

深圳尽管土地资源紧张,但目前还有近 200 平方千米可开发土地,可以在规划上进行一些调整,划出一块总部基地的用地。

2. 发展总部型企业

对企业在深圳购售土地,租购房产发展总部型企业提供政策优惠,降低置业税收,提供补贴,降低房产税。对有一定规模的企业在深圳建立总部或将总部迁入深圳给予资金支持(一次性补贴、土地支持、资金支付)。对企业高管人员个人所得税优惠。加大深圳吸引人才力度,支持总部经济发展。

深圳总部型企业置业(土地、房产租购)可考虑以下优惠措施:

第一,总部型企业利用特定专用区或特定区计划编定范围内的公有土地给予优惠价格。

第二,鼓励总部型企业在深设研究开发机构、培训机构、技术支持中心等机构。有关部门优先办理其立项、规划、可行性研究、登记、开工建设等事项;并在《深圳城市总体规划》和本市土地利用总体规划确定的前提下,可以优先提供建设用地,并按程序办理建设用地手续。

第三,总部型企业及其在本市投资企业所需的水、电、气、热、通信等公共设施,市有关部门积极支持,统筹安排,优先保证供应,其供应的价格政策和收费政策享受优惠政策。

第四,总部型企业因业务发展需要购地建设本部自用办公用房的,其用地经市规划国土部门审核并报市政府审批后,以协议方式出让,由市财政根据实际情况,返还部分地价(含配套费等)。

第五,总部型企业其本部因业务发展需要新购置自用办公用房,给予一次性购房补贴。享受补贴的办公用房 5 年内不得对外租售。

第六,总部型企业其本部新租赁自用办公用房,在 3 年内每年按房屋租金市场指导价的一定比例,给予租房补贴。

深圳总部型企业人才可考虑以下优惠措施:

第一,总部型企业引进外省市和出国留学人员,需解决深圳市常住户口或深圳市居住证的,可向有关人事部门提出申请,经审核符合条件的,可予解决本人、配偶及未成年子女的常住户口或市居住证,其子女入园、入学可享受相应的待遇。

第二,支持总部型企业在深圳设立非学历教育的专业技术或职工教育培训机构,由相关部门受理并提供协调服务。

第三,对符合条件的总部型企业高级人才在本市购房购车,市政府给予一次性财政专项奖励。奖励标准以本人上一年度已缴纳个人工薪收入所得税额地方留成部分的80%比照计算,每人奖励总额不超过其自购车1辆、自购房1套所付款项,专项奖励为当年奖励,不累计,不顺延。

第四,市公安部门为跨国公司地区总部高级职员中的中国公民优先办理因私护照;为其中的香港、澳门同胞优先办理一年暂住及一年多次往返签证,并根据实际需要,为其中的台湾同胞优先办理1至5年暂住及多次往返签证;为其中的外国人优先办理居留延期和多次往返签证。

第五,对跨国公司地区总部及其在本市投资企业的外方高级管理人员,根据有关规定,对其家属的出入境、居留、子女入学等问题提供帮助。对为本市经济发展作出突出贡献的外方高级管理人员,予以表彰。

第六,在深圳的总部型企业总部副职待遇以上、地区总部正职待遇以上高管人员,按每个职位每月一定的标准给予住房补贴。

3. 发展物流中心

物流中心是总部经济的一种类型。目前,包括联邦快递(FEDEX)、联合包裹公司(UPS)、美国普尔控股、敦豪(DHL)、嘉里物流等跨国公司来深圳投资注册物流企业的达50多家,这对提升深圳物流中心地位、建设一批具有较强核心竞争力的知名物流品牌具有重要作用。

建设物流中心关键条件是提供土地。但深圳目前的状况是很多大型企业缺乏建立物流基地的土地,物流未能与城市规划发展有机结合,企业物流中心散点分布,没有发挥物流的集约作用。

物流企业包括运输企业、仓储企业、包装企业、装卸企业,等等。其中运输又起到重要作用。要健全综合运输体系,对铁路运输、公路运输、内河与海洋运输、航空运输、管送运输等各种运输方式要统筹规划,使之各成体系,充分发挥各种运输方式的优势,以形成高效有序的物流经营体系。

为发展物流中心,政府要努力为企业建设区域配送体系提供条件,为企业建立区域配送网络服务。配送网络不同于普通的运输网络,其对配送的时效性和精确度要求很高。该网络要求整个配送跟踪过程的信息实时性(Realtime)和可视性(Visibility)。配送网络将真正解决物流配送"最后一千米"的瓶颈,实现门对门服务。为最大的减低成本,配送中心一定要建在交通枢纽中,同时一定要有高科技物流技术和城市交通管理部门的积极配合。

4. 支持企业研发中心建设

研发中心是总部经济的功能之一。深圳要发展总部经济,必须把包括企业研发中心在内的企业高端功能牢牢吸引在深圳本地,为深圳企业建立研发中心提供强有力的支持。对深圳企业建设研发中心,政府从人才引进、资金支持、环境营造等方面提供支持,可以考虑以下支持方式。

第一,研发中心经政府认定后,列入管理范围。

第二,企业建设研发中心投资超过一定额度的,政府奖励当年交纳的企业所的税地方留成部分的30%—50%。

第三,研发中心获得国家资金扶持的,政府提供50%的配套扶持资金。

第四,研发中心研究开发出新成果使用后,企业当年销售和税金增长达到一定幅度,政府给予补助。

第五,企业与高校、科研院所共建研发中心的,政府给予补助。

第六,企业新建研发中心所需征用土地的手续由政府帮助办理,场地通过租用的,政府给予补贴。

第七,政府各部门将简化审批手续,并组织有关专家为研发中心的建设方针、发展规划等方面提供决策咨询意见。

第八,政府财政加大对研发中心的投入,特别是支柱产业的技术创新。

第九,政府优先安排研发中心的科技项目立项,优先推荐申报国家、省、市技术创新等项目,优先享受本地专利资金资助。

第十,加强研发中心人才建设,政府制定人才专项引进和培训规划,鼓励企业建立人才培养和激励机制,设立研发中心人才发展基金,对成绩突出的企业、个人实行奖励。

5. 支持企业销售中心建设

销售中心是总部经济的又一功能。为支持深圳总部型企业在深圳建设销售中心,可考虑提供以下支持:

第一,建立增值税返还制度,即由深圳市财政将留地方25%的增值税和中央返还地方的增值税部分拿出一定量返还给建设销售中心的企业。

第二,解决好深圳商业企业目前普遍反映的员工住房困难的问题。深圳市商业企业每年都会接受一定的新员工,员工在住房方面存在一定的困难,政府如果能集中考虑各个企业员工的实际困难,帮助企业加以解决,便可以减少企业的负担,也有力于企业保持专业的员工队伍的稳定。

第七章

打造企业品牌，
形成发展模式（上）

30 年来，深圳企业向国内外拓展速度如此之快，与深圳企业注重打造企业品牌，形成发展模式，为走出去打下良好的基础密切相关。深圳成功走出去的企业，都是品牌突出，形成了发展模式的企业。

第一节　战略决策定方向，品牌运营占市场

——万科公司"走出去"成功模式①

万科企业股份有限公司——目前中国最大的专业住宅开发企业，年开发专业住宅 500 万平方米，现有员工 16000 余人。万科是一个深圳本土诞生、成长，却成功开拓全国市场的全国性开发企业。

万科 1988 年进入住宅行业，1993 年将大众住宅开发确定为公司核心业务，万科在 2004 年确定了以"城市经济圈聚焦"为核心的战略布局，积极推进在珠

---

① 参见万科公司网站（www. vanke. com）"走进万科"栏目；万科公司历年公司年报；深圳经济特区研究会调研报告《深圳企业实施走出去战略研究（内部报告）》，2009年。

三角、长三角、环渤海城市经济圈,以及其他区域中心城市的跨地域发展模式。

目前,万科已经进入全国 31 个城市,包括:珠江三角洲经济圈:深圳、广州、东莞、佛山、珠海、中山、厦门、福州、长沙、海口、惠州;长江三角洲经济圈:上海、苏州、无锡、南京、杭州、宁波、南昌、镇江、合肥;环渤海经济圈:北京、天津、沈阳、大连、长春、青岛、鞍山;内地重点城市:成都、武汉、西安、重庆。

至 2008 年末,万科全国市场占有率为 2.1%,跻身全球最大的住宅企业行列。迄今为止,万科共为九万多户中国家庭提供了住宅。万科在长三角业务占比 38%,珠三角占 25%,环渤海地区占 17%。长三角已经代珠三角成为公司收入利润最大的来源地区。

在全国性开发商中,万科的土地储备分布是最广的。截至 2008 年年末,万科的土地储备约为 2200 万平方米。

万科 1991 年成为深圳证券交易所第二家上市公司,总市值排名深交所上市公司第一位。上市 18 年来,万科主营业务收入复合增长率为 28.3%,净利润复合增长率为 34.1%,是上市后持续盈利增长年限最长的中国企业。

万科公司在发展过程中两次入选福布斯“全球最佳小企业”,多次获得《投资者关系》、《亚洲货币》等国际权威媒体评出的最佳公司治理、最佳投资者关系等奖项。

万科连续四年获得经济观察报和北京大学企业案例管理研究中心共同推出的“中国最受尊敬企业”称号,连续三年获得 21 世纪经济报道评选的“中国最佳企业公民”称号。公司也连续三年被国务院发展研究中心企业所、清华大学房地产研究所和中国指数研究院评为中国房地产百强开发企业第一名,并两次获得 CCTV 评选的“中国最具价值上市公司”称号。

在国际权威杂志《投资者关系》主办的“2006 年中国投资者关系”评选中,万科获得最佳投资者关系奖(大型非国有企业)、最佳年报及公司著作奖、最佳投资会议奖。在第二届“中国 A 股公司 IR(投资者关系)评选”中,万科荣获最佳大型公司奖、最佳沟通奖、最佳股改奖、最佳执行人奖。在由鹏元资信、证券时报和深圳证券信息推出的国内首个付诸实际应用的公司治理评级体系中,万科获得了唯一的“AAA-”级最高评价。

万科集团经过长期的积累发展,培养出自己独特的、不可模拟的、持续的核心竞争力。

万科走出去的成功经验有以下几点:

一、专业化为"走出去"打好基础

万科向全国发展之前经历了一个由多元化向专业化发展的过程,专业化打造了万科走出去的基础。

海尔做加法,万科做减法,万科认为集中最有优势的资源做最擅长的事情是正确的选择。万科1984年从做贸易起家,在发展过程中,万科选择过做模特公司、彩印企业、饮料、超市,内部人称万科的产业是"四大结构十大部门",多而杂的产业经营虽能让万科赚钱,但从1992年起,万科毅然开始做减法,集中资源专注于住宅行业,砍掉了其他业务,着手向专业化的房地产企业转型,甚至放弃了20世纪90年代初的酒店、厂房等项目,只专心做住宅。对于市场定位,在产品上,注重中高档的产品及服务,而在地域上,不遍地开花搞项目,而是定位在沿海发达的南、北、中三大经济圈上。万科在产品类型上也由当初不无选择的地产项目到专注为白领制造。专业化经营为其树立品牌带来了极大的优势。

万科以专业化打造行业品牌其实是一个明智之举。地产行业是近几年发展最为迅速,财富增长最快的行业之一,地产市场拥有着无限的机会和未被开发的需求。中国经济的发展加快了城市化进程,城市化则直接表现在城镇住宅的需求上,地产行业的潜在需求给了房地产行业无限的发展空间。另外,地产缺乏行业的领跑者,万科以专业化的定位则正好满足了企业做大做强的愿望,集中了所有资源。再次,万科低价买地,高价做房,万科以专业的态度弥补了地理位置的相对劣势。

到2007年,万科的专业化之路已经走得很顺畅,集中资源做地产也给万科一个很大的平台成为行业领先者。但在这个时候,万科又说话了:"万科要做中国房地产界的NIKE",在将来,除了品牌与设计保留,其他业务全部外包出去,万科更希望在住宅产业链条内和其他企业合作,自身则专心做资源整合与品牌塑造者的角色。

一. 准确的市场预测能力和应对变化的能力

万科对关于住宅行业长期前景的问题的答案是在人口变迁之中寻找。如果深入剖析世界近现代经济的发展历史,就会发现,对于任何一个基本具备市场经济制度框架的经济体,只要是资源可以基本自由流动,其人口变迁就几乎是经济成长的缩影。近现代工商业的发展过程,其实也就是人们逐渐聚集到城市居住的过程。当人们开始密集居住的时候,工商业的交易费用才能有效降低,更复杂的社会分工、合作才成为可能。而现代经济的每一步成长,莫不源自三个方面:生产技术的更新、交易费用的降低以及分工的细化与合作的深化。在一个全球化的时代,生产技术本身就是一种自由流动的资源,而后两个因素,则都与城市化的进程息息相关。

因此某种程度上说,经济史就是人口史,而房地产史更是人口史。

而中国当前的人口结构,还有一个特殊的因素,那就是,人口红利使得中国经济20多年来维持着全球最为强劲的增长。20世纪80年代之后,我国总人口中劳动适龄人口的比重不断上升,抚养比不断下降。20至60岁人口为财富创造期,目前我国该阶段人口占总人口比例仍超过60%,这种特殊人口结构至少10年内不会发生骤变。而自20世纪以来持续的以年轻人口为主、朝向沿海地区迁徙的趋势,将使得沿海城市带的人口红利延续得更为持久。

人口变迁的影响发挥着决定性的作用。城市化一方面将导致大量的住宅需要,另一方面与城市化相得益彰的经济发展正在稳步增进大众财富,将这种需要转化为有效的市场需求。未来相当长一段时间内,中国城市尤其是沿海城市带的住宅市场,依然具备极为广阔的发展空间。

1981年至2005年,仅仅25年的时间内,我国城市化率就由20%迅速跃升至43%,而与发达国家80%以上的城市化率相比,仍有大幅度的提升空间。未来10多年中,预计中国的城市化水平仍将保持年均1%左右的增长速度。不言而喻,这将带来大量新增的住房需要。这也是城市化对住宅行业的直接影响。

但是,仅有这种需要是不够的。只有当人们的需要得到购买能力支撑的时候,这种需要才能转化为市场的有效需求。而购买力的来源,正是经济发展和大众财富的增长。城市化促进经济成长,进而提升人们的购买能力,这是它对住宅行业的间接影响。某种程度上说,这个间接影响比前述的直接影响更为重要。

中国的住宅行业,从诞生到现在,不过短短的 20 年历史,但已经经历了两个显著的转折点。1998 年,中国取消了福利房分配政策,开始了以商品房为主的全面市场化过程,这是第一个转折点。在这之前,中国的住宅行业只能说是在萌芽阶段,而在这之后,行业进入了近乎神速的增长阶段。2005 年到 2006 年的宏观调控,也使得行业进入了第二个转折点。在第一个转折点之后,行业实现的是量的突破,而在第二个转折点之后,行业将要跨越的是质的升华。经过第一个转折点,我们看到的是大地回春之后的百花齐放,而经过第二个转折点,即将上演的是大浪淘沙之后的王者归来。

在任何一个市场国家,住宅基本上都属于最昂贵的单件商品,也是大部分人一生中最大的一笔支出。但是,这个行业中却似乎从来没有诞生过伟大的公司,从来没有诞生过像在能源、汽车、家电、金融、IT 甚至零售、饮料、日化行业曾经出现过的那些庞大的商业帝国。甚至有人断言,因为房地产特殊的地域性和非同质性,这个行业没有其他行业那种显著的规模效应。也就是说,房地产公司是无法做大的。

确实,直到 2005 年,财富 500 强的名单中,虽然出现过建筑公司,出现过不动产经营公司,但是,纯粹的住宅开发企业,却始终与这一排行榜无缘。在 2006 年,历史终于被改写,美国的前四大住宅企业,联袂进入了这个名单。

未来 10 年,中国城市将新增 7000 万户家庭,这接近一个美国,接近英国、法国和德国的总和,超过整个日本。未来全球最大的住宅市场很可能在中国,这已经没有太大的悬念。那么,中国的优秀住宅企业,又该有怎样的雄心和远景呢?企业的边界取决于规模效应和管理成本的消长。越大的企业,规模效应越显著,但是,管理和经营的难度也越高。当一个企业的规模效应已经不能抵消克服管理难度上升的成本时,这个企业就到了增长的极限。

在 2004 年年底到 2005 年,万科管理层即作出判断,认为持续深入的宏观调控将促进行业的规范化,提高行业的集中度,优秀企业将获得更大的成长空间。早在 2004 年,万科就提出行业已经处于颠覆的前夜。而经过 2005、2006 两年,行业变革的趋势日渐明朗。

经过之前数年的调整和自我变革,万科在组织结构、专业能力、客户忠诚、经营效率、资本市场信用、多元化融资渠道、经营效率等方面,已经积累了相当的优势。因此,管理层认为万科有条件抓住机遇,在 2006 到 2007 年进入一个高速成长期。

因此,万科继续坚持以珠三角、长三角和环渤海区域为重点的城市经济圈聚焦策略,加大项目发展力度,将深圳、上海、广州、北京、天津等核心城市作为重点。同时公司也将注重获取优质项目,改善项目结构,通过更多项目的快速开发,充分利用周转速度和规模效应,提高人力资源效率和资金利用效率,强化市场控制力和品牌影响力。

同时,万科管理层认为,要积极应对国家房地产相关政策的变化。目前政府在肯定房地产行业是支柱产业地位的同时,表示将继续严格执行宏观调控政策,解决部分城市房地产投资规模过大和房价上涨过快的问题,进一步完善金融、信贷、土地、税收、销售等方面的政策措施,继续整顿房地产业的市场秩序。国务院九部委联合发布《关于调整住房供应结构稳定住房价格意见》,之后有关部委进一步出台了《关于落实新建住房结构比例要求的若干意见》、《关于规范房地产市场外资准入和管理的意见》、《关于个人住房转让所得征收个人所得税有关问题的通知》、《关于进一步整顿规范房地产交易秩序的通知》、《关于加强土地调控有关问题的通知》等文件。这一系列政策的出台将对行业经营环境产生深刻的影响,这和万科的判断是一致的。

随着信贷管理的严格化和闲置土地处置要求的细化,更多市场存量土地资源将被激活。依托公司在品牌、资本市场信用和专业开发能力等方面的优势,以及对行业趋势的准确预期,万科有条件通过合作方式,以更高的效率和质量来获取项目资源。

2007 年下半年,王石带头降低房价,回笼资金,避免了后来楼价下跌带来的损失。

2009 年上半年,楼市回暖,万科紧急开工,2009 年 1 月至 5 月累计实现销售面积为 281.7 万平方米,销售额 238.9 亿元,分别同比增长 27.4% 以及 20.9%。

公司已经调高今年新开工的面积至少达到去年 523 万平方米开工水平。

万科不追求过高的利润率,但万科追求高周转率。万科的开发周转速度一般比行业平均水平高出一倍以上。2006 年万科的总资产周转率是 0.56,而行业平均水平是 0.32。而近年来万科经营节奏明显呈加快趋势,从获取项目到实现销售的周期明显缩短。这是万科迅速作出放弃高价,快速回收资金决定的依据。

万科的项目开发必须追求大流量、高流速,万科就如同一辆高速战车,必须维持高速行驶才行,如果由 200 千米的时速降至 100 千米,经营就会出现问题,如果降到 50 千米,则企业极有可能"崩盘"。

三、项目策划、规划、设计能力

住宅作为一种最终产品,具有不可移动性,无法在一个地方生产而销售到很远的范围;客户需求和地段的千差万别,也使得住宅的生产具有小批量甚至单件生产的特征。项目策划、规划、设计能力至关重要,这也正是目前很多开发商不重视或者不具备的能力,不请专业的咨询策划机构或专家,忽视市场调查、项目策划、规划设计等前期工作,而这恰恰是万科的强项。万科所有地产项目都是经过精心策划、创新设计的,都是不断进步的。

王石有个著名论断:

从竞争态势来看,这个行业曾经高度分散,数万家开发商各自拓荒。而随着消费者选择能力和选择偏好的显现、直接融资渠道的开拓,行业的集中度将不断上升,重点市场的主流开发商将进入品牌主导下的精细化竞争态势。

从生产方式来看,一次性设计、作坊式生产曾经是这个行业的常规。这种落后的生产方式,带来了难以克服的质量通病和企业资产的低速周转,也催生了优秀企业成熟产品复制的努力。而随着品质导向、规模效应和周转要求等一系列生存法则的变迁,未来我们看到的,将主要是标准化设计、工业化生产的住宅产品。从商业模式来看,这个行业曾经是开发商无论大小,都是从获取土地到物业管理一条龙的经营。而随着对效率和专业能力的要求不断上升,合作开发、并购重组与业务外包的帷幕已经拉开,未来我们看到的,将是"小而全"转向精细分工,企业内部整合转向社会化整合,大型综合开发商、专业制造企业、金融企业、配套服务企业并存的全新格局。

万科从 1992 年开始,先后在上海、北京、天津、沈阳、深圳、成都等地推出大规模的居民住宅小区,形成了"万科城市花园"系列品牌。凭借规模优势,万科引入国外先进的规划设计理念,配套完善,注重绿化、环境和社区文化的营造,强调人与人的亲情和沟通,充分体现人的价值,项目整体风格更为成熟和细致。为了顺应郊区化住宅发展趋势,1998 年起,万科又相继在各地推出了"万科新城系列"。天津万科新城、深圳四季花城、沈阳花园新城、武汉四季花城等项目,注重住宅产业化发展,融入环保及高科技的含量,充分显示了成熟社区的内涵魅力。

万科公司通过营造品牌占领市场,"万科"成为行业第一个全国驰名商标,旗下"万科四季花城"、"万科城市花园"、"万科金色家园"等品牌得到各地消费者的接受和喜爱。公司研发的"情景花园洋房"是中国住宅行业第一个专利产品和第一项发明专利;公司物业服务通过全国首批 ISO 9002 质量体系认证;公司创立的万客会是住宅行业的第一个客户关系组织。

2007 年,公司在行业内首先推出"冷静期"概念,实行"三天无理由退订"。根据盖洛普公司的调查结果,万科 2007 年客户满意度提升了两个百分点,达到89%。至 2007 年年底,平均每个老客户曾向 7.11 人推荐过万科楼盘。

四、服务打造品牌

"尊重客户,以客户为中心",万科以此为企业服务的口号。在企业运作上,万科拥有一套完整的客服系统,王石借鉴早期作为 SONY 代理商的经验,重视售后服务并提出了物业管理的理念。在今天看来,物业管理和住宅的紧密联系不那么稀奇,但在 10 年前物业管理的引进却是地产行业创新的亮点。

万科物业管理有限公司成立于 1992 年年初,为万科企业股份有限公司全资附属机构。公司现有各类专业服务人员 2400 余人,已发展为国内最具规模及极负盛誉的物业管理机构之一,专业提供全方位的物业管理服务、工程完善配套服务、房屋租售及绿化工程服务。通过多年来的实践,公司在市场上取得了骄人的业绩,在物业管理行业中奠定了坚实的地位,成为国家建设部首批认定的物业管理一级资质企业。

万科物业发展有三个阶段：

第一个阶段是品牌初创阶段(1990—1997年)。1990年,万科接管第一个项目——天景花园;1992年1月成立下属第一家物业管理公司——深圳市万科物业管理有限公司;成立全国第一家业主委员会,推行共管模式;1996年,万科成为国内第一家通过ISO 9002国际质量认证的物业管理企业;1996年,在中国首次物业管理公开招投标活动中,获得深圳"鹿丹村"的物业管理权。

第二个阶段是品牌发展阶段(1998—2001年)。在这个阶段,万科物业的品牌逐渐树立和丰满起来:1998年,在深圳万科城市花园推出"无人化管理模式";1998年,在全国导入企业形象识别系统,形成鲜明的万科物业品牌形象;1999年,率先在行业内推出"管理服务"报告;万科物业又先后签约国家建设部大院和中国人民解放军总后勤部营房的物业管理服务,开创了国内物业管理的先例,服务水平进一步提升。

第三个阶段是品牌深化阶段(2002年至今)。2002年,深圳物业公司实施集约化管理;2002年,上海、沈阳地区实施物业管理区域化的尝试;2002年,深圳物业公司开展"主题式"的社区文化活动;2003年,万科物业在全集团范围内启动了"HAPPY家庭节"、"为您100%"活动。

经过10年的发展,万科物业管理已发展成为国内同行业中的知名品牌。目前集团旗下的13个专业公司,总共管理了50多个物业项目,管理面积约650万平方米。管理类型包括高层大厦、多层住宅、别墅、写字楼、工业区、学校及政府公共物业等。所有项目均获得了市级以上物业管理优秀小区称号。其中19个获得了国家优秀示范小区荣誉。

作为成熟的品质控制机制,ISO 9000质量体系对于指导和促进企业的科学化、规范化管理是非常有效的。因此,在国内的所有物业管理企业中深圳万科物业是第一家引入并通过ISO 9000体系国际认证的。

着眼于专业化能力的提升,万科物业总部每年都要制定出台一套基础的业务操作标准(万科人称之为VPS标准)来指导各地公司的运作。应该说,虽然是一个内部标准,但VPS标准在具体指标上还略高于"国优"标准。通过在基础服务项目中的全面实施,为各地公司在规范化管理上指明了一个更高更严格的目标。依据该标准，集团每年要举办一次万科物业之星的业务检查和评选，这无疑又为各地公司提供了一次难得的学习、改进、提高的机会。

作为品牌塑造的重要手段，企业的专业化水准还体现在企业形象和员工行为的规范性上。因此，万科人努力做了两个方面的工作：BI 培训和 CI 策划。

万科物业在 1998 年就在集团范围内导入了统一的 CI 标识系统，所有的管理项目都按要求创建和配置了统一的标识小区系统。通过有创意的视觉符号塑造出亲和、人性化的鲜明企业形象，便于社会公众迅速识别。

此外，万科人在企业专业能力建设方面一个成功的、独特的尝试是"前期介入"模式。前期介入是指在项目规划设计阶段开始，万科人就站在业主的立场上，全程参与项目规划设计、营销策划和工程施工，从而大幅度地减少质量隐患，确保业主入住后享受高素质、更便利的物业服务。对于业主、物业公司、开发商三方，这是一个"三赢"的结局。

在规划设计阶段，万科人根据以前的管理经验，结合工作中业主反映较多的意见和建议，有针对性地向地产项目部、设计部等相关部门提出规划设计的修改变更意见。这些意见包括智能化设备、景观绿化、电气系统、给排水系统、公建配套设施等所有日后与业主生活、物业管理息息相关的内容。

在营销策划阶段，万科物业负责接管地产销售案场和销售示范区的全面物业管理工作，现场向未来的"万科业主"直观展示万科人的服务水平和管理能力。另外，通过现场的专业人员，向客户宣传物业管理知识，解决他们在物业管理方面的疑惑和咨询，让他们更方便、更安心地买房，从而促进了地产公司的销售工作。

"尊重客户，以客户为中心"，对于万科物业而言，不仅是一句口号，更是实实在在的行动。因为在它的背后，有一套完整的客户服务系统在支撑着它的运作。

2007 年 6 月 25 日，万科在全国 20 个城市展开统一行动，将属下"物业管理有限公司"统一更名为"物业服务有限公司"，这是继 2005 年年底万科物业将旗下在管项目"物业管理处"全部更名为"物业服务中心"之后的又一举措，标志着万科物业率先全面迈入"物业服务"新时代。

万科物业认为:虽然一直以来"物业管理"已经成为习惯用语,但"物业服务"才是更准确的表述。"管理"更多体现的是物业企业与房屋、设施、场地等"人与物"的关系,而"服务"才能真正体现企业与客户之间"人与人"的关系。"物业服务"一词,无疑更能彰显业主的地位,明确物业企业的服务功能。

首先,它意味着万科与业主之间畅通的信息沟通渠道。在万科物业管理的任何一个小区里,业主都可以通过 24 小时值班热线电话、网络、意见箱,或是直接找客户服务主管表达他的意见和想法;同时,万科人也会通过业主访谈"业主顾问团"业务回访等形式主动去了解客户真实的想法。

其次,它意味着对业主正当权益的理解和尊重。每个季度,万科物业都会将季度服务报告向全体小区业主张贴公布,接受他们的监督;每年年底,万科物业还会向业委会提交一份年度物业服务总结报告。除了每个季度各个管理部自行实施的客户满意度调查以外,每年万科物业都会委托外部专业公司作一次满意度调查,以获得一个比较客观公正的结果。

再次,万科客户服务体系还要能够有效地满足业主的个性化服务需求。作为业主,他们对物业服务的基本需求一定是共同的:如社区的安全、美观、清洁等。作为服务的提供者来说,对所有业主共同关心的基础服务,万科必须不打任何折扣地提供到位的、规范的服务。除此之外,万科人还需要了解他们个性化的、差异化的服务需求,通过提供"个性化服务"来让他们获得满意的服务感受。同时,这对于物业公司也是一个新的利润增长点。以上海公司去年的"同心圆系列活动"为例,万科人推出"四点半学校"解除了年轻父母对孩子放学后无人照料的担忧;推出"温馨夕阳红"解决了单身老人的部分生活困难;推出"花园无忧"满足了人们对美好大自然的追求。

五、留住客户一辈子

从刚走上工作岗位的大学毕业生居住的小户型公寓,到这个客户成家之后的三居室,再到客户事业有成时能负担的独户别墅,甚至最后到客户退休养老入迁的老年住宅,万科都会做,这就是万科的终生锁定战略。

万科之所以可以采取对客户终生锁定的战略定位,最基本的是由于万科已经拥有一批稳定的客户群,万科拥有超过 10 万的客户资源。以"蚂蚁工房"为例,从第一家"城市花园"做起,万科在上海已经积累了相当数量的满意客户和忠诚客户,总价上限不过 50 万元的"蚂蚁工房",是万科存量客户资源完全可以覆盖的一种产品。针对万科业主的 DM 广告是蚂蚁工房的主要营销利器,而客户推荐是蚂蚁工房成功销售的主要途径,DM 广告和原有客户推荐成为蚂蚁工房成功的关键所在。

"蚂蚁工房"如果是通用的"赛欧",那上海万科的"兰桥圣菲"就是通用的凯迪拉克:独幢的南加州风格别墅,虽说面积最小的只有 380 平方米,但是每一幢的售价都在千万元人民币以上。"兰桥胜菲"的客户定位在富足的成熟家庭,最早购买万科"城市花园"的客户经过 10 年来的发展,他们在不断地走向生命周期的新阶段,其支付能力和生活品位也在逐渐提高,他们的需求是富足成熟家庭的需求。据"兰桥胜菲"的销售人员讲,有一些"城市花园"早期的客户,当时他们是最早富裕起来的人,其中很多是从台湾来上海发展的客户,现在他们又成为了"兰桥胜菲"最早的客户。"兰桥胜菲"的客户圈子其实并不很大,很多客户是为了相互之间做邻居而选择一起购房的。

第二节　多产品开发、立体式发展战略
——招商地产公司"走出去"成功模式①

招商局地产控股股份有限公司(简称"招商地产")于 1984 年在深圳成立,是香港招商局集团三大核心产业之一的地产业旗舰公司,也是中国最早的房地产公司之一,先后在深圳交易所(000024)、新加坡交易所(200024)挂牌上市。

---

① 参见孙海:《招商地产:百年品牌的光荣与梦想》,《第一财经日报》2006 年 8 月 4 日;招商地产公司历年公司年报;深圳经济特区研究会调研报告《深圳企业实施走出去战略研究(内部报告)》,2009 年。

历经 20 年,招商地产从最初的职工福利房和单身公寓开发开始,到写字楼、商业物业、工业物业以及别墅、大规模商品住宅小区的开发,可谓是浓缩了的中国现代房地产发展史。它依托招商局,资金、实力雄厚;以蛇口起家,擅长城市运营与开发。该公司是在全国范围内拓展业务的大型控股公司,主要核心业务是房地产开发与销售,出租物业的经营,以及园区供电供水。招商地产已成为一家集开发、物业管理有机配合、物业品种齐全的房地产业集团,形成了以深圳为核心,以珠三角、长三角和环渤海经济带为重点经营区域的市场格局。

招商地产公司在战略布局主要采取的是"3+X"的模式,即以珠三角、长三角、环渤海区域为核心区域加上具有发展前景的次级经济区域的主要城市,逐步从深圳起步,全国布局。截至 2008 年年末,招商地产总股本达 17.17 亿股,总资产超过 370 亿元。分别在深圳、北京、上海、广州、天津、苏州、南京、佛山、珠海、重庆、漳州等十多个大中城市拥有 60 多个大型房地产项目,累积开发面积超过 1500 万平方米。公司目前的土地储备为 1000 万平方米。公司所拥有的土地储备不但数量充足,而且多位于城市的核心区域,或属于城市郊区低密度住宅用地,含金量高。这些土地适宜于打造精品,并能够取得较高的毛利率。2008 年,公司在 12 个城市同时发展,有 58 个项目同时进行,总规划建筑面积 543.74 万平方米,其中续建项目 13 个,规划建筑面积 92.06 万平方米;新建开工项目 30 个,规划建筑面积 288.78 万平方米;处于设计阶段的项目有 15 个,总建筑面积 162.9 万平方米。招商地产正逐步实现从区域开发商发展向全国性综合开发商的战略转型,一家全国性地产综合开发商雏形已然形成。招商地产已成为一家集开发、租赁、物业管理有机配合的、物业品种齐全的综合房地产开发管理公司。目前公司直接和间接控股子公司 60 家,合营企业 3 家,其中房地产开发公司 35 家,物业管理公司 13 家,园区相关业务公司 5 家,海外公司 5 家。

在 20 多年的实践中,招商地产总结出一套注重生态、强调可持续发展的"绿色地产"企业发展理念,并成功开创了国内的社区综合开发模式。凭借公司治理模式与经营业绩,招商地产收获一系列殊荣:2002—2008 年连续跻身中国房地产上市公司综合实力 TOP10 十强,2004—2008 年蝉联中国蓝筹地产企业称号,以 40.71 亿的品牌价值荣登"2008 中国房地产公司品牌价值 TOP10",是中国国资委首批重点扶持的 5 家房地产企业之一,并因旗下租赁、供电、供水等业务所带来的丰厚经常性利润,被誉为"最具抗风险能力的开发商"之一。

招商地产的走出去成功要素主要有以下几点:

一、多产品开发、中长期持有的战略

招商地产是以持有型开发的为主的企业,实行的是以地产为主线,多产品开发、中长期持有的战略。在招商地产的发展初期,公司扮演的是一个城市运营商的角色,因此在和大股东旗下其他产业的互动中,招商地产逐渐形成了以产业、居住为核心的社区综合开发模式,而又根据这一开发模式的特点搭建起了独特的业务架构。公司在进行房地产开发与销售业务的同时,亦投资开发可出租的物业,并长期持有以获取稳定增长的租金回报。开发销售与租赁物管和中介的双业务模式使得公司地产业务具备较强的稳定性和业绩弹性,而园区供电供水亦是公司经营中的重要业务,这种多业务模式有利于平滑现金流波动,使得公司明显区别于国内主流开发商。截至 2008 年年底,公司持有已建成的出租物业可出租面积增加到 62.56 万平方米。这些物业主要位于深圳蛇口,物业类型包括别墅、公寓、写字楼、厂房、商铺等。其中别墅主要针对外派到中国的人,写字楼、产房、商铺的客户主要是公司和个人经营商,客源稳定。2008 年公司总营业收

表 7－1　2007 年招商地产收入结构①

分行业	营业收入			营业毛利		
	金额(千元)	比上年增减(%)	占总额的比重(%)	金额(千元)	比上年增减(%)	占总额的比重(%)
房地产开发与销售	2627977	81	64	1479361	111	77
投资性物业经营	383461	25	9	193538	46	10
房产中介服务	103160	71	3	23056	12	1
园区供电供水	727909	4	18	171676	32	9
物业管理	244112	-3	6	57730	10	3

---

① 2007 年招商地产公司年报。

表 7 - 2   2008 年招商地产收入结构①

分行业	营业收入			营业毛利		
	金额（千元）	比上年增减（%）	占总额的比重（%）	金额（千元）	比上年增减（%）	占总额的比重（%）
房地产开发与销售	1939969	-26	54	963574	35	65
投资性物业经营	502593	31	14	241398	25	16
房产中介服务	60089	-42	2	3583	-84	0
园区供电供水	757237	4	21	223945	30	15
物业管理	300650	23	8	42457	-26	3

入中,房地产开发销售收入占54%,出租物业经营、管理和中介业务贡献收入24%,而园区供电供水收入占比为21%。

不同的产品具有不同的市场特征,如目前办公楼和商铺的市场行情明显好于住宅,受到宏观调控的约束也远没住宅市场那么多。而且,出租物业、物业管理和供电供水能给公司带来大量稳定的现金流动,为公司房地产开发业务扩张提供资金支持,而物业管理和房地产中介也有利于公司把握市场变化,间接为地产开发业务提供服务。大量的持有物业可以产生稳定的租金收益,从而优化企业财务结构,即使经历中短期市场低迷与销售资金回笼大减,也不至于出现严重的财务危机——这也是香港地产巨头们能安然渡过亚洲金融危机的重要原因。招商地产因具有租赁、水电和房产这样的三驾马车结构被评为最稳定的房地产公司,现今很多房地产公司仅仅做房产的开发,很少愿意自己持有经营,这也就导致现今房产公司业绩的季节性波动,即因为没有稳定的现金流导致资金链脆弱,某一环节出现问题,就会引起整个公司陷入困境。

二、绿色地产理念

商品房是招商地产主营业务中的核心产品。招商地产主要是靠商品房来增加公司利润。商品房的质量和配套完善的售后服务增加其产品的竞争性。并且

———————————

① 2008 年招商地产公司年报。

近几年里,招商地产不断对其核心产品进行改造,加入了"绿色的地产"的概念,增加了招商地产、房产物业的市场份额。

招商地产 20 多年间一直实践着招商局蛇口工业区创办人袁庚老先生倡导的"将蛇口建设成最适合人类生活的地方"的理念。招商地产以具有强烈个性魅力的绿色地产理念体系,以"以人为本,以客为先"的企业信念,以"家在·情在"的历史使命感、社会责任感及人性关怀为执著信念,走出了一条独具特色、可持续发展的"绿色地产之路"。

今天的中国房地产业以前所未有的规模持续高速发展,连续几年,中国的住房建设规模远超过世界上任何一个国家。房地产业给我们带来日新月异的城市乡村面貌,但同时,也带来了巨大的能源消耗和对生态的严重破坏。严峻的现实呼唤绿色建筑,呼唤绿色地产。

作为成长于蛇口的中国知名房地产企业,招商地产以动态的持续开发,将蛇口建成今天的山海间绿色家园,形成良好的环境生态、经济生态和社会生态。由此可见,招商人扮演着两种不同的角色:"园区开发商"与"绿色地产商"。

"园区开发商"——在蛇口的规划建设中体现在一级土地开发上,以产业、居住互动为核心的社区开发综合模式,形成了功能丰富又相互支持,具有高度自我调节能力的社会生态系统。招商人很注重就近居住、就业、购物、休闲、享受医疗、教育。确保高效率、低能耗、低排放,为经济层面的可持续发展提供了活力。

"绿色地产商"——则体现在土地二级开发上,招商地产以保护环境生态,降低资源消耗,降低污染排放为目标,绿色生态开发的理念与实践贯穿每个案项目。尊重自然原生态,又体现对老建筑的再生和生态庭院的营造,并由可持续发展的材料、能源、设备乃至植被等构成的绿色生态技术体系。

蛇口各住宅小区不仅绿地率高,而且植物的种类也十分丰富。如:榕树、凤凰木、木棉、鸡蛋花、芒果、菠萝蜜、四季桂、白兰、紫薇等;同时,控制草地面积,多种乔木与灌木,形成复层结构;实现全方位、立体绿化,将绿色铺遍每一个角落。泰格公寓几千平方米的绿化面积就种植了 127 种植物!如今的蛇口人尽可享受"色、香、果、花"的园林美景。

三、"社区综合开发"实现土地价值最大化

招商地产在社区综合开发中,以动态规划、均衡发展,合理布局、功能互补,规划先行、有序开发为准则,以整个生活社区为项目单元,对其中的各个功能要素包括居住区、产业区、商贸办公区、休闲娱乐区、交通体系、绿化体系、园林建设及景观体系、医疗教育体系、信息化网络体系以及基础配套设施等,进行综合规划并持续地进行开发。

在经济效益上,"社区综合开发"最大限度地挖掘了土地的利用价值,提升了房地产附加值,拉动区内房地产市场的发展。招商旗下的物业同比具有更高的价值认同。在社会效益上,促进了居住与产业之间的良性互动和有机结合,造就了区内生活的高效率与高品质。创造了一个理想的生活和工作的社区,喜迎了越来越多的海内外人士来蛇口发展,真正成为"最适合人类生活的地方"。

蛇口作为一个成功的"社区综合开发"实践模型,已被社会各界所承认和接受。蛇口 20 年的动态开发,使得新旧建筑交替共生,历史感强,城市文化具有新陈代谢的延续性。

招商地产与招商局血脉相连,自 1984 年成立以来,招商地产始终传承着招商局历经百年的企业文化——历史使命感、社会责任感、人性关怀,将"以人为本,以客为先"的企业理念,渗透于社区文化的建设中,追求人与人、与建筑、与城市、与自然的共融共生,关注自然环境、人的生活、社会的发展。

2002 年 4 月 26 日,全国第一张数字化社区万事通卡在蛇口问世,招商地产会员俱乐部的会员成为该系统的率先受惠者。存取款、购物、炒股;身份识别、在招商地产相关停车场刷卡停车、缴纳物业管理、水、电、煤气等费用,并由银行定期代扣;联盟商家优惠消费……诸如此类种种,一张万事通卡就可囊括全部功能。有人惊叹,蛇口的社区生活,是信息化的。

据统计,迄今为止,已有 3000 多名外籍人士居住在蛇口。蛇口是我国外籍人士密度最高的社区之一。西餐厅,太子路酒吧一条街,有"联合国"之称的鲸山别墅花园社区,国际学校,蛇口国际妇女会等都使蛇口的国际化色彩、异域风情日益凸显。

在蛇口，外国友人向普通蛇口居民一样生活起居，如同在自己的故乡，中外人士相处融洽。在许多外籍人士眼中，蛇口是他们的第二故乡。蛇口的社区生活，是国际化的。

社区综合开发具有五大看点：

看点之一：居住与就业并举。

招商地产从蛇口开发的实践中认识到，单一功能的社区不能满足人们生活的需求，居民生活最基本的活动要包括居住、就业，因此居住和就业要素就构成综合社区的核心要素，构成社区居住与产业互动的基本体系。

看点之二：基础设施一个不能少。

招商地产基础配套设施——供电、供水、排污、通信、交通先于住宅开发的理念，使蛇口具有高成长性和生活的便利性，也为蛇口的引资开发和职工的正常生活提供了物质基础。

看点之三：服务设施配套齐全。

在社区建设中，招商人注重居住区与产业区的合理布局、功能分区的同时，积极地对教育设施、医疗保健、运动场地配套设施进行分期开发。为居住在蛇口的人们实现"诗意的栖居"理想，提供优质、便捷的服务设施基础。

招商地产在蛇口建成了海上世界休闲商务区、沃尔玛超市、花园城中心片区、海月花园商业街、花卉一条街、古玩商店以及风情酒吧街、青少年活动中心和文化广场等，不仅满足了社区居民生活的基本需求，营造了舒适的生活环境，也为蛇口的经济发展赢得了巨大的商机。

看点之四：便民高效的信息岛。

蛇口"信息岛"工程，是将蛇口建设成光纤到小区、光纤到大楼、最终成为光纤到户、到桌的电信、有线电视、互联网"三网融合"的信息网络系统。这个系统具有"两高一多"的特点：高速的区域性宽频管线网络，高速的 INTERNET 接口，多功能兼丰富而廉价的网上综合信息服务平台。

信息岛项目从 1999 年 9 月启动到 2004 年基本建成，如今，在招商地产开发的社区里，工作、学习、消费、医疗等，都展现出信息完善的新时代特征。

看点之五：自然资源与人文资源并重。

蛇口依山傍海,山海资源丰富,招商地产开发的许多项目都充分借助了蛇口自然资源的优势。

在人文资源方面,天后宫、少帝陵的修缮,为左炮台修建林则徐像以及修建四海公园的盖世金牛等,提升了蛇口的文化氛围,尤其"明华轮"与"女娲补天"雕塑等景观则昭示招商地产文化建设的理念。

对自然资源的保护和利用,对人文资源的重视和挖掘,是招商地产对蛇口社区综合开发理念的延伸,是整个蛇口社区综合开发的重要组成部分。

四、打造经典项目

1. 鲸山别墅——对原生态尊重和融合

建设时间:1987 年 5 月至 1994 年 12 月

建设规模:占地 35 万 m^2,共 188 栋别墅,5 栋公寓,3 处文化体育设施

建筑面积:7.8 万 m^2

鲸山别墅区是目前深圳最大的外国人居住区,建筑位于三面环山的山谷中,谷底为中心建筑,别墅错落地分布于环绕中心的外山坡上,每栋均可眺望海面,并附有独立的花园。鲸山别墅共有 10 余种型号,建筑面积有 $247m^2$ 到 $432m^2$ 等多种规格。

招商地产旗下的金牌物业之一,多年来一直被评为全国优秀文明小区。

2. 美伦山庄——老建筑的更新再生

建设时间:1992 年 5 月至 1992 年 12 月

建设规模:占地 $3727m^2$

建筑面积:$5146m^2$

建设地点:蛇口龟山路

美伦山庄原是供工业区内部接待使用的小型宾馆。随着时代的发展,美伦山庄渐渐难以适应新的要求。2000 年招商地产对之改造,定位为综合性会所,供招商会会员使用,同时仍保留工业区内部接待的功能。

扩建改造后,增加了恒温泳池、雪茄红酒屋、多功能会议厅、酒吧、屋顶网球场等功能,增加了现代酒店所需的智能化设备,成为一处带有南欧田园风格的五

星级酒店标准的休闲、度假综合会所。

3. 雍华府——生态的社区庭院

建设时间:2000 年至 2001 年

建设规模:占地 26052m²

建筑面积:总建筑面积 61199m²,会所 932m²,6—18 层带电梯小高层

建设地点:蛇口后海路

雍华府基地形状呈"L"形,依据用地轮廓构筑两个庭院,相互间良好地用中心纽带嵌套起来,形成顺畅的流动空间。为将整个基地地形统一起来,在设计中强调由南至西北的小区轴线,在该轴线的引导下,进入三组不同的人行环境空间。在小区轴线与景观轴线的交汇点,设置下沉式天井。小区的公共活动空间集中在景观轴线上,使得整个庭院空间动静有致,相得益彰。

4. 泰格公寓——高舒适、低消耗的绿色技术

建设时间:2003 年 3 月至 2005 年 6 月

建设规模:占地 17247m²

建筑面积:42441m²

建设地点:蛇口工业大道与工业二路交汇处

泰格公寓是综合运用多项绿色技术的典范。该项目采用领先国内的分质供水系统、中央空调加分户计量的节能系统、节能环保的维护结构、Low-E 中空遮阳玻璃、环保涂料、节能 50% 的热泵热水器、无机房和小机房电梯、太阳能集热板和太阳能灯等节能措施,小区综合节能率为 63.7% ,达到了建设部"四节—环保"标准和广东省绿色住区的标准,所以同时成为建设部和广东省绿色住区的示范项目。

泰格公寓在今年美国绿色年会上获得了美国绿色建筑协会 LEED 银牌认证,成为国内首个获此标准认证的房地产项目。

第三节　产业联动提升核心竞争力

——华侨城地产"走出去"成功公司模式①

深圳华侨城房地产有限公司是国家一级房地产综合开发企业,成立于1986年9月,直属华侨城集团,是华侨城集团第一主业和国务院国资委大力扶持发展的全国五大房地产企业之一。华侨城房地产公司注册资本为10亿元,其中华侨城集团持股比例为40%。截至2008年年底,华侨城房地产公司总资产为1658723万元,全年实现营业收入359885万元,实现营业利润145903万元,实现净利润115619万元。

华侨城房地产公司在全国已经形成"1+3"战略版图布局:以深圳本部为中心基地的珠三角区域发展平台、以北京为中心的环渤海区域发展平台、以上海为中心的长三角区域发展平台、以成都为中心的西部区域发展平台。截至2008年年底,公司拥有土地储备约500万平方米,可满足未来三年开发之所需。除了房地产开发外,华侨城地产还加大收益型物业的持有和经营,并实施自有物业的商业转型和改造,积极创新,创造新的经济增长点。目前华侨城地产持有各类商业商务租赁型物业超过50万平方米。

华侨城房地产公司以旅游为先导,成功实现全国战略布局;开发销售与主题公园快速推进。目前公司欢乐谷连锁品牌由南(深圳)向北(北京),由西(成都)往东(上海)的扩张已经完成,公司正在中部(武汉)再打造一个欢乐谷,公司的欢乐谷模式将实现东西南北中的全国战略布局。

华侨城房地产公司房地产开发项目也已完成全国东西南北战略布局。在华

---

① 参见华侨城地产公司网站(www.octre.co)"关于我们"栏目;华侨城地产公司历年年报;深圳经济特区研究会调研报告《深圳企业实施走出去战略研究(内部报告)》,2009年。

南,公司持续开发波托菲诺纯水岸、东部华侨城天麓和招华曦城等项目;在华北,北京欢乐谷地产项目已开发到了第三期;在华东,公司正在开发上海新浦江城和上海万锦合利坊项目、泰州华侨城项目并拟拓展上海欢乐谷地产项目;西部地区,公司正在开发成都欢乐谷地产项目并拟拓展昆明华侨城项目。

未来 5 年,华侨城房地产公司除集中精力建设"深圳基地",将华侨城总部和东部华侨城建设成为品牌孵化器和示范区外,还将精心构建北京、上海、成都、长江三峡四大中心,全力推进东部华侨城、北京华侨城、成都华侨城、上海华侨城、上海天祥华侨城、欢乐海岸、尖岗山、华侨城大酒店八大项目,从而打造中国一流的地产旅游业务。

华侨城房地产公司已持续保持经济效益高速增长,2002 年在深圳市房地产业综合实力排名第二,2003 年居深圳房地产业销售额第一,名列全国房地产开发企业纳税第一名;被授予"中国房地产业领先企业"、"中央企业先进集体"等称号,位居"2006 中国房地产品牌价值 TOP10"第二位和"2006 中国房地产优秀企业公民"首位,成为中国旅游主题地产的第一品牌。(数据截止至 2008 年 6 月)

由深圳市国土资源和房产管理局、《深圳商报》联合公布的"深圳地产龙虎榜"自 2002 年 4 月推出第一榜以来,至今已经过去了 6 载。华侨城地产及其开发项目如锦绣花园、波托菲诺的项目一直活跃其上,而波托菲诺更是龙虎榜上的常青树。从 2002 年"深圳楼盘销售龙虎榜最畅销楼盘",到 2003 年"深圳楼盘销售龙虎榜金额冠军"……再到 2008 年的企业到项目的"蝉联三冠",华侨城深圳房地产业务以销售金额 25.54 亿元成为全市销售冠军,高居深圳销售五强房企首位,销售占有率 12.77%,创行业历史之最。而华侨城地产也荣膺"2008 深圳地产主力企业"冠军,华侨城·波托菲诺再夺"深圳豪宅销售冠军"。

华侨城地产走出去的成功要素主要有以下几点:

一、产业联动提升核心竞争力

始建于 1986 年的华侨城地产,在品牌提升、土地储备、项目开发、营销策划、企业管理、企业文化等各个环节都取得了显著成绩。华侨城集团 CEO 兼总裁任克雷强调,与其他房地产公司不同,华侨城地产不是单纯、孤立的房地产公司,华侨城地产是一个组合的、区域综合开发运营性质的地产公司,而且是这方面最强的公司。

华侨城地产的产业联动模式经历了四个发展阶段:

第一阶段:由"飞地"型的独立开发区模式起步(1986—1992 年)。

锦绣中华微缩景区和民俗文化村两个主题公园的建设,使华侨城成为中国主题公园的开发运营先驱,该阶段确立了"规划就是财富"的战略理念,华侨城地产进入始创发展阶段。

第二阶段:以多业并举、功能复合的方式逐渐融入城市(1992—1997 年)。

第三个主题公园世界之窗进一步确立了华侨城国家著名旅游文化区的地位,《华侨城发展战略与规划纲要(1995—2004 年)》将家电、旅游和地产作为华侨城集团的三项核心业务,该阶段确立了"结构就是效益"的战略理念。

第三阶段:向多功能、多元化的综合性城区迈进(1997—2005 年)。

第四个主题公园欢乐谷、国家级美术馆何香凝美术馆及其下属机构 OCT 当代艺术中心、"当代雕塑艺术展"、"华侨城旅游狂欢节"等进一步提升了华侨城文化品位,确立了旅游主题地产的行业地位。

第四阶段:深化深圳基地,建设 21 世纪中国可持续的人文生态示范城区(2006 年起)。

华侨城在国内率先探索出旅游地产的全新发展模式,成为深圳和全国城市规划建设及房地产业成功的典范。公司经过多年的摸索和实践,形成了自己的核心竞争优势:首先通过投资建设主题公园低价拿地,然后启动主题公园和商品房建设。采用先卖房,回笼部分资金,再利用卖房利润继续投资主题公园,主题公园的建成又增加了房地产项目的价值,提升华侨城楼盘的品质,提高销售单价,带动房地产项目的销售,从而实现房地产与旅游项目的共赢。

《华侨城集团 2006—2010 年发展战略规划》立足全国性的品牌平台和境内外资本平台,在深圳重点塑造华侨城、东部华侨城两个示范区,致力将华侨城建设成为发展强劲、收益稳健、品牌强势的自主创新型集团,并确定华侨城地产"强化中国旅游主题地产第一品牌的优势,打造中国一流地产品牌"的战略目标。

华侨城集团将商业模式描述为"地产、旅游及电子信息发展商",拥有华侨城地产、华侨城旅游、康佳、华侨城酒店、香港华侨城五个一级子品牌,在市场上建立了波托菲诺、锦绣中华、世界之窗、欢乐谷、华侨城大酒店、威尼斯酒店、海景酒店、城市客栈等闻名全国的产品品牌,并以深圳为示范基地,布局发展北京华侨城、上海华侨城、成都华侨城等大型成片综合开发项目。

地产、旅游、酒店、电子信息的产业联动,为华侨城带来了非常明显的乘数效应,也为"旅游主题地产"的形成提供了重要内在生成机制。而经过20多年的创想与实践,华侨城地产形成了"以旅游主题地产为特色,成片综合开发和运营"的房地产开发模式。为深圳乃至全国的城市规划建设提供了有益的经验和经典的示范作用,成为蜚声海内外的花园城区建设的综合运营机构——不仅涵盖了传统意义上房地产开发的所有形态,包括住宅、别墅、公寓、商业、写字楼、酒店、创意产业园,如波托菲诺、天麓、东方花园、海景花园、湖滨花园、中旅广场、锦绣花园、波托菲诺、曦城、新浦江城、华侨城沃尔玛购物广场、波托菲诺商业街、汉唐大厦、华侨城洲际大酒店、威尼斯酒店、海景酒店、城市客栈、华侨城国际青年旅舍、OCT-LOFT华侨城创意文化园等;而且涵盖更宽泛的内容,包括何香凝美术馆、OCT当代艺术中心、华夏艺术中心以及学校、医院、体育中心、高尔夫球俱乐部等,是建筑类别最齐全、产品线最丰富的房地产企业之一。仅深圳本部,持有商业商务租赁物业就超过50万平方米。

华侨城地产始终坚持诚信开发,持续创新,打造中国地产一流品牌的质量方针和经营宗旨,建立了健全的一整套科学、合理、高效的管理制度,形成了项目开发、工程监理、营销策划、财务管理以及物业管理等科学的运作体系。

华侨城房地产有限公司从单一的满足居住或商业功能要求的形式,发展了混合多种功能开发的城区形式。其中,具有广泛影响力的有"产业地产"等开发模式。华侨城地产以旅游主题为核心的产业开发模式,正是产业地产的代表之一。华侨城地产在近20年开发的经验基础上,提出和发展了旅游主题地产的独特开发模式。其内容主要包括以旅游人文和生态环境为基础的规划原则,以及营造城市活力和价值持续增长的四大核心要素。旅游主题地产确立了华侨城地

255

产核心竞争优势。一方面,经过长时间的积累,华侨城旅游品牌资源得到了极有效的提升和积淀,这种竞争优势对很多企业来说是望尘莫及的;另一方面,华侨城地产品牌有效地与旅游品牌结合起来,解决了居住与旅游的矛盾。如此,华侨城旅游主题地产便建立了有别于其他地产和传统旅游地产的核心竞争优势。

二、建高档住宅项目,走高端路线

华侨城地产定位豪宅开发商。未来房地产市场将进入一个规模化、品牌化的发展时代,品牌竞争将会成为未来市场的一个焦点,这是一个不争的事实。在这场没有硝烟的"战争"中,华侨城地产以"环境+质量+文化"的品牌策略,在市场中独树一帜,并正在产生愈来愈强大的品牌效应,以致在深圳地产界出现了一个"华侨城现象",围绕华侨城的由其他发展商开发的楼盘,都在不同程度上依傍"华侨城"。

论距市中心的直线距离,竹子林片区还较华侨城片区近,然而在这两个区域,竹子林片区的楼盘每平方米就只能卖20000元,而到了华侨城,每平方米则可以卖上30000元的价位。华侨城地产的波托菲诺纯水岸别墅均价曾突破5万元/平方米,定金就要交100万元,但仍有200多人前去抢订。而另一市中心别墅项目,房源和预订比达到了1:10,甚至需要有关领导批条子才可以买到。华侨城独有的生态、人文环境被誉为深圳最美的最适合居住的高档社区。

港人最认可华侨城。中原地产深港研究中心曾经对400多名有意北上置业的港人展开了一项题为"地产品牌效应"的问卷调查,结果显示,华侨城地产因注重生态环境设计而以56.7%的认知度高居第一,万科地产则以53.3%居第二,金地集团和招商地产分别以44%和21.3%紧随其后。

目前,深圳房市均价超过5万元的楼盘,基本是华侨城的项目,华侨城地产被形容为"深圳高端市场的垄断者"。

作为深圳最大的豪宅开发商,华侨城地产目前所开发的豪宅已经达到120万平方米左右。

1. 波托菲诺

别墅位置:华侨城波托菲诺别墅区

价格:50000 元/平方米

项目评价:中国豪宅之都——波托菲诺

特色:"波托菲诺"作为深圳特区内规模最大的小区、区域内 5 年内增值幅度最大的小区,其一举一动都引起了社会名流的关注。

波托菲诺项目位于深圳华侨城区腹地,占地 80 万 m²,总建筑面积达 108 万 m²。整个区域规划以意大利 PORTOFINO 为蓝本,将其千年文化与华侨城旅游文化有机融合,结合华侨城的旅游文化、自然山水资源精心构筑。整体建筑根据原有的地形地貌,依势而建。座拥 8 万 m² 荔枝林和谛诺山、15000m² 的湿地景观,区内以 7 万 m² 的燕栖湖、4 万 m² 的天鹅湖为中心,形成"天鹅堡"和"纯水岸"两大产品品牌。

波托菲诺,历经八年的精心培育,从一个项目的名称升华为一种符号,一个关于优质生活的特有名词,一个与华侨城、华侨城地产紧密关联的品牌标识,更上升为人们最理想居住、生活、聚会的精神归宿。若干年后,依然如此。而作为华侨城居住代表的波托菲诺,这个 108 万平方米的超大高级住宅区,在一定意义上,是深圳高端人群的聚集地,也是深圳自然生态保护最好的居住区域之一。

周边环境美丽指标:波托菲诺地处华侨城中心区,华侨城作为深圳环境最好、配套最完善、文化气息最浓、绿化率最高的片区,已经自成一城。同时,由于华侨城位于深圳城市建成区的核心地段和南山福田的结合部,拥有欢乐海岸、深圳湾、塘朗山、园博园等永久性景观资源,可以说,作为华侨城城中城,波托菲诺在市场上的表现早已超越深圳其他同类楼盘,成为深圳楼市的高地。

规划:规划紧抓"水"的主题,把水面呈"枝"状垂直锲入组团内部,由此带来的广阔水面能为高层住宅和 TOWNHOUSE 所共享,再现未来水岸生活场景。与此同时,因水而生的丰富景观资源也为社区主题生活的开展和底层商业价值的最大挖掘带来可能。

小区规划园林景观美丽:结合原有的地形地貌,规划采用人车分流,丁字交叉等道路布局方式,使自然环境和景观尽可能得以保留和利用,并为创造丰富的道路景观提供了有利条件,同时,弯曲有序的道路既满足了交通功能,也起到了限制过境车辆的进入和城区内汽车速度的作用,从而减少了汽车交通对居住环境的不良影响。

建筑精装本身美丽:在城市设计、单体建筑和局部环境设计等方面始终坚持设计结合自然,强调人工环境与自然环境的相互配合,通过鲜明的主题人文型建筑、景观设施以及在整体建设中加入主题文化元素,使人文特色成为城区独特的风格和精神内涵,配合富有创意的主题建筑与良好的街道尺度、宜人的环境构成华侨城独特的建筑景观。

乐居美丽社区和谐:华侨城同样汇聚了类似董建华、柳传志、余秋雨、马兰、朱茵、李玮锋及徐克、侯咏、郭宝昌、陈露、陶璐娜等知名人士,特别是配套了央校作为教育机构以后,波托菲诺对于社会名流、财富人士产生了越来越大的吸引力。波托菲诺是深圳迄今为止集中社会各界名流最多的小区。

口碑美丽:波托菲诺好评如潮,曾被建设部评为"中国住宅创新示范楼盘",并被中国城市规划协会列为"2003 年中国低密度住宅区研发示范基地",产生了良好的社会效益。

2. 华侨城天麓

别墅位置:大梅沙东部华侨城内

开发商:深圳东部华侨城有限公司

价格:均价 60000 元/平方米

项目评价:以"让都市人回归自然"为宗旨、以文化旅游为特色的"国家生态旅游示范区"

特色:依托主题生态公园,是有别于传统物业的低密度山海大宅,价值连城,以"平方千米"为价值单位,建构于东部华侨城 9 平方千米之上。

项目基本情况数据:东部华侨城·天麓一区占地面积:82899.18 平方米,建筑面积 8269.97 平方米;容积率:≤0.1;建筑覆盖率:≤15%;栋数:20 栋山海大宅;户型面积:241—730 平方米;停车位:40 个;东部华侨城·天麓二区:占地面积:约 90145 平方米;建筑面积:约 16900 平方米;容积率:0.18;建筑覆盖率:9.49%;栋数:44 栋;户型面积:250—680 平方米;建筑层数:2—3 层;停车位:88 个;推售时间:2008 年;东部华侨城·天麓七区:总用地面积:约 139790.74 平方米;总建筑面积:约 17600 平方米;容积率:≤0.13;建筑覆盖率:15%;绿地率:

80%;总户数:56 户;户型面积:188—1100 平方米;停车位:80 个。

项目总体评价:由华侨城集团投资 35 亿元人民币精心打造的东部华侨城,坐落于中国深圳大梅沙,占地近 9 平方千米,是以"让都市人回归自然"为宗旨、以文化旅游为特色的"国家生态旅游示范区"(国家旅游局、国家环保总局联合颁发)。东部华侨城地产项目——天麓,依托主题生态公园,是有别于传统物业的低密度山海大宅,价值连城,以"平方千米"为价值单位,建构于东部华侨城 9 平方千米之上。幕天席地,天工开物,东部华侨城·天麓执首中国山海大宅。世界建筑大师理查德·迈耶的中国实践始于东部华侨城·天麓,新加坡 SCDA、加拿大 ALD、香港许李严等全球顶尖公司原版演绎。天麓带给中国建筑界、地产界或设计界绝不仅仅是物化的建筑物,更是建筑艺术和优质生活的典范之作。天麓分为七个区,分布在东部华侨城不同区域。

小区规划园林景观美丽:简雅开放场所精神。在天麓设计中,借由当地环境与气候上的差异性来寻求"场所精神",使用空间、光线、结构的秩序来传达静谧的氛围,再融入现代西方文化,在功能上进行改良,使设计更加适合现代人的生活方式。天麓通过空间和隐形的解决方案,来解决在建筑设计传统中经常忽略的设计问题,突破了形式上的概念和视觉上的再现。设计的灵感全部来源于周围文化和环境的点点滴滴,并整合了自然风景和建筑空间,将室内和室外融为一体。建筑的空间感往往体现在葱翠的高原、水池和中庭上,从而营造出所有元素的完美结合。

原生山地建筑自然本色:根据用地山势特征组织建筑布局,建筑群体依山而建,随山起伏,体现原生的山地建筑自然之美。同时根据地势坡度差异,合理安排户型,最大限度保护山地资源,减少水土流失及不必要的浪费。住宅组群的规划充分利用基地本身沿山登高线迂回弯曲的地形及由高而下的天然山势,以高低错落有序的几何形体组合创作出一个富有现代感的山地建筑群。

整体项目为现代风格,以简洁的大面积相同材质的"箱体"为主要元素,突出其质朴而轻盈,融于山林之间,回归自然追求本色的内涵。

天麓七区位于云海谷体育公园内,依山傍水,绵延起伏的山峦、宁静的湖面、绿色的高尔夫球场构成了稀缺独特的优美自然风景。

整个小区将北美山地小镇风格进行全新演绎,住宅之间、体量及造型都有严格要求,使之与山水环境融洽协调。整个园区的规划上采取回转序排布局,使建筑曲线与山体的曲线相吻合,避免了与山际线的视觉冲突,体现环境价值的最大化。

建筑精装本身美丽:户型设计出自美国 BLA 设计公司,北美建筑风格,注重大花园和私密性,赠送面积高达 1000 多平方米。

乐居美丽社区和谐:尽享大自然的宁静与负离子,休养生息;尽享豪华配套,有别于一般的豪宅别墅独隔一方,只单纯依托山景或海景资源,而远离繁华。

第四节　中心批发市场的成功延伸

——农产品公司"走出去"成功模式①

深圳市农产品股份有限公司是国家农业产业化经营重点龙头企业,深圳市"菜篮子"重点工程。公司自 1989 年成立以来,以资本运营和管理创新为主要手段,从最初 517 万元的注册资本发展成为总资产 65.9 亿元、净资产约 35.7 亿元的上市公司。近几年公司连续五次入选"中国最具发展潜力的上市公司 50 强"。公司以投资管理农产品批发市场为核心业务,集农产品生产、加工、包装、储运、批发、拍卖、直销、连锁零售经营、进出口贸易、物流配送及电子商务等多功能于一体,基本形成了符合现阶段我国农业产业化要求的产业体系和流通模式。

农产品公司 1998 年开始实施"一个中心,两头延伸"的发展战略,即以农产品批发市场为中心,向农业生产和零售领域两头延伸,先后投资设立并收购了一批从事农产品生产和零售业务的企业。1999 年,公司迈出了向深圳以外地区扩

---

① 参见农产品公司网站(www.szap.com)"公司概况"栏目;刘镇彬:《深圳农产品创造中国农产品物流新模式》,《深圳特区报》,2009 年 10 月 28 日;深圳经济特区研究会调研报告《深圳企业实施走出去战略研究(内部报告)》,2009 年。

张的第一步,投资控股了南昌(深圳)农产品中心批发市场。2003 年,公司投资控股广西糖网食糖批发市场,开始进入大宗农产品电子商务领域。2004 年,公司在全国下属全资和控股的农产品批发市场达到 13 家,分布于 9 个省市自治区的 10 个中心城市,初步形成了全国性的农产品批发市场网络雏形,初步形成了覆盖珠江三角洲、长江三角洲、京津唐渤海湾三角区、西北、中南和大西南地区的全国性批发市场体系,成为国内经营管理农产品批发市场的第一品牌。农产品批发市场业务得到迅猛发展,确立了公司在国内农产品流通领域的绝对领先地位。到目前为止,公司先后在深圳、南昌、上海、寿光、长沙、北京、成都、西安、柳州、合肥、惠州、昆明、沈阳、南宁 14 个城市投资经营 20 多家大型农产品综合批发市场和大宗农产品电子交易市场,初步构筑了全国性的农产品流通网络体系,成为国内经营管理农产品批发市场的第一品牌。2008 年,公司旗下市场的农产品年度总交易量超过 1700 万吨,年度总交易额达 700 亿元,约占全国年度交易额亿元以上农产品批发市场交易总额的 9%。

农产品公司走出去的成功要素主要有以下几点:

一、以农产品中心批发市场为发展的龙头

农产品是属于风险大、竞争性强的非常一般的行业。要做大做强比较难,培养和再造企业核心竞争力是企业生存、发展和长寿的永恒主题。农产品公司坚持以农产品批发市场为中心,构筑全国性农产品市场体系,建设农产品拍卖、电子商务、物流配送三个交易平台,向生产、零售领域两头延伸,努力实现农产品经营的专业化、产业化、网络化、现代化的发展战略。抓住农产品经营总思路不动摇,培养了企业的核心竞争力。20 年来,公司通过收购、兼并业务关联度强、资产质量高、具有较好发展前景的企业,将一二三产业融为一体,延伸了农产品流通的链条。

我国城乡之间客观上还存在着一定的差距,城市居民消费水平提高很快,对农产品的要求越来越高,交易手段也逐渐趋向现代化。在农村,农业的市场化进程也在加快,但农户仍然是独立的商品生产经营主体,单个农户参与市场的交易费用极为昂贵,建立以大宗农产品交易为对象的批发市场就成为解决这一矛盾

的主要途径。以农产品批发市场为中心构建农产品交易体系,一方面通过价格生成,为农户生产计划与品种选择提供信息,从而降低农户产前信息收集的交易成本,减少农民在市场经济条件下的生产风险;另一方面集中大量的买主和卖主,改变了农民在市场分散条件下面临"小额谈判"所导致的高额的机会成本,提高交易效率,这是农业产业化必经的一个环节。

深圳布吉农产品中心批发市场是农产品公司投资建设的第一家市场。以"企业办市场、市场企业化"的"布吉模式"首开我国农产品流通体制改革之先河,连续20年位居全国农产品综合批发市场交易量、交易额第一。

深圳布吉农产品中心批发市场是首批农业产业化国家重点龙头企业,国家级中心批发市场,农业部定点鲜活农产品中心批发市场,商务部"双百工程"市场,全国"三绿工程"绿色批发市场示范单位,国家统计局"全国百强农副产品批发市场"第一名。

深圳布吉农产品中心批发市场汇集了7000余种农副产品,其供应的蔬菜、水果、粮油、副食品和土特产品分别占深圳市消费量的85%、90%、40%、45%和65%以上。

深圳布吉农产品中心批发市场2001年成为全国首家通过ISO 9001∶2000质量管理体系认证的农产品批发市场。

深圳布吉农产品中心批发市场与其周边陆续兴建的布吉海鲜市场、丰湖农副产品交易干货城等批发市场以及成业冷库、丰乐园酒店等配套设施一道形成产业集群效应,带动超过10万人就业。

2005年,公司调整发展战略,确立农产品批发市场为公司的核心业务,并开始逐步从非核心业务退出,把主要资源向农产品批发市场业务集中。2005年9月,公司在深圳本地上市公司中率先实施股权分置改革,并成为国内首家以"零对价"创新方式完成股改的上市公司。至2007年年底,公司全资、控股和参股的农产品批发市场已达20家,其中大宗农产品电子商务市场3家,并逐步实现了从数量的扩张到质量的提升。

我国的一个基本国情就是地大物博。我国南北气温差距大,地质、地理条件各不相同,长期耕作而积累下来的栽培技术按地区代代相传,这就使我国不同地区的农产品各具特色,地方名产遍布全国。过去,由于交通不便,很多人常以品尝到异地奇味为人生一大乐趣,这就出现了"一骑红尘妃子笑,无人知是荔枝来"的历史典故。现在交通发达了,北方人想喝原汁原味的椰子汁或者东南沿海居民品尝哈密瓜已不是难事,但仍然难以用当地人的价格按自己的喜好来尽情地享受。全国性农产品批发市场体系的建立,将有效降低运输及交易成本。这一方面可以让全国老百姓能以平价享受各地不同的地方特产,另一方面也可让各地农户发挥地域特点,专注本地优良品种的栽培和养殖而不担心销路。此外,增加外销还可适当提高这些产品在当地的销售价格,从而整体上解决农产品价格偏低的问题,提高农民的收入水平。

农产品公司出资 3 亿元正在深圳市龙岗区平湖物流园区投资建设"深圳平湖国际农产品物流园项目"。该物流园项目建设用地面积约 30 万平方米,总规划建筑面积 45 万平方米,建设内容包括进出口农产品配送交易中心、大宗农产品物流中心、综合农产品交易中心、农产品检验检疫中心等功能区。平湖项目将以公司在深圳地区的批发市场业务和相关资源为基础,以大宗农产品物流及农产品加工配送和交易、农产品进出口展销贸易等为主要经营业务,以深港两地乃至泛珠三角地区的农产品储存、加工、配送、中转、集散为重点,建设成为华南地区规模最大、功能最完善、配套最齐全、辐射最广阔的绿色、安全、环保的农产品现代物流枢纽中心,保障深港两地食品安全和农产品供应,满足深圳及周边地区人口不断增长对农产品的需求。

二、向生产和零售两头延伸

农产品公司的竞争优势来自规模和降低生产成本,公司提出"向生产和零售两头延伸",在整个农产品供应链中培养核心竞争力。公司开创了"企业办市场、市场企业化"的"布吉模式",首开我国农产品流通体制改革之先河,使深圳布吉农产品批发市场迅速成长为全国规模最大的农批市场之一。布吉批发市场在多年发展中探索出物资集散、价格生成、信息发布、标准化建设、商品促销、服务引导、产业带动七大功能,并使这些功能得到淋漓尽致的发挥,构建了"公司+销地批发市场+产地批发市场+中介组织+基地+农户"的产业化模式。公司在生产加工领域培育了"田地蔬菜"、"益民"豆腐、"美益"鲜肉、"品品鲜"冷鲜肉等多个农产品知名品牌。公司还引导农产品流通向现代连锁业纵深发展,探索出"生鲜加强型"超市、综合超市、邻里购物中心、折扣店等多种连锁经营模式,走社区化、差异化、便利化、规模化、多业态发展道路。同时,公司向物流配送及电子商务交易领域进军,实现了批发交易与连锁零售、直销代理与物流配送、有形市场与网络市场的有效结合,形成了全国性的、多层次的农产品流通体系。

农产品公司的深圳市集贸市场有限公司经营管理深圳市内的 17 家肉菜街市,总经营面积近 3 万平方米。主要经营粮、油、副食、肉菜及水产类,年销售额达 120 亿元,是保障深圳市民生活必需品供应的重要渠道。

公司搭建的农产品流通平台在保障城市食品供应、确保食品安全与质量、平抑食品价格、提高农产品供应链的流通效率、帮助农户实现产品价值并增加农民收入、带动农业产业化发展等方面发挥着不可替代的重要作用。

农产品公司在深圳的批发市场引进了 1200 多家一级批发商,一级批发商联结着几千家二级批发商,二级批发商又联结着上万家零售商,从事农产品营销的客商达 2 万多家。批发商灵活的营销手段,既发展了自己,也为各地富有特色的优质农产品拓展了销售渠道,推出不少知名度很高的农产品品牌,如"江西丝苗米"、"四川脐橙"、"海南冬瓜"、"粤东沙地萝卜"等就是在这里培育壮大的。一到广东应季水果上市高峰,这里还有"荔枝一条街"、"枇杷一条街"。

三、坚持走低成本扩张的道路

农产品公司始终遵循着"资本向利润追逐,资产在流动中增值"这个原则,将资本运作作为企业经济工作的核心,走低成本扩张的路子,农产品公司先后成功地收购 10 多家国内企业,加快了公司发展步伐。公司收购兼并批发市场的地区包括江西、上海、山东、广西、安徽、湛江、武汉、北京、成都、东北等地,通过收购兼并各地的批发市场,建立全国性的农产品批发市场体系。

我国农产品流通领域发展正处在规模化初期。据农业部发布的信息,目前全国蔬菜种植面积已达 2 亿亩,年产量 4 亿多吨,上规模的蔬菜批发市场就有 2000 多家,全国种植蔬菜面积大的县几乎都有大批发市场,市场竞争异常激烈。

按产业发展趋势,激烈竞争将促使企业间进行大规模的并购重组,最后涌现出少数几家龙头企业,实现以点带面,完成产业化任务。在这一过程中,优势明显、实力强、管理水平高、适应市场经济体制的企业将逐渐胜出,而经营水平低、竞争能力弱的中小企业将被并购或淘汰。已居于龙头地位的企业也有优胜劣汰、强弱转换的可能。要巩固龙头地位,就不能满足于现有实力,而要不断扩张,做到强者更强。特别是各类大宗的农产品类的主要产地及交易市场,已成为少数龙头争夺的焦点。谁抢先占领了这些市场,谁就将成为主宰中国农产品交易市场的首领。

农产品公司投资 6000 万元与山东寿光蔬菜产业集团有限公司合资组建山东寿光蔬菜批发市场有限公司,是公司为进一步完善产业链条、拓展产地批发市场、构筑全国性农产品批发市场体系的重大举措,对公司长远发展具有重要意义,也是公司走低成本扩张道路的成功范例。

山东寿光地处环渤海湾。环渤海湾市场是农产品公司构建全国性农产品批发市场体系的一个重要组成部分,通过强强联合组建山东寿光蔬菜批发市场,可以使农产品公司的市场体系扩至华东、华北、东北等地,大幅度提高农产品公司主营业务的规模与实力,进一步巩固农产品公司的龙头地位,完善农产品的产业链条。

寿光蔬菜批发市场作为全国最大的蔬菜产地市场和中转市场,在华东、华北、东北等地起着举足轻重的作用,占据全国蔬菜交易中心的地位。控股寿光蔬菜批发市场,不但占领了全国最大的蔬菜生产及交易市场,而且实现了产地批发市场和销地批发市场的直接对接,进一步完善农产品批发市场产业链,提升农业产业化程度。

四、"网络化"战略的成功实施

"农产品"实施"网络化"发展战略,通过对单体市场资源的挖掘与整合,商业模式将由单纯的业务经营转向业务经营和资源经营互动,并由此实现公司经营价值的可持续性复合增长,提高公司资产收益率。在"网络化"战略的引导下,公司积极应对市场环境变化,在主业的成长方面取得了显著的成效。为实施

"网络化"战略,公司加大了食品质量安全体系投入,升级改造了批发市场食品检测设施,是国家和深圳出入境检验、检疫局指定的唯一一家供港农产品加工配送中心,在各批发市场推广新建食品检验、检测机构。目前,全系统的农产品批发市场都建设了食品检验、检测实验室,严格把控食品质量安全关。

深圳市中农网电子商务有限公司是农产品公司国内一流的农产品流通行业综合服务运营商,核心业务包括农产品专业信息服务、电子商务应用平台运营和农产品批发市场综合管理软件系列产品。

深圳市中农网电子商务有限公司是深圳市软件企业、高新技术企业,国家发改委指定的全国重点农产品批发市场信息系统软件开发与系统集成商,曾获深圳市科技进步一等奖,于2003年通过ISO 9001:2000质量管理体系认证。

深圳市中农网电子商务有限公司累计承接"双百市场"改造项目及批发市场信息化国债项目近70个,覆盖全国21个省,终端用户数20余万个,累计投放IC卡20余万张。网上平台累积完成交易额逾20亿元。

信息化建设融入生产和流通是经济发展的大趋势,也是与国际化接轨的强有力手段和国际化水平的重要标志。在信息化条件下,规范经营成为普遍共识,也是必然结果。农产品公司所属的山东寿光蔬菜批发市场,已是国内外知名的国际化蔬菜批发市场,全面推行蔬菜交易过程的信息化管理,建立了电子结算中心,买卖双方实现了非现金的电子结算。此外,该市场还采用了电子化拍卖系统、蔬菜适时价格手机短信查询系统等信息化手段,使批发交易变得准确、快捷、方便、安全。

布吉农产品批发市场是中农网的价格发现中心和价格形成中心,已经开通的"深圳价格之窗"和"网上布吉"栏目,创造性的实现了信息资源与传统经济的整合。中国加入WTO以后,中国农业与国际接轨,网络市场与传统市场相结合,这使原有批发市场的功能放大,形成了全国性和全球性统一的大市场。利用网络的迅捷、开放、共享、互动、个性化的特点,把国外的农产品生产标准、市场行情等进行综合、比较,做好针对性的深度分析挖掘工作,并把中国的农产品推向国外。

第五节　向全国连锁化发展

——天虹商场"走出去"成功模式①

　　天虹商场股份有限公司是中外合资经营的零售企业。1984年5月2日，公司注册成立；1985年1月18日，深南天虹商场开业，开始了零售业的征程；1994年1月，制定了"质量第一、用户至上"的经营方针，坚持"商品质量上乘、品种齐全、价格合理、服务快捷"的经营特色；1995年7月，实施导入CI系统，在企业视觉形象、行为和理念三方面进行整合提升；1999年7月31日，面积达两万平方米的深南天虹商场全面复业，成为福田区第一家集购物、饮食、娱乐、休闲于一体的大型商场，是天虹从传统百货迈向现代百货的重要标志；2000年4月29日，首家大型连锁分店——东门天虹商场开业，从此天虹迈向了连锁发展的道路；2002年1月26日，面积达两万平方米的宝安创业天虹商场开业，天虹从市区走向了城镇，在关外取得了巨大的成功；2002年10月1日，首家异地连锁分店——南昌天虹商场开业；2003年9月12日，厦门天虹商场开业。三家异地连锁店的成功开业，为天虹的异地连锁发展奠定了坚实的基础。2006年天虹进军长三角开设分店，长三角的第一家分店定于浙江嘉兴，首次以主力纯百货的业态出现。2008年，天虹百货苏州分店正式开张。2008年，天虹宣布正式进军环渤海市场，于2009年开出在京第一家商场——北京宣武天虹商场。北京宣武天虹商场位于北京市宣武区广安门外大街手帕口桥南侧，在西二环与西三环之间。商场共4层，总面积超过3万平方米。目前天虹在全国连锁店达到34家。

----

　　① 参见天虹商场网站（www. szrainbow. com. cn）"天虹"栏目；中国经济时报专文：《天虹商场：打造全国一流的连锁零售企业》，《中国经济时报》，2010年05月21日；深圳经济特区研究会调研报告《深圳企业实施走出去战略研究（内部报告）》，2009年。

天虹已连续 7 年进入中国零售百强企业,是国内最早引入精益六西格玛、平衡计分卡、卓越绩效管理模式的零售企业。1992 年与 1993 年,天虹商场分别入选国内贸易部和国家统计局综合评出的"全国百家最佳效益零售商店"和"全国百家最大零售商店";1993 年,被中国消费者基金会授予"保护消费者杯单位最高奖"和"消费者信得过商场";1997 年 6 月,被广东省国税局评为"1994—1996年度模范纳税户";1999 年,被评选为广东省"百城万店无假货"示范点;2000年,被授予"全国内贸质量保证示范企业"荣誉称号;2000 年至 2002 年,被中国商业联合会连续三次授予"全国商业质量管理小组活动优秀企业"称号;2002 年1 月,被授予深圳市"第二届优秀企业——金鹏奖",成为全市大型商场中唯一上榜企业;2002 年和 2003 年,被连续授予"深圳年度消费者喜爱的名牌商场"称号;2003 年 5 月,通过中国人民银行深圳中心支行指定资信评估机构——鹏元资信评估有限公司评审,被评为"AAA 资信等级企业";2003 年 7 月,在"诚信企业/喜爱的品牌"评选活动中,荣登商业类企业榜首;2004 年 1 月,荣获"最具公信度商场"称号;连续五年进入中国零售行业百强企业;连续十五年被深圳市政府授予"信誉好商店"称号;历年被深圳市政府评为"纳税大户"称号。

天虹商场股份有限公司走出去的成功要素主要有以下几点:

一、形成"有效益的扩张"模式

零售企业是劳动密集型企业,毛利率低。行业特点决定了企业要长远发展就必须扩张,美国零售业的集中度远高于我国,美国大型百货主流品牌只有几家,但每家都有很多分店。中国零售业的集中度还相对较低,但越来越高是个趋势,未来的竞争,规模会是决定性的因素,因为可以获得更多的市场资源。国内有志于长期发展的零售企业都进行规模扩张。

早在 20 世纪 90 年代初,深圳零售企业就已经尝试着开设分店,不过那时候对连锁的概念还非常模糊,以为开个分店就是连锁,结果很多连锁店都不成功。1992 年,天虹在距离深南店不远的振华路上开设了第一家分店,开店的目的是担心别人在那里开店,抢了深南天虹的生意。1993 年,天虹又在罗湖区开设了一家名为东方天虹的分店,1994 年又开设碧波天虹。和天虹一样,万家、深国商、千百惠等商场也分别开设分店,其中万家的分店还开到长沙和新疆,但最后都相继关闭。

事实上,由于大家对于连锁经营的核心技术不了解,也不懂得配送,因此分店都只是挂着一块牌子而已。结果必然导致失败。如果资源不共享,根本谈上不上什么连锁。在天虹当时新增设的三家分店中,曙光店只有500平方米,是一个小型超市,而碧波天虹和布吉天虹面积也就在3000平方米左右,主要经营百货业。当时,公司所谓的配送就是把商品从仓库直接拉到店面,根本没有意识到连锁的真正含义。采购、存储、调拨、销售,这些环节必须环环相扣、紧密相连,才能够达到连锁凭借规模成本获取利润的目的。那时候只是假连锁,徒有连锁的形式。即使是小规模的商店,管理人手却一个也不少。而且为了协调几个分店,另外还要增加相关的管理人员,结果经营成本不减反增,几个店铺都不盈利。

天虹真正意义上的连锁是从2000年开始的。这时的天虹已经搞清楚了三个概念:一是已经成功的母店要在形象和管理上定型,也就是要做到规范化和标准化;二是新店的管理、服务水平都要按母店的规范去运作,保证分店不走样,而过去开设分店是随意的;三是一定要做到资源共享。

2003年,向来以稳健著称的天虹商场,宣布调整发展的步伐,按照先珠江三角洲、再长江三角洲的策略,争取两年内增加至少4家连锁商店。这家百货店把连锁模式分成了两种:一种是向大都市连锁的高端中心商店天虹购物广场,面向高消费人群;另一种就是中端的社区百货店天虹商场,每一家天虹商场的二层都会配备超市(占销售额的30%),是"汉堡包式"百货店,超市被搬到商场的二楼,像汉堡包夹在一楼和三楼的化妆品、鞋类等柜台之间。

由于找到了连锁业的真谛,形成了"有效益的扩张"模式,也就是说,扩张的前提是公司处于盈利的前提下,而不仅仅是为了规模而开店。2003年之后,天虹的分店数量增长至17个,并走出广东之外开设分店,成为跨省的连锁公司。天虹开始把发展目标定位为一家全国性的公司。

天虹实现差异化连锁的方式,被定义为弹性定制。所谓弹性定制,就是科学地建立起相互匹配的公司组织结构和流程,使其能够很好地通过对不同区域内的顾客和竞争对手的调查分析,识别出百货连锁经营的差异要素,并针对这些要素确定、实现连锁分店的差异化定位和经营。天虹的核心流程按照开店的步骤被分为4个：选址建店流程、采购（招商）流程、存储配送流程和销售服务流程。同时，它们还有支持这些业务的关键支持流程：信息技术和知识管理、人力资源管理、财务管理和风险管理。这一套开展业务并进行管理的流程与相关组织，是天虹保证连锁经营规范化和标准化并获得规模效应、协同效应的前提和基础，而随着这些流程逐渐展开，天虹各个分店的差异化也得到实现。比如，天虹位于深圳市中心的天虹购物广场，按照选址建店流程被定位为档次较高的城市中心店。于是，销售服务流程就根据这个定位制定了它的差异化服务战略。

与社区购物中心相比，城市中心店的顾客更注重时尚和品位。在深圳，人们平时工作很忙，因此，周末逛城市中心店在某种程度上是一种休闲和放松。那么，他们需要看到营业员亲切的笑脸，并享受商场里舒适温馨的氛围，而他们如果对某件商品感兴趣，就会立刻有工作人员走过来专业地给他们讲解，让他们感受到贵宾待遇。针对这些调查得到的顾客需求，天虹确定这个商场的服务要领就是亲切、便捷和专业。而这三个要领便以如下实现方式具体化：

亲切：在3米范围内，营业员要与顾客目光相接，面带微笑，笑容以露出8颗牙齿为宜。等顾客走到1.5米左右时，要有招呼用语。顾客离开时，也要有道别用语。

便捷：明确得知顾客所需商品后，将样品交到顾客手上的时间不能超过5分钟；确定购买后，开单不能超过2分钟；买单时排队人数不多于4人。

专业：3分钟内能自然、清楚地识别出顾客需求，同时提供有针对性的解决方案，如化妆品之于不同类型皮肤、空调之于不同空间等。

基于差异化连锁店上的规模效应，来源于两个方面：第一，这些店凭借差异化优势吸引来了大量客户，从而也为天虹品牌的广泛传播起到了积极作用；第二，区域内分店的复制带来了直接的规模效应。

按照天虹的经验，地理距离越远，需求差异的可能性就越大。而同一区域内，需求差异相对较小。因此，在一定区域内，可以通过分店复制获得规模优势。比如在珠三角，天虹已经有24个分店。而它们位于深圳的1.4万多平方米的配送中心，就可以直接服务于所有这些分店；同时，所有分店的招商采购、库存、配送和销售流程管理等,也是集中操作。另外,它们还用一个统一的 VIP 系统来管理忠诚客户。这种区域内的统一管理,已经让天虹获得了规模优势。这种获得规模优势的方式,正在被天虹长三角市场复制。而规模优势的效果,也在天虹的业绩数据中得到体现。

天虹将坚持"有效益扩张"和"可持续发展"的原则,把天虹塑造成全国一流的连锁零售企业。天虹商场除了注重主力商圈的布点外,还大规模向一个城市的二、三级商圈的覆盖。对中国大陆一个一类中心城市(北京、上海、广州、深圳)来讲,一个中心城市的主力商圈的地租是其他二、三级商圈的 5 倍以上。如果一个地处主力商圈的大百货店营业面积 5 万平方米、年销售为 10 亿元以上的话,那么其销售额至少相当于地处二、三级商圈内 10 个 1 万平方米的大百货店。一个大百货店的规模经济与集中管理的优势是 10 个中小规模的百货店难与抗衡的。

二、首创"百货+超市+X"的经营模式

在 20 世纪 90 年代中期,百货业一度成为中国零售业长期的主导业态。但随着出租柜台成为百货业的标准模式,千店一面的同质化倾向越来越明显。定位的同质化、商品的同质化、商品品牌的同质化和营销手段的同质化,使得百货业除了价格战已经没有其他竞争手段。为摆脱困局,百货业的差异化生存成为行业发展的重要趋势。

天虹在国内首创"百货+超市+X"的经营模式,在此基础上形成了城市中心店和社区购物中心两种业态模式,商号分别为"天虹百货"和"天虹商场"。"天虹商场"主张"便捷、一次购足、质量可靠"的价值,"天虹百货"主张"服务专业、时尚品牌选择性强、环境幽雅"的价值。

天虹商场龙岗新城店是天虹商场股份有限公司下属的大型分店,位于龙岗中心城,商场现有营业面积 15000 平方米,采用"百货+超市"的经营模式,集购物、饮食、休闲、文化于一体。天虹商场龙岗新城店本着时尚与品位的定位,经营范围包括百货、超市和电器品类,其中百货品类涵盖女装、内衣、化妆品、皮鞋、皮具箱包、钟表、黄金首饰、男装、休闲装、体育用品、童装、床上用品、儿童用品等品

类。现商场已进驻欧莱雅、美宝莲、露华浓、百丽、思加图、星期六、歌力思、艾格、周末、普普风、欧尼迩、adidas、耐克、李宁等众多知名品牌。

城市中心店,倡导文化营销,全方位中高端百货商品配置,汇聚国内外知名品牌,目标锁定中产阶层,提供高贵雅致的购物环境和人性化、个性化的优质服务,满足目标顾客高品质需求。天虹商场保利国际店定位城市中心店,保利国际店共有 4 个楼层,面积达 1.5 万平方米,拥有近 1000 个停车位,是南山区唯一一个和地铁连体的商业业态,坐落于被称为中国首个文化商业性地标建筑,总建筑面积达 14.5 万平方米的保利文化广场内,与保利国际影城、保利剧院和保利艺术博物馆等文化设施相距咫尺,周边主体酒吧街、潮江春、illy 咖啡、桃园酒店等多家著名餐饮与之紧密毗邻,相互构成了一个具有文化氛围的购物、餐饮、娱乐、休闲的主题消费圈。

社区购物中心是指在城市的区域商业中心建立的建筑面积在 5 万平方米以上的购物中心。商圈半径为 5—10 千米,有 20—40 个租赁店,包括大型综合超市、专业店、专卖店、饮食服务及其他店,停车位 300—500 个,各个租赁店独立开展经营活动,使用各自的信息系统。社区购物中心以社区居民多方面的消费需求为依据,实行不同业态同场经营,实现了多元业态、多种服务功能的聚集,形成了一站式服务的经营模式。它有效地降低了顾客选择和享受各种消费的时间成本、交通成本。社区购物中心尽管有自己的目标顾客,但并不限定顾客的层次,以充分尊重各类消费者的选择权,从而使尽可能多的消费者以各种目的聚集到社区购物中心来。多元业态、多种功能,面向社区大多数消费群体,是社区购物中心具有强大聚客能力的根本原因。天虹商场嘉兴连锁店位于嘉兴当地最大的购物中心"江南 MALL","江南 MALL"由江南新天地、江南 MALL 时代购物中心、江南中央广场、江南风情动感地带、江南嘉年华主题乐园、江南假日酒店、新概念购物城、江南休闲健身俱乐部八大组团构成,总规划占地 350 余亩,总建筑面积达 40 万平方米。该项目成为浙北最具影响力的商业航母。嘉兴天虹就设于此,成为社区购物中心的组成部分。

三、网上天虹的经验

天虹商场是位于深圳的新兴大型综合性商场，一贯以来利用高科技提高以及发展公司的管理和业务。利用电子商务，有限的网络给企业提供了无限的商机。尤其是对于中小型企业，电子商务是使它们面向世界、走向世界的有效手段。电子商务为企业提供了一个可以与大型企业在网上平起平坐、公平竞争的商务环境。深圳由于其特有的地理位置和经济条件，在商品流通领域有着举足轻重的地位和作用，而且由于外资企业的进驻，商业竞争显得更加激烈。天虹商场已基本上建立了自己的电子 MIS 和 POS 系统，这为发展电子商务打下了良好的基础。随着电子商务的蓬勃发展，电子商务在流通行业这种跨时间、跨地域的优势必将逐渐显现，从而会对深圳地区流通领域的惯性优势造成一定的影响。因此，如何继续在电子商务化的商品流通领域确保天虹的优势，已经成为天虹商场迫在眉睫的问题。

天虹商场以前的解决方案是 CompaqNT 服务器加上 MS 工具，另外，他们自己还使用 MS 解决方案开发了自己的电子商城。随着他们电子商城业务的发展，他们发现以前的设计对支持某些电子商城运营，如与他们原来库存管理的后端集成并不太好，他们的消费者查找产品也不太方便，并且工程师对于电子商城的维护也比较困难，等等。但是，由于商城构建基础结构的原因，这些缺点也非常难以改进。因此，他们决定进行彻底更换。天虹商场的目标就是建立能够为商家提供稳定的商业运作的电子商务平台，这个平台将利用天虹自有的品牌优势和技术优势，提供网上商城出租服务，为商家提供把商品放上互联网的机会。通过建立这样一个平台，能加快商品流通各个环节的流程，在企业与企业之间，企业与消费者之间建立更加高效可用的沟通渠道；而且以电子商务的先进方式，促进深圳地区商品流通行业与国际流通业间的关系，加强跨国贸易。根据对客户需求的分析，IBM 提出以开放性、可扩展性、高可靠性、安全性以及可以快速实现为设计的基本原则，承担深圳天虹商场从硬件到软件——整体电子商务解决方案的设计以及实现。方案采用 IBMRS/6000H50 作为系统的主服务器。主机操作系统使用 IBM 公司最新的 UNIX 操作系统 AIX4.3。

RS/6000H50 服务器是功能强大的 1 至 4 路 SMP 柜式服务器,是为体现关键应用程序的性能和可靠性设计的。它的主要特色有:具有优秀的性能价格比;工业领先的决策支持性能;ECC 内存和 ECCLevel2 缓存及标准系统维护处理器、冗余可热插拔风扇及可选热插拔冗余电源,为系统提供了出色的可靠性。热插拔磁盘插槽改善了系统可用性、平滑升级能力和数据可移植性。其优异的 AIX 操作系统,具有卓越的可靠性、可用性和系统管理功能,是价格及性能均出色且合理的电子商务服务器。软件选用的则是 IBM 的 Net. CommerceHostingServer。在这个流通环节的电子商务应用中,包括收发电子邮件、建立公司的主页、发布产品信息、网上广告宣传、网上营销策划、网上购物、网上预订、网上支付等。这样可以把传统的物理社会的消费模式,迁移到网上,带来的好处是商家可以更加直接地面对客户,提高客户满意度,此外可以拓展新的市场和销售渠道。IBM 整体解决方案不仅包括为用户提供具有竞争优势的硬件和软件,还负责帮助客户建立和发布他们的电子商城。IBM 产品所具有的特点主要包括:具备快速推向市场的能力,低成本的管理和维护费用,可伸缩性、可靠性、灵活性以及高扩展性。与此同时,还满足了租用商家对低成本、简单性、易用性和安全性的要求。IBM 使天虹商场改进了其网上服务水平,使其不仅可以直接在网上销售其自己的产品,还可以向商家提供电子存贮租赁服务,树立了天虹良好的品牌形象,使其在与竞争对手的较量中保持优势。

四、将管理创新作为公司持续进步的手段

天虹对客户的差异化吸引力,看起来门槛都不高,竞争对手都很容易模仿。然而,到目前为止,天虹并没有因为被模仿而失去竞争力,相反,它们正从一个位于深圳的地方百货公司向布局全国市场的连锁百货企业发展。显然,这些差异化的表象本身,并不是天虹的核心竞争力。天虹的核心竞争力,在于不断创造差异化的能力。而支撑这个能力实现的,是天虹的经营管理体系,正是这个体系为天虹筑起了防备对手的壁垒。

天虹坚持走专业化的发展道路,建立了专业化的管理体系,搭建高效率的作业平台,包括:招商采购、卖场管理、信息管理、营销策划、售后服务等方方面面。

同时，自创建以来，一直将管理创新作为公司持续进步的手段，不断追求卓越。天虹在业界率先引进 ISO 9000、绩效管理、平衡计分卡（BSC）、精益六西格玛、卓越绩效管理模式等先进的管理工具，并以卓越绩效管理模式为核心框架，将这些管理工具系统整合后用于推动整个组织的持续改进。

1999 年，天虹率先通过 ISO 9000 质量认证，成为深圳首家全面通过该认证的零售企业。ISO 9000 为天虹提供了有效的管理工具，在它的指导下，实现了管理的标准化和规范化，为连锁经营提供了有力的保障；2000 年再次识别流程，完成公司管理文件改版；2005 年公司聘请国内著名的流程管理专家，成立流程管理领导小组，对公司流程进行系统梳理，明确公司关键价值创造流程和支持性流程。

2004 年，天虹开始引入"平衡计分卡"，并用于战略管理和绩效管理，用平衡计分卡的思想从财务、客户、内部流程、学习与成长四个层面，用战略地图生动系统地阐述公司战略，使公司目标、部门目标、个人目标紧密联系在一起，确保部门、流程、工作团队和员工个人的绩效成果能够与企业的战略目标保持一致，从而促进公司战略目标的实现。2008 年，天虹从数十个国家和地区的近百个组织中脱颖而出，获得 2008 年百略达亚太峰会的"全球战略执行明星组织"殊荣，成为今年中国唯一一个获奖组织，亚太地区获选的六个组织之一。

2005 年，天虹在零售行业首次引入并大力推行精益六西格玛，结合"卓越绩效管理模式"，从战略实现角度重新梳理流程，力求更加有效地提高流程的总体效率，实现高质量、高速度、低成本，以满足顾客需求和提高组织竞争力的目的，追求几乎完美的管理体系。2007 年，获得"深圳市市长质量奖"。

25 年的发展，天虹已经沉淀出深厚的企业文化，这种文化融入到每个天虹人的心中。

天虹在各地招聘的员工，都派往深圳总部实习 3 个月，接受企业文化及业务技能的培训，让每位员工都深入了解天虹，深刻体会天虹企业文化的精髓。天虹的营销队伍非常稳定、团结和有战斗力，大部分员工都已经将天虹企业文化融入到工作的每个细节。天虹本身有着非常规范及完善的管理制度，这些制度是确保企业文化在各地复制的基础。

每天早上,天虹都有管理人员在员工通道迎宾,这个"宾"就是上早班的员工;在开业前,天虹会为所有员工播放一首歌曲,调整员工的心情;晚上下班前,天虹会再次为所有员工播放一首歌曲,感谢每位员工的辛勤工作。天虹为员工配备了微波炉以及开水房,提供了很好的就餐环境,确保员工的饮食健康;每个周末天虹都会为员工精心准备一场电影,让员工在紧张工作的同时能够得到放松。这些都体现出企业文化的人性化,很多员工都感觉到在这样的一个企业内工作是非常开心的。

天虹有"五个一"、"四个度"、"五大理念":"五个一"就是秉承一个精神——真情诚信的企业精神,实施一个战略——全面顾客满意战略,遵循一个法则——80/20法则,运用一个工具——ISO 9000质量管理工具,实现一个目标——把天虹建成全国一流的零售连锁企业。"四个度"就是立于公司的高度,站在对方的角度,本着诚恳的态度,提高办事的速度。"五大理念"就是服务理念、竞争理念、自我成才理念、持续进步理念、角色理念。这些都是每个天虹人的行为准则。而所有这一切都是为了更好地为顾客服务。

目前天虹的培训体系是全员培训,人才储备与职业规划相结合。全员培训的概念是将天虹的所有人员分为三类,包括基层员工,中高层管理人员和专业技术人员,各类人员都会接受到不同的培训。对基层员工提供标准化、模块化培训,对中高层管理人员提供专业、系统、前瞻性培训,对专业技术人员提供针对性的专业技术培训。在天虹培训体系中,最重要的一项是实施"天虹英才"工程。该项工程分为三个方面:第一是"自荐成长"计划,主要是培养基层管理人员;第二是"储备干部"计划,主要培养中层管理人员;第三是"接班人"计划,主要是培养高层管理人员。通过该工程,每年都不断地向各分店输送大量人才,确保天虹发展不受到人才因素的限制。

天虹倡导"事业留人、情感留人、薪酬留人",这就是通过培训、晋升、福利等方面的措施来留住及吸引人才。天虹百货员工薪酬分为基本工资、绩效奖金、年终奖等几个部分。天虹为员工提供了良好的福利待遇,包括养老保险、医疗保险、失业保险、工伤保险、生育保险、住房公积金、节日费、生日卡、补贴,等等。

天虹选拔人才的原则是:参与式管理、共享价值观原则。有能力、有共同价值观的员工,会更好地加以使用。能力有待提高但有共同价值观的员工,要重视对他们的培养,帮助他们进步。天虹提倡公平、公正、和谐的工作环境,鼓励员工参与公司管理;建立了员工素质模型与干部胜任力评价体系,使干部任免更加科学化与规范化,并将公司价值观作为选拔员工的首要标准。

第六节 以并购方式布局全国

——华润万家"走出去"成功模式①

华润万家是中央直属的国有控股企业集团——华润(集团)有限公司旗下优秀的零售连锁企业品牌,同时,也是中国最具规模的零售连锁企业品牌之一,是中国连锁经营协会发布的"2008年中国连锁百强企业"之一。

华润万家前身是万家百货公司和香港华润采购有限公司。华润(集团)有限公司属下华润采购有限公司1984年2月14日在香港成立,1999年,公司更改名称为华润超级市场(香港)有限公司。万家百货公司成立于1991年,总部设在深圳。2001年8月,万家百货为华润集团收购,跟华润超市整合,后更名为华润万家有限公司。合并前双方门店数共456家,其中香港78家,内地地域分华北、华东、华南三大区域,包括北京、天津、上海三个直辖市及河北、江苏、浙江、广东等省的十多个城市。

万家百货公司有过辉煌的历史。1991年12月20日,公司前身"深圳万家连锁商业有限公司"成立,系万科企业股份有限公司下属之全资企业。1994年1月17日,经股份制改造成立"深圳市万家百货股份有限公司",由万科企业股份有限公司控股经营。1994年7月17日,万家百货华强店开业。万家华强店位于

---

① 参见华润万家网站(www.cry.com.cn)"关于我们"栏目;熊海鸥:《揭秘华润万家"以小攻大"战略》,《北京商报》,2010年4月2日;刘朝龙:《华润万家"365"全面出击大陆市场》,《中华合作时报·超市周刊》,2010年4月12日。

福田区华强北路 4 号,营业面积 4500 平方米,经营品种达 2 万余种。2001 年 4 月 15 日,因租约期满,万家华强店正式停业,万家暂别华强。1996 年 11 月 2 日,万家百货翠竹店开业。万家翠竹店位于罗湖区翠竹北路华丽园,营业面积 12500 平方米,经营品种达 5 万余种。1998 年 12 月 19 日,万家百货彩田店开业。万家彩田店位于福田中心区彩田路与福中路交界处的福景大厦,营业面积达 15000 平方米,经营品种逾 6 万种。2000 年 1 月 1 日,万家百货宝安店开业。万家宝安店位于宝安区新安湖商业城,营业面积近 27000 平方米,经营品种达 10 万余种。2000 年 11 月 25 日,万家百货春风店开业。万家春风店位于深圳市罗湖区春风路 2021 号长丰苑 1 至 4 层,营业面积达 22000 平方米,经营品种逾 8 万种。

2001 年 9 月 8 日,万家百货珠海拱北店开业。万家开始了走出去步伐。万家拱北店位于珠海市拱北迎宾南路珠海国际大厦 1 至 4 层,营业面积 33000 平方米,经营品种逾 10 万种。2001 年 9 月 15 日,万家百货中山石岐店开业。万家石岐店位于中山市东区中山五路,经营面积近 4 万平方米,为全国单店面积最大的商场,经营品种逾 10 万种。2001 年 9 月 28 日,万科企业股份有限公司 2001 年度第二次临时股东大会通过议案,将万科所持有的万家 72% 的股权一次性转让给中国华润总公司。2001 年 10 月 29 日,经国家工商行政管理局核准,公司正式更名为"万家百货股份有限公司"。2001 年 12 月 1 日,万家百货广州五羊新城店开业。万家五羊新城店位于广州市东山区寺右新马路 106 号,经营面积 13500 平方米,经营品种超过 6 万种。2002 年 1 月 19 日,万家百货广州荔湾店开业。万家荔湾店位于广州市荔湾店中山八路 12 号,经营面积近 30000 平方米,经营品种超过 10 万种。

2002 年 4 月 20 日,华润万家深圳龙岗店开业。华润万家龙岗店位于深圳市龙岗区龙翔大道龙岗世贸中心,经营面积近 26000 平方米,经营品种超过 10 万种。2002 年 6 月 15 日,华润万家深圳华强店开业。华润万家华强店位于深圳市福田区华发北路华发大厦,经营面积近 20000 平方米,经营品种超过 8 万种。2002 年 6 月 22 日,华润万家惠州店开业。华润万家惠州店位于惠州市麦地路 35 号南湖花园,经营面积近 22000 平方米,经营品种超过 10 万种。2002 年 7 月

1日,经国家工商行政管理局核准,公司正式更名为"华润万家超级市场有限公司"。

2004年5月,华润控股知名零售企业苏果超市有限公司,华润万家与华润苏果共同成为华润零售业务的主力军。2005年,华润万家全面收购天津月坛集团旗下28家门店,取得津南区连锁超市业态的优势地位;并于同年收购宁波慈客隆超市,填补了华润万家在宁波地区的市场空白,进一步加强公司在华东地区的发展;2006年,华润万家与宁波富邦集团共同投资成立宁波华润万家有限公司,以战略性合作的方式成立新公司进入宁波市场,华润万家实现销售额378亿元跃居中国连锁超市第一位;2007年,华润集团收购天津家世界超市,填补了华润万家在西北、东北及中原区域的业务空白,进一步加快了华润万家全国布局的发展速度。2008年6月,华润万家完成西安爱家连锁超市有限公司的并购,巩固了华润万家在西安市场的领先地位。

截止2008年12月,华润万家在全国拥有门店2698家,员工人数超过15万人,实现销售额638亿元,居中国连锁超市第一位。目前,华润万家的业务发展区域已遍布华东、华南、华北、西北、东北、中原以及香港等16个省(直辖市)、近100个城市。

华润万家公司走出去的成功要素主要有以下几点:

一、全国发展、区域领先、多业态协同

华润万家结合中国国情、市场环境、自身特点等因素,在业态创新、发展战略方面进行了重点研究,确定了"全国发展、区域领先、多业态协同"的发展战略,主营大卖场、生活超市、便利超市三种业态。

全国发展和区域领先,区域覆盖广泛。华润万家形成了华东、华南、华北、香港四大业务发展区域。

多业态协同,业态均衡发展,华润万家大卖场以齐全的商品品种,最大限度地满足消费者"一站式"的购物需求;生活超市则以经营快速消费品为主,为现代城市居民快节奏的城市生活提供了便利;便利超市是以社区居民为依托,突出了便利优势。华润万家从2007年底提出"区域购物中心"的概念,2008年在广

州花都兴建第一个区域购物中心。这是一种介于超市和百货之间的综合性小型购物中心。2008 年开始已在全国开设 6 至 7 家区域购物中心。在一线城市大型社区附近开设,同时向周边若干社区辐射。每进入一个新市场,华润万家先以大卖场或者区域购物中心进入,再根据市场需求配套便利超市、生鲜超市等多业态。

华润万家大型综合超市 18 家,主要分布于华南地区,是公司在发展过程中形成的比较成熟的业态模式,以齐全的商品品种,最大限度地满足了消费者"一站式"的购物需求。生活超市 50 家,在华东、华北、华南地区都有发展,以经营快速消费品和日常生活用品为主,为现代城市居民快节奏的生活提供了便利。便利超市店 408 家,遍及四大业务区域,以社区居民为依托,突出了便利优势。形成与其他业态的优势互补,为消费者提供高质、超值的商品与服务。

华润万家实行统一采购、统一配送,降低商品成本、营运费用和物料成本,支持零售业务发展。目前,华润万家拥有 8 个配送中心,配备有先进的信息系统和物流设备。为了配合零售业务的发展,华润万家 2002 年上半年建成并投入使用深圳(平湖)和苏州澄湖两大物流配送中心。深圳(平湖)物流配送中心建筑面积达 4.5 万多平方米,配送范围在 300 千米内。可为华润万家在广东省内 40 家大型综合超市、300 至 400 家标准超市提供配送服务,日平均吞吐能力达到 20 万箱,销售高峰时日处理量可达 30 万箱。苏州澄湖配送中心占地面积 2.7 万平方米,主要为苏州地区的综合超市提供配送服务,日均配送能力近 10 万箱,辐射范围为苏州周边 150 千米以内。这两大配送中心将运输、保管、搬运、包装、流通加工、配送、信息处理等物流功能有机结合,集存储型配送与通过式配送为一体,并引进了高效自动分拣机等现代化物流设备及先进的电脑管理系统,为华润万家全国区域的经营提供了强有力的后方支持。

华润万家以品牌形象带动连锁零售发展。华润万家的经营目标,不仅争取做中国零售业的领先企业,而且要做中国有影响力的零售企业品牌。2004 年,华润万家全面启动了新品牌战略,将公司旗下"万家百货"、"华润万家超级广场"、"华润万家超级市场"三种业态统一在"太阳花"为主标识的全新形象之下,同时开展了全国范围的新品牌推介活动,以统一鲜明的公众形象出现在消费者面前。

二、以并购方式布局全国

2001 年 9 月 28 日,万家老股东万科企业股份有限公司股东大会通过议案,将万科所持有的万家 72％ 的股权一次性转让给中国华润总公司。此次出让万家所获的金额为 4.57 亿元人民币。由于万科开始从多元化经营转向专业化,资源也向房地产方面整合,相对并不算重要的零售业务也被出售,同时也获得了很好的资金回报。华润入主万家,也创造了广东乃至全国范围内零售业最大的并购案例——"万家百货'变身'为华润万家"!

华润入主万家后,华润集团将零售作为主业发展,实施了在 5 年内投资 50 亿,实现营业额 500 亿,年度利润 5 个亿的"四个五工程"发展战略。为实现这一目标,华润万家制定了"跨区域、多业态"的发展战略。区域战略是指扩张定位在国内比较发达的地区,包括华南、华东和华北三大区域。业态战略主要定位在四个方面:第一是综合超市,满足顾客对消费品一站式购足的要求;第二是大卖场;第三是折扣店;第四是标准超市。华润针对这一战略,首先设定了跨区域、多业态的组织架构,其中包括总部、区域总部、业态城市中心、门店四个级别。总部负责战略性职能,标准制定、人力资源、财务控制由总部统一管理。三大区域总部(华东、华南、华北三个区域)主要是负责核心业务职能,包括采购、物流、分店的管理,都归区域管理。这样形成了总部管标准,区域管业务的管理框架。其次,开拓了跨区域、多业态发展的新的业务流程系统。再次,制定了一套相对应的管理控制系统,包括报告系统、考核系统等。从战略到组织架构,到业务流程,到管理控制系统,来实现大系统的有效管理。

以并购方式布局全国是华润万家的一贯策略,2004 年,华润万家收购苏果超市 1200 多家门店;2005 年,又全资收购天津月坛集团的 28 家门店,然后又高调收购宁波慈客隆超市;2007 年,华润万家收购天津家世界超市;2008 年,收购陕西本土最大连锁超市西安爱家连锁超市,轰动一时。目前华润万家全国 2700 家门店中,有近一半是收购所得。

并购带来品牌升级。万家百货向华润万家的转变,就是一次全方位的升级

过程,并非简单的招牌更换,它包括经营理念的升级、商品结构的升级、服务配套的升级等。这是一次品牌精致化的过程:

(1)华润万家及时调整确定了以消费者为导向并充分考虑竞争优势最大化的业态战略,并通过对目标市场的细分,明确各业态的目标顾客群,采用业态差异化的定位,明确以"大卖场+"为主力发展业态。这是对原有万家模式的进一步优化升级。所谓"大卖场+"即"大卖场+时尚购物中心","+"意为在满足消费者日常快速消费品需求的同时,极力打造集休闲、娱乐为一体的"一站式"购物场所。超市部分与时尚购物中心面积均达到上万平方米,从日常生活用品到精品服饰百货,体现"时尚、品质、贴心、新鲜、低价、便利"的经营理念。

(2)针对细分市场,华润万家开拓了以中高消费市场为定位的"时尚超市"创新业态。这种超级市场和国内一般超市不同,进口商品占据商品总数的40%左右,水果、蔬菜、肉类柜台上架的均为无公害商品,并且包装精美,超市中间设置了一间大型恒温的红酒玻璃橱窗,售卖数百种各国美酒。"时尚超市"开拓了深圳消费者的国际视野,也使这些以往难以见到的地道洋食品逐渐摆上深圳各大商场的货架。

(3)尝到市场细分的甜头后,华润万家经过一年多的筹备,又开出首家全新形象的24小时便利店,大小不等,售卖快速食品、便利性商品等1300多个品项,成为年轻消费者追求快捷、舒适的时尚生活的首站选择。

(4)肉菜市场升级——国内首家生鲜超市问世,比肉菜市场更新鲜、更低价。所有商品将于凌晨直送到店,经过门店的质量检测合格后,即刻整理上架,短时间的规范操作最大限度上保证了商品的新鲜品质。每天7时30分敞开超市大门,比农贸市场更新鲜、低价、便利且环境整洁宽敞的生鲜超市终于亮相!主打生鲜产品,针对性极强,直指追求品质生活的家庭主妇这一目标顾客群。

收购一个企业,也许并不算难,最难的是如何使并购后的企业健康发展并持续赢利。华润万家创新出的"统一战线"并购模式,为业界提供了有利借鉴。"统一战线"并购模式是:仔细选择、充分利用原企业的优秀团队,较大程度保留原来企业的好东西,如业务流程、采购体系等,而总部的主要职责是制定战略、制定评价体系,使被收购的企业迅速走上良性发展的轨道,保持企业的战略协同格局。在这种思想指导下,华润万家并购苏果后,没有加派一个管理人员,却实现了业绩的成倍增长。所谓的整合,不是把并购来的企业完全按总公司的模式一夜打造,而首先是价值观的认同,随着内外部因素的逐渐成熟,整合是水到渠成的,有质量的营业额和规模永远是第一位的。华润万家"统一战线"的并购思路为正在探索中的国内企业提供了全新视角,创造了并购的"华润万家模式",也实现了华润万家几何级数的增长。

三、"万家模式"的效应

在连锁零售业态方面,深圳是全国连锁零售业态的创新之城。深圳除了有标准的百货店、专业店、杂货店、超级市场、便利店、专卖店、仓储式商场之外,根据不同需求这些业态还相互渗透、创新组合,催生新的商业模式。连锁零售业这个领域是奥妙无穷的,业态实际上就是一种变化,消费者在变,业态也就得随之而变。各种业态在中国都有它们的市场空间,都可以各显神通。万家百货走出了自己的路,创造出"超市+百货"业态。1994年年初,万家针对当时深圳通货膨胀率比较高、物价居高不下的情况,参照山姆会员店模式,开设了一间比较简易的货仓式超级市场,采取平价形象。此举顺应了当时市民降低物价的要求,效益很好,这就是现在的万家华强店。该店营业面积仅4400平方米,开业当年不足半年时间营业额就超过了8000万元,而且营业状况一直很好,年营业额连续3年都超过3.3亿元。在业界,"万家带动华强北"一度成为传奇。1994年,深圳华强北万家百货的出现,填补了国内仓储式平价超市的空白,率先带给消费者全新的购物体验,创造了全新的开放式购物消费方式。在万家百货这种商业先锋的带动下,华强北的区域商业价值被彻底激活,开始快速地"由工转商",由一个工业物流园区转变为繁荣的现代商业街。2000年,万家百货终于以16.2亿元的营业额跃居广东省连锁业的龙头。"超市+百货"的经营模式被业内总结为"万家模式"。万家模式成功有以下几个原因:

(1)经营定位于"为本地居民服务"。万家百货社区化的定位,适应了中国的消费方式。传统百货商店是无法进驻住宅区的。而万家百货的店可以开在居民住宅区,因为它有超市这个核心的内容。绝大多数中国人仍是就近购物,因此,社区化定位是中国人的消费方式。

(2)创办真正意义上的大型综合超市。首先,它将现代超级市场与传统百货商店有机结合。一般的超级市场,像沃尔玛的购物广场,它只能开到三层。而万家百货最多的一个店是做到了五层。其次,它是在现代商业中,融合了传统商业的合理内核。但有两点区别很关键。第一,它全部采取了超级市场的销售方式,即使超级市场开到五六层,结算仍是统一在一层。第二,它采取了连锁的经营方式。也就是说,其店铺的发展是在总部统一经营管理下的连锁店的发展。

(3)实行错位经营。万家百货的商品选择性宽度和深度要明显优于其他企业,食品、生鲜超市加上传统百货,这种商品线的宽度和广度优于百货商店,优于一般的大卖场。万家百货商品的价格带宽、价格线深,使目标顾客面广。所谓价格带是指卖场里面最低的商品价格和最高的商品价格之间的宽度。如家乐福里的最高商品价格也许是 1.2 万元,最低价格也许是 5 分钱。而在万家百货可能最低价格是 5 分钱,最高价格可达 5 万余元,这就是价格带比较宽。价格线是指某一个品类的商品,从最低价格到最高价格的落差很大、很深。这种宽价格带和深价格线,客观上使万家百货这种大型综合超市的目标顾客面明显广于外资零售企业。

(4)实行中央采购制度下的厂商联销制,实现低成本运作、高毛利回报。万家百货采取连锁经营的方式运作,实行中央采购制度下的厂商联销制。尤其是传统百货核心部分:服装、鞋帽、床上用品都是高毛利率的商品,占其营业额的很大份额,因此万家能实现一种低成本运作,高毛利回报。

(5)根据中国土地资源稀缺的国情,租用城市商业裙楼建店,加快发展速度。

(6)走区域性、规模化连锁发展道路。1994 年万家百货在深圳华强北开业。由于适应了市场需求,万家百货华强店开业取得空前成功,并成功带动华强北的发展,奠定了华强北商业中心区的坚实地位。另一个让万家百货声名鹊起的事件是万家百货与世界排名第一的沃尔玛的对垒。1996 年 11 月 2 日,万家百货第二家分店——翠竹店开业。因为敢于和沃尔玛直接竞争而名声大振。翠竹店全国首创的"超市+百货"的经营模式,被业内专家称为"万家模式"。在这之后几年,"万家模式"被零售新军纷纷效仿。"深圳销售额冠军"、"广东连锁经营规模最大"诸如此类的荣誉,被万家百货揽入怀中。

第七节 客户为中心,为客户创新

——华为公司"走出去"成功模式①

华为技术有限公司成立于 1988 年,是由员工持股的高科技民营企业。华为从事通信网络技术与产品的研究、开发、生产与销售,专门为电信运营商提供光网络、固定网、移动网和增值业务领域的网络解决方案,是中国电信市场的主要供应商之一,并已成功进入全球电信市场。华为的产品与解决方案已经应用于全球 100 多个国家和地区,国际市场已成为华为销售的主要来源。2008 年,华为合同销售额达到 233 亿美元,75% 的销售额都来自海外市场。

华为产品和解决方案涵盖移动(LTE/HSPA/WCDMA/EDGE/GPRS/GSM, CDMA2000 1xEV-DO/CDMA2000 1X, TD-SCDMA 和 WiMAX)、核心网(IMS, Mobile Softswitch, NGN)、网络(FTTx, xDSL, 光网络,路由器和 LAN Switch)、电信增值业务(IN, mobile data service, BOSS)和终端(UMTS/CDMA)等领域。

经过 20 多年的努力拓展,华为已经初步成长为一个全球化公司。目前,华为全球超过 87000 名员工,近一半的员工从事产品与解决方案的研发工作,在海外设立了 22 个地区部,100 多个分支机构,并且在美国、德国、瑞典、俄罗斯、印度以及中国的北京、上海和南京等地设立了 14 个研发中心,在全球设立了 29 个培训中心。截至 2009 年 6 月底,华为已累计申请专利 39184 件。

目前,华为的产品和解决方案已经应用于全球 100 多个国家,服务全球运营

---

① 参见华为公司网站(www. market. huawei. com)"公司介绍—发展历程"栏目;罗茜文:《华为创新之路给中国通信企业带来的启示》,《移动通信杂志》,2010 年 3 月 2 日;曾昭志:《华为公司的核心竞争力分析》,《经济与管理》2009 年第 7 期。

商 50 强中的 36 家。

华为国际化战略能够取得今天这样的成绩,与华为管理层的正确决策和众多赴海外开拓的员工付出的巨大努力和心血是分不开的。

一、"借力"打开局面

华为国际化采取的是务实的"先易后难"的战略,是"农村包围城市"的海外翻版。华为的国内市场也是通过先做县城再做城市的"农村包围城市"的战略创建起来的。这种"先易后难"的战略与其说是华为的主动战略选择,在某种程度上也是一种不得已而为之的战略。因为华为当时在产品、技术、人才、综合实力上和强大的国外竞争对手都差距悬殊,正面较量,会凶多吉少。欧美跨国公司吃欧美市场的肥肉,华为先去啃亚非拉的骨头。不能正面碰撞就侧面迂回。华为 20 世纪 90 年代中期启动了拓展国际市场的漫长之旅,起点就是非洲、中东、亚太、独联体以及拉美等第三世界国家。在经过长达近 10 年的发展中国家市场的磨砺和考验后,华为的产品、技术、团队、服务等已日趋成熟,完全具备了与世界上最发达国家竞争的强大实力,华为才陆续登陆欧洲、日本、美国市场。"农村包围城市"的"先易后难"的战略取得了阶段性的胜利。

华为对欧洲市场发起了第一轮冲锋时,往往要经过几批营销先锋不懈的努力才能争取到一定的市场。当时的欧洲市场只有包括为数不多的几个销售人员,他们经常来往于德国、法国、西班牙、葡萄牙等多个国家之间,寻找可能的市场缝隙。那时的华为也还没有欧洲总部的概念,主要员工走到哪里,欧洲总部就在哪里。对于欧洲,华为仍然还处于熟悉的阶段,还根本谈不上做生意。虽然最初的考察、拓展,近似于走马观花,但是仍然有很大的收获。通过不断地摸索,他们对欧洲市场有了总体的概念,对每个国家的特点也有了一些与原来不同的认识。例如,按照在国内行之有效的"农村包围城市"策略,他们一开始准备选择西班牙和葡萄牙等西欧相对贫困的国家作为突破口。到了当地才知道,如果当地的运营商采购欧盟厂商的产品会享受欧盟的很多补贴政策,因此,华为在国内的策略在欧洲并不太有效。

华为公司总结了经验教训,认识到要想在等级森严的欧洲做生意,一开始必须找到合适的代理商和合作伙伴,也只有通过代理商才有可能见到运营商。对于在国内与运营商天天见面的华为来说,这种间接的销售方式非常不习惯。但是,这也是没有办法的办法,必须学会"借力"。为了打开局面,光代理商就要找两批。第一批代理商的主要作用其实是介绍关系,由他们带着去见运营商,去拜会大运营商一般能够见到一两位中层,去小运营商也许就能够见到高层了。经过逐步交往和观察,华为也就知道谁是当地最有价值的运营商,谁是最有实力的代理商了。然后,再重新选择当地排在前几名的有实力的大代理商。虽然有实力的代理商代理费一般都要贵一些,但是能够更快地打开市场。

除了代理商之外,还可以借助一些合作伙伴的力量。华为和移动巨头高通合作是这方面的一个突破。21世纪初,欧洲的移动市场是GSM一统天下,即使是高通这样的巨头也无从下手。于是,高通与一家中东的投资基金公司合资在德国成立了一家电信运营商,通过其子公司在欧洲各国购买移动牌照。由于欧洲各国普遍偏向GSM技术,国际上通行的800MHz—900MHz频段、1800MHz—1900MHz频段早已经被其他GSM运营商占用;高通公司只好退而求其次,拿到了葡萄牙、德国、罗马尼亚、俄罗斯、瑞典等国的CDMA450频段牌照。这个频段的资源大多用来发展集群通信,政府、企业是其主要的客户。华为通过和高通公司合作,加上提供给运营商优厚的商务条件,一举进入了葡萄牙的CDMA450市场。如今,CDMA450在全球遍地开花,而华为也已经拿到了全球CDMA450系统设备60%的市场。

在非主流的企业级市场,华为更是广结合作伙伴。华为将企业级数据通信产品整合到西门子的整体解决方案中进行销售。在此之前,西门子数据产品在欧洲的主要合作伙伴是思科,由于华为提供了更加优厚的合作条件,西门子转而将自己的主要精力放在了与华为的合作上面。

二、客户中心战略

华为奉行"为客户服务是华为存在的唯一理由,客户需求是华为发展的原动力"等客户中心战略。

自主创新,当然必须进行持续的技术研发。但是,脱离市场导向的技术研发,往往对企业有害无益。必须将技术导向战略转为客户需求导向战略,通过对客户需求的分析,开发出低成本、高附加值的产品。在华为,每一项技术和每一个产品的开发都以市场需求为基础,避免为产品开发而进行产品开发所带来的弊端。

为了准确了解客户需求,华为采取了多种有效的办法。一是加强客户需求导向的研发管理体系和业务运作平台建设。它用近4年的时间花大力气引进、建立了集成产品开发流程和集成供应链,保证客户需求正常地纳入公司的研发和运作体系,客户的需求真正成为华为开发以及一切业务的源头;二是加强产品销售和服务人员与客户的直接交流。华为的产品销售和服务人员大多是技术出身,对产品和技术有较好的把握,他们把客户的意见及看法经过整理再反馈,传递到开发系统,使新产品越来越符合市场和客户的期望。这样循环不间断地进行,其技术解决方案和服务解决方案都越来越客户化,客户需求得到越来越充分的满足。

华为总裁任正非认为:华为要保持技术领先,只能是领先竞争对手半步,领先三步就会成为失败者。任正非解释原因时坦率地说:"我们公司以前也是盲目创新的公司,也是非常崇拜技术的公司,我们从来不管客户需求,研究出好东西就反复给客户介绍,客户说的话根本听不进去,所以在NGN交换机上,我们曾在国内市场上被赶出局。后来,我们认识到自己错了,及时调整,现在已经追赶上了,在国内外得到了大量使用。技术在哪一个阶段是最有效、最有用的呢?我们就是要去看清客户的需求,客户需要什么我们就做什么。卖得出去的东西,或略略抢先一点点市场的产品,才是客户的真正需求。"

华为的观点是,在产品技术创新上,盲目地在技术上引导新潮流,是要成为失败者的。为此,华为一再强调产品的发展路标是客户需求导向,就是以客户的需求为目标,以新的技术手段去实现客户的需求,技术只是一个工具。新技术一定是能促进质量好、服务好、成本低,非此是没有商业意义的。华为认为,客户一般都是希望在已安装的设备上进一步改进功能,而不会因新技术的出现而抛弃现在的设备重建一个网。因此,当全球的主要通信设备制造厂家放弃了对现有的交换机的研究开发,而全面转入了未来的下一代NGN交换机研究时,华为仍然继续对传统交换机的研究投入不动摇。果然,全世界的营运商在 IT 泡沫破灭后,都与中国电信的观点一致,不再盲目追求新技术,而更多地考虑网络的优化与建设成本,结果华为在传统交换机供应量上,成了世界第一。泡沫经济破灭后,很多跨国公司又对他们曾经推崇的下一代 NGN 交换机产生了迷茫,华为却在 NGN 上一直往前冲,赶上他们,进入了世界前列。传统交换机华为占世界总量的 16%,但下一代有可能就占世界总量的 28%。华为在国际市场营销中取得很好的效果,正是由于华为真正理解客户需求。

三、研发投入和研发组织不断升级

华为创业伊始,就以国际先进水平为目标,力求领先于世界,立足于当代计算机与集成电路的高新技术,大胆创新,取得了一系列突破。

华为持续提升围绕客户需求进行创新的能力,长期坚持不少于销售收入 10% 的研发投入,并坚持将研发投入的 10% 用于预研,对新技术、新领域进行持续不断的研究和跟踪。目前,华为在 FMC、IMS、WIMAX、IPTV 等新技术和新应用领域,都已经成功推出了解决方案。

华为持之以恒对标准和专利进行投入并积极参与国际标准的制定,截至 2009 年 6 月底,华为加入 91 个国际标准组织,如 ITU、3GPP、3GPP2、ETSI、IETF、OMA 和 IEEE 等,并在这些标准组织中担任 126 个职位;华为累计申请专利 39184 件,包括中国专利申请 27208 件、国际专利申请 6667 件、国外专利申请 5309 件。在 LTE 领域,华为已成为全球前三位的基本(核心)专利拥有者。

华为在坚持在自主开发的基础上进行开放合作,现在已经与 TI、摩托罗拉、英特尔、AT&T、ALTERA、SUN、微软等世界一流企业广泛开展技术与市场方面的合作。

华为主动应对未来网络融合和业务转型的趋势,从业务与应用层、核心层、承载层、接入层到终端,提供全网端到端的解决方案,全面构筑面向未来网络融合的独特优势。

近 10 年的时间里,华为对 3G 的研发投入已经超过 50 亿元。目前,华为在 FMC、IMS、WiMAX、IPTV 等新技术和新应用领域,都已经成功推出了解决方案。

华为主动应对未来网络融合和业务转型的趋势,从业务与应用层、核心层、承载层、接入层到终端,提供全网端到端的解决方案,全面构筑面向未来网络融合的独特优势。

华为在瑞典斯德哥尔摩、美国达拉斯及硅谷、印度班加罗尔、俄罗斯莫斯科,以及中国的深圳、上海、北京、南京、西安、成都和武汉等地设立了研发机构,通过跨文化团队合作,实施全球异步研发战略。印度所、南京所、中央软件部和上海研究所通过 CMM5 级国际认证,表明华为的软件过程管理与质量控制已达到业界先进水平。

华为持之以恒对标准和专利进行投入,掌握未来技术的制高点。截至 2008 年年底,华为加入 91 个国际标准组织,如 ITU、3GPP、3GPP2、ETSI、IETF、OMA 和 IEEE 等,并在这些标准组织中担任一百多个职位。

华为积极参与国际标准制定,2008 年共提交文稿 4100 多篇;在光纤传输、接入网络、下一代网络、IPQoS 和安全领域,华为已经提交了 1300 多篇提案;在核心网络、业务应用和无线接入领域提出了 2800 多项提案。

截至 2008 年 12 月底,华为累计申请专利 35773 件,包括中国专利申请 26005 件、国际专利申请 5446 件、国外专利申请 4322 件。在 LTE 领域,华为基本(核心)专利数占总数的 10% ,排名第三。

华为研发组织的发展变迁分为三个主要阶段:

第一阶段:职能式研发组织模式(1988—1995 年)。初期的华为研发组织结构完全是职能式研发组织,分为中研、中试和生产三大部门,部门工作是交接,不是协同,部门间扯皮严重,产品设计人员不懂生产过程;无项目管理,无可行的计划;成本、质量、沟通等管理基本没有;无产品数据管理,无版本管理,文档不标准,文档质量差;没有技术管理,无企业标准,设计只对一个个产品,不考虑复用,造成极大混乱;无企业知识库,同样的错误经常反复出现。造成的后果表现为产品设计缺陷多,设计经常升级,试验跟不上,到处救火,30% 的收入用于救火。

第二阶段:弱矩阵式项目研发组织模式(1995—2000 年)。华为研发组织通过向弱矩阵式研发组织过渡,职能组织结构变化不大,仍分为中研、中试和生产三大部门,有产品经理(相当于项目经理),负责产品中研、中试和生产;对项目进行管理,开始进行计划,有项目管理雏形;建立企业标准、CBB 和基本开发过程,流程重组;后续部门为研发设计制定出许多规范、标准、核检表;开始有简单数据管理、版本管理、更改管理、质量管理。华为公司通过向弱矩阵式项目研发模式转变,使产品开发质量有了很大提高。

第三阶段:强矩阵式项目研发组织模式(2000 年至今)。职能组织结构变化明显,打破原部门设置,建立企业管理平台,技术平台,运作支持平台三大类部门;实行全面的项目管理,建立许多跨部门矩阵组织;建立起企业知识库,企业资源有规划引入;建立起基本企业标准;建立了企业基本标准过程,可以定制过程,更加合理的流程体系;完善的技术管理。华为公司有了良好的项目管理环境,实现了公司范围内跨部门协作,极大地提高了华为公司产品在全球市场的竞争力。

四、华为对员工的管理模式：魔鬼培训——严格考评——多项激励

华为认为,人才是资本,而且是比金钱更重要的资本,因而不遗余力地广揽高素质、开拓型、敬业型人才,并创造了一种吸引人才、留住人才、用好人才的机制。公司不仅建立了在自由雇佣制基础上的人力资源管理体制,而且引入竞争和选择机制,在内部建立劳动力市场,促进内部人才的合理流动。华为员工的薪酬包括工资、奖金、股权或期权以及福利共四个部分,内部职工每年的投资回报率都超过 70%。在人才流动上,华为强调高中级干部强制轮换。

在华为,技术研究及开发人员占 46%,市场营销和服务人员占 33%,管理及其他人员占 9%,其余的 12% 才是生产人员。20 年来,华为一直保持这样的比例,人力资源配置呈"研发和市场两边高"的"微笑曲线"。2008 年,全球超过 87000 名员工,近一半的员工从事产品与解决方案的研发工作。

国际市场的人才战略主要是海外员工本地化。目前,华为公司的海外员工中,本地化员工比例为 60% 左右。同时,华为还将认同企业文化的本地员工加入到管理团队中,让本地员工有发言权、建议权,以及一定范围的决策权,使得本地员工能够完全融入企业。

进入华为的新员工都要接受华为的培训,对于新员工来说,华为的培训过程就是一次再生经历,被称为"魔鬼培训"。华为已经形成了自己的培训体系。在

深圳，华为有自己的培训学校和培训基地。华为的所有员工都要经过培训，合格后才可以上岗。华为也有自己的网上学校，通过这个虚拟的学校，华为可以在线为分布在全世界各地的华为人进行培训。

华为的培训有如下特征：

（1）培训成为一种习惯。培训是业务员掌握技能的手段，培训是业务员胜任营销工作的必需，培训是企业提高业务员受雇能力的责任。

（2）培训系统化，有专门培训岗位和培训师，培训有计划。培训不再是拾漏补缺，不再是临时的安排；公司将按照计划有条不紊地开展；另外，组织建立内部培训师队伍，并拥有外部智力支持机构和培训师队伍。

（3）培训成为一种投资。大多企业把培训当费用，而且，绝大部分企业没有培训费用，更不用说预算，预算是培训有保障进行的前提。在华为，培训不再是费用，而成为企业寻求发展的一笔投资。华为每一年的培训费用高达数亿元。

（4）培训的效果有严格考核评估。华为十分重视培训效果的检视、考核和评估。新员工培训后要进行严格的任职资格考试，只有通过考试的业务员才会被录用。另外，培训的结果与晋升、加薪相挂钩，纳入组织考评体系。

经过魔鬼培训的业务人员，基本上具备了业务人员的基本素质，缺乏的就是实践经验。华为这个时候把通过培训人员直接派往华为分布在全球各地的分公司或办事处，让他们在市场一线展示自己的才华和接受实践的改造。

接下来是对业务人员工作的考核。考核内容主要是业务人员的劳动态度、工作绩效和任职资格。其中劳动态度是工作精神及对规范的遵守，主要涉及责任心、敬业精神、奉献精神、团队精神和基本行为规范；工作绩效是工作的最终成果，主要包括销售、利润、市场和公关；任职资格是为了达到工作成果所表现出来的行为，其主要标准是指完成某一范围工作活动的成功行为，反映了工作人员职位的胜任能力，同时，也要参考工作人员的知识、素质和经验。根据考核结果来决定考核对象的工资、奖金、股金的发放数量，并且决定考核对象的晋升机会。

华为目前采用的是季度考核、年度总评的方式。工作业绩考核主要围绕季度工作目标与目标完成情况，根据考核标准进行等级评定，任职资格主要围绕行为标准，通过证据对申请人达标与否进行认证。严格的考核保证华为制度化用人战略的实施,为华为打造一支铁军提供了制度保障。

华为为了使一线人员永远保持活力,对一线人员的激励也是大手笔。华为是中国员工收入最高的公司,在华为工作 5 年以上的中层干部可以购买一条游轮。华为的高薪一方面使得优秀的人才聚集华为,另一方面也激励了人才的积极性。华为实物收入的形式是:工资、奖金、安全退休金、医疗保障、股权、红利。实行按劳分配与按资分配相结合的分配方式。在华为的老员工,工资已经不是他们收入的主要部分,可以说工资占他们收入比例几乎微乎其微,因为他们每年都可以拿到大笔的分红和奖金。

华为的精神激励主要有荣誉奖、职权。在华为各种各样的奖励应接不暇,公司还专门成立了一个荣誉部,专门负责对员工进行考核、评奖。只要员工在某方面有进步就能得到一定的奖励,华为要对员工点点滴滴的进步都给予奖励。华为的荣誉奖有两个特点:第一,面广人多,所以员工很容易在毫无察觉的情况下得知自己获得了公司的某种奖励。只要你有自己的特点,工作有自己的业绩,你就能得到一个荣誉奖。对新员工就有进步奖,你参与完成了一个项目就有项目奖;第二,物质激励和精神激励紧紧绑在一起。只要你获得了一个任意的荣誉奖,你就可以随之得到一定的物质奖励。华为公司的组织结构一共有五层,除了基层业务人员,其他四层都是有一定的职权的,虽然大小不一,但是这些职权却可以激励员工。拿销售人员来说,如果他只想做销售,那么他就可以从处于底层的、分布在各个地区办事处的销售代表开始做起,然后是客户经理。客户经理又有三个发展空间:国际、国内营销专家,国际、国内营销高级专家和国际、国内营销资深专家。一旦他想做管理,或者公司调整要他从事管理职位,那么发展的空间、可以获得的职权就更大了,比如有常务副总裁、市场部部长等公司中、高、低层职位作为奖励有贡献的员工。在华为,职位不单单是权力的象征,而且也是收入的象征。得到一个比较高的位置,从这个位置上获得的收入是起源收入的若干倍。

第八节 从国内到国际，从第三世界到发达国家

——中兴公司"走出去"成功模式①

一、从占领国内市场开始

中兴通讯公司走出去的步骤首先是努力开拓国内市场，与大多数国内公司一样，中兴通讯公司起家和初步发展以及壮大依靠的是广大的国内市场，在许多产品领域，国内市场分额都数一数二，当然也正是在国内市场建立起中兴品牌。可以说，中兴通讯是有效拓展国内市场的最优秀的通讯企业。即使是已经实施"走出去"战略的现在，中兴公司对国内市场的投入依然很大，十分看重。

中兴通讯公司各项主要产品国内市场占有率均名列前茅，一些产品在国内市场占据第一的位置，是通讯设备业当之无愧的行业龙头之一。

中兴通讯公司在成立之初仅仅是一个产品单一、规模较小的企业，通过20多年不断努力，公司的面貌发生了巨大变化，截至2009年年底，在国内通信行业上市公司中，公司的产品线最为齐全，而产业规模和净利润远远高于其他公司。在国内所有通讯行业类公司中，公司营业收入和净利润也仅次于华为，是当之无愧的行业龙头之一。

中兴公司打国内市场的手段是产品线齐全、产品成熟稳定。中兴通讯公司有门类较为齐全的产品线，主要产品包括：无线通信系统、有线交换及接入设备、光通信及数据通信设备、电信软件及服务业务、手机终端。不论是与国内的还是国际的设备制造商相比，公司都具涵盖范围广、构成齐备的产品线：

（1）CDMA产品。中兴通讯CDMA产品拥有超过1亿用户容量，覆盖全球

---

① 参见中兴公司网站（www.zte.com.cn）"公司简介——历史回顾"栏目；路俊智：《做国际一流企业——中兴通讯发展战略透视》，《人民邮电报》2002年5月29日；深圳市社会科学院研究报告：《深圳企业发展壮大机理研究（内部报告）》，2009年。

60 多个国家和 100 多家运营商。

(2)GSM 产品。中兴公司于 1999 年推出全套 GSM900/1800 双频移动通信系统,并获得信息产业部颁发的入网许可证。中兴通讯在中国移动 GSM 系统中的累计份额约为 2%,在中国联通的 GSM 系统中所占份额约为 4%。

(3)光通信产品。公司光通信产品涵盖了 SDH 系列和 DWDM 系列,在光通信产品上具有一定的实力。

(4)xDsl(数据通信)产品。中兴通讯 xDsl 产品以 7% 左右的国际市场份额跻身全球前 5 名,仅次于阿尔卡特和华为,与西门子、朗讯等相当。公司在国内的市场份额位居第二,仅次于竞争对手华为。

(5)IPTV 产品。公司在 IPTV 产品上竞争力较强,国内市场占有率达到50%,产品已进入了北京、上海等重要城市,并在希腊、哥伦比亚等海外市场得到广泛应用。

(6)TD-SCDMA 产品。公司在 TD-SCDMA 标准的产品研发上始终保持了较高的投入,实力在各厂商中名列前茅。

(7)手机产品。在国内市场上,公司的产品主要是 CDMA 和 PHS 手机,CDMA 手机的市场份额大约为 16%,在国内厂商中位列第一。PHS 手机的国内市场份额大约为 20%。

二、成功推出"第三世界"包围"发达国家"战略

在大力开拓国内市场的同时,中兴通讯公司以宽阔的视野和超前的胆略,实施"走出去"国际化战略。中兴通讯的国际化战略,最早是在开拓中国国内市场,由农话市场进军市话市场的时期确定的。当时中兴公司之所以作出这样的决定,是基于两方面考虑:其一是认识到公司面对的都是北电、朗讯这些国际巨头,如果公司仅仅局限于国内市场,就不能和竞争对手一样在全球范围配置资源,取得全面竞争优势;其二是公司在当时就认识到国际化是中国企业的必由之路,晚走出去不如早走出去。目前国内外通讯市场发展的事实已经证明,在中国众多的通信企业中率先"走出去",为中兴通讯最大限度缩小与跨国厂商的差距,在国际市场的竞争中掌握主动权,赢得了先机。

在国际市场,中兴通讯公司回避了与跨国通讯巨头正面交锋,成功地推出了"第三世界"包围"发达国家"的战略。

中兴通讯"走出去"从1995年起步。目前,中兴通讯的全系列产品已经成功进入包括多个发达国家在内的全球100余个国家和地区的市场,使全球近3亿用户实现了自由沟通。中兴通讯国际化的发展历程中大致经历了以下"四个阶段":

第一阶段,从1995年到1997年,是海外探索期。在此阶段中兴通讯确立了进军国际市场的大战略并有少量产品在海外市场实现突破。这一时期,中兴通讯开始在个别国家设立"据点",初步了解了国际市场的一些运行规则。1995年,中兴通讯首次参加了日内瓦ITU世界电信展,代表中国通信企业正式走向世界。紧接着中兴通讯开始将产品陆续小规模地出口到印尼、马来西亚等国家。

第二阶段,从1998年到2001年,是规模突破期。在此阶段,中兴通讯开始进行大规模海外电信工程承包并将多元化的通信产品输出到国际市场。这一时期,中兴通讯陆续进入南亚、非洲等多个国家,海外市场实现了由"点"到"面"的突破。1998年,中兴通讯先后中标孟加拉、巴基斯坦交换总承包项目。其中,巴基斯坦交换总承包项目金额为9700万美元,是当时中国通信制造企业在海外获得的最大一个通信"交钥匙"工程项目,令世界瞩目。国际通信界第一次聆听到了来自中国的强有力的"声音"。

第三阶段,从2002年到2004年,是全面推进期。中兴通讯国际化战略开始在市场、人才、资本三个方面全方位实现推进。这一时期,中兴通讯前后进入印度、俄罗斯、巴西等市场潜力巨大、人口众多的若干战略国家市场,海外市场逐步进入稳定发展阶段,并为进军欧美高端市场奠定了基础。

第四个阶段,从2005年开始,包括此后几年,是高端突破期。中兴通讯通过借助有效实施"本地化"战略,通过和全球跨国运营商开展全面、深入的合作,实现对西欧、北美等发达市场的全面突破。

中兴通讯在巴基斯坦深耕发展十年,见证了中兴国际化历程。巴基斯坦人口约1.62亿,被誉为全球最具发展潜力的10大通信市场之一,目前的发展阶段类似于中国的2000年前后,是中兴通讯非常重视的市场。巴基斯坦是中兴通讯

1998 年签署第一个海外大单的国家,1999 年 4 月,中兴巴基斯坦公司成立。经过多年的辛勤耕耘,已经成为重要的海外"粮仓",在这个过程中,国家营造的中、巴两国的外交氛围非常重要,体现了国家"走出去"战略对企业的帮助。巴基斯坦本土化程度非常高(至 2006 年年初,中方常驻人员约 100 人,本地员工 800 多人),有本地研发中心、本地培训中心和工厂,目前海外的国际化也逐步向深度、广度扩展,有重要创新,形成"立体化"国际化态势。中兴巴基斯坦公司几乎见证了中兴通讯海外拓展的整个历程,从初期艰苦摸索到个别大订单突破,从外派员工成立分公司到全面本地化,从局部市场突破到全面实现"立体化"国际化态势,具有很强的典型性。

中兴手机也成功出海。中兴通讯可以说是目前国内手机企业中产品线最全的一家,覆盖 PHS、CDMA、GSM 和 3G 四个领域,其中 3G 又包含 WCDMA/HSDPA、CDMA20001xEV-DO、TD-SCDMA 等全部技术。中兴通讯从 2001—2002 年开始向海外市场销售手机产品,2002 年,中兴通讯拿下了第一个订单——与巴西运营商 VIVO 签下了价值 1 亿美元的订单,是当时国产手机厂商在海外的最大订单。2002 年,中兴通讯将海外拓展作为公司的三大战略之一,从此,中兴手机走上出口海外之路。

中兴通讯将全球市场划分为 12 个片区,建有 14 个海外平台、96 个办事处,业务覆盖 100 多个国家。目前中兴通讯在全球市场都在开拓业务,但根据业务的需要会有些重点的区域。

三、通过自主创新,创建核心竞争优势

一个国家、一个民族,要想在世界上真正立足并赢得国际社会的尊敬,必须在高科技领域占据一席之地。中兴通讯很早就意识到了这一点,并在企业创立之初,就将自主创新作为立身之本。20 多年来,通过逐步投入、逐步积累,中兴通讯逐步形成了以企业为主体的自主创新机制和具有高度创新精神的研发团队。目前,中兴通讯在 3G(包括 WCDMA、CDMA2000、TD-SCDMA)、NGN、数字集群、核心路由器、宽带数据、光传输等技术领域均已达到国际先进水平。同时,在技术与市场的结合能力以及应用方面,中兴通讯甚至已经超越了部分欧美

厂商。

中兴通讯是中国重点高新技术企业、技术创新试点企业和国家"863"高技术成果转化基地,承担了近30项国家"863"重大课题,是通信设备领域承担国家"863"课题最多的企业之一,公司每年投入的科研经费占销售收入的10%左右,并在美国、印度、瑞典及国内设立了15个研究中心。

中兴通讯在企业创立之初,就将自主创新作为立身之本。20多年来,通过逐步投入、逐步积累,中兴通讯逐步形成了以企业为主体的自主创新机制和具有高度创新精神的研发团队。目前,中兴通讯在3G(包括WCDMA、CDMA2000、TD-SCDMA)、NGN、数字集群、核心路由器、宽带数据、光传输等技术领域均已达到国际先进水平。同时,在技术与市场的结合能力以及应用方面,中兴通讯甚至已经超越了部分欧美厂商。

中兴通讯自成立之初就逐步确定了自主创新的发展模式。侯为贵董事长早在20世纪80年代末就认识到,只有掌握核心技术,才能具备和跨国通信巨头比拼的资格,否则,只能受制于人,不可能有独立、持续的发展。

为了实现自我创新,中兴通讯每年确保在科研开发上的投入均保持在销售收入的10%左右。按照如此之大的规模进行研发投入并常年保持一支规模庞大、高水平的研发队伍,是中兴通讯在全球市场保持竞争力的一个基本前提条件。

中兴通讯根据客户需求和企业发展需要,搭建了科学合理、层次分明的技术研发体系。各部门各司其职,密切配合,成为中兴通讯技术创新的"发动机"。

中兴通讯设立在国内外15个研发机构则为公司技术创新的灵敏"触觉"。如设在美国、印度、瑞典等的4个研究机构,除承担软交换、CDMA、WCDMA等的研发之外,同时还起到了跟踪世界最新技术成果与前沿技术发展方向的作用。

随着技术地位的提升,中兴通讯开始涉足国际通信专利和标准的角逐,成为国际通信专利和标准领域的一支重要力量并以日益重要的角色登临"世界舞台"。截至2008年,中兴通讯完成了超过1300件的国际专利申请;同时,拥有发明专利已达到16000件左右。中兴通讯已加入了ITU、ETSI、3GPP、3GPP2、IEEE、CDG等50多个国际标准化组织,并获得移动通讯(WCDMA,CDMA2000,

TD-SCDMA），NGN、光网络、数据、交换，多媒体通信，网络安全，及终端等多个领域的 22 个国际标准起草权和编辑者席位，累计提交国际标准文稿 2000 余篇，成为在标准制定领域让人不可忽视的"中国力量"。

中兴通讯公司通过不断的自主创新，建立了以下核心竞争优势：

（1）完整的产品线

如前所述，中兴通讯公司在通信行业的产品线非常齐全，并且在各个子行业中都具备实力，这对于公司而言是非常重要的优势。

首先，较为完整的产品线可以保证公司平稳的发展，而不会依赖于某类产品，避免行业的调整和短暂萧条导致公司业绩大幅度波动甚至是经营困难。通讯行业的发展并不是各个子行业同步发展，而是随着技术进步和消费升级，不同子行业、不同产品次第发展。完整的产品线可以保证公司分享高速增长行业的繁荣，同时能够抵御萧条行业的低迷所带来的经营风险，保证公司持续、稳定的增长。这一方面最为典型的反面例子就是 UT 斯达康，由于 UT 斯达康抓住了中国 PHS 市场迅速发展的契机，企业得到了超常规的发展，但是当国内 PHS 投资大幅度萎缩的时候，公司失去了业绩支撑，企业经营出现较大的困难。

其次，较为完整的产品线有利于公司最大限度的利用研发资源。通讯行业的各个子行业的研发工作是共通的，单一的研究可以为多个产品提供帮助，不但起到减低成本的作用，更为公司在科研速度上取得优势，实现科研成果相互渗透，从而提高公司的整体价值。例如无线通讯产品和终端手机产品虽然有很大不同，但是在通讯协议、加密解密核心算法方面几乎一样；另外在交换及接入设备和数据通信设备之间也有技术渗透发生。程控交换机是交换及接入设备的主力产品，而在数据通信领域，产品主要以太网交换机及路由器。程控交换机，以太网交换机及路由器都属于集线器的分支。它们之间的区别在于，程控交换机是广域网交换机，是应用于大型电信网络的交换机；而以太网交换机和路由器是应用于较小型的网络，如办公室中数据的传送。

最后，完整的产品线使得公司可以向客户提供整套解决方案，在竞争中处于强势地位。在海外市场，尤其是新兴市场，许多项目属于交钥匙工程，能够提供整套解决方案是非常重要的优势。

(2)具有与国内外通讯行业公司的比较优势

公司与国际竞争对手相比,具备比较明显的成本优势。虽然处于市场开拓阶段,低价竞争会导致公司净利润较低,但是长期来看,市场份额的增加有助于提升公司在整个行业中的地位,最终有利于公司业绩的增长。

公司与国内同类公司相比较,其产品技术成熟、性能稳定。2006 年各大运营商对 TD 设备供应商的产品测试结果很好地证明了这一点。在中国移动已经完成的商用试验网招标中,公司所获份额超过所有竞争对手也证明了市场对公司的认可。

公司的比较优势有利于公司在国内国际两个市场与对手展开竞争。公司在两个市场都能取得优秀的成绩是可以预期的。

(3)自主创新背景下的高科技行业旗手

在自主创新的基础上,中兴通讯已开始和国际上掌握核心技术的厂商,如英特尔、高通、爱立信、阿尔卡特等,开展多层次、互补式的平等合作并在中国通信制造领域率先开辟了向国外企业进行专利授权的"先河"。同时,在技术上的自主创新,也开始为中兴通讯在国际市场带来历史性机遇,比如对于 GoTa 数字集群、CDMA 等中兴通讯确实有技术优势的产品,国外客户甚至可以接受中兴通讯的价格高于其他跨国厂商的现实。

中兴通讯目前已加入了 ITU、ETSI、3GPP、3GPP2、IEEE、CDG 等 50 多个国际标准化组织,并获得移动通讯(WCDMA、CDMA2000、TD-SCDMA),NGN、光网络、数据、交换,多媒体通信,网络安全,及终端等多个领域的国际标准起草权和编辑者席位,累计提交国际标准文稿 2000 余篇。中兴通讯在全球范围内的专利申请数量超过 10000 项,其中相当比例是 3G 系统/NGN 系统和光传输系统的核心专利。其中,发明专利比例位居国内第一位,国际 PCT 专利申请数量居全球发展中国家企业第 6 位。

四、推进人才国际化战略

从一个本土企业到国际化企业,是一种质的变化。国际化是一个系统工程,是一个全面的国际化,包括市场国际化、人才国际化、资本国际化。

中兴通讯有超过 10000 名员工分布在全球 100 多个代表处。其中，本地员工比重超过 60%，本地化程度逐年提高，印度、法国等本地分公司主要领导由本地员工担当。

中兴通讯在南京、上海、深圳、北京、西安、重庆、成都以及美国、瑞典、印度等地设立了 15 个全资科研机构。其中，在发达国家的机构主要为了跟踪最前沿的技术，而在发展中国家的机构主要用来吸纳本地人才，更好地为本地市场服务。

人才是企业发展的根本。早在创立初期，中兴通讯就把"以人为本"作为企业文化的核心，并围绕这个核心制定相关的人事管理制度。在"走出去"的过程中，中兴通讯培养了一批熟悉国际市场规则、具备开拓精神的，来自国内的人才队伍，同时，随着国际化进程的推进，海外员工"本地化"工作也在稳步推进。以印度为例，从 1999 年进入印度以来，中兴通讯印度公司已从最初的 4 人发展到今天的 1000 多人，其中 80% 的员工是印度当地人，他们已成为管理、市场、售后等各个职能部门的骨干。2006 年年底，在印度通信业有 38 年从业经历的印度人 Ghosh 成为中兴通讯印度公司总经理，中兴通讯印度公司从此真正成为一支由本地人带领的队伍。

中兴通讯人才国际化战略成功还有一个重要因素就是中兴通讯具有一个令人尊敬的企业文化。中兴通讯的品牌也是建立和附着在其优秀的企业文化之上的。没有文化，或者更准确地说，是没有适合现代企业发展、适合现代社会经济发展的企业文化的企业，是悲哀的，也是注定不会有大的发展的。

中兴企业文化的核心理念是：互相尊重，忠于中兴事业；精诚服务，凝聚顾客身上；拼搏创新，集成中兴名牌；科学管理，提高企业效益。

中兴文化强调"互相尊重，忠于中兴事业"，不是一种对企业目标的盲从，中兴的事业首要的是强调"振兴民族通信产业是中兴人为之共同奋斗的事业"。

中兴文化的内在地包含以下文化：

（1）诚信文化：诚信是中兴通讯的立身之本，中兴人行动的第一准则。

（2）顾客文化：顾客至上，始终如一地为顾客的成功而努力。

（3）学习文化：不学习的人，实际上是在选择落后。

（4）待遇文化：企业文化是员工的一种待遇。

特别是中兴公司提出企业文化是员工的一种待遇,很有新意和感召力。之所以说企业文化是员工的一种待遇,具体表现在企业社会美誉度是员工得到的文化待遇;企业的经营管理经验和技术积累是宝贵的个人竞争资本;企业提供学习培训的机会,这是企业给员工的最大福利。

深圳本地高校资源、智力资源相对薄弱,不利于深圳高科技产业的蓬勃发展。如果不积极开发全国各地的智力资源,就无法取得更大的技术进步和更大的规模发展。除吸引外地人才、与外地大学合作办学外,作为总部设在深圳的企业,一开始就注重挖掘公司需要的各种人才,通过各种途径招募吸收各路青年专才,除了在深圳本地举办招聘活动外,中兴公司前往全国各地,特别是高校比较集中的北京、上海、武汉、西安、南京等地招募研究生、本科生等各层次毕业生。中兴通讯还通过在外地大量设立研究机构,解决深圳本地大学毕业生资源相对不足的矛盾。

深圳高科技企业在外地大量设立研发中心,是获取外地智力资源的重要举措。中兴通讯为什么选择南京最早设立研发中心,就是看上了江南的人杰地灵。江南高校云集,南京大学、中国科技大学,以及南京、上海等地的其他诸多高等院校,人才密集,给研发中心提供了丰富的人才储备。目前研发中心员工的年龄平均29岁,具有硕士以上学历的超过49%,50%是从应届毕业生中招收的。在上海、北京成立研发中心,当然更是看重上海、北京高校云集、人力资源丰富。

五、体制创新——"国有民营"模式迸发巨大动力

中兴通讯最初所具备的强大的生命力,首先要归功于其在上市前独特的"国有民营"体制。

中兴通讯历史上经历了三次大的产权改革。第一次发生在1985年,中兴通讯前身——深圳中兴半导体有限公司成立,由航天系统的691厂和运兴香港电子企业及另外一家国有企业三家联合投资组成。

1993年,公司进行重组,由两家国有股东——691厂和深圳广宇工业(集团)公司控股,与民营高科技企业——深圳中兴维先通设备有限公司共同投资组建了深圳中兴新通讯设备有限公司。这是中兴历史上第二次产权改革。

这次产权改革，使中兴兼有了"国有"和"民营"的优点，而最大限度地避免了国企和民企各自的缺点，在中兴发展史上有着举足轻重的作用，成为公司20年来保持持续高速增长的一个根本保证。一方面，国有经济占据控股地位，注定了企业将会把长期发展、国有资产保值增值作为首要目标，从而避免民营企业常会犯的短视错误。另一方面，中兴通讯授权经营的方式吸收了民营企业风险意识强、运作高效、市场反应灵活等长处，从而使企业具有高度的经营管理自主权，各项决策、制度均能得到顺利执行。

第三次产权改革就是挂牌上市。1997年10月深圳中兴新通讯设备有限公司改组为深圳市中兴通讯股份有限公司，并在深交所上市。上市后形成了国有法人控股、多元化经济成分并存的所有制结构。企业进一步建立和完善了规范的股份公司法人治理结构，并进行了企业管理制度上的一系列创新。例如，中兴通讯在通信设备制造企业中首家通过2000版ISO 9000标准认证，第一个引进六西格玛质量管理理念，在公司内部推行公司级的、统一的、高集成的信息化管理，大力推行团队运作的管理模式、对骨干员工推行股权等。

第八章

打造企业品牌，
形成发展模式（下）

第一节　构建依托中国优势的全球化运营体系

——深圳中集集团"走出去"成功模式①

集装箱是现代运输方式的革命。集装箱最大的成功在于其产品的标准化以及由此建立的一整套运输体系。能够让一个载重几十吨的庞然大物实现标准化，并且以此为基础逐步实现全球范围内的船舶、港口、航线、公路、中转站、桥梁、隧道、多式联运相配套的物流系统，这的确堪称人类有史以来创造的伟大奇迹之一，而撬动这个系统的理念就是标准化。随着标准化概念在全球物流系统的逐渐深入，世界在悄然间被彻底改变了。无论货物的体积、形状差异有多么大，最终都被装载进集装箱里。由于要实现标准尺寸集装箱的运输，堆场、码头、起吊、船舶、汽车乃至公路、桥梁、隧道等，都必须适应它在全球范围内的应用而逐渐加以标准化，形成影响国际贸易的全球物流系统。由此带来的是系统效率

---

① 参见中集公司网站(www.cimc.co)"关于中集"栏目；深圳市社会科学院研究报告：《深圳企业发展壮大机理研究（内部报告）》，2009年；深圳市政协调研报告：《深圳企业"走出去"调查》（内部报告），2008年12月。

大幅度提升,运输费用大幅度下降,地球上任何一个地方生产的产品都可以快速而低廉地运送到有需求的地方。集装箱已经用有形的力量把世界连接在了一起。集装箱作为现代物流的最先进工具,至今仍然无以替代——甚至连替代的概念还没有出现。集装箱加速了货物在全球范围内的周转,也加快了全球范围内的产业结构调整。集装箱与全球经济一体化的相互作用,以速度和规模提升了物流的效率,提升了国际贸易乃至世界经济运行的效率,进而改变了人类的生活,让地球上每一个人都分享到了集装箱带给我们的好处。而集装箱对于中国这个发展速度最快的新兴经济体的改变,是每一个中国人都已经亲身体验到的。集装箱运输方式推动了中国制造产品在全球范围内的流动,成就了中国出口型经济的发展,加快了产业向中国的转移以及集聚速度,因此,可以将集装箱看成是中国经济高度发展的推动力。

中国的集装箱运输方式的发展离不开中国国际海运集装箱(集团)股份有限公司(简称:中集集团)。中集集团初创于1980年1月,最初由香港招商局和丹麦宝隆洋行合资组建,是中国最早的集装箱专业生产厂和最早的中外合资企业之一。中集集团于1982年9月22日正式投产,1987年改组为中远、招商局、宝隆洋行的三方合资企业,1993年改组为公众股份公司,1994年在深圳证券交易所上市,1995年起以集团架构开始运作。集团致力于为现代化交通运输提供装备和服务,主要经营集装箱、道路运输车辆、罐式储运设备、机场设备制造和销售服务。中集集团在国内和海外拥有50余家全资及控股子公司,员工近50000人。

集装箱制造为中集的主营业务,中集集团拥有华南、华东、华北三大区域二十多个生产基地,产品包括干货集装箱、冷藏集装箱及其他各类特种集装箱。中集集团是全球规模最大、品种最齐全的集装箱制造集团,客户包括全球最知名的船公司和租箱公司,产品遍及北美、欧洲、亚洲等全球主要的海陆物流系统。中集集团在集装箱行业确立了世界级地位。

道路运输车辆业务是中集集团目前的重点发展业务,自2002年以来,中集利用其在管理、技术、品牌和规模经营等方面的优势,通过收购兼并和投资建设的方式,整合行业资源,实现规模性扩张,建立起覆盖北美及中国的东北、华北、华东、华中、华南、西北等区域的 15 个生产基地和以北京、上海、天津、广州、深圳、厦门、宁波、阜阳等中心城市为主干的具有中集品牌特色的营销服务网络,形成中美互动、分布合理、互为支持的产业格局和年产 12 万辆各类专用汽车的生产规模。

罐式储运设备是服务于石油化工、食品饮料行业的专用现代化物流装备,包括罐式集装箱、公路罐式运输车和静态储罐等多系列产品。目前,中集正致力于搭建罐式储运设备的全球化营运平台,以培育新的能力,丰富产品系列,以求打造出更多在该领域具有全球竞争力的主流产品。

中集集团的机场设备业务以机场旅客登机桥、全自动航空货物及物流处理系统、自动化立体停车库等为主要产品。中集的登机桥产品已成功进入北美、欧洲、非洲、东南亚的十多个国家和地区。中集还为法国巴黎戴高乐机场生产了全球最大客机 A380 的登机桥,并且是中国第一家登船桥制造商。

一、中集集团"走出去"的历程

中集集团的"国际化"基因是与生俱来,又随着中国经济的发展和国力的增强而不断强壮的。自 1980 年创立伊始,中集集团就确立了公司外向型的经营战略,从第一台集装箱的生产下线,到金融危机前的 2006 年公司实现年出口销售额超过 40 亿美元,在全世界(包括中国)拥有 40 余家全资及控股子公司,在北美等地建立生产基地和销售服务网络。中集集团 26 年的发展历程经历了"走出去"的三个阶段:

(1)销售"走出去"——通过国际贸易将产品"走出去",成为"国际化"企业

中集集团在金融危机前的高峰时期,海关出口统计年出口额超过 40 亿美元,累计出口总额超过 160 亿美元,是全球规模最大、品种最齐全的集装箱制造集团,产品遍及北美、欧洲、亚洲等全球主要海陆物流系统,全球市场份额超过 50%。中集集团在集装箱行业确立了世界级地位。

旅客登机桥则成为中集集团"走出去"的又一个标志性产品,旅客登机桥的国内市场份额超过 90%,全球市场份额超过 40%,是中集集团又一个世界第一的产品,在法国巴黎的戴高乐机场,世界民用航空的"巨无霸"空中客车 A380 就

使用中集集团制造的登机桥。

车辆产业只用了短短 5 年的时间,就向北美、日本、澳洲销售了近 10 万辆半挂车,成为中集集团产品序列中新的世界第一。

(2)资源"走出去"——构建全球化的运营体系,实现供应链、产业链和价值链的"走出去",成为"跨国企业"和"全球化"企业

20 世纪 90 年代初期,中集集团就敏锐地觉察到世界集装箱生产制造向中国转移的趋势,并牢牢把握住机会,逐步构建起了自己的国际化经营体系:

——国际化的合资生产体系

中集实施了一系列兼并收购计划,全面收购了韩国现代的集装箱业务,并通过转让股份、合资等办法,吸引日本、德国、丹麦等外资参股,集团 11 个集装箱生产企业中有 9 个外资参股,既保持了以我为主导,又可以在国际合作中吸收外方的国际经营管理经验。

——国际化的采购体系

中集运用供应商评价体系和供应链管理方法,在世界范围建立起一个稳定、及时、并能确保"质优价廉"的采购体系,有近 50% 的主要生产原材料由国外供应商提供。

——国际化的客户服务体系

有着"国际海运贵族俱乐部"的全球前十大集装箱航运公司和租赁公司都是中集集团的长期客户。

——国际化的技术服务体系

中集集团以全面而优秀的技术服务,在集装箱技术开发领域确立了难以动摇的主导地位,中集已经成为全球唯一能够提供三大系列、一百多个集装箱产品和对所有品种提供设计、制造、维护等"一站式"服务的企业。

——国际化的融资体系

中集集团与全球 16 家最主要的银行和金融机构发展了良好的合作关系,建立了良好的国际资本市场信誉。

——国际化的人才体系

中集集团已经拥有一支由国内精英、海归人才、外籍人士组成的,完全覆盖

管理、技术、市场和服务各个领域,熟悉国际惯例、了解国际运营的国际化运营管理人才团队。无论是在深圳的中集集团总部、中集集团欧洲及欧洲五国公司办事处、还是北美公司及北美生产基地,都可以看到不同语言、不同肤色、不同国籍的中集员工一起工作。

中集还与国际顶尖咨询公司合作,利用"外脑"和外部人力资源,吸收国际知名企业经验,支持自己的国际化进程。

(3)品牌"走出去"——成为真正意义上的"世界级"企业

2002年以来,中集集团确立了以"中美互动战略构想"为标志的海外拓展战略规划,以中集集团"CIMC"在全球物流运输业的品牌优势为基础,利用中集集团对制造业的先进管理经验和国际化运营平台,以海外并购为手段,组建中集集团国际化运营的跨国企业架构,使中集集团成为真正意义上的世界级企业。

2003年,中集集团在美国完成了对北美排名第8位的半挂车制造厂商HPAMonon公司的并购,更名为VanguardNational。2004年开始,中集集团向美国派出管理团队、技术人员,输出包含中国优势和特色的制造业管理经验,共享中集集团国际化运营平台,形成中美互动制造业全球运营模式。2005年该公司从长期亏损转为赢利,2006年该公司完成厢式半挂车生产8000辆,销售额近2亿美元,已经进入北美行业排名前5位。中集集团已经成为北美市场销量第一的半挂车供应商,还成为当地"最佳雇主"。

在"中美互动战略构想"实施的同时,中集集团又开始了"中欧互动运营模式"的探索,抓住欧洲传统制造业向外扩散转移的机遇,成功收购了欧洲专用静态储罐和道路车辆的领先供应商之一——荷兰博格工业有限公司。这是一个有70年历史的欧洲工业集团,下属14家公司,其中有8家研发及制造工厂,6家堆场、维修改装服务业务,分布在比利时、荷兰、丹麦、芬兰、波兰五国,拥有1500名管理人员和工人,其罐式储运装备广泛服务于包括啤酒、果汁、牛奶等在内的欧洲液态及粉态散装槽罐式运输行业。中集集团还成功收购香港上市公司安瑞科能源装备控股有限公司。安瑞科能源装备控股有限公司主要从事压力容器、压缩机等高端燃气装备产品的研发、生产、销售,是中国燃气装备行业具有领先地位的集成业务服务商与关键设备制造商。中集集团发挥"CIMC"在制造业领域的品牌优势和中国制造的成本优势，同时引进高端产品和技术，提升中集集团产品结构和国际竞争力，拓宽市场渠道和服务网络，打造了世界级的中集品牌。

二、中集集团对"走出去"的理解

中集集团的理念是："走出去"是中国企业全面转型和提升的过程，是企业运营体系全面再造的过程，不仅仅包括做成几笔国际贸易、完成几个海外销售大订单，或者是在海外投资建设几个工厂、设几个办事处，或者完成一两件轰动的海外并购，"走出去"的实质是"构建全球化的运营体系、打造世界级的领先企业"。

"走出去"对中集集团而言，就是在保持中国产业工人群体优势、制造成本优势和中集先进制造业管理经验的前提下，寻求全球最佳的产业资源和市场资源，构建全球化的企业运营体系，打造世界级的领先企业。

中集集团认为，任何企业的全球化发展都不会一蹴而就，必须要经过创业阶段、积累阶段，最后才能"走出去"。即使经过了创业和积累，企业有了一定的行业知名度、产业优势和外汇资金积累，"走出去"也不是一时性起，心血来潮的生意冲动。"走出去"是一个长期的国际化战略的规划和实施过程，是企业未来的全球化生存方式。"走出去"的时候手里要有几样"硬通货"：

（1）国际化的国际化运营和管控模式——拥有一套成熟、有效的掌控全球供应链、跨国协同研发与制造模式、全球市场渠道、全球客户服务网络和国际资金链体系。

（2）全球化的商业模式——拥有成功的本土市场运营经验和成熟的国际市场品牌形象，拥有适合全球市场的产品和服务。

（3）国际化的人才储备——拥有一批有全球视野、具有实际操作能力的国际化人才，特别是高层管理人才。

（4）殷实的资本储备——无论是哪一种形式"走出去"，现代商业社会是以资本为纽带，全球产业链就是全球资源链，任何一个环节又都是以资金链为基础。

（5）丰富的知识储备——信息不对称是全球化商业社会的最主要特征之

一,忽视一个法律条文、错过一条专利信息、忘记一个文化禁忌都可能导致一个几亿美元的海外项目失败,对全球产业趋势和商业背景的研究是"走出去"的前提。

中集集团认为,技术创新是掌握业务全球化话语权的钥匙。中国企业在"走出去"的过程中,往往由于缺乏原创性专利,被国外企业阻击,技术创新才是掌握全球市场话语权的金钥匙。

没有世界级的技术研发能力,不吸收全球的先进技术,就不可能生产出世界先进水平的产品,就不可能打造出世界级企业。中集集团在"走出去"的过程中始终坚持在产品技术创新领域的话语权。

2000年,中集集团获得英国UBHI的罐箱生产技术,由此进入全球罐式集装箱主流制造商行业。

2003年,中集集团推出以速生桉树为主材的环保胶合木地板,很快获得集装箱客户的认证。

2004年,中集集团获得英国CSC公司折叠箱关键专利,中集特种集装箱由此很快形成一个新的世界第一产品。

2005年,中集集团与德国Waggonbau公司签订最终转让协议,获得除中集自主开发11项专利之外的77项冷箱专利,掌控冷藏集装箱领域全部技术体系。

2006年,中集集团技术专家第四次参加国际集装箱标准会议,是中国唯一的企业代表。

2006年6月,中集集团与美国通用电器(GE)联合研制的"智能安全集装箱"项目通过国家科技部验收,该项目提出专利申请72项,中集集团成为下一代集装箱技术的原始创新成员。

中集沿着原始创新、集成创新和引进消化吸收三位一体的自主创新路径,在集装箱、登机桥、道路车辆等集团全球化产业领域自主申请国内外专利800多项,原创性的发明专利就达到200多项。

"走出去"实现跨国兼并是勇敢者的游戏,海外并购的成功,国际化运营平台管理的最大挑战——是在不同文化背景下,如何融合和融洽的工作,如何发挥不同文化下业务单元各自最闪亮的部分,而不是相互磨蚀和抵消。

举两个例子:

中集集团北美并购项目位于美国中部印第安纳州的 MONON 小镇,在一个人口仅仅 1800 人的小镇上,中集集团 Vanguard 工厂的雇员占到这个小镇总人口的 1/4,这里没有超市,却有 4 座教堂,4 个基督教派。

中集集团北美项目新公司的名字"Vanguard"是在广泛征集美国员工的意见后确定的,商标图案也是中美共同设计的,结果产品新形象一推出市场就得到普遍认同。

中集集团欧洲的并购项目 Burg 有一间工厂位于比利时,当地居民以法语为主要语言,车间技术工人主要使用德语,而管理和销售却以荷兰语和英语为主。

这两个项目代表了中集集团"走出去"的文化困境,一个公司有 4 个教派,而另一个公司却需要 4 种工作语言,文化的融合成为海外并购成功的关键。

没有任何诀窍可以跨越文化的差异,中集的做法一是坚守承诺,并购后的公司领导班子保持原班人马,以"信用"换取"信任";二是包容、尊重,在跨文化融合中要"讲包容、讲团结、讲学习、讲协同",实现"真诚合作,优势互补,共同发展"。

三、借助资本市场发展壮大

在整个 20 世纪 90 年代,中集目标是做大做强。1994 年首次发行股票后,中集又在 1996 年、1997 年和 2003 年分别进行了三次增发。这些融资为中集实现快速扩张提供了资金上的有力支持。以 1994 年为起点,到现在可以划分为三个阶段:

1994—1996 年为第一阶段,中集集装箱产销量全球第一。

20 世纪 90 年代初,中国进出口贸易趋向繁荣以及低成本的劳动力资源使全球集装箱生产基地由韩国向中国转移,由于当时集装箱制造的利润率高达 30%,国内许多资本流入集装箱,市场竞争日趋激烈,致使行业利润率大幅度降低。中集凭借低成本生产的能力和国际化运作能力,面对市场挑战,抢占先机,通过一系列的快速有效的战略性并购行动,公司的生产规模迅速扩大,市场占有率大幅提高。1993 年,中集收购大连集装箱公司 51% 股权,建立了北方生产基地。1994 年,中集收购南通顺达集装箱公司 72% 的股权,建立了华东基地。这样加上在深圳的生产基地,中集两年内便完成了在中国大陆全方位的生产服务格局。在对被收购公司进行成功的改造后,中集集团又在 1996 年兼并了广东新会的一家集装箱厂。1996 年,中集集团集装箱产销量达到 19.9 万标准箱,取代了韩国现代和进道,成为全球集装箱行业最大的供应商,实现了世界第一的梦想。

1996—2000 年为第二阶段,中集集团成为行业真正的世界第一。

1996 年,中集增发募集 1.9 亿元人民币,在上海建立了冷藏集装箱制造工厂,成为世界最大的冷藏箱制造厂之一,并已成为集团重要的赢利来源之一。1997 年增发募集了 2 亿多元人民币,投入上海逸仙路高架桥项目和铁道部集装箱项目,取得了良好收益。1998 年,中集收购韩国现代中集集团在青岛的两个箱厂以及中远集团的两个箱厂,优化了中国沿海全方位的产业战略布局,全球集装箱制造业龙头的地位更加巩固。在本世纪初,中集集团是全球唯一能够提供全系列集装箱产品和其他物流装备,并提供设计、制造、维护等"一站式"服务的企业,并拥有全部知识产权。中集集团成为集装箱领域内真正的世界第一。

2000 年至今为第三阶段,中集立志要成为世界级企业。

21 世纪初,中集立志要成为世界级企业,确定了"为现代化交通运输提供装备和服务"的业务发展战略,致力于改进世界的交通运输工具。2002 年进入公路物流运输装备制造业务——专用车,专用车是目前先进国家陆上门对门运输的主要设备。

目前,中集集团已经形成了遍布中国沿海主要港口的集装箱、专用车生产基地:10 家干货箱生产厂分设在深圳、新会、上海、南通、青岛、天津、大连、漳州,宁波;2 家冷藏箱生产厂分设在上海和青岛;2 家特种集装箱生产厂分设在江苏南通及广东新会。初步形成了分布于中国东部和海外的半挂车生产基地——深圳、扬州、济南、驻马店和美国印第安那州。

上市 10 多年来,中集取得了骄人的业绩,在行业中确立了牢固的地位和核心竞争力:营业收入从 1994 年的 13.41 亿元人民币增长至 2003 年的 138 亿元人民币,净利润从 1994 年的 0.93 亿元增长到 2003 年的 6.83 亿元,总资产规模从4.3亿元上升到99.3亿元。与此同时,中集集团也实现了经营业绩的持续高速增长,销售收入复合增长率达到29.56%,净利润复合增长率达到24.72%,A股股价的年复合增长率达到25.60%,为投资者创造了巨大的价值。

中集集团为什么能发展壮大,在竞争中取胜? 集团总裁麦伯良指出:"没有中国证券市场的支撑,中集就不会有收购兼并的资本。没有一系列的企业并购操作,中集就不会有今天的行业地位。中集的经验和世界500强的经历是一样的。"他认为,中集看准了集装箱制造中心向中国转移的趋势,并及时地抓住了机遇,并占尽先机。

四、沿着产业链发展

中集集团是沿着产业链发展模式的典型案例。通过整合国内市场,在采购、生产、运输上获取巨大的成本优势,然后再整合这个行业,进军国际市场。

中集集团在确立集装箱行业龙头地位的基础上,充分发挥集装箱的制造优势,积极发展相关多元化产品——厢式半挂车,实现产业延伸,完成公司为现代化交通运输设备提供装备和服务的战略定位。

集装箱业务的不景气往往会波及整个产业链,如果在纵向多元化方面发展往往会"过分集中",就意味着"风险过大"。因此,中集更加倾向于横向的相关多元化——现代化交通运输装备,如半挂车业务属于集装箱相关行业,是中集由海洋运输业向公路运输业的拓展。中集的半挂车业务2002年正式开始,到2005年中集已兼并收购扬州通华专用车公司、济南考格尔特种汽车公司、华骏车辆公司、张家港市圣达因化工机械有限公司等,并自建了深圳中集专用车有限公司和美国 Vanguard National Trailer 公司。

目前中集已经初步完成了半挂车业务国内和国外的产业布局。该产品在国外的市场规模约为150亿美元,在国内具有广阔的发展前途。半挂车项目在国内市场处于市场培育期,不仅需要公司具有较高的制造水平,而且还需要有较强的售后服务支持,目前中集集团正在构建这一能力。公司利用募集资金完善集装箱和半挂车的产业布局,提高生产能力和技术水平,并重点发展包括罐箱在内的特种箱,继续确立中集集团在集装箱行业的龙头地位;利用美国的先进技术和标准提高国内半挂车制造水平,利用国内低廉的劳动力和零配件降低半挂车的制造成本,通过5—7年的努力,公司争取成为世界主要的半挂车制造商。

中集北美 Vanguard 公司是中集车辆集团在北美生产厢式半挂车的骨干型企业以及推行中集车辆全球跨国战略的重要基地。中集北美 Vanguard 公司位于美国中部印第安纳州的 MONON 镇,总占地面积 120 多万平方米,员工 200人。2003 年 6 月,公司以低价格成功收购了美国 HPAMonon 公司全部挂车生产设施及相关资产,经过三个多月的紧张设计和施工,于 2004 年 1 月完成生产线的技术改造任务,使年设计制造能力达到 10000 辆厢式半挂车的生产水平,公司第二阶段战略目标为在美国同行中打造出一个高效率、低成本的优秀企业。

对于集装箱制造行业的企业来说,最头疼的两块成本就是钢材和木地板,而这两块合起来占据 70% 成本的东西,却往往不在自己的掌控之中。

占集装箱成本 15% 的木地板,是仅次于钢板的第二大原材料。每年,中集集装箱业务要采购 50 万—60 万立方米的海量成品木地板。长期以来,集装箱木地板取材于热带雨林的"克隆木"树种,但这种专用于集装箱业的森林资源经20 年的开采后已经趋于枯竭。5 年前,中集主要采购印尼、柬埔寨等国出产的木地板,但供应国家的政局一直不稳,对热带雨林的开采受到了世界环保组织和世界银行的压力,而导致开采政策变化无常;另外,集装箱行业的主要地板工厂都被垄断在几大供应商手中,随着集装箱业务旺季淡季的转换,集装箱地板的价格也跟着暴涨暴跌,市场混乱,投机行为肆虐。中集的决策层感到,木材供应的不稳定状态,已经威胁到集装箱主业的安全。

因此,投资木业成了中集"保主业"的一种战略行为。在介入木业之初,中集计划直接在国外购买森林资源,并就地加工成地板进口国内。但中集在森林资源的投资却屡屡受挫。1998 年,中集的子公司 Gold Terrain Assets Limited 取得苏里南共和国 45 万万平方米的原始森林 20 年开采权,2003 年,苏里南政府以其中 7.5 万万平方米系位于自然保护区内为由予以收回,致使中集不得不在2004 年年底对开采权计提减值准备 223.2 万美元。同样的事件也发生在柬埔寨等国,因为投资地政策环境的变化,中集承受了不小的损失。

1999 年中集开始调整策略,将单板加工成成品地板的后段工艺放到了新会,这才避免了木业的全军覆没。但在没有了供应地木材的支持后,新会工厂的生产就变成到处采购单板,然后生产地板成品的奇怪模式。因单板利润率低,且冲击自身的成品地板销售,大部分工厂都不愿意向中集出售这种半成品。

但更大的问题随之而来。2000年到2001年,成品木地板的价格从最高750美元/立方米跌到370美元/立方米的历史最低位,新会工厂花了大价钱买来的单板,生产出的成品地板却只值原料价格的一半,新会木地板工厂因此出现了巨额亏损。

尽管蒙受了巨大的损失,但是中集还是决定继续将木业坚持下去。"树种替代"和"新产品"成了新会中集研发部门的主攻方向,在研究的最后阶段,目标锁定在澳洲桉树身上。澳洲桉树是全球三大人工林之一,资源丰富,且价格较便宜,在国内也有大量种植,适合将来本土化采购。但桉树用于集装箱木地板的生产,在生产效率和品质控制上都存在很大的难度,因此学界基本上否决了桉树替代克隆木的可能。但是中集并不死心。2001年下半年开始,经过工艺的反复调整,试验进入实质性阶段,因为桉木的生产工艺实在太难,连生产部经理都撤换了几轮,硬是把合格的桉木地板生产了出来。

在接下来的半年中,新会中集的市场人员竭尽所能向"箱东"们推荐使用新型的地板,短短半年时间就有大量海运公司接受这种新产品。2002年,正好赶上集装箱市场的急剧好转,手里拿着大笔集装箱订单的工厂首要任务是买地板,新会中集地板厂破天荒地安排24小时装柜发运,生产线开始加班加点彻夜不停。进入2003年,采用新型木地板已经大势所趋,有25%的中集产品使用上了新型地板,而且这种比例还在不断提高之中。2004年,中集出资1200万美元组建内蒙古呼伦贝尔中集木业有限公司,并承包经营了浙江嘉善中辉木业有限公司,以满足各地箱厂的需求。

中集投资木业很好地缓解了木地板供应紧张局面,但从2003年开始,另一块最主要的成本——钢材价格,因为受需求和上游成本推动而大幅度上升。仅2005年2季度,宝钢的热轧钢板出厂价每吨就增加了400元,钢材已经占集装箱成本65%,钢材价格飙升,对中集盈利能力无疑又是一个严峻考验。

中集年用钢量为250万吨,达到一个中型钢厂的年产量,从理论上推断,中集完全有理由自己投资收购一个 500 万吨年产量的钢厂,保障其一半的产品为中集所用,一半进入市场赚钱,但是中集依靠强化供应链管理来解决问题,而没有朝更加深度的纵向一体化方向发展。中集把钢结构的集装箱变成主流,为钢厂开拓了一个巨大的市场,中集同时也推动了钢板本地化生产。7 年前,国内的钢铁厂并无能力生产集装箱用的钢板,中集通过和宝钢、武钢、鞍钢等大型钢铁集团的联合开发,集装箱钢板的生产技术趋向于成熟和普及。

中集的供应链管理得益于这种共同推进的过程,长期协作使得中集和各主要钢厂形成了非常稳定的"战略合作关系"。在钢材供应紧张的时候,他们支持中集,当钢铁市场萧条的时候,中集支持他们。当钢材极度紧缺时期,许多集装箱厂到处求购也买不到钢板,但是中集却没有因为钢板的短缺而停一天产,也没有被迫去市场上买高价钢材。

第二节　做有核心竞争力的代工

——富士康"走出去"成功模式①

富士康在到深圳投资之前,在台湾是一个几百人的小公司,1996 年之前,其规模也还不如联想、长虹、TCL、华为等企业,从 1996 年起每年以超过 50% 以上的速度高速增长,终成企业巨无霸。全球员工超过 60 万人,深圳基地员工 37 万人。总销售收入超过 5000 亿元人民币,相当于大陆电子信息百强企业总销售收入的一半。

富士康自 1988 年投资宝安以来,不断扩充与完善布局,如今已创建了十四大科技园,主要分布在大陆经济最活跃的华南、华东、华北等地区。这十四大科技园分别为:

---

① 参见富士康科技集团网站(www.foxconn.com.cn)"公司概况—成长历程"栏目;徐明天:《郭台铭与富士康》,中信出版社 2007 年版。

深圳龙华科技园：1996 年 6 月 6 日启用。全球最大的计算机准系统制造和系统组装生产基地，国内最大的计算机、游戏机、服务器、主机版、网络配件、光通讯组件、液晶显示器、精密模具等的综合生产基地。

江苏昆山科技园：1993 年开幕，1995 年启用。1998 年起稳居全球个人电脑连接器第一大厂。

杭州钱塘科技园：2003 年 3 月启用。融研发、设计与生产为一体的无线通讯产业基地。主要生产小灵通手机。

北京科技园区：2000 年开建，2002 年投入运营。集团全球天线通讯事业总部，有效整合集团华南、华东地区的零组件制造能力，向客户提供从关键零组件到系统组装的全方位制造与客户服务。

山西太原科技园：2003 年 10 月开建，2004 年 5 月首期工程启用。是山西最大的引进外资项目，重点发展 3C 产品机构件、合金材料、精密模具、汽车零部件等产品。

烟台科技园：2004 年开始进行投资设厂之前的筹备工作，现已建成山东半岛最大的 3C 科技产业基地，目前已有数万名员工。

山西晋城工业园：由 1994 年创办的模具人才培训中心发展而来。集团模具基础人才培养基地之一，模具制造、3C 产品机构件、光通讯元件生产基地。

上海松江科技园：集团大陆重要研发制造基地，主力耕耘 PC 产品和网络产品的机构件、半导体设备等。

2005 年以来，富士康又在武汉、淮安、辽宁、重庆、河北投巨资建设生产基地。另外，富士康在美国、捷克、芬兰、墨西哥、巴西等国家也建有工厂。

从 1974 年生产电视机塑料旋钮起家，目前富士康的产品已经涵盖电子产品上游零部件生产和下游的电脑、通讯、消费性电子等，并开始切入汽车电子、镁铝合金等领域。在零部件方面，富士康生产电脑机壳、内存扩展槽、显卡、风扇等除 CPU 和内存外的几乎所有电脑零件。富士康生产的最终产品包括电脑、手机、游戏机、MP3 播放器、显示器、数码相机等。强大的电子元件和模块制造能力为富士康在最终产品代工领域的快速扩张奠定了基础，在众多领域已经成为行业领先企业。

2000 年,富士康进入手机代工领域,到 2008 年已成为全球最大的手机代工厂。2006 年,富士康成为全球最大的数码相机模块代工厂。

目前,富士康的客户包括众多国际著名电子品牌,其中不少甚至是同一产品领域中的竞争对手,如:

个人电脑领域:戴尔(DELL)、惠普(HP)、联想(LENOVO)和索尼(SONY)等。

电子消费领域:索尼、苹果(APPLE)、任天堂(NINTENDO)和微软(MICROSOFT)等。

移动通讯领域:诺基亚(NOKIA)、摩托罗拉(MOTOROLA)和苹果等。

富士康的快速扩张已使其成为全球最大的 EMS(Electronics Manufacturing Services)厂商。

一、"要做就做世界级"

富士康的理念是:"要做就做世界级"企业。富士康首先成功突入个人电脑主板和手机生产领域,随后进入液晶显示面板制造领域,从而广泛深入 3G 产业。这些领域的开发,都是以技术创新为先导的,如在主板设计和性能上,富士康的工程师们包括 SuperStep 与 SuperBoot 在内的 7 大技术创新,使富士康主板具有明显的优势。

凭着先进的设备与技术,富士康的合作方都是世界一流企业,苹果(APPLE)、康柏(COMPAQ)、戴尔(DELL)、IBM 等计算机大厂;思科(CISCO)、诺基亚(NOKIA)等通讯大厂,以及电子消费大厂索尼(SONY)等,都是富士康重要的策略客户。

富士康自创的垂直整合商业模式:电子化—零元件、模组机光电垂直整合服务。全球 3G 代工产业向来分为两大壁垒:一是以 CEM、EMS 及 ODM 等为主的电子工程背景模式;二是以模具/零元件为主的机械工程背景模式。富士康在多年致力于提供"全方位成本优势"下,自创出全球独门的电子化—零元件、模组机光电垂直整合服务商业模式,简称 eCMMS。eCMMS 为机光电垂直整合的一次购足整体解决方案,举凡模具、治具、机构件、零元件、整机至设计、生产、组装、维修、物流等服务均涵盖在内。在 eCMMS 的运作下,集团的华南厂区不仅是全球最大的 3G 制造基地,更是全球最短的 3G 供应链!也因如此,eCMMS 模式不仅被《亚元》杂志誉为最佳企业策略,更被国际同业尊为竞相模仿的典范。

事实上,富士康所掌握的技术,使它完全可以生产自己品牌的产品。但多年来,富士康始终专注于产品制造,从未推出自己的品牌。这正是一个代工企业的生存之道:作国际品牌的供应商,与他们是合作关系;一旦产出自己的品牌,则是与众多品牌树敌。低调和专注,也令富士康赢得了更多客户。

二、精细化管理——新生产管理方式

富士康推行精细化管理,"魔鬼都藏在细节里",这是富士康每位员工都牢记的一句话。富士康从一个名不见经传的小公司到全球最大代工企业,是一个个完美的细节铸就了富士康的成功之路。

在 20 多年的企业发展中,富士康董事长郭台铭了解每一个作业流程的具体细节,主管汇报工作时,他的眼前就一一浮现具体场景。为了把握好每一个细节,富士康在企业内推行对事情观察的工具:望远镜、放大镜、显微镜。通过这些工具,总是能看到事物的本质。通过望远镜,能够洞察到企业运行中必须把握的一些重大策略原则;通过放大镜,把组织架构及其职能梳理清楚;至于显微镜,就是非常清晰地展现和描绘出整个流程图。这三种"镜",将富士康的策略、管理、生产都看得透彻、清晰。

正是对最微小细节的把握,富士康才制造出一批批精密的产品。这种精密程度被要求为 99.99%,富士康对质量的要求就是精确、精确、再精确。要像黄金的纯度一样,即使达不到 100%,也必须达到 99.99%,在这样的精湛制造工艺和优良品质的保证下,全球品牌商家都纷纷来找富士康。

早在 2000 年,富士康公司就开发出了"新生产管理系统"。该系统实施后,任何一个客户,只要坐在自己的办公桌前,打开电脑,通过账号登入富士康的生产管理系统,就可以直接查到他所要的工件目前正在哪部机器上加工,由哪位加工者制作,已经开始多久,还剩下多少工作量等信息。富士康公司采取新生产管理方式,让客户提高了效率,同时也让富士康能够轻松自如地直接回复客户。这样先进的生产管理方式,与500强企业的发展相匹配,并且也代表了供应商的实力。跨国公司也非常愿意选择这样有实力的企业,强强联手打造品牌。对于这种电脑信息管理的方式,其实富士康公司除了投入前期的技术力量和资金以外,现场人员的操作非常简单。任何一个加工者开始或做完任何一个制造联络单时都必须告诉电脑,告诉电脑的时间仅仅是10秒钟。在很短的时间内,电脑提供了大量的有效数据。那些人工记录、统计的方法从此消失。客户获取的资料和数据也更加及时。电脑信息化管理让富士康大大降低了成本,而且与全球客户和供应商紧密结合起来。

富士康总是能以最快的速度赢得客户,这源于富士康对生产流程的管理以及时间管理。富士康把物流和信息中心建到了客户身边,缩短与客户的距离。富士康把这个物流信息中心称做"e-Hub"。一方面给客户提供快速服务,另一方面客户自己不用增加备料的负担,要用时,就直接由富士康快速提供,降低成本。Hub虽然属于富士康公司,它其实也是客户的发货中心和仓库。客户享受到的最大好处之一是:能够不承担零组件库存的风险,而只享受其成本下降的好处。Hub里的CPU、内存等关键零组件的价格非常昂贵,跌价也狠,如果管理不善,亏损就会很严重。于是,富士康又投资大量资金建立了信息平台,并且自己开发了软件。用"E化"来预测库存,掌握进货进度,使库存绝不超过两天。不仅如此,富士康还靠近客户建立研发中心,提高产品设计能力和样品快速提交能力,甚至参与客户研发设计。

三、以核心技术为中心

富士康科技集团多年来致力于研发创新,以核心技术为中心,包括纳米技术、绿色制程技术、平面显示器技术、无线通讯技术、精密模具技术、服务器技术、光电/光通讯技术材料与应用技术及网络技术等。集团不仅具备完善的研发管理制度,更在智权管理上努力耕耘,积极地以提升华人之国际竞争力为己任;截至2005年年底已在全世界共获超过15300件专利,因此集团不仅在美国麻省理工学院的全球年度专利排行榜(MITTechnologyReview)中,是全球前二十名中唯一上榜的华人企业。也因此,才能被美国《财富》杂志评鉴入选为全球最佳声望

标竿电子企业 15 强,并成为全球唯一能在过去 5 年持续名列美国《商业周刊》
(*Business Week*)科技百强(IT100)前十名的公司!

　　富士康科技是专业生产电脑、通信、消费性电子、通路、汽车零组件、数位内
容等 6C 产品及半导体设备,集开发、设计与精密制造于一体,整合机器人、精密
机械及模具、网络平台、纳米技术与热传导技术等高新领域的创新型国际化科技
集团。自 1988 年以来,集团已在华南、华东、华北等地创建了十四大科技工业
园,并迅速将事业版图拓及亚洲、美洲、欧洲等地的数十个国家和地区。自 1991
年至今年均营业收入保持超过 50% 的复合增长率,是全球最大的计算机连接器
和计算机准系统生产商,至今连续 9 年入选美国《商业周刊》发布的全球信息技
术公司 100 大排行榜(2005 年、2006 年均高居第 2),连续 6 年稳居中国内地企
业出口 200 强第 1 名。2005 年(第 371 位)、2006 年(第 206 位)、2007 年(第 154
位),2008 年(第 132 位)连续列入《财富》全球 500 强。

　　今天,富士康科技集团正处于从"制造的富士康"迈向"科技的富士康"的事
业转型历程中,将重点发展纳米科技、热传技术、纳米级量测技术、无线网络技
术、绿色环保制程技术、CAD/CAE 技术、光学镀膜技术、超精密复合/纳米级加
工技术、SMT 技术、网络芯片设计技术等,建立集团在精密机械与模具、半导体、
信息、液晶显示、无线通信与网络等产业领域的产品市场地位,进而成为光机电
整合领域全球最重要的科技公司。富士康形成了以精密模具为核心的技术竞争
力三个阶段:手工作坊阶段,机械加工阶段,和 eCMMS(Component、Module、
Move、Service)阶段(见图 8-1)。

　　集团投资大陆 20 年来,形成了富有自身特色的经营模式、运筹模式、育才模
式与发展模式。未来富士康将继续深耕科技,广揽人才,为年轻人提供最佳的学
习与发展环境,持续攀登科技高峰。

　　多年来,集团杰出的营运成绩和扎根大陆、深耕科技的投资策略,深为国家
与地方领导肯定,胡锦涛、江泽民、吴邦国、温家宝、李长春、李瑞环、吴仪等国家
领导人多次莅临集团视察,给集团"扎根中国,运筹全球"以巨力支持。凭借集
团总裁郭台铭先生独创的 eCMMS 经营模式,集团彻底颠覆了电子专业制造产
业领域的游戏规则;同时通过与全球顶尖的电脑、通讯及消费电子领导厂商结成

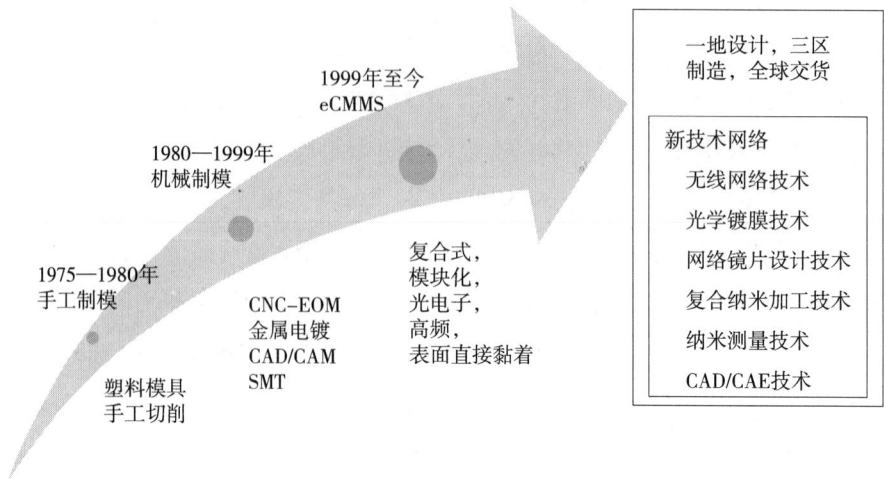

1999年至今
eCMMS

1980—1999年
机械制模

1975—1980年
手工制模

塑料模具
手工切削

CNC-EOM
金属电镀
CAD/CAM
SMT

复合式,
模块化,
光电子,
高频,
表面直接黏着

一地设计,三区
制造,全球交货

新技术网络

无线网络技术

光学镀膜技术

网络镜片设计技术

复合纳米加工技术

纳米测量技术

CAD/CAE技术

图 8-1　富士康科技集团核心竞争力培养图

长期策略联盟,强势奠定全球第一大 EMS(电子制造服务)厂商地位。

今天,集团正处于从"制造的富士康"迈向"科技的富士康"的事业转型历程中,未来将在纳米科技、无线网络技术、绿色环保制程技术、网络芯片设计技术等十大核心技术领域,强化自主创新能力,大力耕耘自主知识产权,巩固集团在精密机械与模具、半导体、信息、液晶显示、无线通信与网络等产业领域的产品市场地位,进而成为光机电整合领域全球最重要的科技公司。未来,集团将持续在6C 产业领域挥师长驱,开疆辟土,成就霸业;将一如既往地打造一个活性的、有尊严的、有成就感的知识工作者的乐园;将全面结合全球科技人士的智慧,挑战科技创新和事业转型的更高目标,缔造"长期、稳定、发展、科技、国际"之一流科技公司的长青伟业。

四、科技集团事业群

富士康科技集团将下属企业根据产品和分工不同,划分成各个不同的事业群,这些事业群互相协作和配合,为富士康科技集团的成长壮大作出了贡献。

(1)CCPBG 产品事业群

消费电子事业群(Consumer Product Business Group,简称 CCPBG)位于深圳

市宝安区龙华富士康科技园,是富士康企业集团最早成立的事业群之一。现有五大产品事业处,产品以 CG (Computer Game)、NBCM (Note book Component Module Move)、ODD (Optical Drsc Driver)、OACM (Office Automatic Component Module)、PCB (Printed-circument Board)产品系列为主轴,拥有电子产品研发和大量制造以及市场营销、全球物流等多项优势竞争力。

产品与技术:电脑游戏机、笔记本电脑、液晶电视、台式电脑、光碟机、打印机、数码相机、投影机、散热系统及元件、LED 光照明、新型界面材料、镁铝合金产品、印刷电路板等产品的研发与制造。

厂区分布:CCPBG 事业群历经多年发展,已在深圳、烟台、佛山、太原、昆山、南宁、武汉等地设有大型研发和制造基地,员工总数超过十万五千余人。事业群位于深圳的厂区主要分布在深圳龙华、黄田两个厂区,共有员工超过 20000 人;客户主要分布于日本、欧美、中国内地、中国台湾等地。

核心竞争力:本事业群在光学领域拥有先进的技术和一流的生产队伍,现已成为世界光学精密科技的领跑者;在散热领域拥有一千余项专利及热学、声学、磁学、材料科学四大实验室,是全球最大的热传产品研发及制造的高科技公司;镁产品方面:拥有领先世界的镁铝合金生产设备,并且自主拥有轻金属研发中心、模具研发中心、汽车研发中心、新技术开发中心等科技研发机构。历经多年的整合和发展,CCPBG 事业群目前已成为全球最大的消费电子产品研发、制造基地。

(2)CMMSG 产品事业群

资讯系统整合及服务产品事业群(Computer Module Move & Service Business Group,简称 CMMSG)隶属富士康科技集团,全球人力已超过 17000 人,现已成为富士康科技集团的中流砥柱。CMMSG 配合集团"同步设计、三地制造、全球交货"的跨国经营策略,积极激活全球布局,先后在亚洲、欧洲、美洲等地建立了生产研发精英团队。CMMSG 在强大研发生产技术能力的支持下,经过多年系统的垂直整合,现有产品涵盖从个人计算机及服务器的机壳到主板再到系统整合,研发生产的产品遍及所有个人计算机及服务器领域。

产品与技术:主要从事个人电脑及服务器机箱、主板、准系统之软硬件产品开发及生产,产品遍及整个计算机领域。

客户与市场:为 HP、MICROSOFT、LENOVO 等世界顶尖级客户之 OEM/ODM 之策略结盟伙伴,实现同步研发与制造。

厂区与分布:在亚洲、中欧、北美、澳洲设有研发及大型生产基地。

核心竞争力:集团 eCMMS 经营模式典范。DT/SERVER 产品线垂直整合,运用 ODM 研发能力及全球 SCM 运筹之 E 化优势,加上遍布全球四大洲之系统组装厂,为客户提供从研发、生产、运销到售后服务的全套快速的 Total Solution。

(3)CNSBG 产品事业群

通信网路产品事业群(Communication & Network Solution Business Group,简称 CNSBG)位于深圳市龙华镇富士康科技园区,是全球最大的网络通信产品制造公司之一。它主要包括 NSD 和 NWE 两大事业处。主要从事路由器、交换机、无线网络设备、VoIP 电话、机顶盒等网络通信产品以及手机等移动通讯终端的研发、制造与销售,同时还从事软(硬)件、互联网、电子商务等高科技产业开发。已成为台湾最大的网络系统产品公司。

产品与技术:主要从事多模智慧型手机以及路由器、无线网络设备、VoIP 电话、STB 机顶盒、ADSL、Cable Modem、WLAN 等网络通信产品的研发、制造与销售。

客户与市场:公司以世界级手机及网络设备制造商为重要客户,并且是客户重要的策略伙伴。公司客户涵盖全球一流网络通信公司,公司在 ADSL、V. 90/Wireless Modem 及计算机背光模块等 ODM 产品的市场占有率世界第一,已成为全球最大的网络通信产品制造公司之一。

厂区分布:公司走国际化路线,秉持"两地设计、三区制造、全球交货"发展战略,分别在美国、中国台湾、中国香港、捷克以及中国的深圳、中山、上海、杭州等地设有研发及生产基地。

核心竞争力:公司目前拥有上千人的研发团队,专业从事各类网络、光纤、无线通讯产品的软件、硬件研发及测试工作,在多模智慧型手机、VoIPAccess Gateway、IP/Cable 机顶盒、Wi-FiPhone、多功能终端设备等新产品领域具有先进的研发能力。在塑模、成型、压铸技术与进阶供应链专业技术领域具有领先水平。通过 QEHS 一体化认证;2003 年通过 SA 8000(社会责任)认证。

NSD 产品事业处:主要从事网通产品研发、SMT、测试、组装。在中国内地、中国台湾、中国香港、美国等地设有研发和制造基地,现拥有 CISCO、BROCADE、MOTOROLA 等重要客户。鸿海集团成功并购台湾最大网络通信公司 AMBIT (国基电子)后与 NSD 成功融合,AMBIT 主要从事小型化计算机与通信设备的研发,生产计算机与通讯电子装备的新型关键元组件与配件。客户群遍布全球,是 IBM、APPLE、RFMD、NOKIA 的重要供货商。

NWE 产品事业处:目前员工人数约 6000 人。1997 年建于深圳,总部位于深圳市龙华街道办,2004 年公司正式在杭州设厂,进一步发展与巩固"一地设计,三地制造,全球交货"的发展战略,为建成全球第一大模具研发与制造基地及样品中心打下坚实的基础。

(4)iDPBG 产品事业群

数字产品事业群(integrated Digital Product Business Group,简称 iDPBG)成立于 2002 年 4 月,是富士康科技集团专业从事系统组装的产品事业群。

产品与技术:致力于高科技产品的研发与制造,坚持"两地设计,三区制造,全球交货"的经营模式,以先进的制造技术提供合乎全球客户使用的产品,主要从事生产移动通信终端设备、影音数字产品、计算机主版以及计算机系统组装等尖端数字产品。产品涵盖计算机、MP3、手机、NoteBook、掌上型电脑、音箱等领域。

厂区分布:iDPBG 在中国深圳、中国台北、美国、捷克建有大型研发基地及制造基地,现有员工超过 3 万人。

核心竞争力:①垂直整合优势领先:契合富士康集团内部垂直整合的经营策略,能以最短的时间,最低的成本,最灵活的生产弹性,生产出最佳品质的产品,确保优势领先。②具备生产外型独特的、性能优异的数码产品能力,引领业界时尚潮流。③首创符合客户要求的 DirectShip 直销交货模式,保证客户产品及时上市销售,以达到"Time To Market,Time To Volume"。

(5)NWInG 产品事业群

网络连接产品事业群(简称 NWInG)(Net work Interconnection Business

Group)专业生产计算机和网络通信连接器,是富士康科技集团最早成立的事业群之一,连续十多年雄踞全球计算机连接器生产厂商第一名。

厂区分布:NWInG 目前拥有华南和华东两大生产基地。华南厂区分布在深圳市宝安区观澜镇和龙华镇。主要生产计算机相关的连接器和线缆及线缆装配产品,移动电子设备的零组件与相关配件和线缆,如 CPUSOCKET、Header、SerialATASCAII & SAS、Cable、BTB、IO、SLOT、Memorysocket、USB、FlatCable、FFC、WireHardness、RFCable、DVICable、HDMIcable 等。NWInG 华东厂区 1993 年开始建设,目前已经形成集团 6C 产业连接器研发、生产基地,具有强大的质量工程设计服务及快速应变与先期导入的制造服务系统与能力,具有广布全球的销售网络库存交货系统。

核心竞争力:NWInG 是全球计算机连接系统的领导者,多年来一直是 Intel 及 AMD 的重要战略伙伴。

富顶精密组件(深圳)有限公司、鸿胜科技股份有限公司、富弘精密组件(深圳)有限公司等,都属于 NWInG 产品事业群。

①富顶精密组件(深圳)有限公司(以下简称富顶公司)是鸿海集团富士康科技集团的下属子公司之一,于 1994 年 3 月成立于深圳市宝安区西乡镇劳动村宝源第二工业区。

富顶公司现有员工 6000 余人,厂房面积 21200 平方米,宿舍面积 11000 平方米。厂区内有配套宿舍及生活周边配备、娱乐设施,自成一个现代化的文明社区。

富顶公司目前主要生产计算机主机上贯通衔接的连接器,如 SLOTII,MobileSocket,CARDBUS,SWITCH,都是分别用于 CPU 连接器和板对板连接的 1999 年国际最新高科技的结晶。其中,尤以 MobileSocket 系列和进攻通讯产品市场的 FutureBUS 引人注目,构成了富顶公司迈入 21 世纪 3C 产业的又一亮丽风景。

富顶公司 1995 年 5 月已通过 ISO 9002 品质保证系统认证,并于 1999 年 12 月顺利通过 ISO 9001 品质保证系统认证,公司系列产品均已获得加拿大 CSA 和美国 UL 安规认证。公司主要客户为 INTEL、IBM、COMPAQ、APPLE、NEC、

TOSHIBA、DELL 等世界著名厂商。

②鸿胜科技股份有限公司隶属于富士康科技集团,下设深圳厂区(松岗、福永)、淮安厂区、烟台厂区、秦皇岛厂区四大厂区。其中松岗厂区位于宝安区松岗镇燕川燕罗路,临近松岗镇中心地带,交通极为便利(距松岗车站仅 10 分钟车程),发展至今已拥有员工 5000 余人,全新厂区将能容纳 17000 人。烟台厂区也在更大规模的扩厂建设之中。

公司产品:鸿胜科技以 FPC(Flexible Printed Circuit)、PCB(Printed Circuit Board)、HDI(High Density Integration)等为主力产品,其广泛应用于 Notebook、Mobile、Printer、Server、CD-ROM、LCM 等消费性电子产品上。目前,产品已经得到众多世界一流客户的认同和信赖。

鸿胜科技股份有限公司隶属于富士康科技集团,下设深圳厂区(松岗、福永)、淮安厂区、烟台厂区、秦皇岛。

③富弘精密组件(深圳)有限公司隶属于富士康企业集团通讯网络连接系统事业群(NWInG),以先进的制造技术创立自我品牌及行销网络,向全球信息、通信、电子产品及产业设备的制造商,提供精密电气连接器及其线缆与线缆装配等产品,以增进其产品竞争力。公司秉持爱心、信心、决心的经营理念,以达成独立自主经营、持续稳健成长、员工利润分享的长期营运目标。

富弘以顶尖的产品、先进的设备、一流的人才、良好的信誉赢得了 COPAQ、INTEL、DELL、APPLE、SONY、HP、CISCO 等全球顶尖 3C 厂商的好评。富弘厂区占地面积约 30000 平方米,环境幽美,有配套食宿及娱乐设施,为员工提供了一个安全卫生的生活空间。此外,富弘有完善的教育训练系统及设备,并向每个员工提供学习发展的空间,以不断提升员工专业及管理技能。

④富士康科技集团 MH 产品事业处

MH 事业处所属之 NWInG 事业群,主要分布于深圳龙华、江苏昆山两地,员工近 40000 人,主要生产连接器、电缆线材等产品,以绝对优势成为全球顶尖连接器厂商。

MH(Mobile Handset)事业处成立于 2003 年 12 月,主要生产手机连接器,包括(CameraSocket/FPC/Micholder/Shielding/Hinge),区域分布在中国昆山、中国

北京、中国深圳、芬兰、美国等,员工已近 20000 人。主要客户有 MOTORALA、NOKIA、三星、中兴、华为、波导等。整体规模、制造技术水准及产品竞争力在集团名列前茅。

⑤富士康科技集团华东厂区是台湾鸿海集团在中国大陆投资设立的专业生产 PC 连接器、精密零组件、线缆、精密模具等产品的高科技企业。鸿海集团为全球第一大 PC 连接器、电脑机壳及准系统之制造商,营业额超过 40 亿美元,营收成长率超过 40%。华东厂区位于江苏省昆山市,地理位置优越,距上海、苏州各 30—40 分钟车程。目前厂区共有员工 30000 多人,占地 1400 多亩。华东厂区是江苏省高科技重点发展项目,也是昆山市最大的外资企业。

(6)PCEBG 产品事业群

企业资讯系统产品事业群(Personal Computer & Enterprise Product Business Group,简称 PCEBG)位于深圳市宝安区龙华富士康科技园,是富士康企业集团下属最大的事业群。成立于 1996 年,现有员工 60000 余人,下辖五大产品群和一个产品事业处,即 MIBG(模块产品群)、EPBG(企业用服务器产品群)、APBG(系统组装平台产品群)、CISG(通路服务产品群)、ITBG(创新技术产品群)和 GND(主板与显卡事业处)。主要从事台式电脑、笔记本电脑、机壳及各类板卡的生产及研发,在欧美、中国的深圳、上海、山西、山东、北京等地拥有研发制造基地,主要客户有 DELL、HP、APPLE、IBM、INTEL、SONY、联想等国际知名企业。

产品与技术:凭借先进的研发及产品设计技术,PCEBG 主要从事台式计算机、笔记本计算机、主机板、显示卡、服务器及其他机构零组件和电子消费品的研发和制造。

厂区分布:PCEBG 产品事业群历经十余年的南征北战、开疆拓土,已在美国、巴西、墨西哥、匈牙利、越南等国和中国的台北、深圳、烟台、昆山、营口、上海等地拥有独立的研发和制造基地。

核心竞争力:PCEBG 产品事业群借机构、电子、通路的强力整合,突出的成本优势,优异的品质保证,以及在研发、制造、行销、管理上的不断突破,巩固着富士康科技集团在 PC 准系统产业的世界霸主地位,为富士康科技集团成为全球最大电子制造服务(EMS)公司奠定了坚实的基础。

隶属于企业资讯系统产品事业群的红利多数码(富士康科技集团赛博事业处)——深圳赛博迈特数码科技有限公司,是针对当时的 IT 电子卖场普遍存在管理不善、经营理念落后、当时中国市场存在着引进全新卖场经营模式的契机而发展起来的。

1999 年赛博的创业团队凭借对市场需求的掌握,率先提出了"数码广场"的概念,创造性地将"4C"产品(电脑、通讯、消费电子、网站)整合到一个统一的零售平台上,并凭借着对新事业的热情、以及优异的执行力,在有限的资源与时间压力下,克服万难取得成功。1999 年 10 月赛博网站开通;2001 年 6 月深圳赛博数码广场开业,设立华南区总部;2003 年 1 月于深圳成立集团总部;2004 年 6 月深圳博锐营销策划有限公司成立。正式开启了中国 IT 连锁卖场的全新时代。

赛博的目标是要建立自身的核心竞争力,成为中国最有价值的 IT 行销渠道与平台;建立全国分布最广的 3C 增值服务渠道,拓展全国连锁卖场达 500 家,以紧密的网络覆盖全国各大中级城市;为国内外合作伙伴提供在中国市场内的最有效服务平台。

(7)SHZBG 产品事业群

鸿超准产品事业群(Super Hongzhun Business Group,简称 SHZBG)是富士康科技集团旗下的事业群之一。

核心技术:世界领先的精密模具设计制造、机器人和自动化设备机构/控制系统研发、光电/光通讯技术、塑胶/金属表面处理技术、精密机械加工技术等;

核心产品:精密塑胶模具/冲压模具、Apple 计算机和通讯和消费性电子产品(iPhone/ipod)、工业机器人、超精密自动化设备、液晶显示器背光模组和机构件、光学镜头模组、光通讯产品、车制零件等。

客户与市场:拥有 APPLE、NOKIA、DELL、MOTOROLA、IBM 等国际顶尖客户与集团内部客户。

厂区分布:在广东深圳、江苏昆山、浙江杭州、山西太原、山西晋城、河北廊坊均设有大型研发制造基地,员工总数超过 8 万人。

核心竞争力:未来的 SHZBG 依托自身的核心技术,将发展成为多元化精密产品与优质工程服务的高科技公司,涉足机械/模具、光电/光通讯、表面处理等产业,为全球最主要的计算机、通讯、消费性电子厂商提供一流产品及服务。

①SHZBG 人资

②iPEG 产品事业处

iPEG 产品事业处为富士康科技集团鸿超准产品事业群之下属事业处,全球现有员工 20000 余人,为业界顶尖客户(APPLE、DELL 等)最主要的策略伙伴及产品供应商,产品涵盖服务器机构件、机箱、MP3 机构件、NB 机构件之设计、开发和制造领域。

"人才本土化、人才科技化、人才国际化"是 iPEG 产品事业处挑战 21 世纪的人才经营策略,高度重视员工综合素质培养及技术能力提升,目前已拥有一大批资深技术研发人才及制造管理人才。

iPEG 产品事业处立足 SHZBG 产品事业群,成就世界级的创新产品机构设计、开发及制造的经营团队,拥有良好的工作生活环境、优厚的福利待遇、完备的培训体系与发展空间。

(8)WLBG 产品事业群

无线通讯机构产品事业群(Wireless Business Group,简称 WLBG)是富士康科技集团旗下的事业群之一。

产品与技术:WLBG 凭借强大的手机研发、模具开发、精密加工、表面处理(NCVMPVD 等)、SMT、系统组装测试技术,专业从事无线通讯产品研发与制造,提供世界一流的手机产品。

厂区分布:在中国的深圳、北京、天津、廊坊、杭州、南京、烟台、太原已设立八大研发制造基地,并在北欧、东欧、南北美、中国台湾、日本、印度、中国香港等全球各地设有近 20 个研发与制造中心,全球员工逾 11 万人。

核心竞争力:WLBG 以全球前十大手机知名品牌厂商为目标客户,布局全球、精进技术,已成为全球最大的手机设计制造商,年产手机已突破亿台。2009年,面对全球金融危机,WLBG 将持续深耕创新手机设计及核心制造技术,逆势成长,打造无线之星,图霸全球伟业。

富士康国际控股有限公司(FIH)是以富士康科技集团旗下无线通讯产品事业群(WLBG)为主体在香港上市的高科技企业,专业从事无线通讯产品研发与制造,全球员工11万余人,已成为全球最大规模及成长最快的手机研发与制造商之一。继2005年2月在香港成功上市后,迅速成为全球投资者青睐及股值成长最快的公司之一。

全球布局:除在中国设有深圳、北京、杭州、天津、太原、烟台六大手机研发制造基地之外,在欧洲的捷克、匈牙利、芬兰、丹麦,美洲的美国、墨西哥、巴西,亚洲的印度均设有研发生产据点,海外据点人力目前已逾7000多人。

产品/客户:全球顶级通信品牌厂商策略合作供货商,为客户提供领先全球的研发与制造,以及全方位服务。

(9)MIPBG产品事业群

移动连接产品事业群(Mobile Interconnection Products Business Group,简称MIPBG)。

产品与技术:依托坚实的设计、生产技术,主要从事于FPC(Flexible Printed Circuit)、PCB(Printed Circuit Board)、HDI(High Density Integration)、R-PCB(Rigid Printed Circuit Board)、R-F(Rigid-FlexBoard)印刷线路板、手持及移动电子设备相关的连接器组件与相关配件和线缆等设计、生产的高精密科技公司,产品广泛应用于Notebook、Mobile、Printer、Server、CD-ROM、LCM等消费性电子产品上。

厂区分布:在广东深圳(松岗、福永、观澜三个厂区)、江苏淮安、河北秦皇岛、上海昆山、台湾设有大型的生产基地,员工总数超过3万人。

核心竞争力:MIPBG是世界一流的专业线路板和移动连接器产品设计、生产的高科技公司。高精密的Laser钻孔、PTH黑孔、影像转移、线路成形、表面处理、SMT及连接器、连接线等设计、生产技术处于世界领先水平。未来的MIPBG,在继续领持世界线路板、连接器技术发展航标的同时,将继续开拓创新,实现"最具有国际竞争力的世界级企业"的宏伟目标。

(10)TMSBG服务事业群

科技整合服务事业群又称"天马行步事业群"(Technology Merging Services Business Group,简称TMSBG)。

产品与技术:E-BOOK(电子图书)、DPF(电子相框)、多媒体播放器及音乐手机等产品的工业设计、结构、电路与软件开发以及机构零件、电路板的生产到系统组装等。

厂区分布:在广东深圳(龙华、石岩、观澜三个厂区),员工近 8000 人。

核心竞争力:TMSBG 一直致力于垂直整合的生产模式服务客户,即让客户的产品从工业设计、结构、电路与软件开发以及机构零件、电路板的生产到系统组装等工作,全部以透过 TMSBG 的专业整合,利用富士康科技集团的丰沛资源并为客户提供实时性的全球运筹服务。未来的 TMSBG 会继续高举创新型经营战略这面企业经营战略大旗,坚持"自主、创新、研发"的经营理念,在富士康科技集团强大的制造科技和整合资源能力的支持下,力争在不久的将来打造出快速研发、制造领先,以及先进管理水平的企业经营模式,以满足众多客户的多方位需求。

(11)群创光电产品事业群

群创光电(INNOLUX)(Innolux Displsy Group)。

群创光电股份有限公司隶属全球 500 强,世界 IT 前十大之台湾"鸿海企业集团"投资成立的 TFT-LCD 系统面板厂。公司成立于 2003 年 1 月,资本总额为 300 亿新台币。公司专注于新时代平面显示器的研发与制造,产品划分为数字消费性产品显示模块及通讯产品显示模块两大主轴。伴随全球年轻族群对数字生活的追求,影像沟通将迅速影响人们的生活模式;群创结合本身的科技优势与世界级客户的资源,利用平面显示技术,共同创造数字生活的无限可能。群创以坚强专业的技术团队,全速切入光电产业,建立自有的 TFT-LCD 核心技术。短短几年的时间,全球近 32000 名精英加入这个"大家庭",实现"群体创业"的理想。

产品与市场:公司主要产品有 TFT-LCD、LCD-Panel、LCD-Module、LCD-Monitor 等。主要应用于手机、携带式/车载式 DVD、数码相机、游戏机、PDA、液晶显示器、LCD-TV 等国际一线品牌。

制造基地:深圳龙华、台湾竹南、捷克建有研发制造基地,2008 年开始在厦门策略性投资建厂,全球据点:Chicago、Miami、Helsinki、北京、杭州等地。

核心竞争力:①群创光电致力于发展平面显示核心技术,提供高质量的产品与服务,以成为世界最顶尖显示系统供货商为公司积极发展之愿景。②以独特的群创模式创造业界奇迹,融研发、制造、销售及客户服务于一体,最大限度地发挥了速度、质量、成本、弹性、服务的整合优势,提升市场的竞争力。③群创光电拥有世界最先进的 10 等级和 100 等级的洁净室生产线,契合富士康集团内部垂直整合的经营策略,在 2005 年首度产量即获得液晶显示器世界第六大供货商殊荣,2006 年度开始全球出货量更攀升至世界第二位,并最终获得全球液晶显示器市场领先地位。④凭借完整平面显示产业链和两岸分工体系,加上公司对国际级大客户的掌握能力,善用全球运筹机制及深度分工,未来群创光电将为TFT-LCD 产业的标竿企业,成为"科技的富士康"未来持续高速成长的引擎。

群创光电股份有限公司(INNOLUX)成立于 2002 年,主要涉足液晶显示屏领域。目前主要产品有 TFT 液晶显示器及各型尺寸 LCDModule,主要客户有DELL、HP、VIEWSONIC、SAMSUNG、ACER、MOTOROLA、NOKIA。截至 2006 年 9月在深圳地区拥有员工逾 15000 人。

(12)镁合金产品事业群

镁合金产品事业群是富士康科技集团旗下快速发展的产品事业群之一,也是富士康集团旗下独立运营的法人企业之一。事业群专注于笔记本、手机、数字播放器、投影机等 3C 镁合金外壳及内构件的开发制造,拥有强大的技术研发及生产能力,目前已形成龙华、昆山为产品开发试产基地,太原为制造基地的完整布局,成为全球最大的 3C 镁合金零组件供货商。

镁合金产业前景及主要产品随着市场对镁合金产品需求应用领域的不断拓宽,从航空、航天、汽车零部件、3C 产品的广泛应用,到民用产品的不断研发,以及镁合金技术的进一步研究与创新,镁产品的发展越来越显现出它独特的不可替代的优点。同时由于镁合金较好的加工性能、较强的机械性能,重量轻,韧性好,屏蔽性好,耐冲击,耐磨,耐热,吸振、散热性佳,环保,特别是具有极强的回收性能,越来越受到人们的青睐,其产业具有良好的市场前景。

镁合金主要产、制品如下:汽车工业方面:散热器,轮圈,仪表板框架,方向盘,气缸头盖,离合器及刹车踏板,油箱盖,天窗等;3C 电子产品方面:笔记型计算机,数字音响(CD/MD),数字影像处理机(VCD/DVD),数字相机,移动电话等;自行车车身方面:前叉,轮圈,踏板及其他关键零组件等;高密封性系统方面:油压及气压管路组件,帮补外壳,各式阀,冷气压缩机外壳等;运动休闲器材:高尔夫球头,钓竿,弓,捕手面罩,直排轮,滑板车,健身器材外壳等;工业用工具:喷枪,齿轮箱盖外壳,打钉机,电锯,电钻等。

地址:深圳市宝安区龙华街道办事处油松第十工业区富士康集团工业园。

(13)总部周边事业群

总部周边事业群由多个为富士康科技集团各事业群提供保障和后勤服务的部门组成,详见表8-1。

表8-1　富士康总部周边事业群内部结果和功能

序号	部门	基本功能
1	人力资源总处	集团人力资源管理
2	IE 总处	集团先进制造生产力管理
3	集团配套工厂	集团配套产品加工
4	SIDC 事业处	集团信息系统整合管理
5	建设发展与营建处	集团园区建设规划与实施
6	财务总处	集团财务、会计、总务、安全及商务等管理
7	法务总处	集团法律、智能知识产权保护
8	采购总处	机械及电子材料、零组件等材料采购
9	中央总务	为集团各事业群(处)提供后勤动服务
10	智权管理	专利申请、专利争讼、专利授权、著作权

人力资源总处:人力资源总处负责集团人力资源管理。

IE 总处:IE 总处负责集团先进制造生产力管理。IE 部门是一个非常核心的成本核算部门。主要工作是工业工程管理设施规划物流分析、建厂、投资规划评估、预算成本管理、人力合理化及 KPI 推动、流程再造、系统化、E 化系统设计与改善等。

IE 管理的实质就是成本分析,其作用就是降低时间和人力成本,提高效率,用有限的资源去做更多的事。富士康企业内非常推崇 IE 管理(工业工程管理)。事实上,在富士康的发展历程中,已经摸索出自己的一套管理规律,并且非常适用于这样的代工企业。郭台铭对 IE 管理非常器重,他深知,在进入微利时代的今天,任何技术都会很快被模仿,竞争的本质无非在于设计、创新、制造和服务的效率。

集团配套工厂:富士康集团配套工厂主要是观澜分厂,是为集团服务而设立的,主要是为集团配套产品加工。

SIDC 事业处:SIDC(System Information Dynamic Control,系统资讯动态总管制处)由原中央资讯、富盟软件、富鸿网整合而成,人员主要分布于中国的深圳、北京、杭州、昆山、中国香港、中国台湾以及美国、墨西哥、匈牙利、捷克等地。

SIDC 肩负集团系统规划与导入、软件开发、系统整合与维护、服务稽核、IT 人才培训之重任,为集团提供最优 IT 技术解决方案,具体包括:ERP、PDM、SFC、DW、DSS、HR、关务等系统开发与整合;网络通信、主机共管、软硬体统一采购与开发;集团重大 IT 专案推动;建立知识管理中心(KM)等。

建设发展与营建处:建设发展总处隶属于富士康科技集团总部周边事业群,包含营建事业处和建设发展处,人员主要分布于深圳、北京、昆山、杭州、上海、山东、山西、台湾以及匈牙利等地。

建设发展总处肩负集团全球高科技工业园开发建设及生活配套设施兴建的重任,具备自行设计、自行开发、自行管理的全程作业能力。具体涵盖:土地取得及开发、科技园总体规划设计、工程管理等工作。

伴随中国大陆珠江三角洲、长江三角洲及环渤海经济圈的经济腾飞,且应集团华南基地(深圳、中山)、华东基地(昆山、杭州、上海)、华中基地(武汉)、华北基地(北京、廊坊、太原、晋城、烟台)及建厂(中国台湾、墨西哥、捷克、匈牙利、印度、越南等)的大力建设,建设发展总处积极配合集团产业向"5C"提升,高效建设世界级的电子类高科技厂房,落实集团"选才、育才、用才、留才"的措施,提供完善的工作与生活环境。

财务总处:财务总处负责集团财务、会计、总务、安全及商务等管理。

法务总处:法务总处担负为集团经营生产提供法律保障。主要是法律诉讼、合约审查、协助事业单位做好商务投资方面的谈判、决策选择等。

采购总处:采购总处负责集团机械及电子材料、零组件等材料采购。

中央总务:华南总务处系富士康科技集团龙华科技园总部周边处级单位,正式编制 500 余人。主要职掌:①规划集团龙华科技园餐饮、住宿、交通、邮务、庶务用品采购等后勤资源。②为集团各事业群(处)提供后勤动服务。组织:华南总务处下设多个功能课室:①人力资源课;②经营管理课;③行政庶务课、邮务中心、一卡通制作中心、车调中心、派驻干部宿舍管理;④餐饮服务部;⑤庶务采购部;⑥机电工务部。

智权管理:从 1995 年成立中央法务室开始集团智权业务,目前,集团智权团队成员 400 余名,87% 为本科以上学历,平均年龄 26 岁,通过完善系统的专业培训,使其成为顶尖的知识产权、信息科技管理专家。

1995 年成立集团中央法务处,开始集团知识产权业务;1996 年将集团知识产权业务全部转为集团内(In-house)处理;1998 年华南(深圳龙华)及华东(江苏昆山)知识产权室成立,美国 Fullerton 成立集团南加研发单位知识产权部门;后应集团业务扩张需要,成立集团智权管理处及各事业群知识产权部。

服务、产品种类:专利申请、专利行政救济、专利争讼、专利部署与维持、专利调查、专利授权、著作权、商标、营业秘密保护等。

五、富士康造就了全球最大的电脑制造基地

深圳龙华是富士康在大陆的大本营,它见证了富士康在大陆的快速成长历程,也是全球最大的电脑制造基地。富士康的龙华厂只要在厂房头的一端投入原料,比如说最先投入的是成卷的冷轧钢板,在厂房尾的那一端,产出的就是装箱的准系统,直接装上货柜车后,就可以运往香港或是盐田深水港,送往戴尔全球的组装中心。在龙华这个"一条龙"的工厂里,流程涵盖了钢板裁剪、冲压、成型、烤漆、点焊、组装等,再加上厂外来料,比如电源供应器、软盘机、线材、扩充卡、面板等。一层楼生产连接器,一层楼生产主机板,一层楼生产机壳,一层楼组装,一台台电脑从流水线上下来,直接装到停在楼外码头的大货柜车上运走,连仓库都没有。在一栋楼上,复杂的电脑产品就能生产出来并运走。

深圳龙华办事处,规模差不多相当于内地一个中等地级城市。而富士康则

占据了龙华近一半的面积。2009 年年初,富士康大陆员工达到 75 万人。在龙华有 30 万,在深圳的西乡、黄田、观澜,富士康也有工厂,富士康在宝安的员工总数已经达到 33 万人。

富士康的规模优势为深圳乃至周边地区的经济发展起到了巨大的推动作用。这座被称为当今全球最大的工厂总占地达到了 2.2 平方千米,其间有数十栋巨大的厂房,仅供万人以上就餐的食堂就有 10 个。富士康龙华厂区所在的龙华镇,大到包装、物流企业,小到卖煎饼的地摊,整个经济几乎全靠富士康大规模生产以及几十万员工的消费而带动。业内人士测算,仅仅是富士康深圳基地订单减少 10%,就意味着至少 2 万人失业,富士康不景气,影响到的不仅仅是其深圳 30 多万员工的收入,拥有 200 万人口的龙华经济将不可避免地受到牵连。以此类推,一旦富士康遭遇的衰退扩散,减少的绝不仅仅是其全国 70 多万员工的收入,各城市生产基地所在地区也将感受寒意。

随着地方经济的发展,人口聚集效应不断显现;富士康所在的深圳龙华地区已经成为深圳关外最成熟的大商圈。由于富士康巨大的明星效应,保安区和深圳市政府也尽可能的为富士康提供便利,促进富士康的发展。

六、带动上下游产业

伴随着富士康模具制造能力的不断提升,富士康的产品也开始从简单到复杂、从上游向下游延伸。

在手工制模时代,产品主要是电视机旋钮等塑料制品。

在机械制模时代,富士康选择了自己掌握较多技术、并且拥有广阔市场空间的连接器产品。而连接器产品的快速发展,也促进了模具工艺的提升,富士康开始逐步生产更为高端和精密的电脑连接器。

在模具制造能力的支撑下,富士康的产品线从连接器延伸至机壳、内存扩展槽、显卡、风扇等除 CPU 和内存外的所有电脑零件。高精度的模具使得各零件之间组合装配容易进行,富士康通过其模具制造能力、零部件生产能力配合,形成了准系统生产能力。

最终,借助自身垂直整合的成本和快速反应优势,富士康开始全面涉及电脑、消费电子、通讯等最终产品的制造。目前富士康的产品包括电脑、手机、网络通信设备、液晶显示器和游戏主机等。

由于富士康承诺不发展自身品牌,因此不会与客户发生竞争关系,许多客户纷纷把自己的产品转移给富士康代工。例如,随着诺基亚转型成互联网公司,2008年来自诺基亚的订单占了富士康手机代工业务的1/2。

富士康与客户结成紧密的商业伙伴,形成"(客户)设计与品牌+(富士康)制造"的商业模式。利用自身的技术与制造实力,与诸多客户展开共同的研发,由OEM或者ODM制造升级至JDM的全方位服务。OEM(Original Equipment Manufacturer)指按照客户委托合同进行产品开发和制造,使用客户的商标,由客户销售或经营的合作经营生产方式。ODM(Original Designed Manufacturer)指原始设计制造商,它可以为客户提供从产品研发、设计制造到后期维护的全部服务。富士康的定位是JDM(Joint Design Manufacture或者Joint Development Manufacture),指与客户共同研发新产品,深度介入客户的商务流程,与客户共同提升、发展。在多年的经营中,富士康与IBM、惠普、索尼等建立了长期稳定的联系。在制造之后,富士康还为客户提供物流与协助分销等服务,进一步地加强了与客户商业流程的融合(见图8-2)。

富士康由"制造"向"科技"的战略转型,丰富产品线,同时向上游延长"垂直整合"链条。由于自身发展的瓶颈以及竞争对手的出现,富士康开始了新的战略转型。

机械零组件里面,不管模具、塑胶、成型、冲压、电镀,还是自动化组装,零组件是根;电子组件里面,做主板、手机模组等,电子组件是本;以上都是富士康能在机电整合制造领域称雄的根本。材料知识里面,机械的上游是材料,电子的上游也是材料,所以要进行材料研发:热传、高速传输、塑胶粒,台金等,材料知识是基础。上下游互动,模具、连接器、机壳、准系统技术、制造、产品的一步步提升,让产品在一条产业链上不断地结出果实,上游推动产业向下游快速前进;每一种新产品的推出,又都带动上游产业的进一步提升。富士康在宝安和深圳的上下游产业达到2000多家企业。

根据富士康成都产业基地项目测算。富士康成都产业基地总投资达10亿

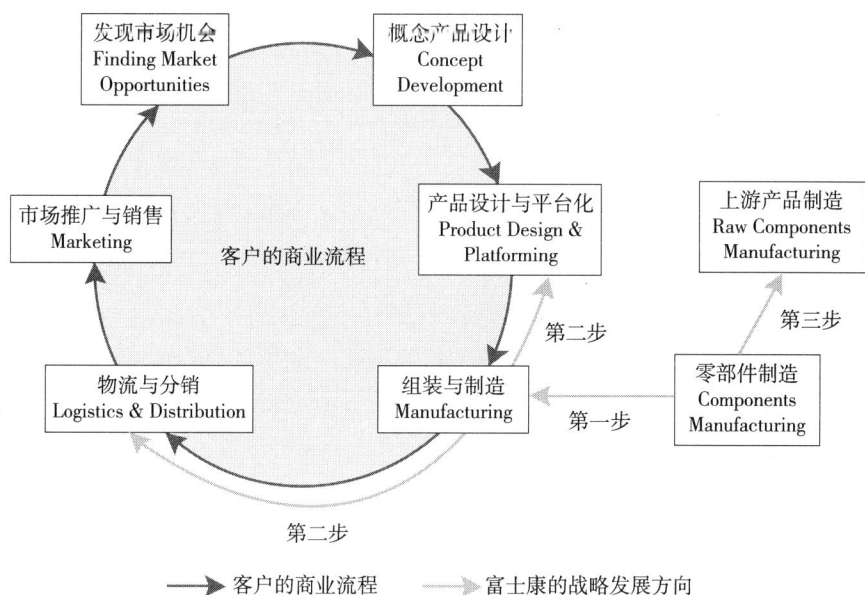

图 8 - 2　富士康的商业模式与客户商业流程的融合

美元,进行 LED-TV、LCD 模组、LED 背光模组及 LED 封装和照明光源生产线方面的建设,还涉足软件开发、精密模具生产、现代物流以及 3C 数码产品卖场等多个项目。据预测,富士康成都产业基地的建设,将带动众多上下游配套企业落户成都,为当地新增至少 10 万人的就业机会,形成年产值超千亿元人民币的 IT产品产业链。按照富士康在整个宝安地区 33 万人的产业规模,富士康和在宝安和深圳的上下游产业创造年产值超 3500 亿元人民币产值,除去富士康自身2500 亿元人民币产值,富士康在宝安和深圳的上下游产业创造了 1000 多亿元人民币产值。

七、富士康开创传统制造业技术创新模式

　　深圳将始终坚持"产业第一"的原则,把高新技术产业作为深圳的支柱产业不动摇,富士康正在积极向科技企业转型,并把深圳作为集团的"五中心一基地",这一思路与深圳未来的发展战略定位和产业发展方向完全一致,市委市政

府将大力支持企业走自主创新、科技强企的道路。

为了推行科技服务转型策略,在富士康未来产业发展方向早已布局:集团将涉足有太阳能、LED、环保科技、养生化科技、无线网络的应用软件(如云端计算)、纳米应用科技、工业投资银行与产业银行、电力应用技术等系列高科技服务业。富士康专门为云端计算成立独立的云端事业群,又称天马行步事业群(TMSBG)。

富士康一直将自主创新作为企业贯穿始终的文化理念,同时非常重视知识产权的发展,专利申请及获准连续多年名列前茅。富士康的研发费用大约占到营业收入的15%—17%。近三年,仅纳米项目每年就投入30亿元人民币以上。富士康纳米技术是与清华赶学联合开发的,共同成立"清华富士康纳米科技研究中心",借助清华的研发技术人员,成为国内投资规模最大、设备最先进、研究实力最雄厚的科研机构之一。2006年前已经在中国内地、中国台湾和美国申请部署专利550项。富士康的工业机器人项目是与国际最顶尖的瑞典ABB公司联合开发的。2000年引进第一台ABB机器人,半年后就在富士康完成转化。

富士康科技集团近10年专利申请复合成长率为32%,2008年度专利申请量达13200件。截至2008年12月31日,富士康科技集团在美国、日本、欧洲以及中国内地、中国台湾等10多个国家和地区申请专利累计达59300件,获准专利累计达26520件。从富士康的专利结构来看,发明专利逐年提升,10年前新型设计占65%、外观设计占8%,发明只占了27%。但是2008年发明专利比重已经提高到78%,新型只占15%。

富士康通过技术创新,让发明技术比重逐渐提升。富士康在不同领域的专利布局及专利质量的提升,已经成为可创造收益的智慧资本。累积至2008年,富士康收取的专利金已超过2亿元新台币。

专注、精确、专业、耐性以及敏锐的商业判断力、持之以恒的质量控制力及极具竞争力的成本优势造就了富士康这个庞大的制造业王国,让富士康打破"微笑曲线"模式,成为组装、制造业的"代工霸王"。

第三节　资本扩张

——康佳集团"走出去"成功模式①

康佳集团股份有限公司成立于 1980 年 5 月 21 日，是中国首家中外合资电子企业。1991 年 8 月改组为中外公众股份制公司，1992 年 3 月 27 日，康佳 A、B 股股票同时在深圳证券交易所上市。康佳集团现有总资产 100 多亿元，净资产 40 亿元，已被列为国家 300 家重点企业及广东省、深圳市重点扶持发展的大企业集团，是广东省、深圳市首家营业额超百亿元的电子企业，连续 4 年位居中国电子百强企业第 4。

经过 30 年的发展，康佳集团已形成消费多媒体、移动通信、信息网络和相关配套器件四大主导产业，主要产品为彩电、移动电话、平板电脑、液晶显示器等，兼及冰箱、精密模具、注塑件、高频头、印制板、FBT 等相关领域。康佳现拥有国家级的技术开发中心和博士后工作站，并在美国硅谷设立了研发实验室，具有强大的技术开发实力，每年新产品产值率在 90% 以上。多年来，康佳先后成功研制和推出了一系列填补国内技术空白且具有极强市场适应能力和竞争力的高新技术产品，如 87cm（34″）、97cm（38″）大屏幕彩电、100Hz 倍场彩电、16∶9 双视窗彩电、七彩小画仙彩壳电视、艺术电视、DVD 电视、数字电视、柔性电视、42″液晶电视等。其中，康佳在全球华人世界率先推出了具有自主知识产权、符合美国制式（ATSC）的高清晰数字电视，并建立了中国第一条高清晰数字电视生产线，是美国"数字电视联盟"会员单位，彩电研发技术达到世界领先水平。康佳还是

---

① 参见康佳集团公司网站（www. konka. com）"关于康佳"栏目；深圳市社会科学院研究报告：《深圳企业发展壮大机理研究（内部报告）》，2009 年；深圳市政协调研报告：《深圳企业"走出去"调查》（内部报告），2008 年 12 月；杜冰：《国际化战略使康佳再上新台阶》，《光明日报》2008 年 9 月 25 日。

"国家高清晰度数字电视标准化专家委员会"的 4 家企业成员之一,康佳高清晰数字电视项目被列入国家级试产计划项目。1999 年,康佳成功研制出拥有自主知识产权的移动电话,并顺利通过 GSM 网络国际权威机构认证。2001 年康佳又获得国家 CDMA 手机生产许可证。

近年来,康佳在"内地—深圳—海外"三点一线的生产经营格局取得了突破性的发展,先后在国内的东北、西北、华南、华东、西南分别建立了牡丹江康佳、陕西康佳、东莞康佳、安徽康佳、重庆康佳五大生产基地,海内外参(控)股企业达 20 多家,其中的东莞康佳电子城是我国沿线海地区最大的视听产品生产制造基地,彩电年生产能力突破 1000 万台套,手机也突破 800 万部。康佳还拥有发达而广泛的营销网络,国内彩电和手机销售分公司、经营部达 300 多个,并建立了 7000 多个稳定的经销点和 3000 多个特约维修点,形成了功能完备、覆盖面广的多级市场营销网络,彩电的国内零售市场占有率始终保持在同行业前两名。手机产销量也实现了大幅度的增长,并进入国产品牌的三甲行列。康佳产品还远销澳大利亚、印尼、印度、俄罗斯、南美、北美及中东等 60 多个国家和地区。

康佳集团按照国际先进模式建立了市场导向型的管理体系,具备了一流的生产、营销、环保控制手段和完善的质量测试系统,在全国彩电行业首家获得 ISO 9001 质量管理体系和 ISO 14001 环境管理体系国际、国内双重认证,彩电、冰箱被国家质量技术监督局列为首批免检产品。1997 年"KONKA 康佳"商标被认定为"中国驰名商标",2001 年品牌价值达到 98.15 亿元,康佳彩电也被评为"中国名牌产品"。康佳还多次荣获"中国技术开发实力百强企业"、"全国质量效益型先进企业"等称号。

康佳集团以向高科技战略转型为重心,以科技创新和机制创新为动力,以发展和提升为主旋律,向多元化、国际化、高科技型现代企业的目标前进,努力建设成为全球最大的电子产品制造企业之一,成为具有全球竞争力的强势电子品牌。

一、"康佳模式"——资本经营的成功

资本经营,是相对于实业经营而言的,它是一种更高层次的经营战略,是以利益最大化和资本增值为目的,通过价值管理,实现企业生产要素的优化配置和

资产结构的动态调整,从而对企业能够控制的内外部有形与无形资产进行综合有效运营的一种经营方式。企业实业经营发展到一定阶段,就应着手开辟第二战场,进行资本经营,以加快经营步伐,深圳康佳集团在实业经营形成一定规模后,立即与内地企业联合、优势互补,走共同发展之路,进行资本经营,并最先获得成功。康佳集团的规模能够在 90 年代中期几年之内迅速高效地发展,成为我国第二大彩电生产企业,在中国彩电业兴盛的年代取得骄人的业绩,也取决于这一战略目标的顺利实施。

早在 1993 年 2 月康佳就有目标有选择地与牡丹江电视机厂合资组建了牡丹江康佳实业有限公司。1995 年 7 月与陕西如意电器总公司合资组建了陕西佳电子有限公司。1997 年 5 月又与安徽滁州电视机厂合资组建了安徽康佳电子有限公司,从而最终形成了东(安康)、南(集团)、西(陕康)、北(牡丹)"四方联合"的战略格局,奠定了大企业集团的基础。通过联合,康佳集团扩大了生产规模,提高了市场占有率,加快了集团公司自身的发展。到 1997 年年底,全集团公司拥有员工 8000 余名,下控股多个子公司、分公司,总资产 49 亿元,净资产 20亿元。1997 年实现工业总产值 72 亿元,销售收入 72 亿元,利税 5.6 亿元。1998年康佳集团在全国电子行业排名第 4 位,在全国综合实力百强企业排名第 32位,在"全国 500 家最大规模工业企业"排名第 92 位。通过并购,康佳集团盘活了国有资产的存量,加快了产业结构的调整,不仅使被联合的内地企业扭亏为盈,更带动了地方经济的发展,增加了地方财政收入和社会就业机会,实现了经济效益和社会效益的双丰收,被誉为"康佳模式"。"康佳模式"表明:将沿海企业对外开放中孕育的先进的管理机制、运行机制及技术、信息优势与内地国有企业的人才、资源、成本优势及资本存量优势相结合,通过合理的资产重组,优势互补,对盘活国有存量资产,加快产业结构调整具有指导意义。

二、资本经营的选择来自于实业经营实践

在康佳走资本经营道路之前十多年的实业经营发展历程中,康佳尽管有发展,但发展速度还是很缓慢。

康佳集团股份有限公司成立于 1979 年 12 月,是全国首家中外合资的电子

企业,由深圳特区华桥城经济发展总公司与香港港华电子集团有限公司合资经营。

1979年,国务院侨办为了解决大批越南难侨的生活,决定和港资合作办厂,1979年12月,当双方合作期满后,决定合资兴办康佳集团的前身——"广东省光明华侨电子工业有限公司"。中方为"广东华侨企业公司"占51%的股份,港方为"香港港华电子有限公司",占49%的股份,双方首期投资4300万港元,公司产品70%外销,30%内销,当时公司以生产收录机为主。

1984年1月,康佳生产的第一批35CM(14″)7710A彩电,7710D遥控彩电整机各500台从流水线上走下来,从此开始了康佳彩电的历史。

1987年12月30日,当时的"光明华侨电子公司"被确定为国家内销彩电定点厂家,同年,公司进行组织机构大调整,从而使这个当时小作坊般的企业显露出了现代化大企业的风采。

1989年3月,国家机电部公布1988年度全国最大百家电子企业名单,康佳名列第19位,位于广东省之首。

1989年8月,国家机电部批准康佳公司为1988年度国家一级企业(这是首家拿到国家认可的二级企业证书的合资电子企业)。

1990年,康佳公司提出了康佳公司90年代的发展战略:股份化、集团化、多元化、国际化。其中股份化是其他三化的基础。股份化是资本经营的开始,从此康佳走上了发展的快车道。

1990年8月,康佳董事局一致同意发行股票,并开始了发行前的准备工作。

1991年11月,深圳市政府批准康佳从原先的中港有限责任公司,变更为公众股份公司。

1991年12月,康佳公司改名为"深圳康佳电子(集团)股份有限公司"。

1991年12月16日,公司新增发行A股3015万股,B股1000万股。

1992年3月21日,康佳电子(集团)股份有限公司召开第一届股东大会。

1992年3月27日,康佳电子(集团)股份有限公司A、B股股票同时在深圳证券交易所上市。从此,康佳从原来的中港合资企业变为社会公众股份有限公司,其股权结构发生了变化。发起人深圳华侨城经济发展总公司持有5034.67

万股股份,股权比例由51%变为36.26%,发起人香港港华集团公司持有4837.7万股,股权比例由49%变为34.83%,境内公众持2650万股,占总股19.085%,内部职工持股301.5万股,占2.17%,境外投资者持B股7.2%。这样中方合计持股57.97%,港方股东持股42.03%。

1997年年底康佳集团完成了B股股权转让,原由香港港华电子集团有限公司持有的本公司的非流通B股法人股100330682股,转让给香港中旅(集团)有限公司和香港华侨城有限公司,本次股权转让后,华侨城经济发展总公司直接和间接持有康健集团的非流通法人股比例达51.69%。

经过30年的发展,康佳集团深刻地认识到:中国的企业要发展,一定要根据外部宏观环境及自身内部条件,走优化资源配置,集约经营的道路。这一道路是企业适应新经济增长方式发展的必然之举。经济增长方式由粗放型向集约型转变,对企业生产经营的各方面提出了更高要求,企业如何根据自身情况,及所处的经济环境找出适合企业自身的集约型发展道路是关键所在。

三、"资本扩张"——康佳并购战略的确定

康佳集团所从事的彩电制造业,是具有典型"诸侯经济"色彩的行业。由于此行业对发展地方经济,增加财政收入作用明显,故各地在20世纪80年代纷纷引进生产线,一大批技术落后,规模偏小,市场适应能力差的彩电企业应运而生,在经济增长较快的时期,这些企业尚能维持,一遇紧缩便很难避免地出现亏损,面临破产或被兼并的命运。同时,在竞争中,也成就了一批素质较高,规模较大,管理先进,市场适应能力强的企业。根据市场经济的一般规律,优势企业对其产品市场将在更广阔的领域里进行抢占,而弱势企业将逐步丧失其原有的市场,直到被淘汰。不管是从政府为减少社会经济成本的角度,还是从集约化所带来效率的提高等角度,中央政府的产业政策将偏向限制、取消、改造低水平、小规模、重复建设的弱势企业,而鼓励支持优势企业通过企业联合、兼并、股份化等行为扩张,成为具有规模经济效益、跨地区、跨行业的大集团化公司,在这个过程中,尽管存在地方保护主义,但一些地方政府出于地方经济发展、职工就业压力等内在原因而客观上支持上述并购行为。

20世纪90年代初,康佳集团自身面临着两方面的挑战:①国内市场占有率不够,只有7%左右。②海外名牌彩电厂家大举进入我国市场,与国内厂家合作生产它们的产品,这些的国产的外国品牌与国产产品抢占市场,彩电大战随时可能拉开帷幕。当时康佳集团清醒地认识到只有迅速扩大生产规模,使产量尽快达到400万台的水平,在现有市场的基础上不断扩展,提高效益,才能在竞争中立于不败之地。

那么是关起门来在特区内自我发展,重复过去办法扩大生产经营规模?还是在国内寻找好的合作伙伴,通过提高生产要素的综合效率,实行集约经营,在更广阔的领域内进行拓展呢?康佳集团的决策者必须在两条道路上进行选择。前者轻车熟路,征地、建厂房、添置设备、招收员工,过去都积累了大量经验,决策风险小,操作上难度也不大,但是发展速度慢,资金投入大,无法解决资源不足,成本高,远离销售地等问题。后者则可通过自我挖潜并对合作者的存量资产进行调整,填平补齐关键设备仪器,提高生产技术水平和劳动效率,以较小的投入在较短的时间内形成效益,与国家提倡的经济政策思路也相吻合,但要解决良好合作伙伴的选择等问题。

康佳经过充分的调查研究后,形成了"资本扩张"的战略构想。这个战略构想主要包括两个方面:

一是充分发挥自身的内部潜力。主要是使存量资产升值,产生更大的效益。到1992年年底,康佳集团的资产存量已达到5.5亿元,其中上市筹得资金1.55亿元。这笔资产如果不根据市场经济发展的需要,作出调整和重组,是难以最大限度地升值,产生很好效益的。特别是在深圳经济特区,企业生产成本不断上扬,资产升值的潜力相对有限,为此,康佳低成本扩张战略构想的一个重要内容,就是要使存量资产通过调整和重组,使其最大限度地增值增效。

二是通过与内地企业实行联合,充分发挥自身优势。经过30多年的发展,康佳集团已经在技术、产品、资金、市场、机制等方面形成了自己独特的优势。这是与存量资产一样具有较高较应的潜在价值。然而这种潜在价值只有通过与内地企业实行联合,让这些潜在价值向内地扩散,才能产生更大的效益。

围绕上述这两个方面的战略构想,康佳集团作出了"北上抢滩"的战略决策,并且明确在华东、东北、西北建立生产基地,形成三足鼎立的格局,以全面拓展国内市场并向独联体、中亚、东欧等市场进行渗透,走大规模集约经营的道路。

总之,使康佳在20世纪90年代出现较大规模的并购行为的原因:一方面是由于康佳自我发展的需要和自我投资周期长、见效慢之间的冲突;另一方面是由于当时国内的彩电行业由于供需情况的变动使厂家出现严重的两极分化局面,落后的厂家出于各方面的压力也急于被合资、并购。

四、"生产地靠近消费地"——康佳并购目标的选择

回顾康佳所走过的并购之路,可以清楚地看出其对并购目标选择的精心。在确定并购发展的战略后,康佳首先对并购目标的地理位置进行初步的选择,本着"生产地靠近消费地"的原则,最大限度地实现辐射全国的功能。东北地区距康佳的生产基地遥远,运输成本高,售后服务也因此受到限制,而康佳彩电在东北地区知名度很高,产品颇受欢迎,供求矛盾明显。同时东北地区人口众多,工业化、城市化水平较高,很适合进行合作发展。这样东北地区就成为康佳在并购过程中最先涉足的地区。同样陕西也具有辐射西北地区,工业基础好的优势。安徽则被视为康佳在巨大的华东市场的生产基地。

在地理位置标准的基础上,康佳对并购目标还确定了几个基本条件:

第一,当地干部群众认识统一,有真诚的合作愿望,对改革有较强的思想承受能力和准备。

第二,有一定的技术力量,生产设备和仪器基本完备,存量资产能有效利用,适当添置部分关键设备后,即能提高技术水平,增加生产能力。

第三,当地政府关心和支持并购行为,能为新组建的合资企业提供尽可能宽松的外部条件。

在上述条件确定后,康佳集团即派员赴东北地区进行实地考察,当时沈阳、佳木斯、抚顺等地包括牡丹江的电视机厂和政府了解到康佳的意向,纷纷主动联系,寻求合作。当时牡丹江电视机厂的硬件条件相对而言并不太好,但是在其他软件条件方面诸如政府的支持等方面却是康佳更为看重的。经过几个月考察,康佳最终选定了牡丹江电视机厂作为首家合作伙伴。牡丹江电视机厂是牡丹江

市电子局的直属厂,拥有职工 900 余人,1970 年建厂,1986 年从日本引进技术及生产线,1988 年建成投产。尽管该厂管理水平、技术队伍、生产队伍较好,但由于尚未形成规模,因而境况一直不佳,这种情况正好可以和康佳形成优势互补,于是双方签订了合资协议,联合组建牡丹江康佳实业公司,并于 1993 年 3 月正式开业。

随后,根据上述标堆和做法,康佳集团于 1995 年 10 月和 1997 年 5 月,分别又与陕西如意电视机厂合资,创建了陕西康佳电子有限公司。与安徽滁州电视机厂合资,创建了安徽康佳电子有限公司,使康佳集团形成"东(安康)——南(深康)——西(陕康)——北(牡康)"四方合力,全面出击的战略态势,在中国彩电工业布局中独树一帜。

五、产权的明晰与重组——康佳并购操作与整合

并购过程中最核心的内容就是产权的明晰与重组。但是整体并购,康佳作为一个外来者,必将面临许多头痛的问题,诸如应收账款的质量,职工的具体情况等,这些额外的工作,是只想建立生产基地的康佳所不愿承担的。牡丹江电视机厂重组前有 5000 多万元的债务,每年利息就要 400 多万元,其本身也要对现有资产进行重组。经过协商,新成立的牡康公司注册资本 3000 万元,康佳集团以现金 1800 万元投入,占 60% 的股权,牡丹江电视机厂以生产电视机的厂房,设备等优质资产作价投入 1200 万元,占 40% 的股权。电视机厂原来的债权、债务仍然由其承担,并计划通过新企业的发展所创造的利润逐年偿还债务。这样,就使牡康公司产权简明清晰,优质资产的增值能力迅速得到发挥。陕康与安康亦照此办理。

这里需要特别提到的是资产评估问题,当时双方关于一些技术落后的设备的价值有一些争议。因为康佳从行业生产能力角度出发,认为技术折旧是很重要的因素,而牡丹江电视机厂则以历史成本和固定资产折旧为基础,认为设备仍有较高的价值。经过协商,康佳本着长期合作,双方受益的原则,同意以牡丹江资产评估事务所的评估为基础合资,这样牡丹江电视机厂的出资约折合 1700 多万元,其中 1200 万元作为股权投资,另外 500 多万元则作为债权卖给新组建的

牡康公司。在组建陕康、安康时，康佳均以当地资产评估公司的评估结果为基础，基本没有什么争议。

明晰了资本结构，接下来的就是各方面的整合。康佳认为整合的关键是要找到能够实现优势互补的切入点，而切入点的关键是经营机制的重塑。

第一，建立权责明确的领导机制。合资双方根据出资的比例分派董事组成董事会，实行公司董事会领导下的总经理负责制，重大经营决策由董事会研究决定，总经理执行董事会决议，并拥有生产经营指挥权。在牡康、陕康、安康三家公司中，董事长常为合资对方，而总经理常由康佳派人出任。同时康佳本着经营本地化的原则，除个别重要岗位由总公司派人出任外，其余均由当地经理人员出任。

第二，建立优胜劣汰的用人机制。实行"消肿"，大刀阔斧地精简机构。原牡丹江电视机厂管理人员有 159 人，新公司精简到 95 人。康佳在用人制度上坚持"能者上，庸者下"的原则，实行"双轨制"：一是聘用制，总经理由董事会聘任，部门经理由总经理聘用，一般管理人是由各部门经理聘用，聘用中打破论资排辈的陋习，真正做到能上能下。二是招聘制，首先在厂内公开招聘营销人员，经考评，原营销部落聘 4 人，重新招聘 9 人，同时还在社会上公开招聘了 8 名管理、技术、公关等方面人才。在用工制度上，实行全员劳动合同制，员工与企业签订了劳动合同，建立了员工与企业新的劳动关系，在陕康与安康的组建中，也采取了同样的办法，使企业具备了实施现代企业管理制度的基础

第三，建立效能为主的分配机制。分配机制以效能为主，把分配同企业效益挂钩。公司以岗位标准、岗位内容和工作量为依据，定员、定编，制定 22 个薪级标推，全员实行岗位工资和浮动工资制。职工的收入主要以经济效益为依据，根据岗位档次，制定上、中、下三类浮动系数，由部门经理视岗位人员工作成绩确定。在效能为主前提下，考虑员工的积累贡献和专业文化知识，实行了工龄和学历补贴。

第四，实行严格有序的管理机制。各公司成立后，从建章建制入手，本着因地制宜、可行实用的原则，以康佳为模式。建立了诸项管理制度，做到了事事有章可循。同时结合实际情况，对康佳公司《员工手册》进行修改，作为分康员工

的工作行为规范。在管理制度上突出质量管理,采用 ISO 9002 国际质量保证体系,完成了与新的质量保证体系的对接工作。在此基础上,建立严密的执行网络和严格的考核奖惩办法。

第五,培育健康向上的企业文化。资产纽带与文化纽带,是母子公司之间不可缺少的维系机制。康佳集团的企业文化,对各公司有着强烈的影响力和辐射力,各公司在追求企业经济效益的同时,努力建设有特色的康佳企业文化。通过培育无私和奉献的企业精神,使得在深圳形成的"我为你、你为他,人人为康佳,康佳为国家"的"康佳风格",同样熏陶着新的康佳人。母子公司虽然相隔天南地北,但大家目标一致,信念一致,感情相通,大大提高了企业的凝聚力和向心力,强化了员工的康佳意识和荣誉感。

先进的观念,科学的管理,一流的技术,高新的机制,使康佳的合资子公司充满了生机,创造了当地的经济奇迹。从而也促使集团公司的经济规模迅速扩大,经济效益不断提高,迅速向大规模集团化方向迈进。

但是,合资的整合过程也不是没有问题。在陕康的组建过程中,康佳派去接管厂房设备的人员被一些工人堵在厂门口不让进,有的还喊出"砸烂康佳牌子"的口号。在原来的合作之中,由于陕康的效益较好,许多陕西如意电视机厂的老职工十分不平衡,出现了堵截合资厂工人上班的事件,使陕康的生产直接受到影响。直到当地政府出面调解,事情才得以处理。当然,在合资了一段时间后,双方的磨合进入了顺利发展的阶段。然而合资之初出现的问题也说明了并购后整合的重要性和困难性,反映了由计划经济向市场经济转变过程中人们观念的冲突。

这种冲突即使在整合中波动较小的牡康公司也有所反映。首先在观念上,牡康人认为自己是企业的主人,为何主人反而被雇用?许多职工想不明白,有的人虽勉强同意接受康佳的员工管理办法,但却死活不肯只签 1 年合同,要求签 10 年、8 年,认为只有这样,生活"才有保障"。另外,牡康公司规定员工上下班要打卡,每天四次,提前 10 方钟到岗,工厂厂区不准吸烟,上班不准闲聊,不准打瞌睡,不准吃东西,这些要求在深圳康佳总部是极为平常的事,而在这里却遭到员工心理上的抵触:"康佳怎么这样只讲工作绩效和原则而没人情味?"

由于对康佳的管理不适应，"牡康"第一批员工中不少人悄悄离开了，当时康佳总部在人才、资金、市场等方面，帮助牡康渡过暂时的困难——随着合资公司的运转，实践证明，牡康人对于康佳管理的暂时不适应只是牡康这个合资产物在分娩中的"阵痛"。

随着康佳管理标准在牡康的逐步推行，他们体会到了康佳能者上、平者让、庸者下的人事制度的优势性。在分配上制定了22个薪级标准，浮动工资占总工资的60%以上，还有工龄工资和学历补贴。一些埋头苦干的员工月工资超过总经理的事情并不鲜见。多劳多得，公平竞争的环境使牡康人的生活呈现出了很大的活力。合资前，牡丹江电视机厂年产电视10000台多一点，最好年景也没超过30000台，而新生的牡康在第一年的10个月内就生产了70000台，严格、科学的管理给牡康带来了巨大的生产效益。更重要的是"牡康模式"在黑龙江省产生了轰动效应，成为通过嫁接、改造国有大中型企业管理机制的范例。

六、实现共赢——康佳并购的影响和经验

由于康佳管理模式的引入，康佳的几个子公司都创造出当地经济的奇迹，真正达到了"双方受益"的目标——康佳通过合资迅速扩大了规模，并牢牢地拓展了自己的市场份额。而合资方企业则有效地盘活了资产，解决了职工就业问题，取得了很好的经济效益。而对合资方的当地政府则不但可从中获得大量税收，而且也可获得很大的社会效益，带动当地相关产业的发展。牡康公司从1993年2月创立时的一条整机生产线、430名员工、15万台年生产能力的小企业发展到1997年年底的三条整机生产线、1240名员工、70万台年生产能力的中型企业仅用了短短的四年。在这四年中，合资双方为企业的长远发展，均将应分得的利润悉数进行再投资，将原来3000万元的注册资本增加到6000万元，充分说明了合资双方对事业的认同。

陕康公司在合资后50天即投入运营，当年即生产7种型号9.22万台的彩电，实现产值2.14亿元，利润408万元，当年投资，当年获得赢利。到1996年迅速扩产，生产彩电40.28万台，到1997年年底则达到年生产60万台的生产能力。

安康于 1997 年 5 月组建,当年即建立四条整机生产线,年生产能力达到 100 万台,成为康佳集团最大的生产基地。

经过几家合资企业的建立以及对上市公司各种优势的充分利用,康佳集团的生产规模迅速扩大,各项经济指标均大幅度提高,净利润由 1992 年的 0.9 亿元增长到 1997 年的 3.5 亿元,产量由 140 万台增长到 320 万台。

通过对康佳并购重组的了解,可以得出以下经验:

①在进行合资并购过程中,事前的准备是十分重要和不可缺少的。精细的考察是以后合作成功的必备因素。

②观念转变是企业联合的重要前提。这一点在组建牡康、陕康、安康时多多少少都有些反映。实践表明,提高职工对改革的思想承受能力非常重要。着重在以下三个方面转变观念:一要在发展思路上转变观念,克服"重外延、轻内涵"的倾向,树立内涵发展思路,从追求量的扩张转变为注重质的提高。着力于盘活存量资产和优化要素配置。二是在企业解困问题上转变观念,克服等、靠、要思想,实现从"找市长"到"找市场"的转变,用市场经济的观点和方法,去认识和挖掘困难企业的优势与潜力,寻找困难企业的新出路。三是在如何创办新企业上转变观念,从注重于安置人员转变为注重塑造机制,注重企业的竞争力,敢于在改变传统管理体制上动真格。

③优势互补是推进联合的关键环节。进行优势互补,将上市公司的现代企业管理制度输入到合资企业中,通过激活合资方的优质资产,使名牌规模效应扩大。同时,随着合资公司的发展,带动旧企业(合资方)的发展和当地配套产业的发展。

④互惠互利是推进联合的基本原则。企业联合是企业法人之间通过资产重组在新的企业载体上实现共同发展的经济活动。整个过程必须坚持互惠互利原则,尤其是处于主导地位的一方,更应理解和体谅对方的困难,立足向前看,不能提出损害对方利益的先决条件。康佳在牡康投资四年多,都没有分红,而是悉数用于投资扩大规模。坚持互惠互利的原则,不仅能使合作顺利进行,而且为进一步合作打下了坚实的基础。

⑤横向一体化是扩充市场的有效手段。康佳模式给人的启示是:在企业面

临市场份额竞争激烈的时候，资本的自我积累并不是最有效的方式，企业要善于运用资本经营的观念，以企业的品牌、技术、管理、质量等优势地位作依托，采用兼并、控股、参股等手段，不但能尽快提高市场占有率，而且可使企业获得生产、技术、管理、营销等方面资源共享，同时也有利于资源在企业集团内部的合理配置，降低产品的成本，增强产品的竞争力。

七、康佳"1568 大航海计划"

2005 年 9 月，康佳召开以"开创大航海时代"为主题的首届全球经销商大会，来自全球各地的经销商、零售巨头、连锁机构齐聚深圳，与康佳一起共谋发展。康佳公司上下都在为康佳"1568 大航海计划"做准备，康佳要通过这个计划，完成凤凰涅槃的"变脸"，建立一个成功涉足海外市场的样板企业。

那么康佳"1568 大航海计划"具体内涵是什么呢？"海"意指海外市场，"大航海"表示康佳将大踏步迈向国际化。而"1568"的含义更为具体一些：1，指 1 个目标：打造一个具有全球知名度的国际品牌；5，指 5 个制造基地：墨西哥基地、印尼基地、土耳其基地、泰国基地、中国基地；6，指 6 个研发中心：除中国本部研发中心外，在原有美国硅谷研发中心的基础上，还将分别在日本、韩国、法国、印度等设立工业设计中心、产品研发中心、软件开发中心等；8，指 8 个市场板块：北美市场、欧盟市场、东南亚市场、拉美市场、中东市场、东欧市场、非洲市场、澳洲市场。

这足以显示出康佳对海外市场的倚重。而且，在具体的行动方案中，康佳也抛出了锁定 4 个战略市场的概念，即市场圈地战、品牌攻坚战、研发创新战、制造协同战。具体而言，市场圈地战意味着，对于北美、欧盟等重点战略市场，采用"中央突破"策略，oem 和自有品牌齐头并进，通过渠道商与品牌商合作，占领重点市场。对于次重点战略市场，则采取"渗透式"策略，通过与当地品牌合作方式，实现对当地市场的渗透。

此外，在制造环节康佳将通过合作、并购拿到海外市场当地的制造资源，通过墨西哥基地、印尼基地、土耳其基地、泰国基地、中国基地 5 个制造基地的协同效应，实现资源的整合。比如，通过国内生产基地、印尼、泰国工厂辐射北美、亚太、中东及非洲地区;通过墨西哥工厂满足拉美市场。

同时,几大生产基地还可以通过公司统一的供应链管理系统而集成为一体,统一采购降低成本,而且在一方出现问题时,其他几方还可以施以援手加以补救,或采取迂回策略绕开一些海外市场设置的壁垒。以往"各自为政"的氛围更浓厚些,中间的协同效应没有突出,以后打配合战的套路会让康佳海外市场建立的铁三角更为牢靠。

与上述的市场圈地战、制造协同战相比,品牌攻坚战和研发创新战则是两场关键性的硬仗。一直以来,品牌不够大和技术含量低是国内企业走向海外的两大软肋,而简单的靠低成本、低价格冲击市场已经搅动的国际市场风声鹤唳,甚至美国、欧盟一些国家已经对"中国制造"的概念充满了排斥心理。

这中间一个关键的环节就是国内企业缺乏品牌意识和技术研发能力,至此才会落下个靠打价格战掠夺市场的"话柄",反倾销、配额、技术标准、专利费威胁等手段都已经架在了中国企业的脖子上面。现在到了摘掉这顶不光彩帽子的时候了,康佳希望能以身作则在品牌和技术上更上一层楼,抹掉搅局全球市场的"坏孩子"印象。

其实,在输出品牌和加强技术研发上,康佳算得上是个先行者,比那些过度依赖低成本优势输出产品的企业,眼光要敏锐许多,康佳一开始就预料到体力活不及输出品牌更为划算,而且,低成本优势的结果不是换来全球市场的愤怒就是导致海外市场对中国企业施以"关门"政策,只有输出品牌和增加产品的附加值才是长久之计。

而且,在销售自己品牌的市场还必须有所筛选,比如,澳洲、中东、东南亚以及非洲部分地区完全采取自己品牌的销售,康佳也是国内彩电业中最早意识到输出自我品牌产品的企业。在澳洲,康佳是最早进入的中国彩电品牌,经过10多年的耕耘,目前已成为澳洲的第二大彩电品牌。康佳在澳洲采取的国际化策略是独家代理商模式,已取得了成功。1996年,康佳和培宝控股合作,在澳大利亚推广康佳彩电,一开始连普通家电卖场都很难进入,这为康佳打开澳洲市场设置了不小的障碍。

但在交了不少学费后,在一些经销商开始尝试销售的同时,康佳配合展销的形式,在澳洲实现了零的突破。到 1999 年,康佳彩电销售量已占到澳洲最大的家电连锁销售组织 goodguys 销售量的 20%—30%,到 1999 年,康佳在澳洲的销量已经实现了 5 倍的增长。目前,康佳已占到澳洲市场份额的 20% 左右。

现在,在澳洲培宝模式已经成为了一个样板间,康佳将澳洲模式复制到了俄罗斯、厄瓜多尔、智利、匈牙利等地区,均取得了不错的成绩。据康佳有关人士透露,康佳自有品牌出口已达到 80%,目前"konka"品牌在亚太、中东、中南美以及东欧等很多个区域市场拥有了较高的知名度,已进入强势品牌之列,和日本、韩国顶级公司并驾齐驱。

既然进入国际市场,就要遵从国际市场的游戏规则,以国际化标准来衡量核心技术,而且在产品出口的品质标准上要符合国际水准,只有这样,才能真正的融入到国际市场中来,而不会遭受到指控或刁难。据康佳方面透露,除了中国本部研发中心以外,康佳将在原有美国硅谷研发中心的基础上,分别在日本、韩国、法国、印度设立工业设计中心、产品研发中心以及软件开发中心等。

而这些都将在下一步的战略执行中得以实现,辐射全球的技术研发中心将源源不断的为康佳承担起针对不同市场进行产品研发设计的职能。早在 1998 年,康佳就在美国硅谷成立了美康实验室,占 51% 的股份,从事高清晰数字电视的研究与开发,毗邻而居的是索尼、松下等家电巨头的美国研究中心。特别是在高清晰电视领域,康佳在技术上已经处于领先优势。

而且,加强技术研发还与国家鼓励提高产品附加值、摆脱低成本冲击国际市场的政策一拍即合。康佳方面表示,即使在部分发达国家,也要建立"中国制造"的强势品牌,就算是 oem,也要力求代表中国最好的设计、制造、品质等整体实力,而不是目前很多出口领域"中国制造"等同于低成本的坏印象,通过技术研发才能擦亮"中国制造"的招牌。

目前,康佳已成功介入欧洲最大零售市场,逐渐渗透到北美、欧盟等重要战略市场,成为国际化的知名品牌。

八、康佳集团科技兴企的发展战略

康佳集团自成立伊始就确立了科技兴企的发展战略。面对强大的竞争对手和日益严峻的市场环境,早在 20 世纪 90 年代初,康佳在国内同行中率先建立了产品技术研发中心,并以先进的研发理念和不断创新的研发体制一步步实践着引领潮流的远大目标。目前,康佳已在彩电和手机研发领域掌握了诸多关键技术和部分核心技术,并且形成了独特的产品研发优势。

强大的自主研发能力是康佳快速发展的关键所在。成立之初,康佳就确定了"领先国内,赶超世界"的远大目标,视技术创新为企业生存的头等大事,在同行中率先成立技术开发中心,同时不断加大科研投入,引进先进技术,完善研发手段,使产品的技术优势和市场优势始终保持领先地位,并填补了一系列的技术空白。1999 年 1 月,康佳自行研制的中国第一台高清晰度数字电视在美国拉斯维加斯国际消费电子展上登台亮相,引起了世界同行的强烈轰动,这标志着康佳的视听产品开发技术达到世界先进水平;同年,康佳推出了中国第一部具有自主知识的手机——K3118,在手机市场引起了强烈的反响;2000 年 1 月,康佳的艺术电视和 TV/DVD 二合一电视双双荣获拉斯维加斯国际消费电子展"创新 2000 奖",为中国消费电子产品首次赢得国际大奖;2000 年 10 月,康佳成功研制出国内彩电业第一块微控制器芯片,迈出了进军彩电核心技术研发领域具有里程碑意义的一步。目前,康佳正积极推行集成化产品研发管理体制,以着力打造一个市场导向型的技术研发与创新体系。2004 年 5 月 21 日,康佳在原有多媒体研发中心、移动通信研发中心、模具注塑研发中心等研发机构的基础上,正式成立了康佳研究院,通过研发资源的优势整合,把第三代移动通信和数字电视的前瞻性技术作为主要研究方向,并逐步向 3C 融合和数字娱乐方向迈进,以建立一个具有国际一流水平的技术创新体系和技术研发平台。

第四节　"垂直整合"资源,获得竞争优势

——比亚迪公司"走出去"成功模式①

比亚迪股份有限公司于1995年2月在深圳龙岗成立,是一家在香港上市的高新技术民营企业,目前为中国第一、全球第二的二次充电电池生产商。员工总数超过13万人,拥有IT、汽车、新能源三大产业群。比亚迪在广东、北京、上海和西安等地区建有七大生产基地,总面积将近1000万平方米,在国内已形成辐射全国的多方位布局:东—上海;南—深圳、惠州;西—西安;北—北京、天津;另外,公司还在欧洲、美国、日本、韩国、印度、中国台湾、中国香港等地设有分公司或办事处。

比亚迪拥有IT零部件制造、汽车制造和新能源三大产业,主要产品包括二次充电电池、塑胶件、液晶显示屏以及汽车、太阳能电站、储能电站和新能源汽车等。目前比亚迪手机领域的主要客户包括摩托罗拉、诺基亚、爱立信、京瓷、飞利浦等国际通讯业巨头。比亚迪汽车遵循自主研发、自主生产、自主品牌的发展路线,依托企业强大的技术和资金实力,全面整合汽车制造业的生产链,同时以科技创新为手段,实现制造成本的大幅降低和品质的迅速提升,矢志打造真正物美价廉的国民用车。

比亚迪设立中央研究院、电子研究院、汽车工程研究院以及电力科学研究院,负责高科技产品和技术的研发,以及产业和市场的研究等;拥有可以从硬件、软件以及测试等方面提供产品设计和项目管理的专业队伍,拥有多种产品的完全自主开发经验与数据积累,逐步形成了自身特色并具有国际水平的技术开发平台。强大的研发实力是比亚迪迅速发展的根本。

---

① 参见比亚迪公司网站(www.bydauto.com.cn)"公司介绍—成长历程"栏目;深圳市社会科学院研究报告:《深圳企业发展壮大机理研究(内部报告)》,2009年。

一、比亚迪"走出去"征程

比亚迪股份有限公司始建于1995年,由二十多人的规模起步,短短10年时间内迅速成长为IT及电子零部件的世界级制造企业,为全球第二大移动能源供应商,被誉为"制造业基因携带者"、"国际OEM皇帝"和"世界OEM隐形冠军"。

1998年,比亚迪在欧洲成立设计分公司。

1999年4月,中国香港分公司成立;1999年11月,美国分公司成立。

2001年4月,韩国办事处成立。

2002年7月,比亚迪在中国香港证券交易所上市(股票代码:1211.HK),创下了54支H股最高发行价的纪录。

2005年5月,日本分公司成立。

2007年,比亚迪印度分厂成立。

1997年,公司自主研发,开始生产锂离子电池,并且很快投入量产,2003年8月,上海工厂投产,开始动力电池和电脑电池的研发。

1999年,开发出当时行业内领先的SC2100P大电流放电池,当年镍镉电池产量达到1.5亿支。

2001年,自主研发的发泡镍锟焊、正极端面焊工艺,大大改善电极的集流性能,提高SC系列大电流放电性能,得到了BOSCH客户的认可,当年镍镉电池产量达到2.5亿支。

2000年,比亚迪成为MOTOROLA第一个中国锂电池供应商。

2002年,比亚迪成为NOKIA第一个中国锂离子电池供应商。

2003年,比亚迪跻身为全球第二大充电电池生产商,在镍镉电池领域,比亚迪全球排名第一,镍氢电池排名第二,锂电池排名第三。在相关应用领域,无绳电话电池占72%,电动工具、移动电话和电动玩具电池分别占39%、23%和38%;比亚迪模具中心是国内最先进的塑胶模具中心之一;同时比亚迪第四事业部(LCD)拥有世界一流的STN液晶显示屏生产线。2004年,BYD牌锂离子充电电池被国家质量监督检验检疫总局评为中国名牌产品。

2003年,比亚迪正式收购西安秦川汽车有限责任公司(现"比亚迪汽车有限公司")，进入汽车制造与销售领域，开始民族自主品牌汽车的发展征程。

2005年9月22日，第一款自主品牌F3轿车F3采取分站上市，在济南首发，杭州、深圳也陆续上市，打破了大多数厂家上市常规，成为汽车营销的一个经典案例。

2006年1月，比亚迪电动车研究所成立，研究所致力于纯电动车和DM双模电动车等新型能源汽车的整车及零部件的研发和试生产，其技术实力位居业内之首。

2006年6月，比亚迪纯电动轿车F3e研发成功，成功搭载ET-POWER技术的铁动力电池，实现零污染、零排放、零噪音的三无目标，续航里程达350千米，标志着比亚迪纯电动汽车技术处于世界领先地位。

2006年起乌克兰开始大量进口比亚迪轿车产品；首批启运200辆比亚迪F3，这是中国轿车首度进军乌克兰市场。

2007年2月2日，比亚迪汽车在上海与欧洲的葡萄牙、非洲的安哥拉、佛得角等国家和地区汽车贸易商正式签署汽车出口合作协议，这标志着比亚迪的海外战略开始全面推进。

2007年，比亚迪汽车全年实现产品销售10.1万辆，连夺"产量增幅第一"、"销量增幅第一"、"单品销量第一"三项桂冠，成为中国成长最快的主流汽车企业。

2008年10月6日，比亚迪以近2亿元收购了半导体制造企业宁波中纬，整合了电动汽车上游产业链，加速了比亚迪电动车商业化步伐。

2008年12月15日，全球第一款不依赖专业充电站的双模电动车——比亚迪F3DM双模电动车在深圳正式上市。DM双模电动车具有几个技术优势：一是纯电动模式续航里程，纯电动模式满足日常使用需要，无须用油；短途用电，长途用油；纯电动模式续航里程达100千米。二是环保、节能，在普通情况下，纯电力状态即可以满足日常出行需要，也就没有发动机的尾气排放。三是优越的电功性能，DM双模电动车驱动系统最大的输出功率125KW，相当于拥有3.0L发动机的优越动力性能。四是安全性能有保障，DM双模电动车的电池组为新一代专门开发的铁电池，它可以保证在汽车的使用寿命内，随意充放电而不需要更换,并且安全性能尤为突出。五是充电便捷,可以直接利用任何普通电源给汽车通电。六是使用成本低廉,DM 车型纯电动状态下百千米耗电仅为 16 度,电费按 0.6 元/kwh 计算,其行驶 100 千米的花费约为 9.6 元人民币。DM 双模电动车动力系统采用比亚迪最新研发的发动机,轻质铝合金发动机缸体,大幅提高了压缩比,让比亚迪 DM 双模电动车在任意状态下,实现最经济燃油消耗。

2009 年至 2010 年,比亚迪计划将推出纯电动汽车,提前 20 年实现世界汽车工业追逐的梦想。

2008 年比亚迪汽车总销量达到 17.1 万辆,比 2007 年增长 70.7%,实现销售收入超过 80 亿元,同比增长 77%。2009 年比亚迪制定了 40 万辆的汽车销售目标,2009 年上半年比亚迪销量达已经到 17.7 万辆(在二线城市销售较好),实现同比 176% 的增长,为实现 2009 年 40 万辆、2015 年达 100 万辆的销售目标打下了坚实的基础。按照王传福的规划,"2015 年,在乘用领域比亚迪要做到中国第一,2025 年要做到世界第一"。

发展至今,比亚迪已建成西安、北京、深圳、上海四大汽车产业基地,在整车制造、模具研发、车型开发等方面都达到了国际领先水平,产业格局日渐完善并已迅速成长为中国最具创新的新锐品牌。汽车产品包括各种高、中、低端系列燃油轿车,以及汽车模具、汽车零部件、双模电动汽车及纯电动汽车等。代表车型包括 F3、F3R、F6、F0、G3、L3 等传统高品质燃油汽车,S8 运动型硬顶敞篷跑车、高端 SUV 车型 S6 和 MPV 车型 M6,以及领先全球的 F3DM 双模电动汽车和纯电动汽车 E6 等。

2002 年,比亚迪被摩托罗拉公司授予"优秀供应商"称号,同年被全球权威刊物《亚洲货币》评为"2002 年最佳新上市公司管理奖"第一名,并被全球权威刊物《财资》评为"2002 年最佳中型企业上市集资项目"。

2008 年 9 月 27 日,美国著名投资者"股神"巴菲特的投资旗舰伯克希尔—哈撒韦公司旗下附属公司中美能源控股公司宣布以每股 8 港元的价格认购比亚迪 2.25 亿股股份,约占比亚迪本次配售后 10% 的股份,交易总金额约为 18 亿港元或相当于 2.3 亿美元。巴菲特投资代表了对比亚迪品牌价值的认可,对于加速比亚迪新能源汽车及其他环保产品在北美和欧洲市场,乃至全球的推广都极具战略意义。

2005 年获中国科技百强排行第四,2006 年被评为中国电子信息自强企业(排名第 31 位)。

目前,比亚迪作为全球领先的二次充电电池制造商,IT 及电子零部件产业已覆盖手机所有核心零部件及组装业务,镍电池、手机用锂电池、手机按键在全球的市场份额均已达到第一位。

二、敢于创新,敢于冒险

比亚迪公司领导人王传福曾是一文不名的农家子弟,26 岁时便成为高级工程师、副教授;在短短 7 年时间里,将镍镉电池产销量做到全球第一、镍氢电池排名第二、锂电池排名第三,37 岁便成为享誉全球的"电池大王",坐拥 3.38 亿美元的财富;2003 年,他斥巨资高歌猛进汽车行业,正在向"汽车大王"方向迈进。很多人认为答案是智慧、精练和汗水,而他自己则认为,"最关键的是要有冒险精神"。

1995 年,王传福在一份国际电池行业动态中发现,日本宣布本土将不再生产镍镉电池,而这势必会引发镍镉电池生产基地的国际大转移,王传福立即意识到这将为中国电池企业创造前所未有的黄金时机,于是决定马上涉足镍镉电池生产。1995 年 2 月,王传福放弃了一家公司总经理的职位,从做投资管理的表哥那里借了 250 万元钱,注册成立了比亚迪科技有限公司,领着 20 多个人在深圳莲塘的旧车间里干起镍镉电池生产。在当时,日本充电电池一统天下,国内的厂家多是买来电芯搞组装,利润少,几乎没有竞争力。如何打开局面?经过认真思考,王传福决定依靠自身技术研究优势,从一开始就把目光投向技术含量最高、利润最丰厚的充电电池核心部件——电芯的生产。日本的一条镍镉电池生产线需要几千万元投资,再加上日本禁止出口,王传福买不起也根本买不到这样的生产线。王传福利用中国人力资源成本低的优势,决定自己动手建造一些关键设备,然后把生产线分解成一个个可以人工完成的工序,结果只花了 100 多万元人民币,就建成了一条日产 4000 个镍镉电池的生产线。比亚迪的总体成本比日本对手低了 40%,利用成本上的优势,通过一些代理商,比亚迪公司逐步打开了低端市场。为进驻高端市场,争取到大的行业用户和大额订单,王传福不断优化生产工艺、引进人才,并购进大批先进设备,集中精力搞研发,使电池品质稳步提升。1996 年,比亚迪公司取代三洋成为台湾无绳电话制造商大霸的电池供应商。大霸是电信巨头朗讯的 OEM,比亚迪公司因此成为朗讯的间接供应商。1997 年,比亚迪公司镍镉电池销售量达到 1.5 亿块,排名上升到世界第四位。在镍镉电池领域站稳脚跟后,不甘寂寞的王传福又开始了镍氢电池的研发,并从 1997 年开始大批量生产镍氢电池。这一年,比亚迪公司镍氢电池销售量达到 1900 万块,一举进入世界前 7 名。此后,王传福把目光放到了欧美和日本市场。1998 年至 2000 年,比亚迪欧洲分公司、美国分公司先后成立,大客户名单上出现了松下、索尼、GE、AT&T 和业界老大 TTI 等。2000 年,王传福投入大量资金开始了锂电池的研发,很快拥有了自己的核心技术,并成为摩托罗拉的第一个中国锂电池供应商。2001 年,比亚迪公司锂电池市场份额上升到世界第四位,而镍镉和镍氢电池上升到了第二位和第三位,实现了 13.65 亿元的销售额,纯利润高达 2.56 亿元。目前,比亚迪以近 15% 的全球市场占有率成为中国最大的手机电池生产企业,在国际市场上正与日本三洋一决雌雄。目前,在镍镉电池领域,比亚迪全球排名第一,镍氢电池排名第二,锂电池排名第三。

如果说生产电池对于王传福来讲是第一次冒险,那么决定制造汽车无疑是他第二次冒险。2003 年 1 月 23 日,比亚迪宣布,以 2.7 亿元的价格收购西安秦川汽车有限责任公司 77% 的股份。比亚迪成为继吉利之后国内第二家民营轿车生产企业。2003 年 8 月,在陕西广东经贸合作推介会上,王传福再暴惊人之举,比亚迪与西安高新技术产业开发区、陕西省投资集团签订合资组建比亚迪电动汽车生产线合同,项目投资达 20 亿元人民币。王传福的思路是,通过电池生产领域的核心技术优势,打造中国乃至世界电动汽车第一品牌,"电池大王"将造汽车与自己的长项相结合。王传福的自信来源于比亚迪在电池生产领域的成功。他要复制这样的成功,他看准了庞大的汽车市场。王传福在汽车产业获得了巨大成功,2008 年,比亚迪汽车销售量达到 17 万台。2009 年,比亚迪汽车销售量达到 40 万台。

2004 年 1 月,深圳市有 200 辆比亚迪制造的锂离子纯电动汽车投入出租运营,成为全国第一家电动车示范区,真正实现尾气零排放。这种电动汽车一次充电后可行驶350千米,成本价在10万元到12万元之间,零售价在14万元左右。在做完必要的改进后,将全面进入北京市场,并且在上海、广州、西安等城市陆续上市。

三、"垂直整合资源"战略

比亚迪从构建竞争优势出发,"垂直整合"资源。

同国内一般强调国际先进技术不同,比亚迪不以技术是否先进而是以终端产品是否有竞争优势为标准,对资源"垂直整合"。"垂直整合",是指企业凭借技术优势把某一类产品的整机和零部件设计、研发及生产全部集成,在企业范围内整合各零部件的生产供应,为客户提供整体产品供货方案。

比亚迪早期做电池的时候,引进的是日本生产线,在组装电池过程中,比亚迪淘汰了日本自动组装生产线,而改成了人工组装,因为中国劳动力更加便宜,用人工生产线组装起来的电池的产品成本更加低,从而塑造了更强的竞争优势。用山寨手法,打造世界传奇优势,最终演变成是世界最著名的品牌厂家都青睐的电池供货商。比亚迪依靠这一策略,在电池行业也积累了宝贵的第一桶金,成功在香港上市,完成了原始的资本积累。

在汽车工业起步的最初几年,比亚迪的难度是非常大的,只有一款福莱尔车型,经营艰难。但比亚迪仍然从优势着眼,在关键的技术点上进行自主研发,考虑到国人对汽车的外形与内饰要求高,比亚迪在北京收购了一个模具厂,从而使模具成本大幅度降低,对市场反应速度大幅度加快。

通过"垂直整合"策略,比亚迪将汽车生产中的关键零部件及专用仪器设备等都纳入到公司的可控范围内,使那些技术含量高、运输成本贵的零部件也都实现自己开发制造。比亚迪轿车按总成计算有70%都是自己生产的,除轮胎、玻璃等部分配件外,全车模具、内饰配件,甚至连制造汽车用到的焊接生产线、涂装生产线及发动机专用数控机床等也都实现了自制,此举在提升产品质量可控性的同时,有效地节省了生产成本,使产品的竞争力显著增强。

通过"垂直整合",比亚迪实现资源的最优配置,发挥了资源的最大值。短期来看,比亚迪垂直整合战略更大限度地利用了资源,节省了成本,造就了比亚迪产品性价比优势,有利于提高比亚迪产品的竞争力。长期来看,比亚迪不光是在制造高性价比的卓越产品,还在不断地进行技术资源的整合、生产工艺的整合、管理流程的整合、员工素质的整合等,不断巩固企业的内核,增强企业的核心竞争力。

比亚迪生产锂离子、镍镉、镍氢充电电池,一开始就采用了手工为主的生产模式,来对抗自动化程度极高的日本生产线。没有钱买设备,只好自己动手做一些关键设备,然后把生产线分解成若干个人工完成的工序,以尽可能地代替机器。没想到,这个不是办法的办法,却带来意想不到的效果:表面上看,这种落后的生产模式毫无优势可言,但现在看来,打败日系企业最大的法宝,就是这种手工作业的模式。日本企业一条电池自动生产线的投入超过千万,比亚迪自创的以人力居重的生产线,就具备先天的优势,一次投入小,灵活性大。当一个新的产品推出的时候,原有的生产线只需做关键环节的局部调整,再对员工做相应的技术培训就可以了。

日系厂商的全自动化生产线,每一条线只能针对一种产品,如果要推出新品,则必须投建新的生产线,投资少则千万,多则达到几亿。在电池领域产品更新换代日渐频繁的今天,比亚迪在生产线的成本优势明显。

在金融风暴或者"9·11"之后,全球电池产品价格暴跌,很多日系厂商难以为继,而比亚迪却逆势而上,增长高达90%,将很多原来日系厂商的订单揽入怀中,市场份额不断扩大。生产线对设备要求越高、投入越多,这种"落后"作业模式就越具领先优势。

四、"技术为王,创新为本"的发展理念

比亚迪始终坚持"技术为王,创新为本"的发展理念,目标就是要成为像日本东芝这样的企业,拥有真正的核心技术。2004年、2005年比亚迪投资了很多技术,2007年有1200个专利(每年申报的专利),是华为的1/3,在全国的专利排名第7位。比亚迪不仅重视保护自己的专利,也研究如何攻破对手的专利壁垒。

比亚迪作为一家技术型企业的崛起,在继承的基础上进行创新。合法地规

避已有专利，突破西方企业的专利封锁。

第五节　个人银行的成功之路

——招商银行"走出去"成功模式①

招商银行是从蛇口工业区财务部发展起来的股份制银行，目前总资产超过1.2万亿元。在英国《银行家》杂志发布的中国银行业100强最新排行榜中，按照一级资本排序，招商银行位居第六。

招商银行在境内三十多个大中城市、香港设有分行，网点总数五百多家，并与世界九十多个国家和地区的一千多家银行建立了代理行关系。2007年11月8日（美国东部时间），美联储正式批准招商银行在纽约设立分行，这是自1991年美国《外资银行强化监管法案》实施以来，中资银行首次获准在美开设分行。

20多年来，招商银行以敢为天下先的勇气，不断开拓，锐意创新，在革新金融产品与服务方面创造了数十个第一，较好地适应了市场和客户不断变化的需求，被广大客户和社会公众誉为国内创新能力强、服务好、技术领先的银行，为中国银行业的改革和发展作出了有益的探索，同时也取得了良好的经营业绩。

在中国银监会对股份制商业银行的内部评级中，招商银行连续六年被评为第一。

在境内外权威媒体和有关机构组织的各类调查评选中，招商银行获得中国本土最佳银行、中国最佳零售银行、中国最受尊敬企业、中国最具价值上市公司、中国最佳雇主等多项殊荣，是中国银行业中公认的最具品牌影响力的银行之一。

---

① 参见张素梅：《探究招商银行的发展之路》，《沿海企业与科技》2009年12期；深圳市社会科学院研究报告《深圳企业发展壮大机理研究（内部报告）》，2009年；深圳经济特区研究会调研报告：《深圳企业实施走出去战略研究（内部报告）》，2009年。

一、为优质大中小客户服务的个人银行业务

招商银行定位为个人银行,率先开发了一系列高技术含量的为个人服务的金融产品与金融服务,打造了"一卡通"、"一网通"、"金葵花理财"、"点金理财"、国际标准双币信用卡、"财富账户"等知名金融品牌,树立了技术领先型银行的社会形象。

招商银行于1995年7月推出的银行卡——"一卡通",被誉为我国银行业在个人理财方面的一个创举;目前,累计发卡量接近4000万张,卡均存款余额是全国平均水平的2.5倍,居全国银行卡前列。

招商银行在国内率先构筑了网上银行、电话银行、手机银行、自助银行等电子服务网络,为客户提供"3A"式现代金融服务。

招商银行业务创新能力较强,产品定位比较明晰。近年来,在公司银行业务保持良好发展势头的同时,个人银行业务保持强劲增长并在同业中具有明显优势。在公司客户中,实现从优质大客户为主向优质大中小客户并重转变,有助于在细分客户的基础上抢占潜在优质客户,在稳固既有客户基础上扩大客户服务群体。

二、产品创新是招商银行制胜的法宝

作为股份制银行,与国有大银行比,招商银行缺乏网点、融资渠道方面的优势。但招商银行通过产品创新,弥补了这方面的不足,充分体现了个人银行特点。信用卡的发行成功,就是其创新营销的典范,给予我们许多经验和启发。

统计数据表明,招商银行信用卡目前已占据了国际通行的双币贷记卡发卡量头把交椅;以平均每个流通户月均消费约2000元的成绩名列业界前茅,荣获"最受青睐的银行信用卡"称号,成为民族银行卡的骄傲。

招商银行2003年首年发卡60万张,一举刷新亚太地区发卡新纪录;2004年在胡润的千万富豪品牌之选中被评选为最受青睐的银行信用卡;2005年成为国内发行量最大的双币信用卡。

招商银行信用卡业务被正式摆上招行决策层的议事日程,是1999年。当年

年初,中国人民银行下发了《银行卡业务管理办法》,对循环授信的贷记信用卡在政策上予以规范,这意味着监管层对信用卡业务开了绿灯。以"一招鲜,吃遍天"闻名业内外的招行,凭借灵敏的市场嗅觉,将目光投向了在中国市场刚刚发芽的信用卡业务。

与今日国内银行各显神通、大战信用卡的火暴气氛相比,1999 年的信用卡市场堪称"冷清"、"静寂"。发卡行仅局限于四大国有银行和广发行,产品也以需要担保的准贷记卡和无法在境外使用的本币卡唱主角,真正意义上的贷记信用卡不足 1%。

当时,海外信用卡市场市场早已如火如荼。20 世纪末,全球信用卡发卡量已高达 30 多亿张,以美国为例,人均拥有 6 张信用卡。据统计,中资银行的银行卡所创造的利润占比一般不到 3%,这其中由信用卡带来的收入简直可以忽略不计。而国际上信用卡业务给银行带来的利润一般占到 30% 左右。

虽然国外的经验表明,信用卡业务将会带来丰厚的利润回报,但国内还没有形成借贷消费的习惯,个人资信体系尚未建立,在中国发展信用卡面临的问题一方面是市场培育时间的遥遥无期,另一方面是风险控制的难以把握。

但经过一番论证,招行管理层还是正式将发展信用卡业务的方案提交 2000 年 3 月的董事会审议,并顺利获得通过。在大多数国内银行对信用卡业务还等闲视之之时,招行凭借敏锐嗅觉和战略眼光作出的这一决策为其后的一系列布局赢得了先机。

董事会批准之后,招行立即成立了跨部门的信用卡项目小组,围绕信用卡的发展方向和运作模式开始了艰难的探索。

在运作模式的论证中,招商银行面临着左右两种选择:向左走,以自我开发为主,创立自主品牌;向右走,与外资银行合作,发行联名卡。经过管理层的深入研讨后,大家一致认为,如果一家商业银行没有一张属于自己的信用卡,那将是莫大的遗憾,况且中国拥有巨大的市场潜力。有数据表明,从 1990 年到 1999 年的 10 年间,我国城镇居民人均可支配收入足足增长了 2.87 倍。中国居民消费水平的快速提升给了信用卡业务充分的发展空间。从美国的情况看,在信用卡市场逐步繁荣的年代中,人均 GDP 和信用卡持卡率呈明显的同步增长趋势。为此,招行决定独自发卡,创立自主品牌。涉足信用卡领域,招行并不仅仅看重其潜在的巨大利润,更将其视为提升品牌形象的有力武器。

没有品牌的企业不符合当代发展潮流。招行在发展信用卡时正是走的自主品牌道路。

确立了创建自主品牌的同时,招行再一次面临着抉择的难题:走完全自主开发的道路,还是引进顾问团队合作开发。

当时,有人主张自己开发,理由是招行完全依靠自身力量开发了蜚声业界的"一卡通"、"一网通"的 IT 系统,自然也可以成功开发信用卡系统。但招商银行却没有盲目自信,而是清醒地意识到,信用卡毕竟不是储蓄卡,其复杂程度不可同日而语,从零起步,不仅风险大,而且时间长,即使开发成功,也会丧失市场时机。于是,决定引进成熟的顾问团队帮助开发,选择合作伙伴。这个决定使得招行在创建自主信用卡品牌的同时,又能依靠顾问的技术和经验,大大缩短研发时间,在高起点的基础上,打造一支高素质的专业团队。

2001 年 12 月 12 日,招商银行信用卡中心正式入驻上海。在位于浦东民生路 600 号的一栋小楼里,招商银行迈出了挺进中国信用卡市场的第一步。在深圳总部以外设立一个独立运作的部门,在招行的发展史上,这还是第一次,招行信用卡中心也成为了国内第一个按照全成本核算原则实行内部独立核算的信用卡中心。具体而言,在作业模式上,该中心实行了符合国际惯例的"中心化"、"集约式"处理模式,逐渐形成了一个完整的业务经营和管理链条;在经营模式上,实行全成本内部独立核算;在管理模式上,信用卡中心既直接负责信用卡业务的经营,也负责全行信用卡业务的管理和推动。

这个在业界被称为"招行的神秘外援"的顾问团队与招行精诚合作,仅用了13 个月就炮制出一张"一卡双币,全球通行"的国际标准信用卡,走完了国内其他银行花了七八年时间才走完的路,用事实打消了外界对这一合作模式的疑虑。

三、优秀的企业文化

招商银行的企业文化(以下简称招银文化)是在招行二十多年艰苦创业的历程中,在日常经营管理的实践中,在全行干部员工认识不断提升的过程中总结提炼出来的。从初创期创新导向的"创业文化"到目标导向的"规模文化",再到规则导向的"风险文化",继而向更高层次的"管理文化"演进,招银文化内涵和外延,内容和形式都与时俱进,不断得到充实和提高。

(1)第一阶段:1987—1993年,文化萌芽期——创业文化

成立之初的招商银行具有明确的愿景——"做真正的银行",并且有强烈的历史使命感——"在中国这块土地上走出一条改革的路子,办成具有中国特色的社会主义新型银行"。"吃苦在前、享受在后"、"拼搏、奉献、创新"、"敢为天下先"和"以苦累为荣"等这个时期提出的口号集中反映了招商银行文化萌芽期的企业价值取向是拼搏奉献、创新和客户至上。而在制度层面,当时的人力资源制度体现出与文化精神层面较好的契合,主要表现在:①在招聘中体现公平竞争;②严格的考核和晋升机制;③比较注重人文关怀。

(2)第二阶段:1993—1999年,文化发展期——规模文化

随着总行从深圳蛇口搬到深圳中心区,招商银行进入了高速发展期;而受到那一时期全国金融业高热的感染,不可避免地具有强烈的规模扩张的冲动,形成了规模文化。这一阶段招行的愿景是做"国际化的大银行",价值观则是"以业绩论英雄"、重结果不重过程。个人工作业绩与收入、晋升紧密挂钩,注重业务发展速度、规模和短期效益,相信"发展才是硬道理"。服务意识进一步得到加强,于1997年提出的"拼搏、奉献、创新"成为招银精神的核心内容;在经营理念上创新意识非常突出,而在风险意识上相对欠缺,管理比较薄弱,业务管理制度缺乏统一性,并很自然导致了团队与全行协作的不足,相对缺乏人文关怀。

(3)第三阶段:1999—2002年,文化变革期——风险文化

随着高速发展累积大量风险的反思,招商银行开始在价值取向上,强调风险管理是银行永恒的主题,把风险文化作为企业文化的重要组成部分,重结果更重视过程,严格按规章制度办事,培养从实际出发的扎实的工作作风,效益重于规模,长期重于短期。为统一思想,招商银行还提出处理好管理与发展、质量与效率、股东、员工和客户的关系、制度与文化、长期效益与短期效益五大关系。

(4)第四阶段:2002年上市至今,文化整合期——管理文化

随着上市成为公众公司,招行提出银行"因势而变"的理念、一三五铁

律、"效益、质量、规模协调发展"的科学发展观及经营战略转型的思想，成为国内商业银行业的思想领袖。招银文化的精神层从"铸造中国民族银行业精品，宁可降低速度也要重视资产质量"，向"打造股市蓝筹，塑造百年招银"的目标转变。

目前，招银文化包括四个层次：

精神层〔核心层〕：主要指企业的愿景、使命，核心价值观与企业理念，企业精神和作风，是企业文化深层次的、具有隐性的内核，决定了制度文化和行为文化。

制度层（中间层）：主要是指企业的各种规章制度和企业员工对这些规章制度的认同程度，也包括企业的组织结构等。

行为层（表层）：是形成制度层和精神层的条件，主要指企业的外观、内部小环境、产品的外观、服务，以及风俗、仪式、故事和英雄人物等方面。

社会层（企业文化的对外传播）：是企业文化的外溢，是企业同其社会环境相互反馈而形成的价值体现，既有社会对企业的认同，也包括企业对社会的态度。

具体而言，招银文化的精神层由九大部分内容组成。招银愿景——力创股市蓝筹，打造百年招银；招银使命——为客户提供最新最好的金融服务；核心价值观——服务、创新、稳健；经营理念——因势而变，因您而变；发展理念——效益、质量、规模协调发展；人本理念——尊重、关爱、分享；全局理念——全局至上，和谐为美；招银精神——挑战、自省、奉献；招银作风——严格、扎实、高效。

正是由于有了优秀的企业文化，招商银行才造就了一支优秀的员工队伍，才创造了令人瞩目的出色业绩。

四、优质服务成就招商银行的口碑和品牌

招商银行有句口号："因您而变"，这是现代商业银行的服务理念，尤其是个人银行的服务理念。"因您而变"，就是以市场为导向，不断地进行产品和服务创新，以满足客户日益增长的个性化金融服务需求。招商银行始终将客户个性化的需求视为第一重要。

　　招商银行将复杂的理财业务和一般金融业务进行分流,将复杂的理财业务集中到理财中心办理,提升业务处理效率,缓解因单个客户办理业务时间过长引起的排队等候现象。

　　招商银行教育员工牢记以客户需要为第一的文化理念,经常进行企业文化、公关礼仪、顾客心理、客户关系管理、沟通技巧以及业务技能等培训,全方位提高员工素质,做到微笑服务、熟练服务、规范服务。

　　从人员配备上,招商银行每个支行均设大堂经理,目前招行全部支行均设置2名以上的大堂经理,第一时间了解客户需求,分流客户到最合理的处理区域,同时对引导客户,帮助客户以最合理的方式完成业务,如引导取现客户到柜员机办理业务、指引开户客户到低柜办理等,及时分流营业厅客户,减轻营业厅客户等候压力。

　　近年来,随着业务的快速发展,招行的网点投入力度空前加大,每年新建近百家分支行网点。同时,是加快自助银行建设,提高客户服务能力。自助银行的建设有效缓解了柜面的压力,大大提高了对客户的服务能力。

　　招商银行积极推动网上银行、电话银行等远程银行的发展。经过多年的发展,招行已经建立起国内领先的网上银行,无论是网上银行的客户比例,还是交易量在业内均位居前列,网上银行大大分流了物理网点的业务量。招行已经建立起全国大集中式呼叫中心,设立了全国统一服务热线电话95555,全国各分行客户在当地拨打市话即可联通。招行电话银行中心拥有坐席900个,平均话务量达到自动语音60万笔/天、人工7万笔/天。电话中心在咨询投诉服务外,还提供远程柜台服务、快易理财服务、电话支付、出行易、主动营销、催收等一系列服务。

第六节　股东、人才、业务全面国际化

——中国平安保险集团"走出去"成功模式①

中国平安保险(集团)股份有限公司于 1988 年在深圳成立,是中国第一家以保险为核心,融证券、信托、银行、资产管理、企业年金等多元金融业务为一体的紧密、高效、多元的综合金融服务集团。2004 年 6 月和 2007 年 3 月,公司先后在香港联合交易所主板及上海证券交易所上市。

2009 年 6 月,平安入选英国《金融时报》2009 年度"全球 500 强",在全球寿险公司排名第二位。同年 4 月,平安入选《福布斯》2009 年度"全球上市公司2000 强",排名第 141 位,三度蝉联非国有企业第一名。

经过二十多年的发展,平安在中国发展成为最大的分销网络之一,在全国所有经济发达的地区拥有庞大的市场份额。平安拥有约 39.4 万名寿险销售人员及 8.3 万余名正式雇员,各级各类分支机构及营销服务部门 3800 多个,约 4700万名个人客户及超过 200 万名公司客户。

中国平安是中国金融保险业中第一家引入外资的企业,拥有完善的治理架构,国际化、专业化的管理团队。中国平安遵循"集团控股、分业经营、分业监管、整体上市"的管理模式。中国平安拥有中国金融企业中真正整合的综合金融服务平台,位于上海张江的中国平安全国后援管理中心是亚洲领先的金融后台处理中心,公司据此建立起流程化、工厂化的后台作业系统,并借助电话、网络及专业的业务员队伍,为客户提供专业化、标准化、全方位的金融理财服务。通过客户首创的客户服务节,万里通、一账通等创新的服务模式,为客户提供增值

---

① 参见赵守兵:《平安保险传奇——中国平安成长路径解密》,海天出版社 2007 年版;深圳经济特区研究会调研报告:《深圳企业实施走出去战略研究(内部报告)》,2009年。

服务。在 2008 年度的权威调查中,集团下属平安寿险、平安产险的客户满意度均居行业首位。

中国平安保险(集团)股份有限公司是以股东、人才、业务全面国际化实现了走出去的过程。

1994 年,成为平安发展史上一个关键的时间点。经过艰辛的谈判,公司决策层首开先河,向摩根士丹利和高盛两家著名的大财团敞开大门,成为中国第一家有外资参股的保险企业。摩根士丹利和高盛以超过每股净资产 6 倍的价格取得平安 13.7% 的股份,入股的资金为每家 3500 万美元。

由于外资进入,改善了股权机构,董事会的制衡机制得到增强。摩根士丹利和高盛的入资给平安带来了国际化视野和全新的管理理念。

1996 年,平安聘请世界一流的咨询顾问公司麦肯锡,对平安的成长策略、组织架构、业务流程等方面开展全方位改革,不仅帮助平安确立了以寿险为核心的发展,设计了完善的投资架构和工作流程,而且为平安打开了一扇看世界的窗口,使国际上最先进的企业管理思想和方式在平安生根、开花、结果。与麦肯锡的合作改变了平安的观念,开拓了平安的视野,把平安的思维提高到了一个新的高度。

2002 年,汇丰以 50 亿元认购平安 10% 的股份。汇丰给平安带来资金的同时,更重要的是带来了先进的技术和成熟经验。平安在上海张江的后援中心即借鉴了汇丰几十年来独到的成功经验,此后援中心在国内金融保险业中尚属第一。

2004 年 6 月 24 日,H 股 IPO,全球发行 13.8789 亿股 H 股,占公司股份总数的 22.4%。

1995 年,平安开始了人才的国际化。

2004 年,平安高管人才的国际化达到了一个高潮,目前,平安前 100 位高管中有超 60 位来自海外,人才的国际化带了的是内部体制的国际化。平安的国际化人才包括:来自麦肯锡的张子欣(集团总经理),来自香港的梁家驹(集团首席保险业务执行官)等。

十多年来,平安走上了一条循序渐进的"外脑"引进之路,平安目前有 19 名董事,其中海外董事9人;排名前100的高管中60多位来自海外,平安极具竞争力的国际化、专业化的团队与管理平台对中国平安的投资业务有着十分重要的作用。

作为率先引入海外人才的国内金融机构,十多年来,平安通过国际人才战略,建立了与国际接轨的管理体系,对平安的加速稳健发展发挥了十分重要的作用。在平安兼容并蓄、以绩效为导向的文化以及完善的制度化平台基础上,来自不同文化背景、不同经历的人合作顺畅、高效,已形成了强大的国际化人才队伍。

人才国际化不单单是引进海外人才,最重要的是本土人才的国际化,平安通过海外人才的传带和各种各样的培训,使本土人才逐步建立国际化的视野及专业技能的职业素养,从而带动整个公司、整个行业迈向国际化。

2007年9月,平安以18.1欧元(约196亿元人民币)购买富通集团的9501万股股份(占富通集团总副本的4.18%),成为富通集团单一的第一大股东。

富通集团是一家以经营银行及保险业务为主的国际金融服务提供商,拥有遍布全球50多个国家的网点以及6万名员工。富通集团于阿姆斯特丹和布鲁塞尔的泛欧交易所第一上市,并于卢森堡证券交易所第二上市,且于美国发行存托凭证。

第七节　打造完整的文化科技产业链

——深圳华强文化科技集团"走出去"成功模式①

深圳华强文化科技集团股份有限公司是华强集团旗下从事文化科技产业领域的专业集团公司,是华强集团近年来重点发展的产业领域,是我国首屈一指集创意、研发、生产、销售为一体的大型产业集团。

---

① 参见深圳经济特区研究会调研报告:《深圳企业实施走出去战略研究(内部报告)》,2009年。

一、文化企业"走出去"的典型

2000 年年底,华强集团开始参加美国、欧洲、亚洲各地的专业娱乐设施展会,大刀阔斧地开拓国际市场。

2005 年 11 月 7 日,华强集团与广东锦峰集团在汕头迎宾馆正式举行汕头蓝水星方特乐园合作签约仪式,标志着粤东首个大型主题乐园已全面进入实质性运作阶段。项目投资 8 亿元,占地面积 405 亩。

2006 年 4 月,重庆金源方特科幻主题公园完工亮相,项目总投资 3.9 亿元人民币,占地面积 35000 平方米,号称"全国第一个高科技主题公园"。

2006 年 9 月 1 日,安徽芜湖"方特欢乐世界"主题公园正式开工建设,2007 年 10 月 18 日建成并试营业,总面积约 125 万平方米,总投资超过 15 亿元人民币。

2007 年,华强文化科技集团年投资总额达 2 亿元,年产值高达 6.5 亿,实现销售收入 4.2 亿元,利润 0.3 亿元。

2008 年 5 月 19 日,华强文化科技集团与伊朗 SamanGaostar 公司签署协议,共同在伊朗第二大城市伊斯法罕建设主题公园,该项目 12 月开工建设,预计 2010 年年底建成并开业,该项目涉及中方投资达 8000 万欧元,建成后将成为伊朗最大、最先进的动漫园区和旅游景区。

2008 年 10 月,华强自主创作的二维动画片《海螺湾》、三维动画片《恐龙危机》、手偶剧《新星小镇》在法国戛纳电视节上与埃及、印度、土耳其等国家签下订单,成功迈出了动画片进军国际市场的步伐。

2008 年,华强集团完成了乌克兰克里姆半岛、尼日利亚阿布贾等地区大型文化产业主题公园的设计。

2008 年,华强文化科技集团销售收入 5.5 亿元,利润 4200 万元,与 2007 年相比分别增长 31% 和 40% 。

2008 年 10 月 18 日,李长春同志视察华强时对华强作出了"学习迪斯尼,超越迪斯尼"的指示,此后各部委、各省市政府的领导纷纷来华强文化科技集团参观、视察,对华强文化科技产业给予高度评价。

2008 年 12 月 30 日,"芜湖华强文化科技产业园"项目破土动工,预计将于 2010 年 5 月 1 日竣工开业,占地约 70 万平方米、投资约 25 亿元人民币。

2008 年华强文化科技集团推出 3 部原创二、三维动画长片,长达 6000 分钟,总集数达到 400 多集,2008 年动漫产品出口 5000 分钟。2009 年,动画产量可达 1 万分钟,未来几年将增至年产 6 万—8 万分钟,占中国动漫产量的一半以上。

2008 年 12 月 27 日,山东泰安"泰山方特欢乐世界"开工建设。同时沈阳沈北新区"东北华强文化科技产业园"也正在规划建设中,预计投资将达到 200 亿元人民币。

2009 年 4 月 20 日,温家宝总理在视察华强后亦对华强寄予了殷切希望,他指出:"现在我们把科技与文化结合在一起,再加上我们又有 5000 年的文化传统,这是一个雄厚的根基,靠你们的创新意识和能力,一定能够带来科技文化的大发展,不仅让中国的人们,特别是让孩子们高兴,而且将这带给世界。"

2009 年第一季度销售收入 1.266 亿元,利润 5316 万元。分别比 2008 年同期增长了 100%、274%。

华强文化科技集团现已出口特种电影影片 20 余部,环幕 4D 影院销售到包括美国、加拿大、意大利在内的全球 40 多个国家和地区,并以每年 5—10 套的销售速度递增,全球各地的客户都要向华强文化科技支付租赁费以获得影片的播放授权。

2009 年 5 月,沈阳华强文化科技产业基地正式开工。2009 年 5 月 18 日,华强集团在深圳与中非发展基金等 4 部门签订协议,将在南非约翰内斯堡市,建设非洲首座中国主题公园"方特欢乐世界"。

2009 年 9 月 29 日,湖南华强文化科技产业基地在湖南省株洲云龙示范区奠基开工,项目总投资 150 亿元人民币,占地 7500 亩。

目前,华强文化科技集团的自主研发的 60 多套环幕 4D 影院,20 多部特种电影还远销美国、意大利、乌克兰、科威特、沙特、委内瑞拉、拉脱维亚、立陶宛、韩国等 40 多个国家和地区。

二、现代高新科技和文化产业相结合

华强文化科技集团率先将现代高新科技和文化产业相结合起来,通过不断创新与探索走出了一条"以文化为核心,以科技为依托"的文化科技产业发展新道路,打造出一条"创、研、产、销"一体化的文化科技产业链,并提出了文化产业规模化、多元化、国际化的发展战略。发展出以媒体网络、影视娱乐、文化科技主题公园、文化衍生品四大领域为核心的立体多元产业网络,业务领域涵盖文化科技主题公园、特种电影、数字动漫、游戏软件、文化衍生品、主题演艺、影视后期等16个文化产业相关领域,在产业内部形成优势互补的产业链。

华强文化科技集团将文化产业、科技产业、旅游产业三者结合为一体,坚持自主创意、自有知识产权,拥有国内目前最大、设备最齐全的数码电影制作专业公司。华强文化科技每年会将销售收入的15%用于创意研发,以自主创意、自有知识产权为理念,累计获得国内外专利近百项,版权和软件产品登记100多项,其自主研发的60多套环幕4D影院,20多部特种电影已出口到美国、加拿大、意大利等全球40多个国家和地区。

集团是国内唯一具有成套设计、成套制造、成套出口大型文化主题公园的企业,不仅完成了在芜湖、重庆投资建设第四代高科技文化主题公园的发展计划,而且将文化科技主题公园输出到伊朗、南非、乌克兰等国家。集团不仅在深圳建立总部基地,还在沈阳、芜湖、青岛、湖南建立集创意、研发、生产、展示、经营于一体具有规模化生产能力的文化科技产业基地。动漫产品2008年出口5000分钟;游戏与教育软件通过互联网覆盖全球。

华强文化科技集团以科学发展观为指导,在自主创新之路上探索出的"文化+科技"的文化产业模式得到了业界的广泛认可,受到了中央领导和中央有关部委的高度重视和关注。

结合深圳市提出的实施文化立市战略和自主创新战略,建设国家创新型城市的总体思路,华强集团认真分析了高新技术产业和文化产业发展的大趋势,率先提出"文化科技产业"的概念,成立了华强文化科技集团,充分利用自身在电子信息产业领域的发展优势和基础,逐步形成了以文化为核心,以科技为依托的新型产业发展模式。文化与科技的结合,一方面将极大地提高文化产业的科技含量,丰富文化产品的表现形式,提高文化产品的附加价值;另一方面也将使高科技找到新的应用领域,提升科技产品的文化内涵,拓展市场空间,降低发展风险。"文化科技产业"作为一种新型的产业业态,可以实现文化与科技之间的优势互补和相互促进,大大增强产业的整体竞争力和可持续发能力。"文化科技产业"概念的提出和实施,使华强集团在发展困境中找到了一条实现产业可持续发展的最佳途径,在巩固电子信息产业优势的同时,打出了一片新天地。

三、打造完整的文化科技产业链

华强文化科技集团始终把自主创新作为企业发展的生命线,坚持以创新为动力,不断探索,打造出一条"创、研、产、销"一体化的文化科技产业链,实现了各产业链条的有效链接,构建起一个以市场为目标、以高科技技术为支撑的强大产业发展平台。在这个产业链中,各个不同领域之间互为上下游,互相依靠和支持,实现了产业衔接,优势互补,资源共享。这一具有中国特色的文化科技产业链,使过去文化产业发展过程中非常棘手的创意、关键技术、自主产权、资金、市场、人才等诸多问题得到了很好的解决,为文化产业加快创新发展探索出一条新的道路。

华强文化科技集团近年来能够快速发展,其根本得益于自主创新、自主研发以及自有知识产权。该公司在打造产业平台时,始终以文化为核心,旅游为平台,科技为保障,创新发展文化科技产业,用高科技含量的文化产品创造消费、用消费需求刺激文化产品的创意、研发与生产,形成科技投入与文化产出良性循环,形成了企业的核心竞争力,为文化产业加快创新发展探索出一条新的道路。目前,该集团掌握了特种电影、数字动漫、文化主题公园等多个领域的关键技术和自有知识产权,累计获得国内外专利近百项,版权和软件产品登记一百多项,拥有了一系列具有国际竞争力的拳头产品。华强文化科技集团能够打入海外主题公园市场,最重要的因素在于核心原创的力量。

华强文化科技集团在发展中坚持统筹兼顾,将属于文化产业范畴的多个不同但相关的领域整合在一起,努力形成多元化文化产业发展格局。华强集团从一开始就提出要建设"创、研、产、销"的文化科技产业链。在集团内部整合组建了8个专业公司,形成了一个产业实体,分别从事不同的专业工作,在文化科技产业链中承担不同角色,为集团实现多元化发展提供支撑。

在产业多元化的总体发展方向上,华强文化科技集团借鉴美国迪斯尼、环球影城两大集团"文化+旅游+科技"的成功经验,在国内首次将文化、科技、旅游三大产业从市场角度整合为一体,形成了以自有品牌、自主知识产权为核心,以动漫、特种电影、游戏、衍生产品、主题公园为内容,以旅游、电视网络、互联网络、音像出版、休闲娱乐为市场的具有国际竞争力的多元化商业运营模式。目前,这一围绕文化、依靠科技、面向旅游市场的商业模式正伴随着华强文化科技集团的迅速成长而走向成熟,并取得了初步成功。

经过多年摸索,华强文化科技集团已经建立起了具有国际竞争力的文化产业链,整合文化、旅游、科技产业,探索出新颖而独特的文化产业发展模式,破解了困扰文化产业发展的种种难题,较好地解决了文化科技产业创新与创意、规模化生产以及市场营销等一系列问题,形成了企业的核心竞争力。

华强文化科技集团不仅向文化产业注入科技元素,而且打破传统的生产模式,提出用规模化的生产来提高产品的产量和产值,通过工业化的运作和管理方式,降低成本,提高品质,加强国际市场竞争力。华强文化科技集团不仅在深圳总部建立各种产品生产线,而且充分利用我国的人才资源,在多个省市建立具有规模化生产能力的文化科技产业园。

华强文化科技集团在构建文化科技产业链的过程中,将集约、规模、高效的科学发展理念贯穿始终,不仅对企业内部资源进行高度整合,推进多元化规模化发展,在发展空间布局上也积极探索实现产业链上下游的紧密结合、集成发展。通过学习国外先进经验,集团基于自身的独特优势和完整的产业链,提出以集团为龙头,对一些小型文化企业进行整合,建立具有国际水准,包含多种元素在内的世界级文化科技产业园区,迅速扩大文化产业规模,大大提高产业集约化发展水平和企业赢利能力。

华强计划在东北、珠三角、长三角、环渤海、西北片区等重要的文化科技产业带,以华强文化科技集团为龙头,对一些小型文化企业进行整合,建立具有国际水准,包含创意、研究、设计、开发、生产以及体验等多种元素在内的世界级文化科技产业园区。2008年年底,华强在山东泰安市、辽宁沈阳市、安徽芜湖市等城市的华强文化科技产业园项目相继动工。华强还将在深圳政府的支持下在深圳投资建设华强文化科技全球总部基地。这批项目将分别于2010年、2011年左右建成后,大量具有创意、动漫、电影、软件、游戏等专业人才将进入产业园区,将成为我国文化科技产业的生力军。

四、实施全球化战略

中国文化产业要想在国际市场产生影响,必须坚持走国际化发展道路。华强文化科技集团从2000年开始针对中国文化产业国际化拓展进行探索,总结出以自有知识产权的拳头产品作为打开国际市场的武器,逐渐将不同类型的文化产业产品和项目输出到国外。第一步是打造具有国际市场认知度的品牌。早在2002年,华强文化科技集团就注册了Fantawild4D、Hytechnolgy、Funplex等在国际市场使用的产品名称以及品牌商标,并同步在美国、欧洲、亚洲等年度国际大型专业展览上投入大量资金,宣传自主创新品牌以及产品。通过多年努力,品牌逐渐得到信任,为产品进入国际市场奠定了基础。华强文化科技集团努力打造特种电影影片、特种电影成套设备、动漫产品、文化科技产业主题公园等拳头产品,提升国际竞争力。第二步是打造过硬的创新型产品,尤其是在国际市场具有竞争力的产品。集团十分重视国际化发展战略,产品从创意研发初始就瞄准了国际市场。许多产品甚至在国内还未销售,就已输出到国际市场。华强文化科技集团以自主创新并具有美国发明专利的180°环幕4D影院为国际市场突破口,首先在美国建立样板并获得市场认可以后,再销售到其他国家和地区。到目前为止,华强具有自主知识产权的多种特种电影系统已出口到美国、加拿大、意大利等全球四十多个国家和地区,特种电影出口二十余部,深受观众和运营商的喜爱。动漫产品2008年出口5000分钟;游戏与教育软件通过互联网覆盖全球。多年的国际化发展道路使华强文化科技集团的各项产品均达到国际一流水平,建立了在国内外业界具有影响力的自有品牌。

华强文化科技集团是国内唯一具有成套设计、成套制造、成套出口大型文化主题公园的企业。集团不仅在芜湖、重庆、汕头投资建成了第四代文化科技主题公园,而且开始将完全自有知识产权的高科技主题公园输出到国际市场,已经整体输出伊朗、乌克兰,南非,使中国成为继美国之后第二个能够整体输出主题公园的国家。

第八节 生产者集成服务中心模式

——华南国际工业原料城"走出去"成功模式①

华南国际工业原料城(简称华南城),位于国内唯一的一个国家级物流试验基地——深圳市龙岗区平湖物流基地园区,总规划占地面积超过 100 万平方米,总规划建筑面积超过 220 万平方米,总投资超过 60 亿元人民币,是一个集交易、展示、电子商务、信息交流、仓储、配送、货运以及金融结算等功能于一体的超大规模工业原材料及成品展示交易中心,也是集采购、旅游、餐饮、休闲、娱乐为一体的现代综合商贸物流城。

华南城主要分为五大专业交易中心,经营纺织服装、皮具皮革、电子、印刷纸品包装、五金化工塑料等工业原材料,并提供相应的物流服务。

华南城开创制造业集成服务中心的商业模式,是中国领先的大型综合物流及交易中心开发商和营运商。交易中心为原材料及商品买家及卖家提供优质兼具成本效益的物流交易平台。

华南城项目属深圳市政府命名的"重点物流项目"和"绿色通道项目",同时也是深圳市唯一一家连续 6 年(2003 年、2004 年、2005 年、2006 年、2007 年、2008 年)均被列为"深圳市重大建设项目"的大型物流企业。

---

① 参见华南城网站(www.csc86.com)"深圳华南城"栏目;深圳经济特区研究会调研报告:《深圳企业实施走出去战略研究(内部报告)》,2009 年;许扬:《"华南城"的发展创新及对发展生产服务业的启示》,《中国经济时报》2009 年 10 月 30 日。

2003 年 5 月,华南城一期工程正式开工,投资 26 亿元。2004 年 12 月,华南城一期 50 万平方米五大交易中心试运营。产品门类覆盖纺织、皮革、五金化工塑料、电子、印刷等,客商入住率达 95%,日均 1 万车流量,3 万人流量。

2007 年 12 月,全面启动华南城二期建设,第二期规划面积超过 170 万平方米,投资 60 亿元,2009 年 7 月投入运营,是深圳市最大单体建筑,有 1.5 万个铺位。产品门类包括皮革、纺织产业延伸产业链,覆盖下游成品。日均 3 万车流量,10 万人流量。

华南城建成后,总建筑面积大 220 万平方米,共有 3.5 万个铺位,上万产品种类,预计日均 5 万车流量,日均 20 万人流量。

2007 年 10 月,华南城与南宁签约,投资 60 亿元建设南宁东盟国家工业原料产品物流城项目。2009 年 10 月,"南宁·华南城"开工,该项目规划总建筑面积约 488 万平方米,预计建成后将可容纳 3 万户商家进驻,项目总投资将达 120 亿元。主要经营纺织服装、皮革皮具、化工及塑料等原材料和成品并提供全方位的配套服务,包括物流、仓储、商业及住宅设施,以及地下停车场设施。

南昌华南城项目将设于江西省南昌市,占地面积约为 200 万平方米,完工后的总建筑面积将约为 390 万平方米。这个大型项目将分三期建设,一期将于 2010 年上半年动工,而三期则预期于 2014 年完工。南昌华南城将打造成多个行业的工业原料交易中心,包括纺织服装、皮革皮具、化工及塑料行业以及华中地区的其他主要行业。

西部华南城。2009 年 4 月,华南城与西安国际港务区管委会正式签订项目投资合同,投资 60 亿元人民币,共同打造"西部华南城"。该项目是陕西省物流业发展项目的重要一环,亦将为中国西北主要行业的供应链需求提供服务。

华南城的制造业集成服务中心的商业模式。华南城的创立,将生产性服务的传统商业模式推进创新了一大步:集成各种专业市场和服务为一体,为制造业厂商提供了继承性的综合服务。这个模式的一头连着提供各种产品和各类服务的千家万户企业,另一头则连着批量采购各种物资和服务的珠三角厂商群。华南城的商业模式,弥补了珠三角地区采购分散、缺乏完善原料供应链的缺陷。

华南城模式的核心因素是有效降低交易成本,其集成服务模式能够有效降低分散的企业相互搜寻的成本,通过五大市场的联动互补,"展会+市场"的创新展贸模式,"网上华南城"的电子交易平台,以及物流、质量检测、银行、工商税务等各项配套服务的集成,将原材料的展示、交易、仓储、配送、信息交流、结算等原来分散的环节融为一体,全面满足供应商和采购商的各种需求,从而有效降低了企业成本。通过减低交易成本,为我国制造业的发展和升级,提供了必不可少的有力推动。

华南城采取租卖结合、企业管理、政府服务的经营管理模式,为原料城内的经营者提供宣传、信息、政策咨询、仓储、代办工商税务手续等各种服务。工商、税务、海关等政府职能部门将在原料城设立办事机构,为市场经营者及客商提供各种便利,缩短办理相关手续的时间。同时,原料城将引进专业搬运、装卸、运输、银行、保险、信息咨询等机构,同时还将设立餐饮、宾馆、会所等生活配套服务,为原料城的经营者及客商提供各种专业化的服务以及个性化的营商环境。

华南城生产者集成服务中心的模式,支撑了珠三角地区半径为150—200平方千米内数十个产业集群的基本服务需求,通过这个集成服务,支撑了制造业的产业链整合以及产业结构提升。这个模式移植到国内其他有制造业扩张潜力的区位、恰当的运输网络枢纽关节点,就有可能对当地的经济,起到在珠江三角洲类似的作用。华南城模式的异地移植,等于多个产业链跟进了这个地区,从而获得更多沿海产业中心部转移的机会。从这个意义上讲,这个商业模式具有推进区域经济发展的重要作用。

异地移植生产者集成服务中心的商业模式,因为会吸引较多的客户数量,同样也有利于已进驻华南城的客商,他们乐意跟着华南城的步伐开拓新的市场。这样的双方良性互动,正是华南城模式促进区域经济发展和经济转型的能力所在。华南城开创的生产者集成服务中心模式,能够促进国内其他地区的工业化进程和服务业发展。

主要参考文献

一、著作

1. 张育军:《中国证券市场发展的制度分析》,经济科学出版社 1998 年版。

2. 张育军等:《转轨时期中国证券市场改革与发展》,西南财经大学出版社 2004 年版。

3. 张志南等主编:《海峡西岸经济区发展报告》,社会科学文献出版社 2008 年版。

4. 俞可平主编:《国外学者论中国经济特区》,中央编译出版社 2000 年版。

5. 梁文森:《中国经济特区的今昔和未来》,香港经济导报出版社 1988 年版。

6. 曾牧野主编:《迈向九十年代的经济特区》,海天出版社 1991 年版。

7. 陈广汉等:《粤港澳经济关系走向研究》,广东人民出版社 2006 年版。

8. 胡振国:《深港合作新趋势》,中国经济出版社 2005 年版。

9. 查振祥主编:《深圳国际化之路》,湖北科技出版社 2003 年版。

10. 查振祥主编:《深圳高新技术企业的发展》,湖北科技出版社 2004 年版。

11. 李其庆:《全球化与新自由主义》,广西师范大学出版社 2003 年版。

12. 余永定、李向阳:《经济全球化与世界经济发展趋势》,社会科学文献出版社 2002 年版。

13. 赵弘:《总部经济》,中国经济出版社 2004 年版。

14. 乐正主编:《2009 年中国深圳发展报告》,社会科学文献出版社 2009 年版。

15. 乐正主编:《2008 年中国深圳发展报告》,社会科学文献出版社 2008 年版。

16. 徐明天:《郭台铭与富士康》,中信出版社 2007 年版。

17. 董建中:《深圳经济变革大事》,海天出版社 2008 年版。

18. 陈自元:《深圳在泛珠三角经济圈的定位及发展路向》,人民出版社 2005

年版。

19. 冯邦彦:《香港产业结构研究》,经济管理出版社 2002 年版。

20. 国庆主编:《深港经济一体化》,人民出版社 2005 年版。

21. 王征、王新军:《总部经济研究》,山东人民出版社 2007 年版。

22. 张鹏:《总部经济时代》,华夏出版社 2007 年版。

23. 赵弘主编:《2006—2007 年:中国总部经济发展报告》,社会科学文献出版社 2006 年版。

24. 赵弘主编:《2007—2008 年:中国总部经济发展报告》,社会科学文献出版社 2007 年版。

25. 赵守兵:《平安保险传奇——中国平安成长路径解密》,海天出版社 2007 年版。

二、论文

1. 李萍:《深企对外投资掀新高潮,境外"家底"近 10 亿美元》,《深圳特区报》 2005 年 1 月 11 日。

2. 庄晓玖:《海尔、华为等优势企业国际化发展的调查报告》,《经济日报》2001 年 11 月 15 日。

3. 周轶昆:《深圳经济特区发展历程的回顾与分析》,《改革与开放》2008 年第 4 期。

4. 钟坚:《深圳经济特区改革开放的历史进程与经验启示》,《深圳大学学报》 2008 年第 4 期。

5. 钟坚:《台湾新竹科学工业园区的特色与启示》,《深圳大学学报(人文社科版)》1997 年第 4 期。

6. 林世渊:《新竹科学工业园的建设与管理》,《亚太经济》2001 年第 6 期。

7. 朱金海、杨波:《全球视野下的中国经济:增长、地位和战略导向》,《科学发展》2009 年第 8 期。

8. 王毅:《华为公司海外业务拓展战略的风险分析》,《广东通讯技术》2006 年第 26 期。

9. 周悦:《中集集团:三步走向全球化》,《证券时报》2007年11月12日。

10. 汪晓东:《区域经济观察:跨江如何联动》,《人民日报》2008年4月3日。

11. 王佑武:《深圳银行业务创新的现状、问题及前瞻》,《深圳金融》2001年第3期。

12. 柳岸林:《新加坡土地利用的新举措及其发展对策》,《现代经济探讨》2005年第6期。

13. 饶余庆:《香港:国际金融中心的复兴》,(香港)《信报财经月刊》2005年1月号。

14. 袁晓江:《特区经济与中国模式》,《特区实践与理论》2010年第2期。

15. 深圳企业区域合作与总部经济发展调查研究课题组:《加快深圳企业区域合作与总部经济发展》,《深圳特区报》2006年2月20日。

16. 高建进:《福州"飞地工业"带来经济增长方式可喜变化》,《光明日报》2005年10月11日。

17. 廖月晖:《推进深港一体化发展,建造世界级国际经济中心》,《特区实践与理论》2007年第3期。

18. 李永清:《深港合作进程及未来新突破》,《特区实践与理论》2007年第3期。

19. 邱敏、王希怡:《新加坡总部经济的成功之路》,《广州日报》2008年2月27日。

20. 成康:《对深港物流业合作发展的思考》,《特区实践与理论》2009年第4期。

21. 陈国权:《供应链管理的兴起》,《中国软科学》1999年第10期。

22. 周立群:《跨国公司研发中心向中国转移的特点及其影响》,《学术探索》2004年第4期。

23. 廖春等:《论跨国公司研发的国际化趋势》,《国际贸易问题》2003年第11期。

24. 林文俏:《发展总部经济阔步走向国际》,《上海综合经济》2003年第11期。

25. 秦晓:《从"生产函数"到"替代函数"——关于现代大型公司总部功能研

究》,《改革》2003 年第 1 期。

26. 史忠良、沈红兵:《中国总部经济的形成及其发展研究》,《中国工业经济》2005 年第 5 期。

27. 张新伟:《总部经济形成机制的探讨》,《中国科技论坛》2006 年第 6 期。

28. 董路宁:《总部经济在上海》,《上海经济》2006 年第 10 期。

29. 王子新:《广州市总部经济发展研究》,《科技进步与对策》2006 年第 9 期。

30. 刘镇彬:《深圳农产品创造中国农产品物流新模式》,《深圳特区报》2009 年10 月 28 日。

31. 许扬:《"华南城"的发展创新及对发展生产服务业的启示》,《中国经济时报》2009 年 10 月 30 日。

32. 曾昭志:《华为公司的核心竞争力分析》,《经济与管理》2009 年第 7 期。